初等国語科教育実践の探究

岡 山 末 男

溪水社

まえがき

岡山末男先生は、昭和四七（一九七二）年四月、教職に就かれてから、平成一七（二〇〇五）年四月、和歌山県田辺市立二川小学校長に就任される、三十三年もの間、始終、初等国語科教育の実践・研究に取り組まれ、独自の成果を挙げてこられました。先生は、このたび、その豊かな実績（成果）を集成・収録し、大著『初等国語科教育実践の探究』として刊行される日を迎えられました。長い年月、共に学び合って来た一人として、祝意に包まれ、深い喜びを覚えます。

岡山末男先生は、昭和四七（一九七二）年から、実践者として、小学校（泉大津市立上篠小学校、すさみ町立江住小学校、和歌山大学教育学部附属小学校）にお勤めになり、昭和六二（一九八七）年から、指導主事として、和歌山県教育委員会、同教育研修センターに勤められ、平成八（一九九六）年からは、教頭として和歌山市立安原小学校、福島小学校に務められました。平成一一（一九九九）年からは、再び和歌山県教育研修センターにおいて、研修班長・研修課長をお務めになり、平成一五（二〇〇三）年からは和歌山市教委へ。教育研修所長をお務めになりました。

岡山末男先生が教育研修の実務を担当され、その職務を全うされたことに注目させられます。―私（野地）も、かつて現職研修講座を担当させていただきました。

新著『初等国語科教育実践の探究』は、すべて九つの章（Ⅰ～Ⅸ）から構成されています。まず、第Ⅰ章　言語能力の育成　には、二五編（講演記録を含む）が収められ、国語科教育実践の根幹の課題である、ことばの力（言語能力）の育成について、多面的に取り上げられ、示唆に富む提言が自在になされております。

ついで、第Ⅱ章　読むことの学習指導　には、五編（1～5）が収められ、読み取り、読み味わう力を、どう育て伸ばしていくかについて、教材に即して述べられ、示唆に富むものとなっております。

つづいて、第Ⅲ章　詩の学習指導　には、発表、報告された、九編（1～9）が収められています。詩の学習指導について、岡山末男先生は、清新な意欲を持ち続けられ、独自の工夫を考案しつつ取り組まれました。望ましい指導のあり方を求めつづけられたと思われます。

次に、第Ⅳ章　学級便り　には、附属小学校に勤められ、昭和六一（一九八六）年四月から発行された、担任学級（三年B組）の学級便りが収録されました。また、第Ⅴ章には、週報　ふくしま　その一　が、第Ⅵ章には、週報　ふくしま　その二　が収められています。教頭としてお勤めになり、週報　ふくしまを発行（配布）された、独特の試みとして注目させられます。

ついで、第Ⅶ章には、研修体験　として、五編（1～5）の体験記等が収められ、第Ⅸ章には、研修講座で行われた、〝挨拶〟七編（1～7）が収められています。こうした〝挨拶〟が保管され収載されることに深い感銘を覚えます。なお、第Ⅷ章には、岡山末男先生が和歌山大学教育学部で担当された、ご講義「初等国語科教育法」への受講者の感想が収めてあります。

本書『初等国語科教育実践の探究』は、卓抜な実践者・指導者・研究者であられる岡山末男先生が精魂を傾けて生み出された探究の成果であり、わが国の初等国語科教育実践への道標として、その重い任務を担い続けていくことを確信いたします。

平成一七（二〇〇五）年六月二九日

広島大学名誉教授
鳴門教育大学名誉教授
野地潤家

初等国語科教育実践の探究

目次

初等国語科教育実践の探究

I　言語能力の育成

1　話しことばが育つ学級

一　内気な少年

小学校高学年から中学校時代にかけて、内気な少年であった。人に話しかけることはあまりなく、学級で発表するということなどもできなかった。現在の私からは想像できないような時代があった。振り返ってみると、私が変わっていったのは大学時代からであろうか。人口何十人の山間へき地から町へ出た私は、クラブをかけもちすることによって仲間との会話が増えていった。立川市の親戚の家へ行ったり、有楽町や新宿をぶらついたりしながら人との関わりをもつようになっていった。無口な少年であった私も、上野駅構内のレストラン、諏訪市内のスキーバス添乗員、早稲田駅近くの書籍梱包等の数多くのアルバイトを経験することによってコミュニケーションの場が増え、少しずつ変容していったのである。

私の受け持ったクラスには必ず、話すことが苦手な児童が何人かいた。そのような子をみると、私は自身の少年時代とダブるのである。そして思うのである。この子には、必ず話をさせる機会をつくり自信をもたせてやろう。安心して話のできる学級をつくり、笑顔で満たしてやろうと。

内気な子であろうとだれであろうと、学級にとっては欠くことのできない大切な一員である。ことばに出さないものの、毎日の生活の中から感じていることはいろいろあるはずである。その子たちの声に耳を傾けるような学級をつくりたい。様々な機会を通して、話さずにはいられないようなことに気づかせ、安心して話せる場をつくれば、必ず児童は自信をもって話をするであろう。そういうあたたかい学級づくりをしていきたいと思い私は取り組んできた。

二　おしゃべりは話し上手？

おしゃべりな児童が増えている。長電話がその一例である。公衆電話の前で何分も待たされ、苦い経験をした人も多いのではなかろうか。その子たちは友達とのおしゃべりは得意であろうが、公的な場での話すことについてはどうなのであろうか。ここに、一般の人々六〇〇人を対象にした調査結果がある。「ＮＨＫはなしことば講座」（一九八七年）に掲載されたものである。それを見ると大層興味深いことがわかる。

「あなたは話し好きですか」
　そう思う　五二％
　そう思わない　四七％
「人前で話すことはどうですか」
　得意　〇・八％　得意なほう　〇・九％
　あまり得意でない　二三％　全く得意でない　六二％　人前で話せない　六％

これからもわかるように、日本人はおしゃべりは好きだが公的な場での話は苦手なようである。これは私自身も含めてであるが……。公的な話しことばを身につけるためには、小学校の学校生活に「話すこと」を位置づけ、意図的計画的に取り組んでいかなければならない。これからの変化の激しい時代を主体的に生きる子どもの育成をめざして改訂された学習指導要領（平成四年度から全面実施）も音声言語が重視されている。各学年の「表現」領域の指導事項系統表をみると次の通りである。アの系列には相手意識・目的意識をもたせて話し合う能力や態度が示され、イの系列には話し方について系統的に示されている。

一年　ア　尋ねられた事に答えたり、自分から進んで話したりすること。
　　　イ　経験した事の順序を考えて話すこと。
二年　ア　相手の話の内容を受けて話したり、自分から進んで話したりすること。
　　　イ　事柄の順序を考え、整理して話すこと。
三年　ア　相手の話の内容を受けて話題に合わせて話すこと。
　　　イ　話の要点が分かるように区切りを考えて話すこと。
四年　ア　相手や場に応じて、内容の軽重を考えて話すこと。
　　　イ　話の中心点が分かるように、筋道を立てて話すこと。
五年　ア　相手や場に応じて適切な言葉を使い、それらの状況を考えて話すこと。
　　　イ　意図をはっきりさせて根拠を明らかにしながら話すこと。
六年　ア　目的に応じて時間や話題の順序などを考え、計画的に話すこと。
　　　イ　目的や意図に応じて適切に話すこと。

この学年のねらいを達成させるために、私たちは児童の話しことばをどのように育てていくかを十分考慮していかなくてはならない。先述のアンケート結果が証明しているように、おしゃべりは大変元気であるが、公の場にでると途端に話せなくなるのは児童たちだけではない。生涯学習の基礎をつくる段階である小学校時代には基本的な話しことばを是非身につけさせていきたいと思う。

「学級生活は一つの社会であり、社会生活というものは、言語生活と全く表裏一体のものであり、話しことばはその主役である」と森久保安美氏（産能大学教授）は述べている。（『話しことば教育の復興2』明治図書）

学級という一つの社会において、児童の話しことばをどのように育てていくか。指導の如何によって大きく変わっていくことを心していきたいと思う。

私の場合、次の三点にポイントをおいて取り組んでみた。

三　話しことばを育てるポイント

(1)　一分間スピーチ

大阪勤務の初任の頃からずっと行ってきたことは「一分間スピーチ」である。身の回りの出来事から気付いたことを取材し、毎日学級の何人かが、自分の話したい内容を一分間程度スピーチする。それを全員で聞き合い、それについて話し合う。これだけの繰り返しであるが、継続は力なりである。スピーチによって学級に多くの効果を生むのである。一つの話題が学級の中に広まっていったり、知らなかった友達の一面に驚いたりと、学級に和やかなあたたかい雰囲気を与えてくれるのがこの時間である。

一分間と聞くと短いと思われるかもしれないが、そうでもない。『はなしことば講座』（ＮＨＫ）によると、一分間の話しことばを文字に書きおこしてみるとおよそ四〇〇字、原稿用紙にすると一枚分だという。もちろん、漢字と仮名を混ぜてである。これを聞くと、だれしもが「一分間という時間もうまく利用すれば案外効果的に使える」と思うのではないだろうか。私は教職に就いてから毎日のように繰り返してきた。個性豊かな児童の一分間スピーチを聞くことによって、私たちの学級は楽しいひとときを過ごしていたのである。

(2)　教師の話（独話）

児童も話すのなら指導者も話す。それは当然のことである。毎日のように私も話す材料を探した。ＴＶ、新聞、雑誌、通勤途中の出来事、学校での出来事等々……、児童が興味を起こしそうなネタを毎日探していた。児童に聞かせる話をするのは難しい。しかし、その時間に真剣なまなざしを向けられるとこちらもそれに応えたくなる。期待にそう内容を準備しようと心がけるのである。

次は教師の話の一例である。

・聴こえてきますか、画用紙の声が　　・パワーは五円玉から
・「見る」もいろいろあるよ　　・おぼんはだれのもの
・落ち葉はゴミですか、ちがいますか　　・おはようの一言
・数字の不思議　　・フォア・ザ・チーム（王選手の話）
・雑巾の話　　・話し方ＡＢＣ
・サンタクロースっているのでしょうか　　・三分間観察してみよう　　等

その中のひとつ「雑巾の話」を例に述べてみよう。これは児童の掃除の様子からヒントを得た創作である。

八一年六月ごろ、中学年（三、四年）児童対象に話したものである。

今、雑巾は丸いテーブルにかけられて、暖かい太陽の光を浴びています。掃除道具入れの中に置かれていた雑巾がどうして窓際に移っていったのでしょう。それには、こんな話があるのです。

掃除道具入れはロッカー式になっていて、中にはバケツやらジョロやらほうきなどが入るようになっています。その中で雑巾は、一番上の部分にかけられるようになっていました。しかし、この雑巾をかけるところはほとんどといっていいほど使われていませんでした。放課後掃除が終わった後の道具入れをみると、雑巾は下の部分でひとかたまりに落ちています。一枚一枚雑巾をかけるというような面倒なことはだれもしたくありません。バケツの中にかためて置くほうがずっと簡単ですし、時間もかからないからです。たまに雑巾がかけられていても、それはもうビショビショ。バケツの中に水がしたたり落ちています。風通しが悪い中で水分を一杯含んだ雑巾は、日が経つにつれていやな臭いを出し始め、周りのロッカーの仲間から嫌われるようになっていきました。それでも、教室の人たちは雑巾には気が付きません。臭いを出す雑巾を洗ってやろうというような人は一人もいませんでした。汚れた雑巾は道具入れの中でだれにも相手にされず、一人でじっとしているだけ……時間はどんどんと過ぎていくのでした。

ある日のことです。だれかの手によって、雑巾は窓際に運ばれました。そこは暗いジメジメした道具入れの中と違って、明るい太陽を見ることができ、涼しい風に当たることもできました。やさしい太陽の光を浴びて、今まで沈んでいた雑巾も少しずつ少しずつ元気を取り戻していくようでした。

窓際に移ったころは、あの女の子もよく面倒をみてくれました。掃除が終わると、すぐ雑巾を絞り、きれいに一列に並べてどれにも太陽が当たるようにしてくれたのです。雑巾にとってそのころは大層満足な一日だったのです。使いふるされた雑巾でも、きちんと並んでいる姿は生き生きとみえました。

しかし、日が経つにつれて、雑巾はまた忘れられるようになりました。その女の子も、いつのまにか自分の遊びに夢中になり、雑巾のことなど他の仲間と同じように頭から離れていったからです。

そして今、また雑巾は隅に落ちています。前と同じようにひとかたまりになってじっとしています。「せっかく太陽の光を浴びて元気を取り戻したのに、これじゃあ何にもならないなあ」とつぶやいています。

初夏の日差しは日に日に強くなり、このごろは汗ばむ日が多いようです。

雑巾は待っています。またいつかやさしい手が伸びて、太陽の下に連れていってくれる日を。心待ちにして、じっと待っています。

毎日このような長い創作をするわけではない。ちょっと気付いたことがあればメモしておき、話の材料にためておくのである。小さな工夫であるが、こうすれば児童も少しは興味をもち、話すときの参考になるであろうと考えたからである。「整理整頓をしなさい」の直接指導も時には必要であろう。だが、このような間接的に訴える話し方も効果があり、児童に話す材料をみつける視点を与えることにもなる。

(3)　学級便り

学級に豊かな話題を提供するのが学級便りである。児童の日々の成長をとらえ、記録していくことが便りを発行する教師自身を高めるとともに、学級に生きた言語環境を与え、話す材料の参考にさせることができる。また、この学級便りを媒介として児童の人間関係もいっそう深化していくように思われる。

同じ場所、同じ時刻、同じ行動などは子どもとのふれあいにとって必要条件ではない。子どもと教師とのふれあいは、子どもと一緒に過ごす時間のない場合でも可能なのである。例えば、学級通信、一つの通信というものに互いにかかわってふれあいが成立している。

（『児童心理』一九八七年十月号　坂本昇一　千葉大学教授）

一枚の学級通信によって話題が投げかけられると、児童はそれに応える。学級通信の中から生まれた一つの話題をめぐって児童に多くの意見や考えが出され、コミニュケーションが広がっていく。学級通信が児童・保護者・教師の間を往復し、ふれあいを成立させ、生きた言語環境をつくりだしていくのである。

次の文章は、終わりの会のとき黒板のすみに色チョークで書いておいた標語に反応した児童の声である。

「夏が過ぎたら心の充電」という意味を調べてみた。自分の思った予想は、あつい夏がすぎたら、自分の心をひきしめないといけない。つまり、夏バテなどしないで、だらんとした体を直すという意味だと思います。

お母さんは、「あつい夏がすぎたら、秋で、勉強だけじゃないけど、いろいろなことを、本読みなどしていって、心をなおしていくこと」と言っていました。

充電と言えば、何かで聞いたことがあります。充電を国語辞典で調べてみると、「蓄電池などで電力を満たし蓄えること」これは、電力を入れるということだから、人間もこのように考えたら同じような意味じゃないかなあと思いました。

（南方真紀　一九八一年　小四年）

ぼくは、充電ということがわかりません。充電というと電池のことしか思いつきません。だから、辞書で調べてみました。するとのっていません。ちがうので調べてみると、「蓄電器や蓄電池に電気を蓄えること」と書いていました。だったら関係ないのにな。たぶんのよそうだけど、夏はあそびだったから、心にがんばるというのをはやくでんちみたいに充電するんだな。そして、夏をいっきにほろぼして、食よくの秋、読書の秋にかえるのだな。だから、夏が過ぎたら心の充電というのは、二学期のじゅんびをするのだな。それもスローモーションでなくて早おくりだな。

（松中寿浩　一九八一年　小四年）

次の文章は、学級内の班長立候補者の演説を聞き、自分だったらどうするかを考えたものである。六年生ともなると、友達から何を学ぶかを意識させ、自分の話し方に役立たせることも大切である。

きょうのえんぜつの中に、Ａ、Ｂ、Ｃ三つのしゃべり方が出されました。Ａは班を明るくしたい、Ｂは一人一人の個性をちがいを生かしたい、Ｃはたよりになる班長をめざしたいということでした。

ぼくは気にいったのは、Ｂのしゃべり方です。班がどうのこうのというのは、今までのワンパターンのしゃべり方です。ＢＣのしゃべり方はあまり聞かないしゃべり方です。その中でＣの方は自分をみてのしゃべり方です。Ｃもいいのだけど、ぼくは班員の方を考えているＢのしゃべり方の方が好きです。

班長は、やはり一番に班員をみつめるというか、班員のことを考えるというのが、まわりの人が一番ハッとおどろくようなパターンではないかと思います。とにかく、ぼくはＢの方が一番気にいっています。確かにＡもいいと思うけど、まわりをしげきするのはＢＣのしゃべり方だと思います。

（島　俊朗　一九八五年　小六年）

四　小刻みな積み重ね

児童は、学校生活など、様々なことに目を向け「考えノート」に毎日、記している。その中から個性的なものを学級便りに紹介していく。それによって、児童はまた触発され考えを綴る。学級便りを通して、ことばが響き合いあたたかい人間関係の学級が育っていくように思われる。

指導者がことばに気を配り、小刻みな取り組みを継続していくことが児童の話しことばを育てていく。どの授業においても「この時間はこのことばでゆさぶってみよう」と小さな工夫を絶えず繰り返していく姿勢が、児童の心に届くのではないだろうか。


（昭和五十七年（一九八二年）七月　野ぎくの会）

2　授業のイメージ

「あなたの授業を漢字一字で表して下さい。」

このように問われたら、あなたはどの漢字を思い浮かべるであろうか。

これは、初任者研修の折、私が受講者によく尋ねる問いである。結果をみると、平成十三年度は「楽」が多く、「難」「迷」「悩」「心」が後に続く。


「言葉を選ぶことは心を探すこと」と言われる。例えば、次のような心の内はどうだろう。

「私の毎日の授業は子どもたちが静かに座って聞いており、指導計画も変更することなくスムーズに流れている。」

もしも、この「楽」を指導者が思い浮かべていたならば、ちょっと考えたい。毎日の授業を理解できないまま我慢し座っている子がいるとするならば、指導者の実践を見つめ直す必要があるかもしれない。振り返ってみると、私の場合も、このような授業が多かったのではないかと思われる。

「難関の採用試験を突破して、私はやっと念願の教員となった。子どもたちとの触れあいは毎日楽しい。授業は、苦労の連続だが、教職についた今は喜びをかみしめ、子どもたちと毎日を過ごしている。」

実際には、このような思いを内に秘め、初任者は漢字一字に表したのであろう。現在の難関をくぐり抜けた人たちと研修を通して出会っていると、どれほど力を備えているのかがうかがわれる。だが、初任者はやはり実践不足は否めない。そのため、授業に「迷い」「悩み」ながら、日常の「困難」な課題を抱えながら「心」を痛める連続なのであろう。

麻布台学校教育研究所が「子供の学習意識を探る」アンケート調査結果を六月に公表した。そこには興味深い内容が見られる。「学校が楽しいか」の質問で「楽しくない」と回答した小・中学生の理由のトップは「授業がつまらない、勉強が分からない」であった。私たちは、この結果をどのように受け止めれば良いのであろう。

研究協力者である鈴木教諭は、次のように述べている。

「授業が分かれば、学校が好きになるのではないか。分かる授業の工夫と実践が教員に問われている。」

私たちは、この調査結果から、授業について改めて振り返ってみる必要があるのではないだろうか。子どもたちは「勉強の手順や方法がはっきりしている」「考える時間がある」「繰り返し丁寧に教えてくれる」授業がよく分かると回答しているのである。

本年度も、初めに述べた質問を初任者に対して行った。

回答は昨年と同じ漢字が順に並んでいたが、中には個性豊かな漢字もいくつか見られた。「学」「明」「笑」「考」は、今年の選ばれた漢字である。

初任者一人一人が子どもとともに「学び」「明るい笑顔のある学級で」「楽しく考える授業」が実現できることを願って、私たちセンター職員も日々支援を続けていきたい。

（平成十四年（二〇〇二年）十一月）

3　価格破壊　―ある出来事―

何かが背中に当たった。

二人の子どもが手提げ鞄を振り回していたのである。

電車待ちをしている私の後ろには、二～三年生ぐらいの男の子と母親がいた。数人の乗客が並ぶそばで、さっきからはしゃいでいたのである。鞄を振り回しながら走り回るのを止めないので、私はたまりかねて、男の子をじっと見た。

その時、母親が二人に向かって言った。

「おじさんに怒られるから止めなさい。」

私の視線に批判めいた様子を感じたのであろうか、母親は二人に注意した。並んでいる乗客の迷惑も考えることなく、人ごとのように声をかける母親に、私は少し気分を害した。

「奥さん、それはないでしょう。」

私の思わず言った言葉が引き金となったようである。

突然に母親は激高して声をあげた。乗り込んだ電車の中でも、ずっと、母親は荒々しい声で怒り続けている。誰かに向かって話すのでもなく、ただ大声をあげ、止まる様子は見られない。早口のため聞き取りにくいが、私を批判しているのは事実である。

そばで、二人の男の子は怪訝そうな顔をして立っている。

このような母親の姿を公衆の面前で見せつけられた二人は、どのような思いを抱いているのであろうか。それを考える時、私はいたたまれなくなり、少し離れた場所に移動せずにはいられなかった。

この出来事の後、ある学校長から聞いた別の話である。

女生徒の化粧があまりにも派手なため、保護者が学校を訪れたときに話をしたのだそうである。

「学校へ学びにくる娘さんに、化粧は必要ありません。」

その学校長に返してきた母親の言葉である。

「先生、何言っているんですか。朝からきれいな化粧を見ることができるのに、何か問題でもあるのですか？」

花岡大学氏は述べる。

「人間の喜怒哀楽といった感情を、そのおもむくままに放置しておけば、人間関係の秩序はなりたたない」

「われわれの社会を、明るく平和な社会にするためには、その喜怒哀楽の感情を適切に統御するよりほかはない。それを統御してあやまりならしめるものは理性力だ」（『どう生きればいいか』探究社　P五四〜）

デフレの時代と言われる世の中。商品にも価格破壊が起こり、食料品に驚く程の値段も見られる。同様に、私たちの「常識」にも価格破壊が起こっているではなかろうか。

だが、どのような世の中であっても、私たちには忘れていけないものがあるのではないだろうか。心の価格破壊はしたくないと思う出来事が続いた。

（平成十二年（二〇〇〇年）八月）

4　子どもと楽しい国語教室を　―大橋冨貴子先生のことばから―

出張から帰った夜、私は一通のメモを受け取った。清原久元先生からの伝言であり、「大橋冨貴子氏がご逝去された」とのことであった。私にとって、それはあまりもの突然の訃報であった。

私は呆然と部屋に戻り、開催間近の国語教育冬季研究会の案内状に目をやった。そこには、「書くことと教育」の演題で、大橋冨貴子先生の名が大きく記されていた。今年も又お会いし、小柄なお身体からほとばしる国語教育へ熱いの思いを聴かせていただけることを楽しみにしていた私だった。この大会を心待ちにしていた人たちも、どんな思いでこの訃報を耳にするのであろうかと考えずにはいられなかった。

私の書棚には、国語教育研究大会に参加したときのメモがいくつか残されている。そこから、大橋先生の国語教育に対する思いを取り出して、この大会を心待ちにしていたであろう大橋先生のご意志を少しでも伝えればと思う。

平成三年（一九九一年）二月、大阪教育大学附属平野小学校において、今井鑑三先生とともに出席された大橋先生の言葉である。

「言葉は生きる支えとなる。」

言葉は、人間を支える大きな力をもつものであると、先生はお話しされた。そのとき、国語科の「読む」授業は、子どもにとって楽しい時間でありたいと語っておられた。

平成五年（一九九三年）十一月、同附属天王寺小学校において述べられた言葉である。

「国語科の授業は、子どもとともにつくる授業でありたい。日本語を大切にする授業でありたい。」

子どもとつくる授業は、楽しい授業でなければならない。それには、指導者自身のふだんの話し言葉も十分配慮しなければならないと大橋先生は話された。この時のパネラーには、中西一弘教授も参加されており、司会者は、清原先生であったことを記憶している。

平成十二年（二〇〇〇年）十一月には、同附属天王寺小学校の四年生を対象に、詩『ことば』の授業をされた。導入では具体的な指示で子どもを集中させ、巧みな指導技術で授業を展開された。後の協議会では、「やりもらい」という言葉をあげ、現在の子どもは言いたいことが多いが、相手から「受け取る」姿勢をもつことが本来の学ぶ基本ではないだろうかとのお話もあった。

そのときの大橋先生の言葉である。

「授業において、指導者の『教えること』は大切であるが、学習者から謙虚に『聞くこと』はもっと重要ではないか。」

この言葉は印象的であった。指導者が学習者を思いやり、国語の時間を通してお互い考え合う。この積み重ねが、国語教育を充実させるとともに、子どもが教師を敬うことにつながっていく。それがけじめを保ち、真の民主主義を形成していくことになる。そのような話もされたと思う。

大橋先生が私たちを導いてくださった言葉はまだまだある。その一つ一つを噛み締めながら、これからの国語教育の充実を目指して地道に取り組んでいくこと。それが大橋先生の願いに応えることになるのだと思っている。

5　新年の目標　―話すこと　で―

朝、出会ったTくんに話しかけたが何も言わない。

「どうしたんだ」と尋ねても、何も言わずにただ笑っているだけである。

どこか悪いんじゃないかと心配していたが、後で理由が分かり、彼らしいかわいい発想だと笑ってしまった。

月曜日の全校朝礼の後、今年の自分の目標をカードに書いておくように学級委員に指示していたのが原因だったのである。

「授業時間中はしゃべらなくする。」

Tくんのカードを手に取ってみると、そう書かれていた。

彼なりに新年の目標を立て、朝からそれに向かって努力していたのである。小柄で色黒な彼は全校朝礼では一番前に立つ。声をかけると、白い歯を見せて、いつも笑顔で答えるTくん。

授業中は余計なことまでしゃべり過ぎ、周囲を沸かせてしまう。普段のTくんからは想像もできない目標である。

「授業中も一言も言わないのか。」

気になって聞くと、「あてられたときだけ話す」と紙切れに書いて返事をよこした。大変な目標を立てたものだと内心では思いながらも、様子をみることにした。

周りの友達から話しかけられても、口をつぐんでいる。話しかけるのもメモ帳を使っている。彼の目標は、朝のうちは順調にいっているかのようであった。

ところがどうだろう。三時間目が過ぎ、四時間目に進むにつれて雲行きが怪しくなってきた。私は内心ほっとしたものの、そのままにしておいた。

とうとう彼は元に戻った。

終わりの会で一番大きな声をあげて話しているのはTくんなのである。

私は、帰る間際にそっと尋ねた。

「どうだい、誓いは守れたかい。」

とたんに彼はまた口をつぐんだ。

今年の初め、押入れを整理していると、初任の頃の学級便りが出てきた。当時、私は大阪府下のある小学校に勤務していた。先の文章は、その時の六年三組の記録である。

あれから三十年。学級の中で結婚するのが一番早かったというTくん。今、下の子どもは当時のTくんと同じに学年になっているころである。

そのTくんは、卒業間近の学級文集に次のように記した。

先生は、ぼくたちが中学生になっても応援してあげるといった。ぼくも先生のことを応援してあげようと思う。

先生は新米で、学級は三十七名だ。先生は今年は失敗ばかりだと言った。失敗でもいい。あとの短い間でも、少しずつ失敗のあなうめをやっていったらいい。（中略）

先生、ぼくが中学生になっても応援してください。ぼくも先生が失敗しないように応援していきたい。

がんばれ先生！

子どもが信頼関係で結ばれており、互いに助け合ったり励まし合ったりしているのが「支持的風土」のある学級である。違いを認めながら、一人一人がよさを発揮できる学級は、子どもの心の安定感を招き、受容的な温かい風土を形成していく。新採当時の私は、子どもたちにずいぶん助けられた。子どもたちが自らの手で「楽しく明るい学級」をつくり、それを便りとして出すことによって、私は子どもたちから多くのことを学んだ。

新しい年を迎え、楽しかった当時の学級を思い浮かべながら私は考えていた。

今年は、Tくんは家族とどのようなめあてを立てたのであろう。

（平成十六年（二〇〇四年）一月）

6　印象に残った授業　―アンケートから―

「小学校時代の国語の授業で印象に残ったことは何ですか」

大学生（六十三人）にアンケート調査したところ、次の回答が見られた。

・「くじらぐも」や「スイミー」を絵で描いたこと
・「石うすの歌」で中身の濃い話し合いになったこと
・話し合いの時に黒板がみんなの意見でいっぱいになったこと
・物語の動作化や劇づくりでがんばったこと
・意見が分かれたとき、自分の意見を通して先生が評価してくれたこと

印象に残った授業は、個の活動があり、それぞれの力を十分に発揮できる学習計画がなされているときだと答えている。また、心に残った作品として「スイミー」「くじらぐも」「スーホの白い馬」「ごんぎつね」「大造じいさんとがん」等があげられている。これは平成十三年（二〇〇一年）五月、大学での講座「初等国語科教育法」の導入時に採っていたアンケート調査結果である。この大学生の回答は、私たちの日常行っている授業の評価項目ともなる。印象に残ったことには、マイナス要因となったであろうと思われる回答もある。

・質問に答えられないと立たされたこと
・意見を言ったものから順番に座っていき、最後まで立たされたこと
・指導者の押しつけや誘導的な授業が行われていたこと
・国語には答えがないというが、一つに決まっている感じだったこと
・ひたすら漢字テストばかりだったこと
・参観日前に予習をし、問題集と同じ質問が出たので挙手し発表すると「その答えは間違っている」と言われたこと

回答した大学生のアンケートをみると、かつての私の授業は反省しなくてはならない点が多い。
アンケート結果を分析し、そこから考えられる楽しい国語科の授業は、次の通りである。

① 何のための学習か、目的が明確であること
② 精一杯取り組むことのできる活動があること
③ 学習者の良さが指導者に認められていること

それぞれの学年の基礎的な事項を確実に身に付け、子どもの興味や関心を生かした活動を取り入れた授業を展開すること。これが、大学生にとって思い出の残る楽しい授業につながっていくのであろう。

一般的に、小学校低学年の時期は「国語が好き」と答えるものが多い。これは、学習に対する強い興味・関心、新しい教材と出会う楽しみ、学習事項を確実に我がものにしていく喜び等によるものである。大学生も印象に残っている国語の授業は低学年のときが多いと答えている。友達と楽しく学び、文字を覚え文を書く、漢字を覚え使うことができる等を実感し、学習の成就感、達成感を味わうからこそ印象に残っていったのであろう。学ぶことに意欲的な低学年の時期にどのような学習を展開していくか。学習指導構想如何によって、その後の中・高学年の国語の授業に大きな影響を与えることを大学生の回答から改めて実感した。

① 単調に繰り返すだけの活動は避ける
② ワークシートを効果的に活用する
③ 個人思考と集団思考の場を取り入れる
④ 個の良さを認め、絶えず書く場を設定する

生涯読書人、生涯対話人、生涯記述人。このような社会人に育ってほしいと願って授業に取り組んできた。結果はどうであったか、当時の子どもたちに聞いてみないと分からないが、私の授業で心がけていたのは前述の四点である。

社会人となって研究所を訪れる教え子もいる。当時の思い出を語る姿を見るにつけ、私の授業は教え子にどのような印象を残してきたのだろうかと考えるのである。

（平成十六年（二〇〇四年）八月）

7　あるがままの自分でいい　―話すこと―

転勤した学校に五年生から不登校になったK男がいた。クラス替え後、しばらくしてから「教室に入るのは嫌だ」と登校をしぶるようになったらしい。そのK男が六年生になったとき、私は教頭として赴任した。職員間で何度か話し合いがもたれ、教育相談室を設置し、K男を迎えることになった。学校長と私は、ついたてに壁紙を貼り、じゅうたんを敷き、机、ソファーを置き、K男を迎える準備をした。

連休明けの火曜日、K男は約一年ぶりに学校に顔をみせた。外へほとんど出なかったらしい色白の顔、痩せた体付き、うなだれながらも、時折みせる食い入るような目つきが印象的なK男であった。

K男との関わりは、私と一部の職員が中心に行った。最初の教頭職での学校、学期初めの事務量の多さに困惑した私は、K男との関わりが、ある種の安らぎの時間ともなっていた。仕事に一息つくと、私はK男の部屋を訪れ、話し相手をしていた。

星座に興味を示し、短波放送に耳を傾けながら気象地図を作製するＫ男。ロレンスの『都会では』の詩が好きだというＫ男に「川崎洋」や「まど・みちお」の詩を紹介する私。嫌味を言われたと興奮気味に話すＫ男。それをただ聴くだけの私。届けられたプリントは直ぐにこなすＫ男。そばで事務を執る私。それは、Ｋ男の部屋を訪れ、私自身が疲れを癒している時間でもあった。被害者妄想的な面もみられるＫ男は、友達について話し出すと、時には涙ぐみ、激高することも多かった。

半年近く過ぎた頃から次第にＫ男は落ち着き、気の合う数人が相談室に遊びに来るようになった。その時期からＫ男は甘えることもなくなり、仲間と談笑する日も増えていった。人間関係で悩み、教室に入れなかったＫ男は、十か月経過後、「給食の時間は教室に入る」と友達に話すようになっていった。

Ｋ男の家庭は複雑だった。幼い時から父母は離散し、話し相手は祖母だけだった。自分を素直に表出できず、何事も一人で対処し、悩み、生活をしていたのであろう。甘えられず、強気に振る舞いながら思春期を迎えたＫ男は、クラス替えが引き金となったのであろうか、教室に入れなくなったのである。

冬のマラソン大会。私は、雪の降る玄関前で子どもたちの安全指導をしていた。人の気配に振り返ると、体操服のＫ男が立っていた。私に微笑むと、すぐ集団とともに走り去るＫ男を見て、私は指先の冷たさを忘れていた。マラソン大会は、約二年ぶりにＫ男が集団生活に入れた節目の日でもあった。

「仏手鬼心」は、ある研修で耳にした言葉である。感受性の豊かな子どもたちは、私たちの何気ない言動に対して敏感に反応し、心を痛めていることがある。常に、あるがままの自然体で子どもと触れあい、「そのままの自分でいいんだ」と感じさせなければならない。楽しい人間関係を体感させる力量を私たちがもたなければ、疲れた子どもは救われない。

（平成十二年（二〇〇〇年）二月）

8　個性・能力に応じた教育を

今年も、県へき地・複式教育研究大会が二日間にわたって開催された。へき地・小規模校に勤務する多数の先生方が参加し、日頃の実践を持ち寄っての研究協議は大変盛会であった。本県のへき地・複式教育研究大会は、長い歴史と伝統に築きあげられたものであり、今年で三十九回目を迎えた。この間、それぞれの学校においては、地域の特性を生かした創意工夫ある教育活動が展開され、本県の教育の発展充実に大きく貢献してきたわけである。

今年の研究大会は、それぞれ次のようなテーマで四つの会場校が実践を公開した。真国小（オープンスペースの活用をとおして「国語・算数」）、毛原小（ふるさとに学び進んで活動する心豊かな子どもの育成「社会」）、小川小（豊かなものの見方・感じ方・考え方のできる子どもを育てる「国語」）、美里中（自ら考え、活動できる生徒の育成「特別活動」）

大会に参加して印象に残ったことは、先生方の熱意であり教育の力の大きさであった。へき地・小規模校であっても、指導者の工夫によって、子どもはぐんぐんと伸び豊かに育つのである。

同じ学校を三年間続けて訪問させていただき、その意を強くした次第である。その学校では、先生方は子どもの実態を細かく分析し、子ども自ら学ぶ力をつけるための指導法を研究し、当日の見事な発表となったわけである。

ある学級の四名の子どもは、これがへき地の子の読みかと目を疑うほど豊かな読みを発表し、参加者を驚かせた。そこには、指導者の深い教材研究があり、子どもの活発な思考を促す指導法の工夫が随所にあったからこそ質の高い授業が展開できたのである。

山々のが鮮やかな紅葉をみせ、清流を色づいた柿の葉が流れる会場校を後にしながら、私は、意欲的に学習に取り組んだ子どもたちの眼の輝きをずっと思い出していた。私も、小学校時代はへき地複式校で学んだ一人である。ベビーブームの世代であり、当時としては児童数の多い十五名の学級であった。今は廃校となり、当時の面影をだけを残すのみとなったその地に立つと、今も鮮やかによみがえってくるものがある。

校長先生が夕方遅くまで指導してくださった軟式庭球。大変情熱家だった学級担任と仲間たちとの思い出の数々。緑の山に抱かれた我が母校は、今も心の故郷である。

山紫水明の地に育つ子どもたちは、素直であるが表現力に欠けるとよく聞かされる。私はへき地の子どもたちの学習に対する興味・関心・意欲はすばらしいものを秘めていると常々考えている。指導者がそれに目を向け、学習展開を工夫を図ることにより、彼らの可能性は最大限に引き出されていくと信じているのである。

今年の初任者であり、へき地小規模校に勤務するある先生は、毎週のように学級通信を発行し、保護者との連携を密にし、成果をおさめている。いずれ、この先生も、子どもたちが成長したときには、思い出の師として心に刻まれていくのであろうと、毎号の便りを目にするたびに思うのである。

今年度の研究大会も、多大な成果をおさめて幕を閉じた。この二日間は、県下の先生方にとって、へき地教育を改めて見直す良い機会であったように思われる。「へき地教師の歌」にもあるように、へき地に勤務する教師は、子どもたち一人一人の個性や能力を把握し、明日をひらく知恵を育て、明日を築く強い意志を育てることが可能なのである。

今日の教育は、一斉指導の充実に加え、個性や能力に応じた教育が一層重視されている傾向にある。「へき地から光を」と言われるように、これからも更に、へき地教師による本物の教育が求められている時代なのである。

（『へき地教育新聞』昭和六十三年（一九九〇年）六月十五日（金））

9　大切なのは先生の熱意

山々が色づき始めた木（き）の国・和歌山の秋。県内のいくつかの学校では、日ごろの実践の成果が公開されている。

毎年のことながら、へき地・複式学校の先生方の熱意あふれた取り組みが公開され、参会者に多くの示唆を与え続けているのには、心強く思うばかりである。

平成四年度から、小学校において新学習指導要領が全面実施され、二十一世紀を生きる心豊かな児童の育成を目指した教育課程が展開される。今回の改訂にあたって、基本方針が四点示されているが、それをへき地教育からながめてみたい。

まず第一は、「心豊かな人間の育成」である。へき地には豊かな自然がある。そこに生活するあたたかい地域の人々がいる。最近、児童の活動や体験不足が指摘されているが、恵まれた自然のもとに育つへき地の児童には、指導者とともに行う体験学習などによって、それが十分なされているといえよう。

ある学校のことである。毎年立派な野菜を育て、それを通して地域の人々とのふれあいを深めている児童たちがいる。汗を流し、畑を耕し、ものをつくる苦労や喜びを実際に体験しながら心をみがいているのである。児童の手で育てられた野菜を見るとき、恵まれた自然と地域のあたたかい環境のもとで伸び伸びと育つ心豊かな児童の姿を思い出さずにはいられない。

二十一世紀への学校づくりの一つの対応として生活科が新設された。そこで求められているのは、体験重視、個性重視の教育であり、家庭や地域との連携を密にした取り組みである。前述の児童の野菜づくりの実践も、これからの教育そのものであろう。すでにへき地・複式学級において取り組まれている実践の中から私たちが学ぶべきことは多い。

次は、個性教育の推進と自己教育力の育成の二つである。

小人数学級に育つ児童は依頼心が強く、表現力に欠けるとの声が聞かれる。果たしてそうであろうか。本来、児童のもつ可能性は無限である。大規模校であろうとも小規模校であろうとも、それは変わりないであろう。指導者の工夫如何によって、それは克服できるのではないかというのが私の持論である。

児童の興味・関心を生かし、全学習過程を児童の追求意識に支えられたテーマを設定して、単元学習で成果をおさめている先生もいる。

例えば、ある作品を読ませた場合、「自分たちで劇づくりをしよう」というテーマをもたせ、従来の受身的な読解学習でなく、児童自らの手で学習を進めていく過程を展開するわけである。自分たちで達成できそうなめあてをもち、学び方がわかっているとき、持てる力を存分に発揮するのが児童である。

私の参観した学級の発言内容、集会等での発表態度は、何ら大規模校と変わるところはなかった。もちろんそこには、指導者の基礎基本をおさえた指導の徹底と個人カルテによる具体的な援助と励ましがあったのは言うまでもない。

個をどのようにとらえ、個の自己学習力をどう育てていくか、この学校のきめの細かい取り組みから示唆を与えられる点が多い。

「教育の原点はへき地にあり」といわれる。私も同感である。六年間をへき地・複式学級で学んだ私は「思い出の学校は」と尋ねられると、「廃校となった、あの小学校」と即答するであろう。

放課後遅くまで指導してくださった私の恩師。コート一面しかとれない運動場で、高学年と一緒に汗を流してくださった校長先生たち。へき地・複式学校でのあのすばらしい先生方との出会いがあったからこそ、今の私がいる。

今日も、へき地において児童のために力を尽くされている先生方は多い。その先生方とともに学び合えるように研修講座の充実を図り、教育研修センターとしての使命を果たしていきたいと思う昨今である。

（『へき地教育新聞』平成四年（一九九二年）三月十五日（日））

10　思い出の学校　―へき地・複式学級―

朝もやをついて走る今朝のペダルは大変軽い。これはきっと、今日訪れるへき地校に胸躍らせているからに違いない。

雑踏とは違い、山あいの学校には自然の優しさがある。川のせせらぎや小鳥のさえずりに耳を傾けていると、心の安らぎが感じられる。特に、私のようにへき地・複式学級で育った者にとっては、四方が緑に包まれた学校に立つと、我が故郷に帰ってきたような懐かしさを覚え、そこに遊ぶ子どもたちを、あの頃の自分の姿に映してしまうのである。

あの頃……。あの昭和二十年代のベビーブームに生まれ育った私たちは、当時のへき地校では多いと言われた十五名であった。若い担任と学級の仲間たちとの間には、数々のエピソードがあり、今も、走馬灯のように浮かんでは消えてゆく。

私の過ごした小学校は、現在廃校となり、山あいに当時の面影を残しているに過ぎないが、校庭の隅には、私たちの木が空に向かって伸びている。

「この木は、今はちっちゃいけれど、これからどんどん伸びていく。みんなと同じように、この木も大きくなっていくぞ。」

若い木に土をかけながら話してくださった先生の声。今も鮮やかによみがえるのである。

山奥に住む私にとって大きな楽しみの一つは、バスに乗って海辺の町へ珠算の検定試験に行くことであった。

その日も無事検定試験が終わり、バスを待つ間の自由な時間があった。大好きな海へ、先生が連れていってくださった。各々、お弁当箱やそろばんを岩の上に置き、久し振りの海に向かって飛び出した。

みんなは夢中になって遊んだ。真珠養殖場を覗いたり、鮮やかな色の魚を追いかけたり、時の経つのを忘れて遊んだ。

突然の声に、私たちは我に返った。いつの間にか潮は満ち、海水は太腿まできていたのである。その上、啓介くんのお弁当箱が、潮にのって流されてしまったのである。

その夜、先生が啓介くんの家へお詫びにきたらしいと家の人から聞いた。私にとって、そんなことよりも、時間を忘れてしまうほど一緒になって遊んでくれた先生の行為がとてもうれしかった。

最近、小学校時代の先生から便りが届いた。

「私も若かったと思います。夏休み中、誰も来ない応接室兼図書室の床に一日中寝っころがって、詩集などを読みふけったものです。「赤い鳥」や与田準一・サトウハチローなんかが、とても好きだったんです。感激屋と言えば聞こえはいいが、薄っぺらで嬉しがり屋の私は、すぐ感動の受け売りがしたくて、じっとしておれなくなって、子どもの前で強引に発散させたかったのでしょう。恥ずかしい限りです。」

やっぱり、私たちの先生であった。

へき地・複式学校の置かれている現状の厳しさは、今も変わりがない。しかし、その土地にすむ人々の温かい心とすばらしい自然も昔と何ら変わるところがない。

居ながらにして海外の情報が手に取るようにわかる時代であろうとも、子どもたちに残していきたいものがある。四季おりおりの変化を映しだす山々の美。川のせせらぎに応える小鳥のさえずり。その土地に住む人々の温かい心。これらを素直に受け止められる子どもに育ってほしい。

（昭和六十三年（一九八八年））

11　ことばのキャッチボール

二年生の教室に入ると、机の回りに学用品が散らばっていました。

「先生、Kくんがまたやってんで。」

学校ではほとんど話をしない、場面緘黙の傾向が見られるKくんに、何か気に入らないことがあったようです。

私にとって、これがKくんとの初めての出会いでした。担任から少し様子を聞いていたものの、学校では目立たない穏やかなKくんだったので、そんなにも気にとめていませんでした。

「みんなで手伝ってあげようか。」

私が学用品を机の中に入れ始めると、やさしい仲間たちがすぐ集まってきて、おもいおもいにＫくんの物を片付けてくれました。

その日から、校内で出会うたび、Ｋくんに声をかけるようにしました。

「おはようＫくん。元気？」「今日は楽しいことがあったかな？」返ってくるあてもないボールを投げ続けました。

そのとき、ずっと目をみて語りかけるようにしました。

包容力のある担任とあたたかい仲間に囲まれたＫくんは、少しずつ心を開いていったのでしょう。半年経ったある日のことです、私にとってうれしい出来事が起こりました。そのときの「週報ふくしま」（毎週発行の学校便り）です。

> 掃除に行く途中、日ごろ気になっているある子と毎日出会います。今まで声をかけてもほとんど返事をしてくれなかったＫくんです。掃除が終わった後、聞きました。
>
> 「今日もがんばったかな。」かすかなほほ笑みが見られました。こっちもうれしくなって「次の時間は何かな？」と尋ねました。「何かわからん。」小さな声ですが、初めて応えてくれました。これまで投げかけていたボールを受け止めてくれた瞬間です。
>
> 思わず、身体を持ち上げて「次の時間もがんばろう」と送り出しました。これからもＫくんとのことばのキャッチボールは続きます。
>
> （平成十年二月二日「週報ふくしま」から）

学校の子どもたちは、さまざまな表情を見せてくれます。その子のこころに近づくことは大変難しいことですが、まなざしで語りかけることによってふれあうときもあるのです。

「一人の個人を深く知るとき、人類を知ることにつながる。」（カール・ロジャース）
その子のよさをとらえ、全身で受け止められる教師になりたいと私は思うのです。

（平成十年（一九九八年）二月）

12　「総合的な学習」に生きる言語能力　―木を見て森を見ず―

和歌山城の木々が色づく小春日和、市内の小学校で注目の「総合的な学習」の研究発表会が行われた。当日、多くの参観者があり、かつての「学校創意の時間」や「生活科」のスタートを思わせる熱気が見られた。今、教育現場では熱い視線が注がれているのがうかがわれる。授業者もそれぞれ工夫を凝らし、「自ら課題を見付け、自ら学び、自ら考え、主体的に判断し、よりよく問題を解決する資質や能力を育てる」総合的な学習のねらいに迫る意欲的な取り組みであった。

盛会だった研究会を喜び、学ぼうとする参会者の意欲に敬意を表しながらも、私は一つの不安感も覚えていた。「総合的な」と名のつく研究発表会がある度に参加者がどっと押し寄せ、活動だけがそのまま受け入れられ、一過性のものとなってしまわないかということである。

かつて「生活科」が誕生したとき、研究会場はものすごい熱気に包まれた。夏の発表大会などは気分を悪くした人が続出し、「人を見にいってきただけ」と笑って語った友人もいたほどである。

以前勤務していた学校は、「総合的な学習」に関心が高く、職場では早くから話し合いがもたれた。そのとき、発言した職員の言葉からも、私は気になることがあった。

「国際理解、情報、環境、福祉をどのように授業していくか早く考えなくてはならない。」

今、私が不安を感じているのは、指導者の創造力である。授業から学ぶこと、書物から学ぶこと、先進校から学ぶことはまちがいではない。しかし、それらを全て受け入れ、そのまま自校に当てはめるべきではない。基本は、学習意欲にそう柔軟な課題設定であり、創意工夫した授業づくりである。「生活科」創設時、森隆夫氏が述べた「ザリガニ・ファシズム」に陥らないことを望むだけである。「日本人の画一性志向、集団依存型の性格」の「ザリガニの飼育が例示されると、ためらうことなくそれを真似ようとする」教育が行われる心配である。(『生活科の基礎・基本』P五九)

私たちは今一度、新学習指導要領の総則「総合的な学習の時間の取扱い」を熟読し、地域や学校の特性、子どもたちの実態等を把握し、特色ある授業づくりを考えていかなくてはならない。「総合的な学習」のねらいは、「学校知（学校で学んだ知識）」を「生活知（実生活に生きて働く知恵）」へ総合的に高めていくところにある。

先述の勤務校で、三年生が地域の学習を一年間通して行った例がある。「地域めぐり」「昔の人の生活を調べる」「市立博物館―昔の道具―見学」「見学等から詩をつくる」「寺の住職からお話を聞く」「デイサービスセンターでのお年寄りとのふれあい」などである。指導者側からの意図的な展開であったが、子どもたちは様々な個性を発揮し、意欲的にこの学習に取り組んだ。

「総合的な学習」の時間は、各学校において創意工夫するものであり、目標や内容等は示されていない。私たちにとっては、お互いに学校の個性を発揮できる、やりがいのある学習であると言えよう。地域にどのような素材があるか、子どもたちの興味・関心の示しているものは何か、指導者はどのような構想をもっているかなど、基本的なことは十分に話し合っておかなければ、「まず、子供ありき」の展開は無理であろう。

「木を見て森を見ず」の言葉もある。「総合的な学習」は、派手なものに振り回されることなく、物真似でない足元を見つめた実践を進めていきたい。そのためには、自校の特性を見いだし、創造的な学習活動の展開について、職員間で十分に理解しあう時間をもたなくてはならないだろう。

（平成十一年（一九九九年）十一月）

13　教材研究と指導計画　―分科会指導助言―

私は教育研修センターで、幼稚園新規採用教員研修から小学校、中学校、高等学校、盲・ろう・養護学校の教員の全ての校種の研修に携わっております。

新規に採用された教員の研修に関わって、ここ数年、「教員の資質とは何だろう」と気になりだしてきております。それは、次のような出来事があったからです。

幼稚園新規採用教員の宿泊研修で、担当が高野山の歴史を話したときの事です。「弘法大師が悟りを開いた地が、この高野山なのです」と話している途中、前に足を投げ出して座っている或る新採教員が挙手して明るい笑顔で尋ねました。

「先生、悟りって何?」

私たちが日常に耳にし、何気なく使っている言葉も、今の若い人たちには通用しないということがあるのでしょう。担当者の驚いたような顔は忘れられません。

初任者研修に関わって、まだ幾つかの気になる点があります。現在、全国の教員採用検査は難関であり、何十倍の競争をくぐって教員となったペーパーテストでは優秀な人材が集まっております。しかしながら、子どもとの指導上でのトラブルは勿論、保護者との対応、同僚教員との挨拶等の日頃の付き合い、電話での応対等、社会人としてマナーに関して欠けているのではないかと耳にする事があるのです。私的にではありますが、教職員団体からも、新採教員に対して社会人としてのマナー研修を入れたらどうかと話が出たくらいなのです。

また、ある研修で、元校長先生の話に、このような例もありました。医大の教授が話した言葉だそうですが、「最近の医学生は、病気は治せるが、病人は治せない」というのです。

いわゆる、ペーパーテストで優秀な成績をとり、知識として多くの事項を身に付けていても、一社会人として「生きる力」を見たときはどうなのだろうか、と考えさせられるわけです。医者にとっても、言葉は重要な役目をもっています。病気の診断はできても患者さんと会話ができない医者は、診てもらう者にとってはどうなのでしょうか。人と人とのふれあい、言葉のあたたかみ、重みを十分に理解していない学生が医者として現場に立っていることに対して、その教授が危惧しているように感じられたというのです。

子どもの言葉や動きを敏感にキャッチする眼と心を育てるにはどのような研修が必要か、来年度の研修を企画するに当たって、そのようなことを研修担当たちと考えているのです。

さて、今回のお二人の発表を聞きまして、私も大変勉強させて頂きました。

いつも思うのですが、この冊子『国語の教室』は、私たちの実践に当たって、参考になる具体的な事例が多く、役立つものだと改めて感じました。時間のあるときにはこの冊子を参考にし、他の部会での発表者の実践を読んで授業に役立てていただければと思います。

栗山功先生の実践をお聞きし、これからの国語科指導の基本をふまえたものであるとまず感じました。

相手意識、目的意識等を明確にもたせ、効果的なグループ活動を取り入れた授業展開は、個に応じた指導、体験的な学習を取り入れた「生きる力」を育てる国語科指導の一つの例であろうと感じました。

栗山先生の若いエネルギーが、基本をふまえたこの授業実践に随所に見られました。これからも活動を取り入れながら言葉の力をつける授業の在り方を探っていただければと思います。


課題につきましては、皆さんから質問が出ていた通りだと思いますので省かせていただきます。この実践を終えた子どもたちの感想はどのようなものであったのだろうか、それを冊子に掲載しておれば、今回の参加者にもよく理解できたのではないかと思いました。

評価に関わって、子どもたちの感想から指導者が実践後の考察を加えれば、今回の発表が参加者によく理解できたのではないかと思いました。


質問ですが、八木先生は、もう何年目なのですか？　（八木氏　「十二年目」と答える。）

私は、八木先生が附属天王寺小学校に来られた年から付き合いをさせていただいております。その頃の先生は、今日発表された栗山先生のようにフレッシュで、初々しく見えました。今はどうです。実践を多く積まれ、発表も堂々としていて、聞いていても安心して聞かせていただける、私たちにとっては学ぶ点が多い発表だったと思いました。

以前大阪にいらっしゃった大村はま氏が話されました。「よく準備された授業には失敗はない」年月は人を変容させていくものだと改めて感じるとともに、今日の八木先生の実践から、大村先生の言葉を思い出していました。

「読書へのアニマシオン」の創始者であるモンセラ・サルト氏は読書への誘いとして七十五の戦略を提唱しています。「戦略」とは、氏によると「子どもが本来持っている読む力を引き出すための手段のすべて」だそうです。

さっき八木先生も話しておられましたが、モンセラ氏は、「授業とは切り離してアニマシオンをやってほしい」と述べております。国語の時間にアニマシオンをやると、そこに指導者の強制や評価が伴うから良くないというのです。今年から実施される「総合的な学習の時間」や特設の「図書」の時間で扱えば、子どもたちを読書へ誘う一つとして、このアニマシオンも可能ではないかと思います。皆さんも一度試してみてはどうでしょうか。

八木先生の読書に関する「学習活動系統表」は大変参考になると思います。指導者の意識によって子どもたちは本好きになったりならなかったりします。担任の与える影響の大きさを考えますと、八木先生のクラスの子どもたちは羨ましいような気もしました。

私の恩師のある中学校の校長が話しておりました。人数分の本を前日教室に持参し、机に積んでおくのだそうです。翌日、生徒に順に本を渡し読書を勧めるのだそうです。しかし、ただ渡すだけの読書の勧めであっても、そこには校長の秘密がありました。

その校長は、「あの子には今この本を、この子にはこの本が良いだろう」と前日に図書を選定し、座席順に渡すことによって、読ませたい本がその子に届くように計画的に教卓に並べていたというのです。

このような一人一人に眼を向けたきめの細かい指導が子どもたちに言葉の力をつけ、本を身近に感じさせていくのだと思いました。

「絵本には何歳からはあっても何歳まではない」と言います。子どもを本好きにするための取組を先生方も今後いっそう実践していただければと思います。

「one book one week」は、私どものセンター所長が初任者に対して提唱した言葉です。

子どもたちとともに書に親しみ、生涯読書人を育てる取組を八木先生のような実践を参考にしながらやっていきたいと思いました。

（平成十四年二月二十三日（土）　国語教育冬季研究大会　於　大阪府中小企業文化会館）

14　「話すこと・聞くこと」の指導　―指導助言―

暑い中をこの研修に来られた皆さん方は、今回のこの「話すこと・聞くこと」の分科会から得るものが多かったのではないでしょうか。

それぞれの学校の現職教育のリーダーでもある、お二人の実践から、皆さん方は、二学期からの大きなヒントをもらったのではないでしょうか。私にとっても学ばせてもらうことの多い、大変参考になる発表でした。

お二人の実践は、基礎基本を押さえた、学年の発達段階を踏まえたきめの細かい指導であり、相手意識、目的意識を明確にしながら楽しい学習を目指したものであるように思いました。

発表をお聞きし、お二人の実践を通して、子どもたちは学習を楽しみ、「話す力・聞く力」を確実に身につけていくように思いました。

「日本人はテンション民族である」（堀川直義氏の言葉）と言われています。

「tension」、つまり、日本人は緊張民族だと言うのです。実を言うと私もそうでした。中学校の頃は人前では話すこともできない、場面緘目とも言われるくらいの「無口な人間」だったのです。皆さんは今の私を見て信じられますか？

今も私は「ムクチな人間」だと言われています。しかし、意味が違ってきています。「ああ言えばこう言う」という「六つの口」を持つ人間のように思われているのです。（笑い）

私のこの変化について、ある学習会（野ぎくの会）の折に話したことがありました。その時、この全国大会の指導助言、講師で出席されておられる野地潤家氏はおっしゃったのです。

「岡山さんは、話すことが出来なかったのではなく、それまでは、話す中身を貯める準備期間だったのですよ。」

どうですか？　皆さん、この言葉についてどのように思われますか。私には、何というあたたかい、相手を力づける言葉なのだろうと思わずにはいられませんでした。

「テンション民族」と言われる私たちに対して、話すことに自信を持たせ、学年に相応しい力をつけていくには、やはり学習者を支援する指導者の力量、働きかけが問われていくように思います。

発表者の小原教諭（京都教育大学附属小）は、指導者自身の笑顔など表情づくりにも努力しているとの話がありましたが、同じようなことを大村はま先生が私に話してくださったことがあります。

大村先生は、授業に入る前には必ず鏡の前に立ち、自分の笑顔を確かめてから生徒の待つ教室に入ったと言います。「これなら生徒が安心して授業に臨むことができる」と自分の表情を毎日確認したうえで生徒の前に立ったそうです。

『ノンバーバルコミュニケーション』（大修館）に書かれているメラービンの調査によりますと、メッセージの伝達は「言語は七％、準言語は三八％。五五％は顔の表情によって伝達されると思われる」と書かれています。皆さんは、これについてはどのように感じられますか？

私たちが普段話していることばは、子どもたちには七％しか伝わっていないというのです。それよりもメッセージの伝達で重要なのは、話し手の表情、笑顔などであると述べられているのです。

大村先生の実践やこの書物から考えられることは、子どもたちを豊かな話し手に育てたいなら、まず私たち自身が子どもの前でどのような話し方をしているか、それを振り返り、自身の話す力聞く力を磨いていかなくてはならないと思います。

大村先生は、このようにも述べておられます。

「聞き方、話し方はいくら教えてもだめ……まず指導者自身が子どもたちの前で手本、見本をみせていかなくてはならない。子どもたちが集中して、思わず身を乗り出して聞くような話をすること、聞かせることに限る」と。

（『日本語シンポジウムⅡ』）

大村先生は、十数年間もＮＨＫ「教員のためのはなしことば講座」に通い、「話す・聞く」力を磨かれていったと、「教員のためのはなしことば講座」のチーフ杉澤陽太郎アナウンサーが話されていました。実を言うと、私も、大村先生から一度その講座に参加して勉強してみてはどうかと勧めてくださったことがきっかけで参加したことがあったのです。

私の場合、たった二回しか参加しなかったのですが、そこでの講座は、個別指導があり、私にとっては大変厳しいものでした。私は二回しか行くことができなかったのですが、その講座を毎年のように受講し、自身の話す力を磨いていかれた大村先生は偉大な方だなと思いました。

今日の私の話には、「話す・聞く」に関する書物がいくつか出てくるかと思います。

『話し方は生き方だ』（江川ひろし）の書物に、次のことばがありました。

ギリシャの医聖ヒポクラテスは述べている。「医者には三つの武器がある」と。

皆さんは、この三つを何だと想像されますか？

その書物には、このように書かれています。まず、医師の第一の武器は「ことば」である。第二は「メス」、第三は「薬石」であると。

お医者さんの一番の武器はことばであると、この書物には書かれているのです。

私たちが病気になった時のことを考えてみてください。その時、主治医であるお医者さんのことばによって勇気づけられたり励まされたりしたことはありませんか。

人はだれしも、病気などによって落ち込んでいる時に、周りの優しいことば、励ましの一言によって勇気づけられたり、元気づけられたりするのものではないでしょうか。

実際に、人間の脳には「脳内麻酔様物質→エンドルフィン」というものがあり、周りの励ましや主治医のことばによって、その効果が高まっていくと言われています。ギリシャの医聖ヒポクラテスが「第一の武器はことばである」と言った所以であります。人間には、医師のあたたかいことばによって病気を自然治癒していく力が体内に内蔵されているというのです。

私たちも、毎日「ことば」を介して子どもたちと生活しています。どのようなことばがけを子どもたちに行っているか。それを考えたとき、私たちの行っている教育の重要性、影響力の大きさを改めて思わずにはいられません。

『美しい日本語で話しましょう』（石井鐘三郎）の中に書かれていますが、ＮＨＫの調査で「日本語の中で美しいと思われることばを思い浮かべてください」と質問したことがあるそうです。

皆さんは、当時はどのようなことばが上位を占めたと思いますか。

昭和四十五年（一九六五年）の調査では、心に思い浮かべる美しい日本語は、すべて和語でした。どういうことばであったかといいますと、次の順位でした。

①ありがとう　②おはよう（ございます）　③すみません

昭和六十年（一九八五年）の調査も同じような結果となっています。

①ありがとう　②おはよう（ございます）　③すみません

平成に入り、私も、小学校の国語教育研修講座で同じことを質問してみたところ、同様な結果が出ました。

私たちが普段使っている日常のあいさつことば、日本人はこれを美しいことばであると考え、いつもアンケートでは上位を占めているわけです。

人と人を笑顔で結び、心をつなげる「あいさつことば」は日常会話の基本であります。この毎日交わす日常のあいさつことばを基本に据え、子どもたちに意欲を喚起するようなことばがけをしていくこと、これが授業に大きく影響を与え、「話すこと・聞くこと」の基本をつくっていくとも言えるのです。

指導者自身が「話すこと・聞くこと」をどのように心がけ、子どもたちと毎日関わっているか。その姿勢そのものが、私たちの受け持っている子どもたちに大きく影響を与えているということを十分考え、取り組んでいかなくてはならないと思います。

お二人の素晴らしい実践から、このような事を考えていました。

（平成十六年（二〇〇四年）八月二十一日　国語教育全国大会）

15 「教材研究」部会の指導助言 ―野地先生とともに―

今日は、お世話になっている野地潤家先生と一緒です。十数年前から、私たちの学習会「野ぎくの会」でご指導いただいたおります。その先生と一緒ですので大変光栄に思っております。どうかよろしくお願いします。

まず、お二人から学んだことを話します。

八木先生は、この会でも長く付き合いをさせていただいております。毎回新しい取り組みを聞かせていただいておりますので、私も大変参考になっております。八木さんの「大阪弁、発見」は子どもたちの実態を把握したアイデア豊かな実践であり、準備、計画も緻密であり、つけたい力を明確にした取り組みだと思いました。授業の基本を押さえており、私たちも学びたい実践でありました。授業の三角すい（目標、学習者、教材、指導者の関係から）「学習の目標は内容を規定し、内容は方法を規定する」と言われます。八木先生の指導案は一年間でどのように子どもを育てたいかを実態から分析し、長いスパンを見通して構想を立てて取り組んでおられるように思いました。

栗山先生は、学校現場でのリーダーとしての立場にあり、学校の核となっておられる方であります。田中小学校で何年目かは判りませんが、その学校の五年生の実態はどのようなものか、学校として、この学年にはどのような力をつけたいか。この点をもう少し話してほしい気もしました。現職教育の核であるべき立場の人には、そのような観点からの分析や説明も必要になってくるからであります。

栗山先生は、先輩教員から教材は何回も読むということを学んだと言われました。読むことにより見えてくるものがあるというのは、私もその通りだと思います。私は、教材を読むときは三つの目が必要だと言っています。①一読者としての目　②学習者としての目　③指導者としての目の三つです。授業は、この三つの目から教材を読み、そこから学習指導を構想していくことが重要であると思います。

浜本純逸氏（神戸大学）は、ある書物で、文学作品の読み方は、Aであった登場人物がCによってBの状態に変容した。その転機となったCを読めばいいと述べておられました。

今回の作品では、（A）ひとみを輝かせて「あたし、大きくなったらハンターになる！」と言っていたヤミーナが、（B）「あたし、ハンターにならない」と自分自身に誓います。このヤミーナの変容を叙述に即して「時、場所、人物、出来事」を想像豊かに読ませることがこの作品を読むことになっていくのではないでしょうか。

読むことを次の「本の紹介文を書こう」にどのようにつなげていくか。ここには一つの課題もあるように思いました。学習している子どもの意識の流れをどのように次へスムーズにつなげていくか、指導者の腕のみせどころになると思われます。学習意欲をどのように次の課題に結びつけていくかが、ここでの学習のポイントなるように思いました。

栗山先生は教職十一年目であるとか。私はその十一という数字で一つ思い出したことがあります。平成五年（一九九三年十一月二十日）、今から十一年前、ちょうどこの国語教育研究大会が大阪教育大学附属天王寺小学校で開催されております。

シンポジウムで清原久元先生が司会をされており、そこには、中西一弘教授や尾崎多校長を始めとして、今は亡き大橋冨貴子先生、青木幹勇先生も参加されておられました。

その時のテーマ「国語の授業はどうあるべきか」で大橋先生は次のようにお話なされました。

「楽しい国語の授業でありたい。子どもとつくる授業でありたい。日本語を大切にする授業でありたい。そのためにも、教師の話しことばは十分気をつけたい」

また、青木幹勇先生は「全員参加、全員集中の手応えのある授業。わかった。できるようになったと感じる、集中のある豊かな学習者にしたい」そのためには「教師がオリジナルな授業をつくること。一つとしてはいつまでも長く引っ張らないことが大切だ」とおっしゃいました。お二人のことばから私たちのこれからの実践に多くの示唆が得られます。栗山先生の十一年目の数字から思い出した出来事です。

（平成十六年（二〇〇四年）十一月六日　国語教育研究大会　於　エル大阪）

16　書くことの学習指導　―子どもは元来、表現好きだ―

一　はじめに

子どもの書く力は、日ごろの私たちの姿勢に左右されていると言えないだろうか。子どもは元来「表現すること」が好きである。これは私の持論である。それをどのように伸ばしていくかは、私たちの工夫如何によると言えるであろう。普段から書く活動に取り組んでいるかどうかは、子どものノートを見ると一目瞭然である。学習記録の累積は、よき学び手を育てる。「書く活動」をどのように取り組んだか、二点に絞って述べてみたい。

二　良さの実感

どの教科においても「書く活動」を取り入れた授業を心掛けてきた。その影響も幾らかあっただろうか、卒業前にY・Sは日記を提出してきた。

はっきりいって、ぼくは四年生まで国語科が大きらいでした。それが、自分でも知らない間に好きになっていました。（中略）こつこつやっているうちに、いつのまにか「書く」ということに慣れたのです。それで国語が楽しくなってきたのです。みんなとの意見の言い合い、考えをまとめて書くこととても楽しくなりました。もうすぐ小学校も終わりです。大好きな国語の思い出を作りたいです。

（六年　Y・S）

「書くことが苦手」の意識をなくすためには、まず、子どもの学習状況を把握し、表現に自信を持たせながら、書くことの日常化を図ることから始めなければならない。

表現意欲を促す一つとして、授業開きに、学校周辺の散策と春の花の観察を位置づけてみた。これは効果があった。新学期、校庭には様々な花が咲き乱れている。それを観察しながら子どもたちと散策するのである。そこでは子どもの個性的な見方・考え方がうかがわれ、後の指導の方向性が見いだせる。散策し、各自の心に止まったものを文字化させることは、個の表現の違いに着目させ、お互いの表現の良さにも気づかせることになる。

「この子は書くことが苦手だ。」と母親が述べていた三年生が散策の後に書いたものである。果たして、これは苦手といえる文章であろうか。

ぼくは花をじっくりみた。きれいだなと思ってみていると、花はこういった。「みんなちぎらないでね。」ぼくは、「はなが大すきだからちぎらないよ。」というと、花は「ほっ」とためいきをついた。

（三年　T・M）

同じパンジーを観察させても、一人一人には表現の違いが見られる。それを把握し、その子の良さとして学級便りに掲載する。自分の表現が集団に提示され、評価されることは、子どもにとっては大きな自信となっていく。表現への意欲を促し、「書くこと」の抵抗をなくすためには、その子の表現を評価し、集団の中で認め合うことである。個の表現の違いに着目し、良さを実感させる手立てを講じることが、ノートに書く抵抗をやわらげていく。個性的な表現を掲載する学級便りも、子どもの表現意欲を育てる。

何事にも積極的な姿勢が見られる新学期。自由な雰囲気の中で自然観察をさせ時間を楽しむことは、個を捉え、表現意欲を喚起させる絶好の機会となる。

三　書き慣れる

書くことの苦手意識を少なくするには、書く活動を絶えず取り入れることである。矛盾しているようであるが、事実である。記号でもよい。一文でもよい。書く活動を必ず授業に位置づけ、展開するのである。ノートに毎時間の思考の過程が記されている授業は、子どもの読みを確かにするとともに深くする。思考に自信をつけさせる。書きながら考え、考えながら書く授業の展開を基本に据える、これが、書くことの苦手意識を少なくさせ、真の学び手を育てる不可欠な条件である。

数年前、我が子のノートを見た。教材は『ごんぎつね』である。第一印象をノートに記している。この印象がどのように変容し、授業はどのように展開されるか期待していた。だが、ノートはそれだけで終わりであった。あわれにも、「ごん」は、あっという間に亡くなっていたのである。

読みをノートに記す活動は、指導者にとっては学習の効率を妨げるように思われている。しかし、そうではない。ノートに書く活動は、学習の個別化を図るとともに授業を焦点化させることもできる。しかも、それが授業にめりはりをつけ子どもの学習意欲をも喚起させているのである。

書くことを取り入れ、ノートに学習の足跡を残していくことは、国語科のねらいである思考力をも鍛えている。一学期当初は、マス目や罫線の入ったノートを使用させ、書くことを習慣化させ、使い慣れた頃には、無地のノートをすすめた。ノートはとるものではなく創るものであると気づかせるためである。形式等、自由に工夫させるには、無地のノートが効果的である。

先述のY・Sのいた学級では、一つの教材で一冊のノートを使い切った子が多く見られた。毎時間、友達の読みと自分の読みを比較しながら、考えを書き続けてきた結果が自然とそうなっていったのである。ノートを一冊使い切ったことは子どもたちの書くことを更に自信をもたせた。

「考えを書くことが楽しい」と思わせる授業でなくてはなくてはならない。そのためには、学習の個別化を図り、それらを授業に生かしていくことである。意図的に、絶えず、書く活動をとり入れることが、自在にノートを使いこなし、一人学びを身につけさせていくのである。

子どもにとっての楽しい授業とは、自己の学習が記され、集団の中で豊かに変容していく実感を味わうことである。

17　作文教育のあり方　―分科会指導助言―

西庵先生は、本年度、和歌山大学附属小学校に転勤されました。大変子どもたちを大切にされ、子どものもつ良さというものを見つめて伸ばしていきたいと実践を意欲的に取り組まれている方であり、私も期待している一人であります。

もう十数年前からの付き合いで言いたいことを気楽に話し合っている仲ですので、今回も私が学ばせてもらったことを中心としながら自由に話をさせてもらいます。

今回の発表に関しては、私自身の疑問として四点ありました。まず第一点目は、この提案から先生が述べたかったのは何だったのかということです。子どもの表現力を伸ばしたいのは分かりますが、そのためにどのようにしたかという点が明確でなかったように思われます。普段の生活の中から題材を見いだしたいのか、感性を耕すことが表現力の育成につながっていくという点か、題材を自由に書かせることがねらいを達成することなのか。この点が分かりにくかったので、もう少し主張を明確に述べた方がよかったのではないでしょうか。

第二点目は、提案資料の文です。「話しことばを気楽に書かせること」「思いのまま書かせること」「感動や思いをお話するように書く」「五感で感じたこと等を気楽に記述させた」「会話文や事実にそくしてありのまま文章に書けばよい」といった文です。これらは、どのような指導をすれば、それが達成できるのかが分かりにくいのです。「気楽に」とはどのように指導することか。「ありのまま」とは、どのように書くことがそうなるのか。これらをもう少し具体的に話していただければよかったと思います。「気楽に」「思いのまま」「ありのまま」とは、表現の場を考慮していくことか、一人一人に対して助言を工夫することか、先生の実践例を述べていただければ具体的に理解できたように思います。

第三点目は、次の文にかかわってであります。P九十一「子どもたちの感性は表現に生かされにくい」、P九十一「子どもたちの感性が表現に生きることを目指した」の文です。ここでは、比喩表現を教えることが技能を身につけることであり感性を耕すことになるのか。この文からは十分に理解できないように思われます。感性を表現に生かすとはどういうことか、もう少し話していただきたかったようにも思います。

第四点目は、推敲にかかわってであります。出席されている方々からも、推敲に関しては色々な意見が出されていました。今回の提案の推敲とはどうすることなのか。これを明らかにしておかないと協議が深まっていかないように思われます。推敲とは、書いた文章を見直してまちがいなどを正していくことであり、読み手を意識した叙述の仕方の工夫であると考えたとき、今回の発表の推敲はそれに合致していたかどうかを考えてみたいと思います。奥野くんの作文「ひみつのトンネル」が推敲後「大プールでパシャーン」と変わったのは、指導者のどのような助言があったからなのか。また、奥野くんはこのとき、推敲をどのように考えていたのか、そういうことを私たちは知りたかったと思います。

西庵先生の取り組みの良さとしてあげたいのは、その子らしい表現力を伸ばしていきたいという考えです。これからの教育で大切にしていきたい国語の力です。文を書き慣れる子どもを育てる重要性については、石森延男氏も「書かねばならぬときには、おっくうがらずにさっさと書くことのできる態度を養っていくこと」と述べておられますが、西庵先生はそれをねらいとして取り組まれているのはすばらしいと思いました。子どもの内発的な表現を求めて研究を進めておられる先生の今後の実践を期待しております。

最後に、今後の作文指導をどのように進めていくか、私の考えから二点述べさせていただきます。

作文を書かない子どもと書けない子どもを、指導者はしっかり把握しておくことをまず考えたいと思います。「書かない」のは意識の問題であり、「書けない」のは技能の問題であることをおさえ、担当する学級の児童はどのような状況かを把握しておかないと次の実践ができないと思うのです。実態を把握することは、一人一人の良さも見えてくることであり、その後の実践の見通しも立てられると思うのです。

西庵学級の提案要項の子どもの作文をみると、Ｏくんは子どもらしい大変元気な、学級ではしっかりとした子であるように思われます。Ｋくんは、わりあいのんびりとしており、温厚な性格の子に思われます。話し方はあまりはきはきとしないのではないでしょうか。Ｎくんは、学習面はわりとよくできており、性格も落ち着いているように思われます。作文を書くことは、本人はわりあい好きなほうではないでしょうか。「文は人なり」と言われますように、この要項の作文からも子どもたちの表情がうかがわれるのです。これは私の独断で推測した部分ですから、間違っているかもわかりませんが、このように一人一人の実態を分析し、どの子にどのような力をつけなければならないか、指導者は事前に構想をもっておかなければならないと思います。

石森氏は、「作文教育とは、子どもたちが文を書く力を伸ばすために行われる」と述べておられます。これは当たり前のことでありますが、私たちが押さえるべき重要な点であります。子ども一人一人の文章力というものを、指導者が確実に把握しておかなければ、次の実践にはつながらないと思うのです。私たちは実践を通して子どもを育てていることを念頭に取り組みを進めたいと思います。

石森氏は次のようなことばも述べられています。

「教育の実態は……教師の周囲を取り巻いている子どもたちの中にひそんでいる。……生き生きとした貴重な教育理論や原理は指導事実の中から誕生してくるのである。それが一番新鮮で、しかも確実性が高い」

子どもの実態から何を学び、何を指導に生かしていくか。年間指導計画をどのように立てていくか。私たちは、常に実践の中から学び、子どもの個性的な表現力を育てていくようにしたいと思います。

次は、書き慣れるという点であります。菅原稔氏（兵庫教育大学）は、「書く力は書くことなしにつかない。書かせずにいくら書き方を教えても書く力を伸ばすことはできないし、書くことを好きにすることもできない。気軽に鉛筆を握ることのできる学習者であってはじめて書くことを身につけ、書くことが好きになっていく」と述べています。また、野口芳宏氏（千葉県小学校長）は、考えることと書くことを一体化させるということで、○や×でもいいから、絶えず書くことを取り入れた授業を展開していきたいと述べています。

書くことの日常化を図る取組が、今後一層求められていくように思います。

（平成七年（一九九五年）二月二十六日　国語教育研究大会）

18　十分間の効果的な活用法

一　継続的な取組を

「朝の会」は、五、六人の児童がスピーチをする。それを「一分間スピーチ」と名付けている。時間は一分間と限定している訳ではないが、目安としてその程度に収めさせるようにしている。

今回（平成元年）改訂の国語科においては「表現力」を高める学習指導が重視されている。その中でも「話すこと・聞くこと」は、今後指導の充実を図らなければならない課題の一つとなっている。「朝の会」を利用して取り組んだ「話すこと・聞くこと」の指導例を述べてみたい。

ある協議会で一人の授業者が発言した。「子どもの話し方を無理に直そうとすると、よけい緊張して授業中発表しなくなってしまうので、私は好きなように話をさせています。」

果してそれでよいのであろうか。指導すると本当に児童は話さなくなってしまうのであろうか。だが、参観すると同じ学校でありながら話し方を身に付けている学級もあるのはどうしてであろうか。国語科は言語の教育である。時宜を得た適切な指導を通して「話し方・聞き方」を身に付けていかなければ、児童はどこでそれを身に付けていくというのであろうか。要するに、指導者の意図的・計画的な指導の有無にかかわるのではなかろうか。

話の句切りに「……で」「……ね」を付け、語尾を強調する児童が見られる。ひどいのになると、「……よ」「……やろ」が教室に飛び交っている。指導者が児童の「話すこと・聞くこと」に意識していないから起こる現象ではなかろうか。

二　個の伸びを把握して

四月は、新しい仲間との出会いである。お互いの考えを知り合い、つながりをもとうとする児童の意志を尊重して自由に「一分間スピーチ」をさせる。身の周りから題材を見付けさせ、一番話したいことを短い時間で話をさせるのである。一週間に一回は必ず全員の前で話すことになる。最初のうちは、児童の気になる話しぶりもみられるが、あえて指導はしない。まず全員の前で話ができたことを評価し、話の内容に共感したい。「一分間スピーチ」の場で自己を表現し、仲間とのつながりを育てていこうとする姿勢を大切にしていきたい。

「〇〇くんの話でいいなと思った点は、こんなところに気が付いていることです。」

「◇◇さんの家では楽しいことがあったんだね。みんなの家ではどうかな。」

学級の児童が一通り話し終わると話し言葉の実態がみえてくる。その次の段階は、個の話し方の良い点を認め、集団の中に具体的に示していくことである。どの児童にどのような指導をしていけばよいかを個人カルテにチェックしながら、指導者のめざす方向に近い児童の話し方を認めるようにする。

「〇〇くん話は、語尾がはっきりしていて分かりやすかったね。」

「◇◇さんの話の良かった点がわかりますか。先に言いたいことを言ってから後でその訳を話しました。」

継続は力なりである。毎日繰り返すことが児童の話す力となっていく。個の話し方の良さを認めていけば学級に「話すこと・聞くこと」の方向を与えるのである。一方的な指示よりも伸びを認めることが児童を育てる秘訣である。学ぶことはまねるから始まるともいえよう。児童の話し方は学級の集団によって少しずつ磨かれていくのである。

三　指導に変化をつけて

ある時期が過ぎると、児童一人一人の話しぶりにも個性がみられ、学級での話し方も身に付いてくる。しかし、その反面、話す内容が形式的になってしまう場合もある。そのときは機会を逃さず次の指導に移りたい。パターン化は「一分間スピーチ」をおざなりの時間となる恐れがある。指導者は絶えず児童の話し方や内容に心を配るとともに、指導者も新鮮な話題を提供する者でありたい。そして、何を話そうかと悩んでいる児童にヒントを与えていきたい。

「今日は味のある話をします。それはこういう話です。……」
「朝の学校の周りの落ち葉はゴミだという人と違うという人がいます。さあ、みんなはどちらの考えをとりますか。」

「一分間スピーチ」は一日の始まりを児童と会話を楽しむ時間である。授業中とは違って、リラックスした雰囲気の中で「話すこと・聞くこと」の練習を継続しているのである。しかも、朝の僅かな時間を割いての実践は、児童の学習意欲の喚起にもつながる大きなものとなる。この取り組みは何も目新しい方法でもない。ずっと以前から行われている実践である。「話すこと・聞くこと」の重視が叫ばれている今、改めてこの取り組みの良さを見直していきたい。

（『国語教育実践指導全集』平成四年（一九九二年）四月）

19　「愛の精神」を残して

花岡大学氏の作品は、人間のもつやさしさ、あたたかさを私たちに気づかせてくれる。読み終わった後、作品の流れる味わいに浸りたくなるのはそのせいでもあろう。

作品のなかで思い出深いものに『子牛の話』がある。これは、私が大阪から転勤し、初めての複式学級で授業をしたときの教材であり、私自身の幼いころの思い出をよみがえらせてくれるからである。

「しんぺいくんのうちの牛が、子牛をうみました。子じかのように、ぴんぴんはねまわって、とてもかわいい子牛でした。」で始まる絵本の挿絵には、生まれたばかりの子牛を見守る家族の眼差しがあたたかく描かれている。

和歌山県南部の山間で育った私には、この作品と同じように子牛との思い出があるため、このしんぺいくんと重なっていくのである。

当時、牛は農家の重要な働き手であり、母屋の隣で大切に飼われていた。親牛の出産が近づいたある日、数人の大人が集まり、牛小屋で心配そうに様子をうかがっていた。親牛にとって出産は生死にもかかわる大変なことである。生まれたばかりの子牛は羊膜に覆われ体が濡れている。藁の上に転がったままの姿をかたずをのんで見守っていた人々は、立ち上がった子牛を見たときは思わず声をあげた。その後、子牛は家族の一員のように扱われ、育てられ、そして、町へ売られていった。

花岡大学氏は、ある作品の「あとがき」で述べている。

「時代が、どんなにうつりかわっていっても、みんながよりあって、「社会」というものをつくってくらしていかなければならないかぎり、わたしは、めいめいの心の中から、けっして失ってはならない、きわめてたいせつなものがあると、ごくそぼくに、そしていちずに考えています。きわめてたいせつなものとは、ずばっといってしまいますと、「愛の精神」ということなのです。「愛の精神」とは、底ぬけに人間を信じ、底ぬけに人間を愛するということなのです」

氏の作品の多くは、この精神が貫かれている。すべての人が信じあい、支えあい、あたたかくつながりあえる社会をめざして、花岡氏は多くの作品を残した。『子牛の話』を読むたび、あたたかいつながりのある私の田舎も思い出すのである。

子ども供たちと氏の作品を読み合うことは、私には安らぎの時間である。これからも心を見つめるひとときを大切にしたいと思う。

（『国語の教室』平成七年（一九九五年）二月）

20　生きる道しるべ

三年間、久し振りの学校現場に戻った。「十年一昔」と言われるが、そのような感覚を私も少なからず味わっていた。

教頭として勤務し、組織体としての各地の学校の実情をかいま見るにつけ、「地域に開かれた特色ある学校づくり」は、管理職のリーダーシップ如何にかかっていることを学ばせてもらった。

とある学校の話である。ある行事にかかわって、学校長と職員間でいささかのずれが生じた。その間に立った教頭は、上司や職員の意向を配慮しながら、一つの提案を上司に申し出たそうである。そのときの学校長の一言である。

「それは、あんたが校長になってから言うことである。私が今、校長です。」

ある学校の管理職の話を聞きながら、私は花岡大学氏の作品の一節を思い出していた。花岡氏の作品は、「人としてどう生きるか」「人としてどうあるべきか」を示してくれるものが多い。（『三分間人生講話』第二巻　人間山脈　われわれは何をなすべきか　同朋社出版　から引用）

> 人間というものは、何かの権力を与えられる地位に立つと、それが単なる職務上の権力にしかすぎないと知りながら、すぐにその権力の上にあぐらをかいて座り込み、「傲慢」になりがちである。職権が「傲慢」に結びついたとき、それが「濫用」となるわけで、これは「管理するもの」がよほど気をつけていないかぎり、知

らず知らずの間に落ち込んでしまう「落とし穴」だといわねばならない（P二〇二〜）

これは、熊本の城主、細川重賢の家臣を思うあたたかい心を例として述べた部分である。このような記述は数多くある。社会の仕組みにおいて、「管理するもの」の在り方というものを歴史上の人物を引用しながら花岡氏はそれとなく述べている。次は、楚の荘王が群臣を招いて宴を開いたときの一節である。

上に立つものは、下につくものを統率しなければならないが、統率するということを、えてして、上から下をぬかりなくにらみつけることだと、思い誤りやすいようである。下につく者の中に少しでもあやまちがあれば、容赦なくこれを指摘し、冷酷にこれを面罵することが「にらみがきく」見事な統率力だと誤認するのである。上に立つ者はどうかとすると、自分の許されている権力によりかかった主観的な高ぶった見方で、あやまちでないものをあやまちと言い張り、押しつける場合さえ多いものである。（P二〇八〜）

企業内において、管理者と一般社員の関係、上司と部下の関係が、うまくいっているかいないかということが、社運の盛衰に大きなかかわりあいを持つということは、いうまでもないことで、その点に無関心な企業などあるはずはない。一つの例外もなく、みんなうまくいっているようにと、望んでいるわけだ。ところが、そのうまくいっているという形を、どうかすると、上司の『権威』による『従順さ』の中に求めようとする傾向が、いまだにかなり色濃く残されているのではないかと思われる。これはあきらかに、前時代的な認識といわねばならない。下の『従順さ』によって、上下の人間関係が、形の上では、いかにもうまくいっているように思えるが、そんなところに安堵していたのでは、繁栄は望めない。まるで『心のつながり』がないからである。

（P二一六〜）

学校も一つの組織体である。組織の信頼関係がどのようなものかによって、子どもたちの育つ環境が左右されるといえよう。「心のつながり」（私は信頼感とも言いたい）は、子どもたちとの間に生じるものだけではない。職員間の人間関係においても同様に生じているのである。それが結果として、学校の特色を生み出し、組織を活性化させていくのである。

花岡大学氏の作品を読むとき、私の心は休まる。それは、『子牛の話』の折に述べたことのあるように「人間のもつ優しさ、あたたかさ」にふれるからであり、「作品に流れる味わい」に浸るからであろう。

二十一世紀を到来を目前に控え、我が国の教育改革が進められている。「正義感や倫理観、思いやりの心などの豊かな人間性をはぐくむ教育を充実していくこと」が求められている現在、私たちは花岡大学氏の著書から学ぶべきものが数多くある。

周りの人々との「心のつながり」を大切にしながら、教育者として「われわれは何をなすべきか」は、花岡氏の『三分間人生講話』の中に示唆されているのである。良書は今、図書館の片隅に眠っている。

（『国語の教室』平成十二年（二〇〇〇年）二月）

21　子どもの心に届くことば

一　担任のことばの重み

「あの子は怠けているのです。だから学校に来ないのです。学校では要領のいいところもあるし、やるべきこともあまりしません。本人がそのことに気づくまで、学校に来なくても、私は何もしないつもりです。」

担任のそのことばは、息子の相談に訪れた保護者に突き刺さった。

登校できない我が子を抱え、思案の末に学校を訪ねた保護者は、このことばをどのような思いで聞いたであろう。

それは、平成六年（一九九六年）十月の出来事だった。

「不登校はだれに起こっても不思議ではない」これが世間に認識されだしたのは、平成二年「学校不適応対策調査研究協力者会議」による見解からであろうか。だが、それが理解不十分のまま、心に困難を抱えて登校をしぶる子どもが存在することも、また事実ではなかろうか。

登校しぶりの子どもに出会うたび、私はあの担任のことばがよみがえるのである。

今回のテーマである「学校しぶり」は、「不登校の傾向がみられる子ども」と理解し、その対応について考えたい。

二　帰属感のある学級

学校は本来、子どもにとっては楽しい場所である。

「教科の授業だけでなく、学校でのすべての生活を通して、子どもたちが友達や教師と共に学び合い活動する中で、自分がかけがえのない一人の人間として大切にされ、頼りにされていることを実感でき、存在感と自己実現の喜びを味わうことができることが大切である。」

これは、平成十年七月答申の「教育課程審議会」の基本的な考え方である。平成十四年度から、「生きる力」の育成をキーワードに、小学校では学級経営の重要性を強調した教育活動が本格実施に入る。しかし、どのように改善であれ、教員が子どもとの信頼関係を深め、子ども相互の人間関係を育てる力量を身につけなければ、教育は何ら変わることはないだろう。

かつて、私も何人かの不登校児に出会った。昭和五十五年（一九八〇年）当初なら、先の若い担任と同じ考え方もしていたかもしれない。しかし、多くの保護者と出会い、職場の仲間に学ぶなかで、不登校の子どもに対する考え方は変わってきた。

不登校の問題を考えるとき、私がまず思い浮かべるのは、子どもの心を開く学級づくりである。一人一人が安らぎ、何でも話すことができ、楽しく学びあう支持的風土の学級は、教員の実践力にかかっている。子どもたちの安定感や存在感は、指導者の意識的な働きかけがあって生まれ育まれていくものである。O・F・ボルノーは子どもについて述べる。「どのように発達するかは、教育者が子どもについていだく信念によって、全く決定的に左右される。」

三　心に届く働きかけ

今から二十数年前、私の学級には不登校のT男がいた。中学年の頃から登校をしぶるT男は、高学年になって、それが更に顕著になって現れた。私は担任として指導の未熟さを恥じ、登校をしぶるT男に対して無謀な働きかけを行った。母親と一緒のT男を無理矢理離して教室に入れたり、同学年の者とともに強引にT男を自宅から車に乗せ、学校の玄関で降ろしたりすることもあった。しかし、結果は私の願いとは逆に、T男はますます学校から遠ざかり、仲間とも遊ばず、家から一歩も出なくなった。

当時の私の学校は、担任の悩みを職員全体で共通理解を図る体制ができており、児童の実態を気軽に話せる雰囲気があった。車で片道二十分以上もかかるT男の家まで、何回となく同行してくれた同学年の教諭。「学級通信」や「グループ便り（その日の出来事を欠席者に知らせる便り）」を欠かさず届けた学級の仲間。休日には、友達同士誘い合わせて、遠くのT男の自宅まで出向き、遊ぼうとした子どもたち。しかし、これらの働きかけにもT男は心を開くことなく、学校との距離が遠くなり、殻にこもるようになっていった。

数回の家庭訪問から、私は複雑なT男の家庭環境を知った。父親の不在と母親の多忙、嫁と姑の関係、その上に息子の不登校。母親にのしかかる重荷を考えたとき、もう少しT男に寄り添った関わりができなかったものかと思うのである。

周辺の学校でも不登校児を耳にしない当時である。専門的な知識を持ち合わせない集団は、不十分な取組のままに卒業式を迎えてしまった。T男は当日出席できず、後日、母親が校長室で卒業証書を受け取った。

T男の不登校の原因は、友達が少ない等の人間関係、学業に対する自信喪失等の心理的不適応、家庭の混乱等の家庭環境が複雑に入り混じったものと考えられる。そのT男の性格特性を理解することなく、私は体裁や体面でT男を孤立させてしまった。コミュニケーションを欠かさなかった子どもたちの優しさに共感しながらも、T男を受容できる力量がなかったのである。

四　時間の共有

転勤した学校に五年生から不登校になったK男がいた。クラス替え後、しばらくしてから「教室に入るのは嫌だ」と登校をしぶるようになったらしい。そのK男が六年生になったとき、私は教頭として赴任した。職員間で何度か話し合いがもたれ、教育相談室を設置し、K男を迎えることになった。教室以外なら行くことができるとK男が話したからである。学校長と私は、衝立に壁紙を貼り、絨毯を敷き、机、ソファーを置き、K男を迎える準備をした。連休明けの火曜日、K男は約一年ぶりに学校に顔をみせた。外へほとんど出なかったらしい色白の顔、痩せた体付き、うなだれながらも、時折みせる食い入るような目つきが印象的なK男であった。

学級の仲間や担任を避けるK男との関わりは、私と一部の職員が中心に行った。最初の教頭職での学校、学期初めの事務量の多さに困惑気味の私は、K男との関わりが、ある種のやすらぎの時間となっていた。仕事に一息つくと、私はK男の部屋を訪れ、話し相手をしていた。

星座に興味を示し、短波放送に耳を傾けながら気象地図を作製するK男。ロレンスの『都会では』の詩が好きだというK男に「川崎洋」や「まど・みちお」の詩を紹介する私。嫌味を言われたと興奮して学級の子の話をするK男。それをただ聴くだけの私。届けられたプリントは直ぐにこなすK男。そばで事務を執る私。それは、K男の部屋を訪れ、私自身が疲れを癒している時間でもあった。被害者妄想的な面もみられるK男は、友達について話し出すと、時には涙ぐみ、激高することも多かった。しかし、五か月過ぎた頃からＫ男は落ち着き、気の合う学級の数人が相談室に遊びに来るようになった。その時期からＫ男は私に甘えることもなくなり、学級の仲間と談笑する日が増えていったのである。友達関係で悩み、教室に入れなかったＫ男は、十か月経過した頃から、「給食の時間は教室に入る」と友達に話すようになった。

Ｋ男の家庭も複雑だった。幼い時から父母と離散し、話し相手は祖母だけだった。自分を素直に表出できず、何事も一人で対処し、悩み、施設で集団生活をしていたのである。甘えず、強気に振る舞いながら思春期を迎えたＫ男は、クラス替え、担任の交替をきっかけに教室に入れなくなったのである。

冬のマラソン大会。雪の降る玄関前で子どもの安全指導をしていた。人の気配に振り返ると、体操服のＫ男が立っていた。私に微笑み、すぐ集団とともに走り去るＫ男の姿を見て、私は指先の冷たさを忘れていた。マラソン大会は、Ｋ男が集団生活に入れた節目の日であった。

不登校は、遊びの中の友達のひとことがひきがねとなる場合もある。今回の事例もその一つである。幾つかの要因が集積し、破裂しそう思いで学校に来る子どももいる。私たち学校関係者は、それを十分認識のうえ、目の前の子どもたちと関わらなければならない。

「子どもを複眼で見る」は私のモットーである。子どもは担任の知らない表情をみせる時がある。職場では必ず、子どもを話題にするように私は心がけた。教職員が私と違う見方ならなお良い。その子の良さを私の見えない視点から捉えてくれているのである。学級便りの発行も、一つの関わりである。便りを通して子どもと共に育つことができる。私の場合、学級便りは、子どもや親とのコミュニケーションを円滑にし、学級の活性化、学習意欲の喚起にもつながった。

「仏手鬼心」はある研修で耳にしたことばである。感受性の鋭い子どもたちは、教員の何気ないことば、行動に対して敏感に反応し、心を痛めていることがある。私たちは常に、あるがままの自然体で子どもとつきあい、「そのままの自分でいいんだ」と感じさせる学級経営をしなければならない。教員は、楽しい人間関係を体感させる力量をもたなければ、疲れた子どもは救われない。

（『児童心理』平成十三年（二〇〇一年）十月号）

（参考文献）

『児童心理』臨時増刊　「子どもにとっての先生」一九八七年　金子書房
『児童心理』臨時増刊　「入門学校カウンセリング」一九九〇年　金子書房
教育課程審議会第三次答申　一九九八年　文部省
最新『教育基本用語』　二〇〇〇年　小学館

22　発問について考える

一　はじめに

次の文章は、実習三週間目が過ぎようとしている教育実習生の日誌である。

国語では発問の仕方が悪いと、子どもたちを混乱させてしまい、学習活動に支障が出てしまうことが分かりました。発問の言葉選びというのは、とても重要であると思いました。また、子どもたちの集中力の持続時間が短いので、授業展開の順序をよく考えておかないと子どもたちがだらけてしまうことも思いました。

（平成二年五月の実習日誌から）

一応授業の流れというか、こういう発問をしたらたぶんこういう答えがかえってきて、次はそうしたらこうもっていこうと考えていたが、一番最初の発問がこちらが考えていたほどシンプルに出てこず、子どもたちは細かく答えてくれ、予定していたように運べず、導入のところでつまづいたために、教壇に立ちながらどうしようか迷ったために、心のゆとりがなくなってしまい、授業が単調なものとなってしまった。指導者が前で迷っているようでは、子どもたちはもちろん楽しいものではないだろう。単調な発問を繰り返しているときは、出てくる意見に対してもっと驚きや関心をみせて、授業の流れというかリズムを変えることの大切さを今日はわかりました。

（平成二年五月の実習日誌から）

毎日授業をする者にとって身にしみて感じることは発問の難しさであろう。指導者の一つの投げかけによって、子どもたちの学習活動は大きく様がわりをする。時間を忘れたかのように夢中になって取り組んだり、話し合ったり、その反対に、指導者のまずい発問によって授業が混乱してしまい、本時は何を学習しているのかわからなくなったりするときもある。黙ったまま動かない子どもをみて、指導者の意図する方向へ無理に引っ張ってしまった苦い経験をおもちの方々も多いことであろう。教師にとって授業の思い出は様々である。

研修センターに来られる先生方のアンケートの中にも発問について記入されているものも多い。

・あのとき子どもたちが黙ってしまったのは、私の悪い発問の連発だったのかな。
・いつも、ろくに授業研究もせずに思い付きで発問をしています。子どもが「国語が楽しい」と思うためには、やっぱり発問て大切ですね。勉強していきたいです。
・つい一問一答になりがちです。発言が少ないために何度も繰り返したりくどくど言ったりと、毎日の発問に悩んでしまいます。

発問の重要性は、野地先生も『話しことば学習論』（P一八〇）の中で次のように述べられている。

教師の発問は教育話法の中枢をなし、話し合い学習の成立から終結にいたるまで、その導入部・展開部・終結部の各過程において、欠くことのできないかなめの役割を果していることは明らかである。話し合い学習の成立に深くかかわって、それを保証し、かつその展開の始終にわたって、学習活動を充実させていく機能をもつものとして、教師の発問は必須の存在意識を有している。

二　授業記録をもとに

授業を参観させていただくときに教師の発問や指示に焦点をあててみるとその授業がみえてくる。教師がどのような言葉を投げかけ、子どもたちがそれにどのような反応をしているか、それによって、子どもにとって本時の授業が生きたものであるか推測できる。
ここで、ある授業記録をもとに、教師の発問について考えてみることにする。（　）は、こちらのメモである。

石うすの歌（六年上）

・課題提示をする。

石うすを回すおばあさんや千枝子、瑞枝の気持ちを読み取る。

・前時の復習をする。

T① 六日の朝ってどんな朝。

C 瑞江にとって楽しい朝と発表する。

T② 楽しいって……（発言の意味が理解されていない）

C 瑞江が田舎で迎えた初めての朝と発表

T③ ところで六日の朝は

C 広島に原爆が落ちた日と発表する。

T④ 原爆が落ちてどうなった。

T⑤ 音読をします。（何のために読ませるのか）

C 指名読み（すばらしい読みをする子が何名かいる）

T⑥ それぞれの思っていること、考えていることが違う……（語尾不明瞭）

C 作業（線を入れながら読む。）　机間巡視

T⑦ 誰かに言ってもらおう。（視点は）

C それぞれの立場になって発表する。

T⑧ おばあさんのところだよ。

C それぞれが発表（一人ひとりの読みの違いに着目すべし）

（ある子がおばあさんは少し元気が出てきて鼻をすすったのかなとつぶやく。板書のため聞きのがす）

T⑨　子どものことを思い出している。魂を迎えるのがいやだ。鼻をするのはさみしいからやな。（まとめ）
T⑩　千枝子についてどうか。（視点を変える）
T⑪　お姉さんから見た瑞江はどうか。おばあさんは。（明確でない発問）
T⑫　瑞枝の方はどうかな。
T⑬　千枝子が一生懸命している。それで、すぐ手が出てしまうという意見だね。石うすの歌が出てくるけど、もとの歌が出ない。（明確でない）これはどんな気分だろう。
T⑭　そのときのおばあちゃん気持ちは、どんな気持ちで聞いていたのだろう。
T⑮　おばあちゃんはすごく悲しかったんだね。自分の子の魂を迎えるので……。（まとめ）
T⑯　そのときの気持ちを考えて読んでみよう。

「がんばってやるぞ」と意気込みをもって授業に臨んでいるのが子どもの常である。それを、更に意欲を高め、主体的な学習活動へ導いていくことができるかどうかは指導者の発問にかかっているといえよう。この授業から、どんな点を学ぶことができるかを、導入・展開・終末の段階で考えてみたい。

T①～T④の発問を見てみよう。六日の朝は広島に原爆が落ちた日と指導者が押さえていたため、子どもの発言（瑞枝にとっては田舎で初めて迎えた楽しい朝）を十分理解しないまま学習を進めている。六日は、瑞枝にとって田舎で迎えた楽しい朝であるとともに、悲しいできごとがあった日でもあると押さえて進めていけば、子どもたちにも納得がいったであろう。

導入段階で前時の復習をする場合は、分かり易い発問を用意し、子どもたちをリラックスさせながら、本時の課題を提示していくようにしたい。

一人ひとりのやる気を促すような言葉をまず考えて

前時までの学習の取組から

本時の学習への構えから

個人学習の記録から

「この前の時間は、ここで（例を示し）よく考えたね。今日もしっかり読んで考えていこう。」

「◇◇君の考えから話し合いが深まったね。」

「今日のみんなの目は輝いているぞ。」

「ノートをみると一人ひとりいい所に目をつけているぞ。話し合いで確かめていこう。」

導入段階は、学習の雰囲気を盛り上げ、学習意欲を喚起させるような言葉を用意したいものである。そのために、子どもたちの読みを把握し、それがどのように変容しているかを点検するとともに、子どもたちの学習に対する姿勢も十分観察しておかなくてはならない。毎時間同じようなパターンを繰り返すのではなく、一人ひとりの読みや学習態度を把握し、どこでその子を生かすべきかを絶えず見通して一時間の授業を構想していくと、子どもたちにとって毎時間が新鮮なものとなる。

導入は本時の学習の構えをつくるためにもある。そのためには、本時の学習の方向を明らかにするための発問も用意すべきである。この授業では、次のような言葉を投げかけてはどうであろうか。

「今日の勉強は、三の場面です。おばあさんや千枝子、瑞枝の気持ちを読み取っていきます。」

「まず、三人の気持ちを本読みをして確かめよう。◇◇さんと◆◆君に読んでもらいます。他の人はどの文にそれがあらわれているか考えながら聞こう。」

次に、展開の段階について考えてみたい。

T⑥は、一人ひとりの読みは違うのだから、みんなの考えを出し合って深めていこうと指導者は言いたかったのであろうが、後ろの席には殆ど声が届かなかったのは残念である。指導者の言葉の速さ、強弱、声量といった点も考慮しなければならない。

T⑦⑧⑩⑪⑫は、三人（おばあさん、千枝子、瑞枝）のそれぞれに視点をあて、気持ちを読み取ろうとしている。三の場面は、悲しいできごとにも乗り越えて生きていこうとする千枝子、瑞枝の強い姿勢があらわれているクライマックスである。叙述を押さえながら、三人のかかわりあいの中から、それぞれの気持ちを読ませるような発問ができなかったであろうか。また、机間巡視によって子どもたちの読みを把握したのであるから、一人ひとりの読みの違いに目を向けた発問もできなかったのであろうか。

展開は、本時の学習課題を達成するための重要な段階である。机間巡視・板書・発問等は意図的、計画的になされなければならない。個人学習での一人ひとりの読みにどんな差が見られるか、指導者のねらいとどんなずれが見られるかを確実に把握しておくことである。この差やずれをどう生かしていくかが授業の成否を決定するともいえよう。

机間巡視を行う場合は、単なる巡視であってはならない。一人ひとりがどのような文や語句に着目しているかを把握し、それを授業の展開に生かすようにしたいものである。

本時の学習課題は、石うすを回すおばあさんや千枝子、瑞枝の気持ちを読み取るであるが、ここでは、おばあさんは石うすを回していない。石うすが回せなくなるほどおばあさんは落ち込んでいるのである。それを子どもたちにどう読ませるかが深める一つのポイントである。一の場面では、石うすを回すのがいやでたまらない千枝子のために、いろんな昔話をしてたいくつがらせまいとしているおばあさんであったが、三の場面では、自分の息子夫婦を原爆でなくして憔悴しきったおばあさんの姿が描かれている。

次のような文に子どもたちの目が向いているかどうか把握して発問をしたいものである。

・しかし、おばあさんのひきうすは、一向に動きません

・うすの前にすわったまま、言葉少なく考えこんでいるおばあさん

・「そうかい。おばあさんは、もう精も根もつきてのう。力が出んのじゃ。」

・二人の姿を見て、おばあさんは、クスンと鼻をすすりました。

千枝子と瑞枝の気持ちを読み取るときも同様である。

一の場面と比べてお姉さんとなった千枝子にどのような変化が見られるか、また、瑞枝の方はどうかを押さえておくべきである。

・千枝子たちはいっしょうけんめいなぐさめました。

・「二人で仲良く勉強しましょうね。」

・「おばあさん、わたしが引くわ。」
　おばあさんをなぐさめるようにやさしく言って、

・「お姉ちゃん、わたしもやるわ。」
　すぐに手をかけました。

・千枝子はそれを見ぬふりで、ゴロゴロうすを回し続けました。

・「勉強せえ、勉強せえ、つらいことでもがまんして――。」
　うすが歌い始めました。千枝子と瑞枝も、額にじっとりあせが出てきました。

これらの文に目を向けさせながら、子どもたちに二人の気持ちを読み取っていかせるべきである。

一つの例として発問を示すと次のようになる。

「この場面のおばあさんは、一の場面と比べるとどうだろう。」

「そんなおばあさんを千枝子はどう見ているだろう。」

「おばあさんと同じように、千枝子も一の場面と比べてみよう。」

「千枝子が変わってきているというのはどこからわかりますか。」

「瑞枝はいつまでも泣いていたのだろうか。」

「うすが歌い始めたところはどう読みますか。」


終末の段階は、本時のねらいが達成されているかどうか評価しながらも、余韻を残して終えたいものである。本授業では、Ｔ⑯にあるように音読によってまとめている。これも一つの方法である。終末の段階としては次のようなものも考えられる。

「今日学習した三人の気持ちを考えながら、最後に読んでもらいます。」

「今日の学習から、三人の気持ちがどうだったか話せる人はいますか。」

三　おわりに

授業を構想するとき、次のような簡単なメモをもとに発問を考えてみると授業の流れが見えてくる。

・本時の目標

ねらいをしぼって

・本時の学習展開

まず、学習意欲を

誰もがわかることから（易から難へ）

叙述に即して

導入
- ・前時の復習
- ・本時の目標

展開
- ・本時の目標を達成するために
- ・子どもの実態をふまえて
- ・意見をひきだすような

終末
- ・次時の予告

発問を考えるうえで、毎時間の授業の中で絶えず心がけておかなくてはならないことは次の点である。

・　子どもの実態把握を確実にすること。

・　本時のねらいを明確にしぼること。

・　学習の流れの中で子どもの思考をつかむこと。

『図説 小学校指導技術基礎講座「発問」』に良い発問・悪い発問として次のように書かれている。（P六～九）

◎　良い発問一〇か条

・明快で簡潔な発問
・能力差を考えた発問
・精選された発問
・思考力をつける発問
・一問多答になりやすい発問
・発達段階にあった発問
・タイミングの良い発問
・相互につながりのある発問
・学習意欲をもたせる発問
・創意工夫のされた発問

☆　悪い発問一〇か条

・あいまいな発問
・考える余裕のない発問
・欲ばった発問
・つながりのない発問
・答えのわかりきった発問
・言い換え、繰り返しの多い発問
・長すぎる発問
・言葉の難しい発問
・一問一答になりがちな発問
・言葉のむずかしい発問

学習過程の中で、子どもたちが意欲的・主体的に活動し、思考を深め、広げるような指導者の精選された発問はどうあるべきか。今後も研究していかなければならない課題である。

（平成三年（一九九一年）　野ぎくの会）

23　先生の通信簿　—子どもたちの評価—

山から入道雲が顔を見せ、セミが鳴き始める頃になると思い出すことがあります。

当時、形成的評価が教育の主流であり、学期末は観点別の到達度評価を学習者、指導者の両方から行っていました。私の勤務する学校でも、観点別の項目を学年で決め、学習面と生活面からの三段階評価の結果を基にしながら保護者面談を行っていたのです。

セミの鳴く暑い日のことです。子どもたちに自己評価をさせている時、突然、ある男子が声をあげました。

「ぼくらばっかりしないで、先生の評価もしてあげよう。」

その頃、私は毎日のように子どもたちと昼休みのドッジボールを楽しんでおり、出席番号三十九番「岡山」はゲームの貴重な一員だったのです。出席番号三十九番も当然評価するべき対象だと、その子にはうつっていたのかもしれません。私も、子どもたちがどのように見ているか楽しみでもあったので、評価してもらうことにしました。

その時の様子は、当時の学級便り（五年Ｃ組）に記されています。

> 項目①　ハンカチやちり紙を持ち、爪を切る。
>
> この評価では、爪切りがきちんとできていないとか。子どもたちの評価は「がんばろう」でした。
>
> いつも清潔感あふれて身だしなみを整えている私だと思っていたのに……。

② 遅刻をしない。

「先生は、いつも早くから教室に来ていたで。」

「一回か二回、あわてて飛び込んで来たことがあったよ。」

「じゃ、できるにしとこうか。」

評価は「できる」でした。

③ その場にあった言葉遣いをする。（おはよう、ありがとう、すみませんなど）

「これは、あかんわ。時々、きたない大阪弁つかっているで。」

「先生は、いつも上品です。国語を勉強している教師ですよ。」と弁解をする私。

「怒った時の言葉は悪いから。バツや。」

評価は「がんばろう」

④ 身の回りの整理整頓をする。

「こんなのは、すぐにわかるわ。みんな、あの机の上を見たらいいんや。」

全員、すぐに納得しました。私の机の上は、学期末のテストやノートの山、山。

結果は「がんばろう」でした。

⑤ 業間運動は進んで参加する。

「わりと真面目に出来ていたで。」

「用事ができたといって出てこなかった時があったんと違う?」

「わかりにくいな。バツにしとこか。」

評価は「がんばろう」

⑥ 給食は残さず食べる。

「これはわかっているわ。」

「二重丸でもいい。」

これは、全員一致で「よくできる」

⑧ 公共の物を大切に扱う。

「これはええんとちがう。」

「あかん、あかん。チョーク飛んでくる時があるやろ。あれは学校の物、公共物やで。」

「バツやな」

結果は「がんばろう」

という訳で、学級のみんなから、私も通信簿をもらいました。考えてみますと、本当に担任のことをよく観察しているなと感心させられます。

しかし、私にとっては、みんなから評価してもらわなくてはならない項目が、ほかにもあるのです。

◎「毎日の授業がわかりやすいものであったか。」

授業は学級の一人ひとりの力によって作り上げられていくのものですが、その場をどのように展開していくかは担任の力によります。学級のみんなにとってわかりやすい授業であったか。うまく整理をして学習を盛り上げられたか。思考を混乱させるようなことはなかったか。私自身が振り返ってみる必要があります。

◎「学級の一人ひとりを大切にしてきたか。」

みんなと一緒に行動していても、学級の中には悩みや苦しみを抱えている子がいたかもしれません。何気ない私の一言によって傷ついた者もいたかもしれません。「一日が楽しかったな。今日も良かったな。」と思いながら全員が帰宅していたか、私自身が反省してみる必要があるのです。

一学期が終わろうとしている今、振り返ってみると、私には、まだまだ努力を重ねていかなくてはならないことが多くあるようです。

夏休み中は、みんなが記録してくれたノート、日記などに目を通して、一学期の一人ひとりの成長を確かめてみたいと思います。みんなにとって夏休みは四十日余り。「まだまだあるから大丈夫だ」と考えていると、日数はすぐに経ってしまいます。

私もできるだけ計画を立て、毎日を過ごしていきたいと思っています。「一人歩きのできる夏休み」をどう過ごしていくか。宿題の山に押しつぶされないように計画的に毎日を過ごしてください。

五年C組（一九八二年七月二十日号から）

当時を振り返ってみると、本当に楽しい学級を担当できたなと思います。私も夢中になってドッジボールで汗を流していました。授業中はジョークも飛び交い、学級には笑いが絶えませんでした。話し合いになると、それぞれの個性がぶつかり合いながらもだんだんと深まっていきました。

私は、このクラスを担任することによって、学級経営について考え、子ども側に立つ授業を学ぶ契機ともなっていったのです。

今まで、各校種のさまざまな授業を参観する機会がありました。ねらいに向かって一直線、子どもに問いつめていく授業を参観するにつけ、胸を痛める思いもしました。私自身もこのような教師主導型の授業を展開し、子どもの学びを無視してきたからです。

教材を介して、指導者と学習者の間で行われるのが授業です。「授業の三角形」と言われるように、まず、学習者の実態を中心に据え、それに基づいて計画がなされるのが授業の本来のあるべき姿でしょう。

「日常行っている教育活動に欠くことのできない要素が教育評価である。」このように考えるとき、私たちは意識の変革を図らなければならないことがあります。私たちが普段行っている授業は子どもにとってはどうなのか、その観点からみると、新たな発見も生まれることでしょう。子どもの微妙な変化、つぶやきなどをよみとり、それに問いかけ、揺さぶっていく。生きた授業を創る楽しみはそこにあります。子どもとともに創る授業は、指導者の「評価する」から、自身が「評価されている」という意識をもつことから始まるのです。

「子どものつぶやきが聞こえる。それは、小学校一級の免許状よりも、もっと大切な免許状なのだ」は、遠井義雄氏の言葉です。夏季休業中の今、改めてこの言葉をかみしめてみることも必要ではないでしょうか。

（平成十六年（二〇〇四年）八月）

24　心を結ぶことば

ふと新聞に目をやると、「関西で嫌音権旗あげ」とある。街中が騒音にあふれ、郊外型の書店では、ゆっくり本に目を通していられない程のボリュームで音楽が流れる昨今である。世の人々は、騒音に対してやっと重い腰を上げ始めたのかと興味をもった記事であった。

騒音と言えば、私は毎日のように通勤電車やバスの中で騒音に悩まされている。失語症に陥ったのかと思われるような単語のみの会話。ヘッドフォンステレオから流れるハードロック。ターミナルの過剰すぎるほどの放送等々である。

そんなある日、バスの中で快いひとときを過ごすことができた。

和歌山市駅に着いて、いつものバスに乗車したときのことである。その日の運転手さんはいつもの無言の人たちとは違っていた。停留所近くになると「まもなく○○でございます」とアナウンスし、降りる客に対しては「ありがとうございました」と一人ずつに軽く会釈をするのである。

そのせいであろうか。今日の車内の雰囲気は少し違っていた。するすることば（学生する、青春する）でにぎわう女生徒の声も幾分ひかえめであり、他の乗客も声を立てることもなく整然と座っているのである。

静かな時間が過ぎて、女生徒たちの降りる停留所近くになってきた。彼女たちは、この運転手さんに対してどのような反応を示すのであろうか、私は興味深く見つめていた。

明るい笑顔で「ありがとうございました」と挨拶をおくる運転手さん。それに応えて軽くお辞儀をしながら降りる婦人たち。さあ、今度は彼女たちの番である。乗降口の彼女たちには、どことなく緊張感が漂っているようにもみえた。「ありがとうございました」の声に、下を向いたまま降りる子。恥ずかしそうにぺこりとお辞儀をする子。その中の一人は、小さな声だが「ありがとう」を返して定期券を差し出した。

普段荒っぽいことばを交わして乗客を驚かしている彼女たちであるが、この朝は、若い運転手さんの明るい挨拶に緊張しながらも精一杯応えようとしている姿がほほえましかった。あわただしい朝のラッシュの中で、心地よいひとときを味わわせてくれた運転手さんに、私も思わず「ありがとう」のことばを返していた。

国立国語教育研究所の調査によると、朝起きたとき「おはよう」とか「おはようございます」の挨拶が交わされている家庭は、大阪では四十五パーセントぐらいだという。これを高い率だとみるべきか否かは、皆さんの判断に委ねるとして、私は人間関係を豊かにする会話の効用を考えてみたい。

騒音を減らし、人と人とが話している声が聞こえるような街にしたいと旗あげしたという嫌音権。学校や家庭においては、音に対して敏感になるとともに、人と人の心を結ぶことばの働きに一層目を向けていきたいと思う。

私たちは、ことばの形成者であるともいえよう。良きにつけ悪しきにつけ、周りの子どもたちが感化を受けていることを心しなくてはならない。

あの日の運転手さんから学ぶことは多かった。

（平成元年（一九八九年）十一月）

25　ことばを育てる教師

教職について七年目の教員のことばである。

「最近、子どもが見えなくなっています。もっと、子どもを把握したいのに……何を考えているのか。分からないのです。」

これは、一面では当を得ているのかもしれない。経験を積まれた教員の幅広い視点から見た「子どもが見えない」であろうから……。しかし、その反面、考えてみなくてはならない点もあるのではないだろうか。惰性に流されてしまって、子どもから学ぶという姿勢を忘れてしまっているのではないかということである。

私たちにとって大切にしなければならないことは、日々の子どもの姿から学び続けているかどうか、絶えず自己評価する姿勢である。

教育研修センターの講座の受講者から私は多くの事を学ばせていただいている。朝の挨拶、諸連絡の電話のやりとり、室内での履き物の並べ方、資料の配布時の受け取り方、アンケート等から、普段の学校での授業の様子がうかがわれるのであるのである。

実例をあげてみよう。講座の受付では先ずこちらから挨拶をする。「おはようございます」と元気よく応えてくれる人。お辞儀だけで通り過ぎる人。黙って印鑑を押すだけの人。次は資料を渡す。「すみません」と言って受け取る人。軽く会釈する人。黙って持っていく人。これも様々である。

一度、子どもたちと過ごしている一日を思い出してほしい。

私たち教員は、何気ない態度の中にも、子どもを指導していることが案外多いのではないだろうか。

普段いたずらばかりしている子が、机の下に落ちた隣席の子の消しゴムをそっと拾っていたこと。日頃口を開こうとしない子が微笑みをみせたこと。このような出来事を指導者として受け止め、一人ひとりにことばをかけているだろうか。

ことばの力は、見過ごしてしまいそうな子どもの長所をとらえ、ことばをかけていく指導者の日々の姿勢から生まれてくるものである。

（平成二年（一九九〇年）八月）

26　心のつながり

勝手気ままなおしゃべり、授業中の立ち歩きなど、四年生のその学級は、担任も毎日難儀するほどの騒々しさであった。その中でも、数人の男子は中心的な存在であり、反抗的な態度と落ち着きのなさは職員会議でも話題に上ることも多かった。

ある日、また学級で暴れている者がいるとの知らせを受けていくと、その中の二人であった。床にノートなどの学用品が散らかり、二人がにらみ合ったまま立っていた。授業は中断し、周りではやし立てる子もおり、担当の講師は一人の身体を押さえたままじっとしていた。

聞くと、些細なことから口論となり、止めに入る前から突然に暴れ出したらしい。興奮気味の二人をそのままにしては授業にならないと考え、私は校務員室に連れて行くことにした。すぐかっとなる二人は、まだ気がおさまらないのであろう。ふくれた顔のまま私の後ろをついてきた。

校務員室の和室に座らせ、二人の興奮がおさまるまで私は黙って見ていた。二人はしばらくの間、下を向いたまま何も言わなかった。やがて、彼らは少しずつ口を開いた。その子の言い分があるのだろうと思い、私は何も言わず聴いていた。日頃からかっとなりやすいと言われる二人であったが、彼らの片手を握ったまま話を聴いていると、身構え反抗的な教室での態度とは全く異なっていた。

二十分ほど経過したであろうか。やっと自分の行為を冷静に見つめられるようになってきた。教室での出来事を振り返り、考えられるようになっていた。そこで私は二人を傍に寄せ膝枕にした。はにかみながらも二人は横になった。校務員さんからの差し入れの飲み物を手に横になった二人は、教室で学用品を散らかし暴れ回っていたのが信じられないほどの穏やかな表情になっていった。

ベルが鳴り、大休憩に入った。

「教室に帰るか。」

私が尋ねると、二人は手を持ったまま言った。

「先生、もう少しこうしててもかまわん？」

スキンシップをしながら雑談するという時間が二人には無かったのかもしれないと私は思った。

家庭的に恵まれない子の施設に入り、そこから通学している二人である。数十人の団体生活では、まず規則が重んじられるのである。二人の話によると、生活を乱す者に対しては厳しい罰則が待っているのだという。保護者から離れ、精神的に負担のかかる毎日を過ごし、スキンシップや楽しい雑談などがあまり経験していなかったのかもしれない。

私の片手を離さず二人は話し始めた。施設に帰ってからのこと、学校での楽しみなど、私の手を持ったまま話し続けたのである。その時間は約一時間であったろうか。

二人が変わってきたと担任から聞いたのは、その日を境にしてからである。

「教頭先生、あの二人がすごく落ち着いてきました。何があったのか聞いていませんが、何か違うのです。顔が穏やかになってきたし、授業にも少しだけ積極的になってきたように思います。」

人間は、周りの人とつながりのない世界では生きられない。大人は話を聴いてもらえる相手の存在を身近に感じると安定感が得られる。これは子どもも同様であろう。成長の過程で枠にはめられ、そこからはみ出ることを許されないと不安やいらだちを感じ、反抗的になる。それは当然のことであろう。

子どもを理解し、子どもの発達を見守ることは、枠内に押し込み管理することではない。「理解する（understand）を「under」と「stand」で間に立つ」と述べた人がいる。私たちは目の前の子どもと社会との間に立ち、見守り、子どもの発達を支援していくことがゆるやかな成長を促すのである。

あの日から、二人はどこであっても笑顔で私に声をかけてくれるようになった。

（平成十二年（二〇〇〇年）八月）

27　心を耕すことばを

和歌山城の堀の周囲は、ジョギングに最適な細い道が続いている。

そこで自転車同士がすれ違いになった。郵便局に行く私は、期末テストを終えた高校生と出会ったのである。どちらに避けようかと迷っているうちに、互いが偶然にも同方向にハンドルを切った。その時、女子高生が突然に声をあげた。

「何やってんや！」

すれ違いざま相手と同じ方向に進んでしまい、互いにことばを交わすのは、よく見られる道路の風景である。だが、彼女は険しい目を向け、ことばを投げつけ去っていった。

思うようにテストができずにイライラしたのであろうと自身に納得させようとしたものの、何かしら私は心に引っかかるものも感じた。

ちょうどその時期である。ある医学部の教授のことばが印象に残っていた。

「現在のインターンに欠けているのは、患者との対話である。インターンの最重要課題は、コミュニケーション能力であり、これを身につけなければ、今後の医療は支障をきたす」と警告したものであった。

医学部で学ぶ学生は医療知識は優れている。だが、患者と向き合い、ことばを通して心を理解する想像力には欠けていると憂えた話であった。

「ギリシャ医聖ヒポクラテスは『医者には三つの武器がある』といった。第一の武器はことばであり、第二はメスであり、第三は薬石である。」（P七八）これは、江川ひろし著『話し方は生き方だ』の一節である。

人間の脳にはエンドルフィンという脳内麻酔様物質が含まれており、これは痛みを押さえる働きがあるという。患者が医者とことばを交わし、ことばを信じることによって患部の痛みを押さえ、回復に向かうこともあるという。つまり、ことばは患者の痛みをやわらげる効果のあることが証明されているのである。

通勤途中に小さな商店街がある。そこを夕方通ると、様々な会話が飛び交い耳に心地よく入ってくる。

道行く人は、買い物がてらに店の人たちと会話を楽しみ、細い通りを歩いている。ことばのキャッチボールによって笑顔が生まれ、その商店街には穏やかな時が流れているかのようである。

子どもたちの生活体験が希薄になっていると言われる今、私たちは大切にしていきたいものがある。

地域の人々と交わす挨拶、グループでの楽しい会話、買い物などの日常の言語体験。毎日の暮らしの中の会話が思考力、想像力を育て、豊かな話しことばの基礎が形成されていくのである。　（平成十五年（二〇〇三年）八月）

28　（講演）子どもの意欲を育てる

今日は。実を言いますと、校長先生からお話しをいただいたとき、こんなに沢山の人がいるとは思ってもいませんでした。教育研修センターで少数の先生方とともに勉強するような会だと思って、引き受けさせていただいたようなわけです。

このような場にいますが、私も先生方と一緒に勉強している者の一人です。今も勉強中であるということを前提にお話しさせていただきますので、そこから先生方が取り入れられるものだけを聞いていただけたらと思います。聞くということは大変疲れることでしょうが、一時間あまり、お付き合いいただきたいと思います。よろしくお願い致します。

「話し方」については、以前、研修講座で実施することもあり、何冊か本を読んだことがあったのですが、その中の『話し方に強くなる』（小沢あつし著）にはこういう事が書いてありました。

話の切り出し方には四つ方法を身につけていればよいというのです。一つは相手の好奇心を刺激する方法です。つまり、人間のやじ馬的な性格を利用し、話を切り出しいていくというのです。作家・横光利一氏は、講演のとき最初に切り出した言葉は「アラン曰く、女性というものは……」。聴衆は、有名な作家である横光氏の話である。フランスの哲学者、アランがいったい何を言ったのだろうと聞き入ります。「アラン曰く、女性というものは焼き芋が好きである。」焼き芋好きなのは女性だけではないでしょうけれど、まあそういう切り出し方をすることが一つです。次は、視覚的なものを利用する。例えば今回は、このような資料を用意しました。単にお話しするだけだけじゃなくて何か見るものがあれば聴衆は聞いてくれるというのです。三つ目は、質問形を使うこと。「みなさんどうでしょうか。」というふうに質問形を使うと、相手、聞き手は、緊張して聞いてくれますね。そして、一つの問題を共通化、共有化して話を進めるというのです。四つ目は不完全予告法を使うこと。つまり、さわりの部分を使うのです。さわりというのは山場ということです。自分自身は今まで、何冊か本を読んできたんですけれども、話し方は少しも上達していません。

今回の話は、大きく三つに考えています。一つ目は自分自身が学んできたへき地・複式学校での思い出話。二つ目は、今まで見せていただいた授業の中から、皆さん方と一緒に考えるために授業記録を資料に入れてきました。その授業記録の中から子どもの意欲を育てるということを考えてみたいと思います。そして、三つ目は、自分自身が今までやってきた、また今も心掛けている、意欲を育てるために子どもにどうかかわっているかということを話してたいと思います。

大阪教育大学附属小学校を中心として小さな勉強会があるんですが、資料に、その中で書きました文章を抜き出してきました。それは、自分自身が育ってきた六年間のへき地・複式校での思い出です。子どもの意欲というものを考えるときに、自分自身の小学校時代が大変印象深く思い出されるからです。教師というのはどういうふうにして子どもとかかわっていくか、どうすれば子どもの意欲を育てることになるのかのヒントがあるように思うからです。

ある学年のとき、何人かでいたずらをしたことがありました。そのときの担任が「お前が一番悪い」というふうなことをみんなの前で言われたわけです。それ以来、何かやると、自分が一番悪いと責められるのかと思うとだんだん無口になっていきました。そのころ、自分があまり話さなくなっていった原因の一つとして当時の担任の言葉があったようにも思います。

その後、高学年になってある若い先生と出会いました。その担任は以前の人とは全然違っていたんですね。まず、一人一人に対してどこが伸びているのか、どこがその子の良さか、一人ひとりに合った言葉で語りかけてくれたのです。

また、日記など「書く」ということも教えてくれました。書くことを通して自分を表現することを教えてくれたのです。その中で、私は少しずつ自分を出せるようになっていったように思います。その担任は、詩や短歌や歌なども多く教えてくれました。

何年か前にその先生に手紙を出して聞いてみたことがあります。「今でもこんな歌を覚えているんですが、先生はあのころどんな気持ちでやってくれたのですか」と聞いてみたんです。先生の返事によりますと、その先生は、夏休み中は一日中図書室に寝転がって、自分の好きな本や詩集を読みあさっていたそうです。そして、好きな詩、好きな歌に出会うとすぐに子どもたちに、感動したこと、自分の喜びを話したくてしょうがなくて、何でもかんでも子どもたちを前に、「いいだろう、いいだろう」と言ってみたくてしかたなかったそうです。私自身は、その影響があったのでしょうか。自然と、国語、文学、詩、言葉に対して興味が沸くようになっていったように思います。

教師が好きなものを受け持っている子どもたちに精一杯表出していくこと。そして、一人一人に合う言葉をかけていくこと。それによって子どもは自身の興味あるものを見い出し、意欲というものも出てくるのではないでしょうか。この先生ならぶつかっていけると思うようになるのではないでしょうか。

ラベリング効果という言葉があります。ピグマリオン効果とも言えるかと思いますが…。ピグマリオン効果というのは皆さん方もご存じだと思います。「おまえは悪いんだ、おまえが……」という言葉をいつも聞かされますと、その子どもは、結果としてその教師の言う通りに成長していくということです。振り返ってみて、自分自身もそういうレッテルを貼られることによってだんだんと無口になっていったようにも思われます。

担任、教師というのは、3つのSをもっていなければならないと思います。

三つのSとは何ぞやということですが、これはさっき有田事務所の久道指導主事とも話し合っていたのですが、一つ目は教材に対してよく分かっている、教材に精通しているセンスということです。二つ目は、一人一人の子どもの状況というものを的確に見とり生かし指導していくセンス。そして、三つ目は一人一人をあたたかく見守る人間的なセンスです。担任というのは、この三つのSをもたなければならないとある書物から教えてもらいました。私の五、六年生の担任は、そういう人間的にすばらしい先生であったように思います。そのころから私も、こんな先生になりたいと思うようになっていったようです。

子どもが生き生きするときを考えてみます。今日の西ヶ峯小学校の子どもたちも大変生き生きしていました。伸び伸び育っているなと思いました。子どもが生き生きするときというのは、どんなときでしょうか。これは、先程の話し方の書物による質問形を使っているわけですが……。目標というもの、自分自身が今からやろうとすること、例えば国語ならば、どういう学習をするのかという目標がはっきり分かっているときです。また、もう一つは、その目標を達成するためのその子の取り組み方というもの、自分なりの学習方法が身についているときです。そして、最後の一つは、この西ヶ峯小学校の一つの特色とも言えますが、帰属感があるということ。帰属感といいますのは、子ども一人一人がクラスの中で存在感を感じていること、自分もこのクラスの大切な一員なんだという安心感があることです。この三つがあってこそ、子どもたちが生き生きし、意欲をもって取り組めるのだと言えると思います。私自身一番大事なのは、帰属感。つまり、クラスの一員として存在感というのものを一人一人に与えていくことではないかと思っています。

やる気を育てる学習指導というのは、資料にもありますように、まず、学級経営をきちんと押さえて取り組んでいるかということじゃないかと思います。私自身はこの資料の中で大事だなと思うのは、一番と二番です。これができたら、クラスとしてすばらしいんじゃないかなと思います。子ども自身が学校へ行くのが楽しいと、そう思うような学級をつくっていくこと。そのためには、指導者が子ども一人一人的確に見ていくこと、良さや伸びを確実に把握し、子どもというものをひたすら理解しようと努めていくことではないかと思います。

第二にいきたいと思います。

これは先生方にも資料を通して一緒に考えてもらえればいいかなと思います。意欲というかかわりから一時間の授業を見ていったとき、そこに子どもの意欲が出ていたのか、それともマイナスの方向に動いていったのか、そういうことが一つの授業記録から理解できるように思います。私自身は、授業記録に興味がありますので、先生方が授業をされるときは、先生の発問というものを全部チェックします。後でそれを分析してみますと、子どもの意欲と先生のねらいとがどうかかわっているかというのが見えてくるように思うからです。

子どもが生きる授業というのは、子どもの学習意欲が満ちていることです。

久喜吉和さんは「授業の中で教師は仕掛け人です。授業の主役は子どもです。その主役たちに授業の舞台の上で子どもたちが演技しやすいように回りを整えてやるのが先生である。そのためには発問・支援・板書、こういうものをきちんとしなければなりません。」と著書に書かれています。

発問ということを取り出してみても、子どもの学習意欲とのかかわりというものがわかります。

今日、資料二、三、四と「おむすびころりん」を用意してありますが、時間が許す限り先生方にも読んでいただきまして、一緒に勉強し、考えてみたいと思います。

資料二「石うすの歌」を見てください。

ある子どもの意見は先生にとっては予想もしてみなかった意見だったので、先生は自分のねらう方向に変えてしまうわけです。そうしたら今日の一時間の授業はどうなるでしょうか。本当に子どもは生きたと言えるでしょうか。先生自身も反省していましたが、指導者が中心になって授業をぐいぐい引っ張ってしまったらどうでしょう。子どもたちはそれぞれに個性的な読みをもっているわけですから、授業では、それらをいかにつなぎ合わせ、展開していくかが問われていくのです。それが子どもの学習意欲と大きくかかわってくるのです。

浜本純逸氏は述べています。「文学作品の多くは、主人公がＡからＢに変容していく様子を述べている。そこには、Ｃという出来事があって変容したのである。ＡからＢに変わったＣを読み取れば文学は読めたと言える。」

ここから考えて、「石うすの歌」で大事になってくるのは、おばあさんの思いは最初どうであったかということです。六日の朝はどんな朝だったのかということです。そこをはっきり押さえておけば問題はなかったわけです。六日の朝から千枝子の気持ちは変わっているか、いないのか。それを考えていけば子どもたちがその時間はもっと生かされ、意欲的になったと考えられます。同じような資料は三、四にもあります。「スイミー」でも多くのことがを学べます。

「おむすびころりん」です。一年生もこれだけ「みがきあい」ができるというのを初めて知った授業です。そこには担任の事前の準備が相当あったかと思います。イメージ化をさせる、動作化をしてみせたり子どもたちにもさせる。これは、叙述に目を向けさせるためです。実態を把握してのきめの細かい指導が子どもたちを生き生きと活動させました。

梅原猛氏が述べています。「イマジネーションなくしてはクリエイションはあり得ない」。想像すること、イマジネーションの重要性を述べているわけです。授業では想像力を働かせる時間を十分にとること、それがクリエイションを育てることにつながっていくのです。

今日の西ヶ峯小の子どもたちも、たいそう意欲的であり、本文に目を向けながら自分の意見を発表していました。敢えてまた、何を発言してもよいというあたたかい雰囲気があり、先生はつぶやきも巧みに取り入れていました。課題を述べるとするならば、課題が課題であると言えます。つまり、学習課題をどのように立てるかということです。それとかかわって、先生が子どもにどのような言葉でもってゆさぶっていくかという点がこれからの課題とも言えるかと思います。一つのヒントとして「おむすびころりん」の課題の提示の仕方、動作化などが例として挙げられます。子どもの思考力、想像力をつけるということは、子どもの読みにそっていくということです。時間がないので、授業のことはこのくらいにしておきます。

最後の三つ目です。意欲を育てるためには何を大切にしなくてはならないか。それは、学級づくりだと思います。一人一人が安定感を感じる学級づくりを基本に据えることだと思います。そのような学級の中で、その子なりの表現力を十分に育てていくことが子どもの学習意欲の育成につながっていくと思います。そのためには、指導者が一人一人をどのように理解していくか、その子の表現をどう読み取っていくかがポイントとなっていくと思います。

青山学院大学の本堂寛氏は「国語の力は作文力ですべてをはかることができる」と述べています。つまり、作文力に国語のすべての力が集約されているのではないかというのです。私は、小学校時代には作文力をつけてやりたいと思います。私自身も、小学校の担任のおかげで書くことを身近にしていただきました。子どもが安定感を感じるあたたかい学級の中で、文章を書く力をつけていくこと、それが学習意欲を育てると思うのです。野地潤家先生は、「小学校時代には表現の基礎となる感性を耕すことが大切だ」と述べています。簡単そうですが大変難しいことです。その取り組みのヒントとなる言葉を倉澤栄吉先生が述べています。「見る目、聞く耳、感じる心」を耕すことが表現力をつけることにつながっていくというのです。

心理学にラポートという言葉があります。それを見つけたときに「あっ、これだ」と思いました。ラポートとは親しい和と書いて親和力です。先生と子ども、子どもと子どもがそれぞれ心のつながりがあって結ばれ、一つの集団を形成しているのです。それを基盤に学級を育てていくこと、そのような学級が子どもの意欲を育てていくのではないのでしょうか。

私は最初に「帰属感」ということを言いましたが、一人一人の存在感が認められ、自分も学級の大切な一員であるという実感をもっているとき、また、わからないことを自由に出せる雰囲気があるとき、子どもの意欲は育っていくと思います。西ヶ峯小は、そんな雰囲気をつくっての取り組みであったと思いました。

資料に speak to というのがあります。これは、吉本均先生の文献で述べられている言葉です。speak to つまり、教師からの一方的な話すばかりでは、子どもの学習意欲は出にくいと言えます。それよりも、教師が一人一人の子どもの目を見て、語りかけること。相互応答的な語り（talk with）をするとき子どもの意欲は育っていくと言えるのではないでしょうか。

私は、四月から今まで、三回、他の学校で授業をさせていただきました。話すことよりも実際に四十五分の授業を参観してもらった方が話よりも具体的になると思ったからです。

西牟婁地方のある学校の教育目標は「主体的な学習をめざして」でした。主体的な学習とはどのようなものか考えました。子どもたちに課題を提示し、それを選ばせる方法が学習を主体的にさせると考えて取り組みました。当日は、詩を何篇か用意していきました。「今日は、四つの学習方法を考えてきました。みんなに好きなものを選んでもらってから勉強します」と言って始めました。子どもたちの選んだのは、こちらとしてはあまり選んでほしくない四番目の方法「すべての詩を読み、好きな詩について話す」でした。そのとき、事前には子どもの実態は何も聞かないで、授業中、座席表にチェックを入れながら、それを生かしながら展開するという方法をとりました。その方が参観者にとってはよけい興味がわくからです。授業は参観の先生方に役立ってくれたかどうかわかりませんが、私にとっては、どのような展開が主体的な学習となりうるか、授業中に一人一人をどう把握し、どう生かすか、真剣勝負でした。授業のねらいが達成されたかどうか分かりませんが、こちらには楽しい思い出として残りました。

今まで話してきましたことは、子どもをどう捉えるか、どのような言葉をかけていくか。また、表現力をつけていく必要性といったようなことです。あたたかい学級の中で一人一人の表現力をつけていけば子どもは意欲的になると思っています。

私は受け持った学級はすべて「書くこと」を中心に据えて続けてきました。書くことで子どもたちの成長をしることもできます。ある学級では、卒業のおりに、「先生に話したいことをテープにまとめた」とプレゼントしてくれました。これを聞くと、私が励まされること、考えさせられること、いろいろ詰まっていました。聞いてみてください。

（大沢三奈子の作文、テープを流す）

私はまだまだ勉強中の身です。このような一つの子どもの声からも、学習意欲を育てるためのヒントが与えられているように思うのです。

（平成八年度　県へき地・複式教育研究大会　有田大会）

Ⅱ　読むことの学習指導

1　理解学習の効果的な方法

一　一人歩きのために

主体的に学習に取り組む子どもの育成を目指して、日々実践を積んでいる私たちであるが、教師中心の指導では、子どもの主体性が身につくものではない。学習の方法や手順がわからない子どもに「一人歩き」をさせようとしても、それはとうてい無理な注文である。

学習指導要領によると、五年生の国語科のねらいは、「主題や要旨のはっきりとした表現力」と「文章や話の主題や要旨の明確な把握力」があげられている。

クラス編成をしたばかりの学級では、「今この子どもたちにとって必要な国語科の力は何であるか」を把握して学年のねらいに迫ることが大切であろう。

私の学級では、四月のあいだは個別指導を中心にすえて学習計画を立てた。学習方法や手順をまず一人一人に身につけさせ、自信と意欲を持たせることが、子どもの「一人歩き」への第一歩であると考えたからである。新学期当初の実態をみると、学習に対しては受け身になりがちな子どもが多いように思われた。そこで、子ども自身が考えるべきこと、教師が指導すべきことを明確にして、「一人歩き」をさせるためのトレーニングを重視した。

一年を経過した現在を振り返ってみると、まだ十分とは言えないものの、学習は与えられるものでなく、自ら生み出していくものであると意識しはじめているようである。

二　トレーニングを基本に

四月当初の子どもの実態「国語は嫌い」を掘り下げてみると、原因の多くは、漢字や難語句の抵抗が大きく、文章がすらすらと読めないことと学習の仕方がよくわからないからというのであった。

そこで、基礎学習Aでつまづいている者に対しては、国語、漢和辞典の使い方を徹底的に指導するとともに、五年生で習う新出漢字（音訓読み、筆順等）の一覧表を配付し、自分だけの辞書をつくるようにさせた。並行して、思考トレーニングも開始した。

「考えるおけいこ」や「思考訓練資料」、低学年の教科書を利用しての思考トレーニングである。これは子どもたちにとっては初めての経験であるので、一学期の前半は個別指導にポイントをおいた。学習方法や手順を一斉指導し、その後個人学習をさせ、個別的に助言していくという繰り返しであった。そこでは、個人の考えの良さを認め、助言と励ましを続けた。

形式やパターン化は子どもを育てることができないという声も聞く。しかし、子ども自身が学習方法を身につけていなければ生きて働く言葉の力は育たないと考える。

国語嫌いが多い当学級では、読み取っていく方法や手順が十分理解されていないからではないだろうか。まず、指導者が学習方法を示し、子どもに理解させなければならない。構造的な物の見方、考え方はトレーニングされた能力が生きて働き、その子に身についたところから生まれるものである。

トレーニング開始のころのI男のノートを例にあげてみよう。

（例文）

①ぼくは、やっとさか上がりができました。

②家に帰って、お母さんとなりのおばさんにも話しました。

③夕ごはんのときは、家じゅうの人に話しました。

（ア）ぼくの気持ちを一言でいうと

できなかったさか上がりができたことをみんなに知らせたかった。

修正

とてもうれしい　（やったぞ。　がんばってできた。　よかったな。）

（イ）ぼくの気持ちのわかるところは

①やっと

②……にも……にも

③家じゅうの人に

（ウ）ぼくの気持ちを想像してふくらませてみると

・できなかったさか上がりがやっとできた。

・初めてできた。たくさんの人に話したい。
・早くみんなに知らせたい。
・家族のみんなに話したい。

（ア）では、「ずばり一言で言ってごらん」と指示をしたのである。学習方法をまだ十分に理解していないため、このように書き込んだわけであろう。最初、このような子どもが多くても、数多くトレーニングをしていく中で理解されていく。子どもの思考の良さを認めながら助言していくことが大変効果があるように思われる。

（イ）では、根拠となる語句に目を向けさせている。洞察思考トレーニングを繰り返すことによって、分析の段階では重要語句（キーワード）に反応する子どもが増えてくる。

（ウ）は、行間にひそむ心情を掘り起こし、登場人物の気持ちを探る段階である。I男の場合、まだあまりできていないようであるが、トレーニング開始のころはこの程度であっても認め、読み取り学習の意欲を育てることを主とするべきである。お互いの読み取りを出し合い、みがき合う中で、子どもたちは自己の読みをフィードバックし、更に深めていく子が多いからである。

トレーニング後、一人でやらせてみたときのI男のノートである。

（例文）
①明日は遠足です。
②お菓子や果物を買って、リュックサックにつめました。
③私はリュックをしょって、お部屋の中を歩き回りました。

（ア）とてもうれしいな。
（イ）……しょって……歩き回りました。
（ウ）

今日、先生から明日の遠足についてお話がありました。今までなかなか行けなかった遠足に、明日やっと行けるのです。

私は、家につくなりくつをぬぎすてて、お母さんに明日は遠足があるんだよと言いました。

お母さんにお金をもらい、果物とお菓子をたっぷり買ってきました。リュックがいっぱいになりました。

明日どんなに楽しいことがあるだろうと予想していると、たまらなくなってきて、お部屋の中を何周も歩き回りました。

三　実態にあった年間計画を

私たちは子どもが「一人歩き」する姿を目指して取り組んでいる。そのためには、毎日の授業を指導書に頼り切って、安易に順序どおり指導したり、教材をそのまま自身の学級にあてはめていくことは戒めなければならない。地域性や学級の実態を考慮しながら、教師自ら教材研究を深め、確かな学習目標を設定して学習指導に臨むべきであろう。

年間を通しての見通しをもち、このような子どもに育てたいという願いを立てたなら、教科書教材は、ある程度順序や目標が変更されても構わないと思う。要は、子どもたちにとって、今大切にしなければならないものは何かを明確にもち、一年後の子ども像を見通しておけばよいのである。

トレーニングの経験がほとんどない子どもには練習教材を位置付け、実際に学習方法を身につけてから教科書に取り組む方がわかりやすいであろうと考え、一学期はトレーニング教材を最初にもってきたわけである。目新しいトレーニング学習が大層興味をよんだらしく、子どもたちは意欲的に取り組み、個性的なノートをつくりだしていった。そのときの教育実習生は子どもの柔軟な思考のノートに驚かされていたのが印象的であった。

〔一学期〕基本的な読みの過程と操作方法を知る。

教材配列	学習内容
説明文	◎基礎学習（A）
・思考トレーニング	漢字と難語句の学習
・「色さいとくらし」	音読の練習
・「動物の能力」	
・「敬語の使い方」	◎説明文の基本学習
・「かなの由来」	文章の言いたいことをつかむ
	問題にそって読み深める
	みがきあう
物語文	整理と発展
・思考トレーニング	
・「春先のひょう」	◎基礎学習（B）

・「大きなしらかば」
・「大造じいさんとガン」

一学期は、読みの学習過程とその操作法を身につける段階なので、教師の出番が多くなる。文章のねらいに即した、また、子どもに理解程度に応じた個別指導が必要であるからである。個人のつまずきをチェックし、座席表や個人カルテに記入し、ときにはそれを全員に提示していかなければならないこともある。

個人がつくりだす問題についても、ある程度時間をかける必要がある。問題としての価値について、子ども自身に気付かせていくことをしなければ、その後の内面追求の深さにかなりの違いが生じてくる。しかし、本質をつかむ段階で各人が適切におさえられておれば、大きな違いがでてくるというわけでもない。

二学期は、読みの過程とその操作方法を定着させる段階として、一学期と同様に教材を配列して取り組んだ。指導者側として特に力を入れてきたことは、「みがきあい」において子どもの読みをどのように広げていくかということであった。このころになると、「読みとり」についてはかなり理解をしている子どもが増え、必要に応じて適宜個別指導するという程度であった。

二学期

説明文
・「よみがえった古代の村」
・「木登りと人間」

三学期

・「なぞなぞ遊び」
・「わらぐつの中の神様」
・「おにごっこ天国」

物語文
・「注文の多い料理店」
・「野ばら」
・「サリバン先生との出会い」

三学期は、今までの学習過程が身についたかどうか、自分の力で確かめていく段階である。ここでは、意味構造を生かす段階に指導の中心をおき、計画を立てていった。

三学期になるとI男がどのように読み取りを進めていったか、ノートを例にあげてみたい。教材は「わらぐつの中の神様」である。

（I男のノート）

あったかい話

話のきっかけ

マサエ

おみつさん

①

わらぐつ

②

大工さん

思いやり

①はく人がはきやすいように
あったかいように
長持ちするように
上からつま先まで
すきまなく編んで

②使う人の身になってつくるのが本当のいい仕事
心をこめると神様がいる

マサエ

・マサエは人を思う心の大切さを知る。

この図で中心を通っているものは思いやりです。それは話の中ではおみつさんの人のことを考えてわらぐつをつくり、思いやりをこめたわらぐつで大工さんとも出会えて、いい言葉を知ったからです。マサエは人のことを考える気持ちを知ったからです。

四　教師の支えを

子どもに生きて働く言葉の力をつけていくためには、教師は根気強く子どもに向かっていかなければならない。子ども一人一人は大変柔軟な思考力をもっているものの、それが開発され育っていくかどうかは、教師側の適切な助言と指導如何にかかっているといえよう。そのためには、子どもの実態をみつめ、この子らの力となりうるものは何かを明確に見据えていかなければならない。教師自身が常に主体的な姿勢をもち続け、子どもに接していかなくてはならない。

振り返ってみて、今後の課題として残されたものは、次のような点であった。

・子どもの読みの実態把握を明確にし分析していく。
・みがきあいにおいて、どの子をとりあげ深めていくか。
・子どもの考えを広げ、深める教師の発問はどうあるべきか。
・子どもの読みの変容を把握し、どのように評価するか。

この一年間で、子どもたちが主体的に問題を解決し創造していく力を様々な分野で見られるようになってきたことはうれしいことである。

「なぞなぞ遊び」の学習の発展として、各班毎なぞなぞをつくり、「なぞなぞ大会」を催した。「おにごっこ天国」では、昔のおにごっこと比較して、実際に自分たちでやってみたりしたりのである。春休みには、男女がお弁当持参で公園へ行き、一日を楽しく過ごした子どもたちであった。

以前は利己的な面が見られ、口論の絶えない学級であったが、少しずつではあるが子どもたちが変わってきたように思われる。この子たちの力を更に伸ばしていくためにも、私自身が物事を構造的にとらえ、子どもの成長を側面から支え、見守っていくような姿勢をもたなくてはならないと思うこのごろである。

（『構造学習』昭和五十九年（一九八四年）（五年B組の取組から））

2　読むことの学習指導

――意欲的に取り組む学習課題――

一　疑問を学習課題に

> 広瀬くんの言ったことについて、今日、授業でやった。このことばには、こんな気持ちがあったんだということがわかってきた。疑問をみんなで話し合っていくことは、それだけでなく、ほかのこともわかってくることに気づいた。疑問を出し合ってみんなで話し合うことは大切なことなんだな。

「ヒロシマのうた」の授業のおりに書いた野本さんの感想である。稲毛さんの行為を読み取っていく中で、学習記録文に記された広瀬くんの疑問を学習課題に取り入れたことが、話し合いを活発にし、結果として豊かな読みを促すことになった。勝手なことができない立場にいながらも一人の人間として赤ん坊を救った稲毛さんの心情を、個性豊かに読み取っていった。子どもの疑問、感想等を学習課題として位置づけることは学級全体の読みを深めると気づいたのは、私が教職に就いてから十年近くも経ってからのことである。それまでは参考資料の指導内容を重視し、学級の実態というものをあまり意識していなかったのである。これでは、子どもたちが意欲的に学習に取り組めるはずもない。

ある学校で参観した研究授業も私と同じようなものだった。

Ｔ　『やまなし』の十一ページを黙って読みましょう。
Ｔ　今読んだことをもとに、自分の考えを発表してもらいます。
Ｔ　ここでは、どんな出来事がおこりましたか。
Ｔ　やまなしは、どんなに流れていったかな。
Ｔ　やまなしが落ちたとき、かにの兄弟はどうしましたか。
Ｔ　首をすくめた後、どうしましたか。（略）

このような一問一答式の教師主導型では、子どもが豊かに想像する場面はあまり期待できない。教師の問いに本文から答えを探すだけの授業となってしまうからである。今、国語科では、「子どもたち一人一人が自らの感動や体験、思いや願いを生かし、課題や題材に主体的にかかわり、自ら意欲的に考えたり、豊かに想像したりできる授業」が求められている。その具体策として、学習課題を取り入れた授業展開も一つと考えられる。子どもたちに読みの主体性を持たせ、学習活動を通して、思考力、想像力、鑑賞力を高め、言語能力を培うことを目指した学習課題。ここでは、子どもの学習意欲に応え、その意欲を持続させるための配慮すべき点について考えてみたい。なお、学習課題は、学習問題と同義と考えて論を進めたい。

二　やる気を起こすとき

授業で子どもがやる気を起こすのは、次の三つがそろっているときであると言われる。
・　達成可能なねらいが授業に設定されていること
・　ねらいを解決する方法が身についていること

・　学級の雰囲気が好ましい状態にあること

これは、国語科だけでなく、どの教科においても通じるものであろう。「やってみたい」「自分にもできそうだ」というねらいがあってこそ学習意欲は喚起される。そのねらいを達成する方法が身についているとき、自信をもって授業に臨むことができる。わからないことはわからないと素直に出せる学級の雰囲気は、学ぶ子どもを安心させる。これらが備わっている学級は、一人一人の学習意欲を育て、学ぶ喜びを味わわせ、主体的、創造的に生きる子どもを育成することにつながっていくのである。

学習課題とは、子どもにとって解決したいめあてである。そのめあてを解決しようと積極的に本文にかかわり、自分の読みをつくりあげる。それを集団でみがきあうことによって思考を更に深め、読みを確かで豊かなものにしていく。これらの活動を通して、一人一人が、学ぶ喜びや成就感を味わい、学び方を学ぶ態度を身につけていくのである。このように考えてみると、子どもの興味・関心を生かした課題解決の取り組みは、教材に子どもを主体的にかかわらせ、豊かに想像させる授業へと転換させることが可能である。では、現状はどうであるかと考えてみた場合、なかなか厳しい面も見られる。子どもたち一人一人を生かそうと実践が積み重ねられているものの、書く時間の十分な確保や課題解決の方法を徹底しないまま授業が展開されたり、課題が教師の目標にすり変わったりする場合も見られるからである。

三　音読の重視を

それでは、課題解決の意欲をもち続け、個性豊かな読みをもつ主体的な学習者を育てるためには、学習指導段階においてどのような配慮をすればよいのであろうか。

「ヒロシマのうた」では、次のような感想文が見られる。

必死になった人々　　勝山雅朗

「ヒロシマのうた」を聞いて、ぼくは本当にいい話だなと思いました。それは、ミー子のために兵隊さんが必死になっているからです。ミー子のお母さんに（ミー子は）小さいころに死なれて、兵隊さんがどこかにあずかってくれる人がいないかと必死になってさがしたり、あずかってくれたおばあさんがミー子のことを気に入らないというと悲しがったり、ようさい学校に住みついたと聞くと、ほっとしたりしているからです。

兵隊さんだけでなく、あずかった新しいお母さんも、とってもミー子のために必死になっています。一人の子のために、あたたかい心で必死になっている人がいるので、あたたかくてとてもいい話だと思いました。（略）

わからないところは特にないけれども、文章の流れが少しわかりません。急に、手紙の内容がなくなっていたり、何年たっているのかわかりにくくなったりするからです。

学級は個性あふれた子どもたちの集まりである。教材に初めて出会うと、さまざまな印象をもつ。この初めての出会いを大切に生かすことは、授業構想にあたっては重要な意味をもつ。しかし、それを直接学習課題に結びつけることは、学年や学級の実態によって無理が生じる場合もある。学級には、最初の感想で話の本質を直観的に捉える子どもがいるかと思えば、教材に入りきれず部分に目を奪われ、表層的な読みをする者もいるからである。学習は一人一人のものであり、全員参加が原則である。また、学習課題は、これからの活動の成否を決定づけるものであり、すべての成果が問われるものでもある。単元によっては、最初に音読を位置づけることによって学習課題を設定することも一つの方法である。教材の概要を捉えさせてから学習課題につなげることが、先に述べた問題点をある程度解消してくれる。勝山くんも、家庭や学校で数回音読することにより、話の流れを理解し、自分の課題を読み取りながら意欲的に授業に取り組んだ。

本文をすらすらと音読できるようになり、あらすじや登場人間の関係をおさえると、教材が子どもにとって身近なものとなる。「ここはどうしてだろう」「もっと考えたい」「話し合って解決したい」という欲求が内からわき起こってくる。教師は学習記録文等からこれらを的確に把握し、子ども自身の課題となるようにつなげていけばよいのである。学習課題は、子どもの願いに応えるものであり、自発的な活動を促すものである。毎時間の感想等には、授業で提示し話し合いたいものも多く含まれる。これを、その時間の主要課題として位置づけ、教師のねらいと関連づけて展開していくことが、授業を活性化し読みを広げ深めていくことになる。初めの広瀬くんの例もその一つであったと言える。

四　一人読みを十分に

「ヒロシマのうた」では、考えたいこととして次のような疑問が出された。

稲毛さんについて

・兵長に赤ちゃんのことを話さなかった「わたし」　九人
・戦争ということが、こんなにも悲しいものであるということを初めて知った「わたし」　六人
・実の母のことをまざまざと思い出す「わたし」　六人
・ひとりで手紙に頭を下げる「わたし」　三人

・ヒロ子に初めて会ったときの「わたし」　三人
・ヒロ子や橋本さんのことを一生懸命考えている「わたし」　十五人
・いつまで十五年の年月の流れを考え続けている「わたし」　七人

育ての母（橋本さん）について
・ヒロ子に出会ってから変わっていく橋本さんの心　三人

ヒロ子について
・ヒロ子の暗いかげとは何か　七人
・実の母のことを聞いたあとのヒロ子の心　三人
・原子雲とイニシャル入りのワイシャツをおくったヒロ子の心　十九人

実の母（長谷川さん）について
・実の母は、この話にどう関係しているのか　五人

その他
・なぜ「ヒロシマのうた」の題名なのか　五人
・この話の「わたし」は、今どこにいて語っているのか　二人

これらの疑問をどのような段階を経て課題へつなげていくかを述べたい。疑問から各自の解決したいものを選択させると、次は一人読み（個人思考）をさせる。学習指導要領の「第1章総則、第3　授業時数等の取扱い　3」には、次のように述べられている。「各教科等のそれぞれの授業の一単位時間は、四十五分を常例とし、学校や児童の実態に即して適切に定めるものとする。なお、各教科等の特質に応じ、指導方法の工夫によって教育効果を高

めることができる場合には、各教科の年間授業時数を確保しつつ、適切な計画の下に授業の一単位時間を弾力的に運用することができる。」児童の実態に合わせて、一人読みでは時間を十分確保し、各自のもっている疑問等をまず解決させたい。時間が保証されると、子どもはじっくり一人で考えることができる。自身の読みをことばや文に書くことによって、考えが明らかになり、疑問点が解決され、新たな問題点が現れる。このように、単元ごと、学習者一人一人に考える時間を設定しておくことは、自己学習力の育成にも通じていく。教師のねらいをしぼり、一人学習は実態に即して柔軟に時間設定をすることも、課題解決にあたっての重要なポイントである。

一人読みでは、個別指導を徹底し、一人一人の学び方をゆっくりと見守りたい。その後、集団のみがきあい（集団思考）に入るわけであるが、子どもの読み取ったものを授業を生かしていくには、各自の読みを個人カルテ等により把握しておかなければならない。それが、授業展開の成否を決定するからである。その子が教材に対してどのような思いを抱いているか、教材のどの部分に目を向けて読み取っているか等をチェックすることが、授業の見通しをもたせ、ダイナミックな授業の構想を可能にするのである。

五　課題の構造化を

学習課題設定にあたっては、だれがつくるか、どのようにつくるか等、さまざまな論議がある。学習課題はつくることが目的ではない。つくる過程を通して、子どもたちの学習活動を活性化し、学習の結果として、豊かなことばの力が育成されることを目指したものである。子どもの問題意識をそのまま生かした学習課題は時にはあってよいだろうが、そこに叙述に即した確かな学習がなされていなければ、設定した学習課題が適切でなかったと言えよう。国語科の学習は、子どもたち一人一人をことばに気づかせ、教材の前後の文脈からことばのもつ意味を考えさせ、個性豊かな読みをつくらせていくことに大きな意味がある。活発な活動があるからといっても、意見が堂々巡りで終わってしまっているなら、その授業は失敗であろう。どの子をどこで生かすことが読みを深めることになるか、これは前もって構想しておくことが授業の鉄則である。ここでは、一人読みの時間の確保をし、読みの実態把握によって課題を構造化する授業構想力が重要となる。問題意識を生かした学習課題の取り組みは、教師の深い教材解釈に根差したに指導力によって生まれ、それに子どもの意欲が左右されていくと言えるわけである。

学習課題の授業にあって、読みの質を高め、意欲的に学習に参加させるためには、教師のねらいと学級の読みの実態とのずれを見極め、そのずれを埋めるような授業を構想をすることも一つの方法であろう。それが一人一人の課題解決への意欲をもたせ、子どもを本文の細部に目を向けさせ、教材と子どもをしっかり結び付けることになるからである。「ヒロシマのうた」では、子どもの提示した稲毛さんの心情を考えていく中で、「十五年の年月の流れ」を考え続けていた「その時の」出来事とは何であったのかに気づかせていったことが、広瀬くんの考えに発展していったのである。個性的な読みや部分的な読みを全体の話し合いにどのように関連づけていくかが、課題解決における教師の問われるところであろう。

単元の終わりにあたって、勝山くんは心に残したいことを次の感想文でしめくくった。

みんなの心がヒロ子を育てた

勝山雅朗

この物語から、稲毛さんたちがヒロ子を助けたことから、あたたかさということを考えた面もあるし、登場人物はすばらしいなと考えました。すばらしいというのは、実の母は、あまりにも子どもを思うために、死んでからも手の力というのを残し、子どもを守り続けていました。その手の力がきっかけとなって、四人は、他人とはなれない人になっていました。そこがすばらしいなと思いました。最後には、実の母の気持ちになって、稲毛さんたちはヒロ子を十五才まで無事に育てました。橋本さん、稲毛さん、ヒロ子、実の母の四人にやさしい心があったために、最後は幸せになれたのだと思いました。

ヒロ子を橋本さんと稲毛さんが育て、死んだ実の母の願っていたことをはたしたと思います。

ヒロ子が無事に十五才まで育ったのは、橋本さんや稲毛さんだけでなく、実の母が別の所からヒロ子を見守っていたおかげもあったと思います。みんなの愛がヒロ子を無事に育てたのだと思います。

最後の行で、新しい出発を意味しているのだとわかりました。稲毛さんやヒロ子や橋本さんは今までの悲しいことは心配せずに生きていこうと思ったと思います。

「ヒロシマのうた」の「うた」は、ヒロ子を稲毛さんたちが無事に育てたやさしいあたたかい気持ちを十五年間ずっとうたっているという感じだと思います。

人を思うあたたかい心というのが心におしつけられたように思いました。

子どもたち一人一人は、自分の読みをもって授業に臨んでいる。教師は、それに対して応えなくてはならない義務がある。そのためには、毎時間の子どもの読みの変容を把握しなければならない。書く活動を日常化し、子どもを知ることから始めることは国語科にとっても重要なことである。個性を知る。読みの実態を知る。読みの変容を知る。これらを確実に教師のものにしてこそ、子どもの意欲は育つ。学習課題の取り組みにあっても同様であろう。

授業は生の反応を大切にし、それを生かしていくことが子どもの学習意欲を育てることは論じるまでもない。だが、教師不在であっては質の高い授業は期待できない。子どもの読みを生かし、それを学習指導過程に取り込むきめの細かい指導が必要である。子どもの個性を育てる教育が求められている今こそ、教師の確かな教材観・指導観を基底に据えた授業が問われているのである。

（平成七年（一九九五年））

3　子どもが生きる授業をめざして

―「太郎こおろぎ」「つり橋わたれ」「手ぶくろを買いに」―

一　はじめに

子どもが生きる授業とはどのような展開であればよいのだろう。子どもが学習を意欲的に取り組んだかどうか、分析する一つの視点として幾つかの授業記録から比較、検討してみるのも興味深いと以前から考えていた。

今回、野ぎくの会での発表の機会をえられ、十二年前の授業記録を起こしてみることにした。だれしもが経験することであろうが、自身の授業テープを聞くことは気分の良いものではない。「なぜあのような発問をしたのか」「子どもを大切にするとは言いながら、この記録ではどこがそうなのか」と反省させられることばかりである。教師の実践力をつけるには授業を起こし分析することであると言われる。とは言うものの、それに取り掛かるまでには相当な時間を要するのが私である。

その年（一九八六年）は、私にとって当たり年であった。研究授業を四回もすることができた。六月は校内研究で「太郎こおろぎ」、七月は附属小学校国語部の学習会で「つり橋わたれ」、十二月は恒例の研究発表会で「手ぶくろを買いに」と「ないた赤おに」（道徳）であった。三年生を担当したのは四年ぶりだった。中学年のエネルギーを複式学級を担当したときに感じていたので、機会があれば三年生の一年間を記録しておこうと考えていた。その結果、今回の発表となったのである。

「物語文は子どもと楽しく読みたい。子どもの読みを交流させ、さらに想像を広げ豊かな読みをさせたい」と願っているものの、授業記録から教師の発問をみると、果たしてそれが達成できたかは疑わしい。

三つの教材とも「一人読み（個人思考）」を学習過程に組み入れ、一斉指導（集団思考）では、それを生かしながら展開しようとしている。子ども自ら作品を読み進める力をつけるには、一人一人に読みを持たせ、それを交流させていくことであるとの仮説からである。

剣道の世界に「守・破・離」という言葉がある。「まず、型から入って、型を身につけ、その後、型を出て自分の型を作る」とでも言うのであろう。国語科においても、まず、一つ方法を身につけさせることが、その子の主体性を育てることにつながると考えていた。一年間の授業はこの考え方で取り組んでいる。

二　授業「太郎こおろぎ」

当時の三Bは大変元気な、おしゃべりの多い学級であった。自分の言いたいことを口々に話し、友達の発表に耳を傾けることがあまりできない状態であった。国語科の校内研究授業は「つり橋わたれ」よりも「太郎こおろぎ」の方が実態にあっているのではないかと考え、六月に授業を行った。私の予想は当たった。元気な男子は「太郎」のやんちゃな行動に惹かれ、楽しんで読み進めていった。

学習指導計画には「あらすじをとらえる」段階を設定している。これは、断片的で部分に目を向けがちな子どもに、本文全体から登場人物を読み取るように意識させたいためである。当時、学級の実態は本文をすらすら読めない子どもも多かったので、家庭学習も含めて、音読を多く取り入れた。「すらすら読めること」「登場人物の関係を把握しておくこと」が作品を読み取る基本であるとの考えからである。

今回の提案資料としているのは、「太郎こおろぎ」第五次の四時間目「しのや太郎のやさしさをとらえ、明るい教室の様子を読み取る」である。私の学級は毎時間「書く活動」を位置づけていた。授業中に書いたものや子どものつぶやきから、次時の学習に使えそうなものを随時取り入れていた。この場合は、榎本のつぶやき「しのちゃんも太郎にやさしくした」と、新居延の発表した「この教室の先生について考えました。先生は全部知っていたんと違うかな」を中心として授業を展開することにした。やんちゃだが優しい面をもつ太郎、床下に潜った太郎をかばうしのちゃん、それらを見守るユーモラスな先生。田舎のあたたかい教室の雰囲気を読ませるのには、この二つを課題するのが学級の実態にふさわしいと考えたわけである。

授業は前時の学習を振り返り、本時のめあてを確認しながら音読に入っている。導入部のこの辺りは、わりあいスムーズに流れていったといえよう。しのちゃんのやさしさを叙述に目を向けさせながら読み取らせようとしているのは記録からもうかがわれるが、問題も多い。指導者は子どもの発表の仕方に気をとられすぎているせいであろうか、学習者のことばを捉え、全体に問いかけ、思考させていくことに関しては検討を要する。以前、「野ぎくの会」で一時間の授業の流れを私は次のように述べたことがある。果たして、この授業はそれに沿ったものであったであろうか、疑問も残る。

◎　学習展開

導　入

まず、学習意欲の喚起を

前時の学習を想起させ

だれもがわかることを（易から難へ）

叙述に即して思考させる
展　開
子どもの実態をふまえて
本時のめあてを達成するように
考えを引き出すような流れを
終　末
思考を整理する方向に
次時の学習の予告を

子どものつぶやき、書いたものを導入にとり上げたことは効果があったといえよう。指導者は、「しの」のやさしさに気づかせるために、まず、音読を入れ、叙述に目を向けさせるように作業をとり入れている。これは、活発だが思いつきで発表する子の多い学級には適している。叙述に即して「しののやさしさ」に気づかせ、そこから、それぞれの想像の世界をつくりあげようしている。森田は「しの」のやさしさを「とっさ」にあると言い、岩橋は「目になみだをためて」から「しの」の気持ちを読みを発表している。このように本文から想像し、その子なりのイメージを描いて読みをつくりあげていくところに文学作品を読む楽しさがあるが、記録では、指導者の方向づけの拙さから学習者の思考力、想像力は十分に発揮されたとは言い難い。「先生にいうのは悪い」のところでは、秋月と藤田の二つの意見が出た。このように解釈がわかれるところではゆさぶりをかけることによって授業は盛り上がっていく場合が多い。だが、ここでも指導者の整理、方向づけまずさから子どもの考えはあまり発表されていない。子どもの思考に添いながら、学習のめあてに向かってみがきあいの場を盛り上げていく指導者の授業実践力を高めることが課題として残っている授業である。

三　授業「つり橋わたれ」

研究授業の「つり橋わたれ」の記録は残っていない。カセットデッキの調子が悪かったのか、教育実習生の記録しかない。そのときの授業は、記録から推測するしかないが、大体の流れはつかめそうである。

今回も、学習課題は子どもの疑問を生かしている。毎時間、書く活動をとり入れることは、子どもの読みの変容を把握でき、導入にも効果的である。音読は範囲を指定していない。それによって本時はどこを読めば課題を解決できるか、子どもたちに考えさせることができる。これは学習意欲ともかかわっていく。自分たちの仲間から出た疑問、問題を話し合って解明していこうとする姿勢が音読によって生まれ、それが子どもの主体性を育てることにつながっていく。

本読みを終えた子の評価をどうすべきか、これは問題として残る。三年生の場合、「○○ちゃん、今の読み方のここがよかったね」と明確に示せば、他の子どもたちはそれに影響を受けたであろう。個に応じた適切なことばかけは全体の学習意欲にも関係する。間接的な指導が可能な音読の評価も考えておくべきであった。

トッコとかすりの着物を着た男の子の会話の場面では動作化をとり入れている。「音読」「動作化」「人物の心情へ」の流れは、授業にめりはりをつけながら想像豊かに読むうえで、中学年（三年生）には効果がある。これによって子どもたちの考えは次のように出された。新居延「すぐまねをしたからおもしろくなった」。坂本「おもしろくて、自分でもわからないまま渡っていた」。宇治田「追いかけるのが夢中で、こわいことを忘れてしまった」。木岡「楽しくなった」。岩橋「もう一度、男の子と遊びたくなった」。三木「頭の中は男の子のことばかりだった」。辻「不思議だな（と思ってついていった）。」園生「男の子の正体を知ろうとした」。榎本「まねをした」。叙述をもとに、それぞれが個性的な読みをつくりあげたのである。あらすじだけを追う単調な授業は子どもが生きているとはいえない。作業、活動を適切に取り入れ、一人一人に自分の読みを想像させていく過程を位置付けると、子どもたちは作品を読む楽しさを体感する。

四　授業「手ぶくろを買いに」

九月に「説明文を書く」学習を終え、子どもたちの中には「書くこと」に少しずつ慣れてきたころの十二月の研究授業である。五日は附属小学校の研究発表会だった。教室いっぱいになった参会者に囲まれながらも普段と変わらない学習態度で臨んでいた。張り切って日ごろの力以上を出した子もいたのはうれしい出来事であった。

当日の授業も子どもの疑問をもとに学習課題を設定している。子ぎつねが無事に帰ってきたのを喜び、それまでの話を聞きながら「人間って本当に、いいものかしら。人間って本当に、いいものかしら。」とつぶやく母ぎつねの人間観のゆれを読み取らせたいと考えていた。研究授業当日までの流れはつぎの通りである。

(1)　印象をとらえる

おもしろいな　　谷口航平

ぼくは、「手ぶくろを買いに」という話はおもしろいと思います。

わけは、目に何もささっていないのに、きつねのぼうやは、何かささったとかんちがいしているからです。もう一つおもしろいところがあります。家のひをお星さまとまちがえているところです。きつねのぼうやが、まちがって本当の手をみせたけど、ぼうしやさんは、きんかをもらうと、これは本当のきんかだなと思い、手ぶくろを売ってあげたのでやさしいなあと思いました。

お母さんが「本当に人間は、いいものかしら。」と、ふしぎそうにつぶやいているところもおもしろいと思います。

ぼうしやさんは、人間にも手ぶくろを売って、どうぶつにも手ぶくろを売るところがいいなあと思います。

本文の、母さんぎつねが、ぼうやの帰るのをまってだきしめたいほどになる心がいいなあと思いました。

このお話は、おもしろいです。

しずかできれい

坂本直哉

このおはなしは、しずかできれいだと思います。それは、どこからかんけいしているかというと、きせつと時間だと思います。さむい冬と夜です。まず、しずかというのは、夜ということだと思います。夜だったら、だいたいの人が家に入っていて、ごはんをたべている時間だからしずかなのです。そして、きれいというのは、冬でさむくて、雪がつもっているところがきれいということです。まだあります。夜のくらい空に、黄色や赤や青のでんきがついているからきれいだと思います。だから、しずかできれいだと思いました。

かわいいなあ

中野暢子

わたしは、話をきいてかわいいなあと思ったところは、きつねの子が人げんってこわいのかたしかめにいった時です。

うつくしい声とかがきこえてきて、お母さんのことがこいしくなって、すぐかえったというところがかわいいです。

すぐかえったというのは、かえってうたをうたってもらおうという気もちがあったからかわいいです。

子ぎつねが、お母さんに目がいたいといって、目をこすっているところもかわいいです。それに、手ぶくろを買いにいって、お店の人がきつねだとわかっていても、お金がほんものだったので、子どもの手ぶくろを売ってあげたんだと思います。

ふしぎだなあと思ったこともあります。にんげんはこわいとお母さんぎつねがいったけど、きつねの子どもが行ったときは、やさしい人ばっかりだったのがふしぎです。

いい人間でよかった　　辻　佳澄

「ぼう、まちがえて、本当のおてて出しちゃったの。でも、ぼうし屋さん、つかまえやしなかったもの。ちゃんと、こんないいあたたかい手ぶくろくれたもの。」の、きつねの子どものことばを聞いてよかったと思った。

ぼうやの会った人間は、母さんぎつねのいうような人間であったら、ぼうやはつかまえられて、おりの中にはいらなくてはいけなくなったかもしれません。子ぎつねには、人間はこわいものだと思ってほしくないです。

母さんぎつねにも、人間には、悪い人とよい人がいることがわかってほしい。「本当に人間はいいものかしら。」

「本当に人間はいいものかしら。」とつぶやいている時、母さんぎつねは何かふかく考えこんでいるようです。

ぼうやが会った人間がいい人でよかったです。

子どもたちは、子ぎつねのかわいらしさ、純真さにひかれているようである。

実態は、次の通りであった。

・子ぎつねのかわいらしさ、純真さに目を向けている……………………二六人
・子ぎつねを思う母ぎつねのやさしさに目を向けている………………三人
・人間のやさしさに目を向けている……………………………………四人

・情景描写の美しさに目を向けている…………………………二人
・作品の世界に入りきれない子（あらすじのみ）………………三人

第一次の感想（印象をとらえる）の中には、取り上げてみたい課題となるものも含まれているが、読みの個人差が大きいので、第三次の「五つの場面をおさえる」の後、学習課題を設定した

(2)　音読やことばの学習をする

音読カードを持たせ、家庭でも繰り返し音読させるようにしてきた。ときに家庭に音読を聞いてもらうようにお願いした。また、子どもたちには、音読後気づいたことがあれば「考えノート」に記すようにも助言した。

次はその中の一部である。音読後の気づきを書いている。

> 母さんぎつねは、人間ってとってもこわいものだといったけど、とてもやさしいと思います。
> 母さんぎつねの友だちはあひるをぬすもうとしてしかられたんだから、ぬすんだのが悪いのだし、子ぎつねは、本もののお金を出したので売ってくれたのだから、人間って、やさしいと思います。
> （塩路　浩隆）

> 子ぎつねはえらいと思います。ちゃんとお母さんのおしえられたとおり、手ぶくろをかえたからです。
> ちょっとみえたけど、ちゃんとお金さえもらえたらもうかるからいいから売ってくれたんだと思います。お母さんがいなくても、自分でできたので子ぎつねはえらいと思います。
> （藤田　祥暢）

音読カード

学年　　氏名

	めあてをきめて読んでいこう	月日	月日
1	相手によく聞こえる声で読む		
2	まちがえないで読む		
3	はやさを考えて読む		
4	つっかえずにスラスラ読む		
5	気持ちを想像しながら読む		
6			
7			

(3)　あらすじをまとめる

あらすじ　　（新居延訓子のノートから）

①のばめん

子ぎつねが手がつめたいというので母さんぎつねは、夜になったら町までいってかわいい子ぎつねのためにあたたかい手ぶくろをかってやろうと考えた。

②のばめん

夜になると、考えたとおり行こうとするがとちゅうで母ぎつねは、むかし友だちと町へきたときのことを思いだし足がうごかない。

③のばめん

しかたがないので子ぎつねを町までいかせた。人間のせかいで手ぶくろをかった子ぎつね。

④のばめん

あるいえの前をとおると美しい声がきこえてきた。しばらくきいているとどっちが（子ぎつねと人間のぼうやで）早くねるかということになった。そしたらぼうやの方が早かったので母ぎつねがこいしくなった。

⑤のばめん

母ぎつねは、子ぎつねがかえるのをずっとまっていたので、子ぎつねがくるととてもよろこんだ。

図であらわしてみると

①ばめん
子ぎつね　雪　＝親子＝　母ぎつね

②ばめん
子ぎつね　町の灯　母ぎつね

③ばめん
子ぎつね　手ぶくろ　母ぎつね

④ばめん
子ぎつね　歌　人げんのおやこ

⑤ばめん
子ぎつね　親子　母ぎつね

子ぎつねが人間世かいへ
手ぶくろをかいにいく話

みんなと話し合いたいこと（わからなかったこと）

①母さんぎつねは、なぜこわい人間のいるせかいへいかせたか。

②母さんぎつねは、人間をこわがっているのに、その子どもの子ぎつねは、人間をこわがらずはんたいに会いたいと思っている。

③母さんぎつねは、もし手をまちがえたらいけないのに、なぜかた方だけしか人間の手にかえなかったか。

この話の中心をずっとおっているのは　手ぶくろ

子どもたちのノートをみると、あらすじのとらえ方が三つに分かれていた。

子ぎつねが、手ぶくろを買いに町へ行く話だ。……A（三十人）

子ぎつねが、手ぶくろを買いに町へ行って、人間について知る話だ。……B（　六人）

子ぎつねと、母ぎつねの人間に対する考えのちがいをかいている話だ。……C（　三人）

この違いは、どの場面を中心としてかによって起こっている。

子ぎつねに同化して読み進めている子どもには、《A》グループが多く、人間と初めてあって、無事に手ぶくろを買った③の場面を中心として考えているようである。

母ぎつねと人間との関係からとらえている子どもは《B》《C》グループに入っている。《B》は③④の場面を《C》は⑤の場面を中心と考えている。

この三つの違いについて、子どもたちは、次のように考えている。

きょうのじゅぎょうで思ったことは、よく読むと、子ぎつねや母さんぎつねの心がよくわかるなと思いました。それで、わからなかったことは、どうして《A》《B》《C》の三つが出てきたのかということです。

三つともあっていても、なぜそんなちがいが出てきたのかなと思いました。目を向けているところがちがうのはわかったけど、まだまだあると思います。

ぼくの考えは、《A》だけど、ちがいができるわけは、ぜんたいから見ていることと、一ぶぶんからみているところがあるから、ちがいがおこってきたのだと思います。

（園生　裕造）

ちがいのできるわけは、《A》だったら、手ぶくろを買いにいったところに目をむけていて、《B》だったら、人間のところに目をむけていて、《C》だったら母と子ぎつねがもめあいしているところに目をむけているから、ちがってきたんだと思います。ぼくは、目をむけているところによって考えがちがってくるのがわかりました。

（下村　一彦）

わたしは《A》にしました。読みながら、始めはそれでいいと思ってたけど、なんだか、この考えはかんたんすぎているように思えてきました。この話は、もっと何かを知らせているようなかんじがしました。そう思えてきた所は⑤の場面です。「本当に人間は、いいものかしら。」と母さんぎつねのつぶやきを考えていると、この話は、《B》のように思えてきました。

作者のこの話をつくったわけは、もっとキツネとかの人間にたいしての気もちを知ってほしいからじゃないかな。だから、そういうことを考えると、《A》はあさい考えで、《B》はそれよりもふかく考えていると思います。

（辻　佳澄）

この三人は、読み手の視点によって違いが生じたのではないかと考えている。この考えは数名である。多くの子は、《C》の考え「母子ぎつねの人間に対する考えのちがい」については理解できていない状態であった。
子どもたちから全体の場で話し合いしたいこととして出された課題は、次のようなものである。

話し合いたいこと（集計）

①の場面
・子ぎつねの手をあたたかくしている母ぎつねの気持ち……三人
・母ぎつねはあまやかして手ぶくろを買おうとしたのはどうしてだろう。……一人

②の場面
・母ぎつねの足がすくんでしまったのはどうしてだろう。……四人
・母ぎつねは人間がこわいと知っているのにぼうやを一人で町までいかせたのはなぜだろう。……十八人
・まちがったら大変なのに片方しか人間の手にしなかったのはどうしてだろう。……五人
・子ぎつねはなぜ手ぶくろを買いにいくのだろう。……一人

③の場面
・ぼうしやさんはきつねだとわかっているのに手ぶくろを売ったのはどうしてだろう。……十五人
・子ぎつねはこわい人間にどうしてお礼が言えるのか。……一人
・子ぎつねはどうして人間を見たくなったのだろう。……二人
・子ぎつねはわざとまちがえて手を出したのかな。……二人

④の場面

・人間のお母さんの声を聞いて子ぎつねはどうしてお母さんがこいしくなったのだろう。……四人

⑤の場面

・ふるえながら待っているのならどうして一緒に行かなかったのかな。そのときの母ぎつねの気持ちは……二人

・子ぎつねは「人間ってちっともこわかないや」と言っているのに母ぎつねはどうしてつぶやいているのだろう。……九人

・二人の考えの違うのはどうしてだろう。……三人

・子ぎつねをつないでいるものは一つずつちがっているのはどうしてだろう。……一人

第四次の「内容をくわしく読む」（五時間扱い）段階では、子どもたちのひかれている子ぎつねと、母ぎつねの人間に対する考えの違いにポイントを置きながら読み進めていこうと考えていた。研究会当日の記録は、五時間扱いの四時間目である。本時のめあては、子ぎつねの話を聞き、人間について迷っている母ぎつねの心を読み取るである。

導入での音読は、子ぎつねに母ぎつねが言い聞かせている場面と、子ぎつねの話を聞き、心が揺れる母ぎつねを対比させている。「人間って、ほんとにおそろしいもの……」から「本当に人間は、いいものかしら」へと変わっていく場面を読ませることが、学習者に本時の課題を考えさせるとともに叙述から読みをつくり上げるという指示を与えることになる。全員を参加させる授業には「何をどのように考えていくか」を最初に明確に示すことである。音読後のＴ５、Ｔ６、Ｔ７の指示は、それにあたるであろう（授業記録参照）。

子どもたちに母ぎつねの変化を自由に発表させながら指導者はそれぞれの読みの違いに耳を傾けている。木岡の

発言「もうこわいという気持ちはなくなっている」に素早く反応したのは、他の意見との違いに気づいたからである。ここをゆさぶることによって本時のねらいである「子ぎつねと母ぎつねの人間観の違い」に迫ることができるのではないかと考えたのである。授業は順番に発言させる単なる発表会であってはならない。発言内容の違いに目を向け、集団をゆさぶり、思考させていくことが子供にとって楽しい授業となる。

先にも述べたが、この授業では、私が驚くほど活躍した子が何名かいた。まず、慈幸があげられる。これまでは自分から積極的に発言することはなく、友達の発言を聞きながら自分の読みをつくりあげていくことの多い子であった。今回は、母ぎつねの気持ちを二つの文を根拠にあげ発表をしている。「ぼくは反対です。」という彼の意思表示にも成長をみた思いである。上平は、この研究授業後、家庭の都合で転校することになっていた。直感的に鋭い読みをするものの言葉を関係づけて捉えることが苦手な面があった。仲間との最後の研究授業であるという意識が彼女にはあったのだろう。この日の目付きは違っていた。発表の一つ一つを聞き逃さないという姿勢が見られたのである。Ｔ19の後、上平の発表の中身には私は驚いた。母ぎつねの気持ちを関係づけて話したのである。ここに彼女の成長の跡をみることができた。

もう一人は三木である。学習態度はたいへん意欲的で、個性的な読みをするものの、話に飛躍しすぎる面も見られる子であった。今回もはりきって授業に臨み、母ぎつねの気持ちを「雪の寒さと人間がこわい」の二つあると述べている。彼のこの読みを生かしてゆさぶりかけてみたいと思っていたものの、指導者の整理、方向づけの拙さから十分に深めることができなかった。三回の研究授業を通して感じたことである。私の授業は一人一人をどこかで生かして自信をつけたいと欲張りながら展開し、結局、めあてを十分に達成できないまま終わってしまうという結果になっていることが多い。

五　授業を振り返って

「太郎こおろぎ」「つり橋わたれ」「手ぶくろを買いに」の授業記録から、子どもが生きる授業展開ができたかどうか、考えてみたい。

まず、学習課題である。子どもの読み取りや感想を課題として取り入れることは、子どもの学習意欲を喚起する方法といえよう。特に、低、中学年の場合「今日は、仲間の○○ちゃんの発言から考えよう」といった身近な課題を設定した場合、学習への関心が一層高まるように思う。授業の中での子どもの読み取りや感想を課題として取り上げることは、その子を生かすことであり、自信をもたせることにもつながっていく。

一時間の授業を構想する場合、指導者のねらいを強引に押し進めるのではなく、子どもの読み取りや感想を生かしながらも本時のねらいに迫る指導技術が求められる。今回の記録では、学習者の発表に時間をとり過ぎ、めあてを押さえることが十分でなかった。子どもの読み取りや感想を学習課題として取り上げながらも、時間配分を考慮した展開をするべきであった。

音読は一時間の授業に必ず位置づけたい。中学年に見られがちな飛躍した読みから本文に即した思考をさせるとともに授業にリズムをつくるのが音読である。

三教材とも、本時の課題を確認する音読を取り入れている。これは一般的に見られる展開である。「つり橋わたれ」のように音読の範囲を指定せず学習者に考えさせるのも取り入れたい一つである。子どもたちに学習のめあてを明示し、本時の課題は叙述のどこから考えるかを導入で問うことは、学習への参加を促す働きかけとなる。

「つり橋わたれ」のT13「どこで怒っているの」は、本文に目を向けさせる問いかけであり、T14「じゃあ、一度読んでみようか」では実際に音読を取り入れている。このような立ち止まり思考させる音読も効果的である。

導入段階の音読の指名は、どの学習者やグループを生かすかを考慮したものでなければならない。「太郎こおろぎ」の場合、積極的に挙手するグループを先ず指名している。Ｔ３「小橋さんのグループは、パッと手を挙げるな。がんばっているから読んでもらおう」は、他のグループを授業に参加させようとする、指導者の意図的、間接的な働きかけである。

授業記録では、個に対する音読の評価は課題として残されている。その場でタイミングよく音読のよさを認める言葉が、この授業では明確でなかった。それぞれの音読を聞き、読みのよさを認め、学習意欲を喚起する指導者の言葉がけを考えていかなくてはならない。

書く活動は一人読みの段階で取り入れているものの、当日の「みがきあい」の段階では見られない。時間の都合もあるが、書く活動は「みがきあい」でも可能な範囲で取り入れるべきであろう。「太郎こおろぎ」のＴ４「しのちゃんが太郎にやさしいというところに線を入れてごらん」は一つの活動である。学習中、鉛筆をもつ活動が設定されているときは、確実に授業に参加させていることであり、一人一人に思考させる時間を保証していることとなる。「子どもが生きる授業」づくりには作業、活動を確実に取り入れることを計画しておくべきであろう。

子どもの読みの実態をふまえ考えを引き出すような展開はできただろうか。

「太郎こおろぎ」のＴ20、「手ぶくろを買いに」のＴ13、Ｔ22は、個の読みの違いに着目した問いかけである。「みがきあい」では、指導者の整理、方向づけによって授業が大きく転換する。それぞれの読みの違いに目を向けさせ、ゆさぶっていかなければ学習者の想像力豊かな読みは生まれない。「太郎こおろぎ」のＴ20、「手ぶくろを買いに」のＴ13、Ｔ14、Ｔ23、Ｔ25は、本時のねらいに迫る一つのゆさぶりであるといえよう。

文学教材を読む楽しさは、お互いの読みの違いに気づき、立ち止まり本文に目を向けながら、思考し想像していくところにある。その場合、「みがきあい」の段階では、読みを交流させながら子どもたちの想像を喚起させ、集団で読むことの楽しさを体験させる指導者の力量というもの大きく問われる。三つの授業記録を見ると、子どもの読みをふまえ考えを引き出すような展開ができたのは「手ぶくろを買いに」であろう。しかしながら、どこで指導者が出ていくか、考えなければならない記録となっている。

平成七年（一九九五年）十月に、私は次のような挨拶を行っている。

学習の主体は児童生徒である。これは、教育の基本であり、皆さん方、だれしもが認識している事であります。しかし、私たち教師自身が力を入れ過ぎるあまり、教えるべき事項に目を奪われ過ぎていた結果が児童生徒の国語嫌いを増やしていなかったかどうか、実践を振り返ってみる必要があります。教師側の発想や立場を重視した指導法では、児童生徒を主体にした学習活動はなかなか実現しないといっても過言ではありません。

言うまでもなく、文学は言葉の芸術であります。文学に描かれた言葉は、単に意味の伝達のためにあるだけではなく、読み手を、その場に居合わせたかのような興奮や共感に誘うものであります。

例えば、「大造じいさんとガン」の四の場面に、次のような表現があります。

「らんまんとさいたスモモの花が、そのはねにふれて、雪のように清らかにはらはらと散りました。」

このような見事な表現に目を向けさせながら、児童一人一人の読みを自由に語らせていくことの積み重ねが、文学作品を想像豊かに読む楽しさにつながり、ひいては、国語好きの児童を育てることになるのではないでしょうか。

皆さんもご承知のとおり、小学校学習指導要領の国語科の目標に「思考力や想像力及び言語感覚を養い」とありますが、この中の「想像力」を養うという文言は、今回新しく登場したものであります。

一人一人の個性的な想像力を育み、生きて働く言葉の力をつけながら、国語好きの児童を育てるという意味においては、皆さん方が熱心に取り組んでおられる文学作品の指導は大変適しているとも言えましょう。

「子どもが生きる授業」づくりを目指して、一層、指導技術を高めていかなくてはならないと思わされる授業記録であった。私には、これからもまだまだ学ぶべき点が多く残されている。

（平成十年（一九九八年）四月十一日（土）　野ぎくの会　於　和歌山大学教育学部附属小学校）

授業記録　太郎こおろぎ（三年生）

昭和六十一年（一九八六年）六月
和歌山大学教育学部附属小学校三年B組

（四時間目）

T1　昨日は「太郎のやさしさ」について話し合いました。
　西郷「しのちゃんにやさしくした」
太郎にはやさしいところがいっぱいあるということを話し合ったね。はじめに、みんなは太郎を何と言っていたっけ。
　C「太郎ってやさしくない」
　C「いじめっ子」
　C「いたずらっこやで」
T2　それがだんだんと変わってきた。
　榎本「太郎は変身マンや」
そのとき、榎本くんがいい意見を言ってくれたんだっけ。覚えているかな。
　西郷「しのちゃんは太郎にやさしくして、太郎はしのちゃんにやさしくした」
　榎本「ちょっとちがうで、しのちゃんも太郎にやさしくしているところがあるやで」

T3　しのちゃんも太郎にやさしくしているところがあると言ったわけやね。それをみんなで考えていって、この太郎やしのちゃんのいる教室の様子を想像していこう。考えるんだよ。
まず、本を読みます。今日は、⑧～⑬までを読みます。あっ、いつも小橋さんのグループはパッと手を挙げるな。がんばっているから読んでもらおう。

　小橋のグループ読む。（読む範囲は自分たちで決めて読む）

T4　うまく読めたよ。最後は先生も吹き出してしまったんだね。しのちゃんが太郎にやさしいというところに線を引いてごらん。

　机間巡視

　C　「何個もあるで」

　C　「三つみつけた」

　T　「太郎のやさしいところと違うで、しのちゃんのやさしいところやで」

T5　西谷さんよく頑張っているから、言ってもらおうかな。

西谷　わたしは、⑪の「自分の消しゴム……悪いと思いました」のところ……

T6　その中のどこかをしぼってごらん。

西谷　「先生に言うのは悪いと思いました」

T7　西谷さんまだあるかな。

西谷　「授業中も下ばかり見ていました」

　榎本「下ばかり向いているほど心配していたんだな」

T8　じゃあ、これで、どうして心配しているかを話ができるかな。

　C　「まだあるよ」

T9　線を入れたところがまだあるの。そうか。じゃあ、先にそれを聞こうか。

榎本　「こおろぎが、鳴いているんです。」

　C「その次やで」

森田　ぼくはその次で、「とっさにそんなことを言ってしまいました」のとっさというところです。

大村　「リ、リー」というところです。

塩路　「みんながどっとわらったので……」

T10　これも、しのちゃんのやさしいというのがわかるというんだね。

志賀　「目になみだをためて下をむいてしまい……」

　C「あっ、言われてしまった」

　C「あと一個あるで」

西郷　「自分の消しゴム……悪いと思い……」

　C「それ、前に書いているで」

T11　そしたら、ここに書いたところで、しのちゃんのやさしいところを話してください。

　C「わかるところだけでいいの」

T12　「ここでわかります」というふうに話すといいんだよ。

秋月　わたしは「先生に言うのは悪いと思いました」で言います。太郎は消しゴムを取りにいってくれたので、太郎のことを先生に言うとおこられるから「こおろぎが鳴いている」と言ったんだと思います。

T13　言ってくれたことを書きながらいくよ。

　C「まだ別のこともある」

T14　いろいろと出してもらうよ。

小橋　「授業中も下ばかり向いて」は、太郎が自分の消しゴムをさがしてくれているのを心配している。

T15　こんなふうに、話を続けていってくれたらいいんだよ。

岩橋　わたしは「目になみだをためて」で言います。太郎が取りに行ってくれたのに、先生に言うのは悪いと思って、太郎をかばって目に涙をためたのだと思います。

T16　太郎をかばって目に涙をためたでわかるかな。付け足して言える人はいるかな。

辻　目に涙をためるほど、太郎をかばっていたということです。

T17　これでわかるかな。付け足して言える人は続けていこう。

男　太郎が先生におこられたら悪いからかばって言ったと思います。

大村　「何、こおろぎ。……略……さあー」と先生が言って、本当だったら、しのちゃんはこおろぎのなきまねをしたくなくて、太郎くんが下にいるのですと言いそうになるのを「リ、リー」と言ったから、太郎くんをかばっていたと思います。

宇治田　「リ、リー」としのちゃんが言ったのは、こおろぎは鳴いていないのに、飛び出してきただけなのに、自分の消しゴムを取りに行った太郎が先生におこられるのはかわいそうだから、なきまねをしたのだと思います。

T18　しのちゃんは鳴きたくなかったわけなのかな。

新居延　わたしは「とっさに」というところで、早くしてしまったことだから、本当は「こおろぎが鳴いているんです」というのではなくて、とっさに太郎のことがかわいそうだから、そういう言葉が出てしまって、「リ、リー」と鳴いてしまったのだと思います。

T19　そうか、まだ言いたいという人はいるかな。

下村　「先生に言うのは悪い」に付け足します。しのちゃんは新しい消しゴムをもって来ていて太郎に使われて落とされたのに、全然おこらなくて、先生に言うのは悪いと思っているからです。

藤田　「先生に言うのは悪い」というところで、少し穴のことがばれてしまうからです。

T20　「先生に言うのは悪い」というのは、太郎がおこられたら悪いという意見と、穴のことがばれたら悪いというのが出てきたな。藤田くんいい意見を出してくれたね。

三木　藤田くんに付け足して、今、太郎がしのちゃんの消しゴムを取りに行っていて、先生にふし穴のことがばれたら悪いと思います。

　　C　「自分もおこられるかもしれないからそれもあるで」

　　森田「それはないと思うで」

太田　藤田くんに付け足して、ふし穴のことがばれるし、ばれたら太郎が取りに行っていることもばれるからだと思います。

T21　両方に関係しているのかな。

下村　ぼくは太田くんに似ているけど、行ったことがばれるのだったら、刀を隠しているのもみつかるからだと思います。

T22　出てこないならこの位にして、次の、鳴き声の方にいってみよう。考えるところを変えてみよう。どんなことか、わかっているかな。

　　塩路「鳴いたのは太郎だと思う」

T23　矢頭さん、どこのことだったかな。

矢頭　「リリー、リリー」と聞こえてきたことです。

T24　ここのところが、みんなわかりにくいと言っていたんだね。どういうことだったのかな。谷口くん。

谷口　こおろぎが鳴いたか、太郎が鳴いたかです。

T25　そうだね。昨日も少し問題になったけど、鳴いたのは太郎なのか、本物のこおろぎだったのかということを考えてみよう。ここを一度読んでごらん、藤井くん。

T26　自分はこう読んだということを　出していったらいいんだよ。はじめ太郎だと言った人は一〇人もなかったんだけど、おとといから、だんだん太郎だという人が増えてきたんだよ。そのあたりの話から聞かせてもらおう。

榎本　太郎だと思います。P七五の「だれかが、太郎こおろぎだ」と言ったのだから、太郎だと思います。

　　西郷「わざと言ったかもしれないで」

　　C　「そうやな」

C　「そうかなー」

C　「⑳番を読んだらわかるで」

C　「意見いっぱいある」

T27　時間があまりないから、意見を出し合って終わるようにしよう。（意見の言いたい人を起立させる。）

森下　P七三の「ゆかの下で太郎におわれたこおろぎが一ぴき、あなからとび出して……」あとで、「リ、リー」としのちゃんの後を受けて「リリ、リリ、リリー」と鳴いたから太郎だと思います。

C　「あっ、言われた」

C　「同じや」（口々に）

T28　言われても、自分の口から言ったらいいんやで。

増田　わたしも太郎が鳴いたのだと思います。わけは題に「太郎こおろぎ」となっているからです。

T29　増田さんは、題名と一緒に考えているよ。それもいいね。

谷口　ぼくも、太郎が鳴いたと思います。わけは、⑬の「だれかが、『太郎こおろぎだっ』と言い……略……吹き出してしまいました」で、先生も吹き出したというのは、太郎が鳴いたと先生も思っているからです。

T30　志賀くんの考えは違っていたのだね。

志賀　僕は、本物のこおろぎが鳴いたのだと思います。わけは、「太郎こおろぎだっ」というのを太郎に追われたこおろぎだと考えて、本物のこおろぎということになりました。

T31　志賀くんはがんばって本物だとずうっと考えているね。

慈幸　「しのちゃんの後を受けて」と書いています。本物のこおろぎは後を受けてなかないと思うから、ぼくは太郎が鳴いたのだと思います。

C　「そんなのわからんで」

C　「偶然に鳴いたかもしれないで」

T32　慈幸くんが本文からそう読んだというんだよ。慈幸くんの考えなんだよ。

藤田　ぼくは太郎だと思います。わけは「『リ、リー』と、しのちゃんが言いかけましたが……略……」というところで、太郎がしのちゃんを助けてやったのだと思います。しのちゃんが涙をためているから、本物のこおろぎみたいに鳴いてみせたのだと思います。

藤井　僕は太郎が鳴いたのだと思います。わけは、「ところが、……ゆかの下から、……」と書いていて、太郎はしのちゃんの消しゴムを取りに行って、まだもどってなくて、ゆかの下から聞こえてきたのだから、藤田くんに付け足して、しのちゃんが目に涙をためているから、太郎はこおろぎの鳴きまねをして助けてあげたのだと思います。

岩橋　わたしは太郎だと思います。「しのちゃんの後を受けて」というところで、こおろぎは後を受けるということは知らないから、太郎だと思います。

西郷　ぼくは本物のこおろぎだと思います。太郎に追われて本物のこおろぎがひみつの穴から出てきて、しのちゃんがリーリーと言いかけたらこおろぎの仲間が鳴いたと思って本物が鳴きだしたのだと思います。

　　C　「言いたいことある」

　　C　「いっぱい出てきた」

志賀　ぼくはみんなの意見をきいていて、太郎が鳴いたとわかってきました。わけは、「太郎こおろぎだっ」と気付いたということは、本物はそんなに大きな声を出さないから、鳴いたのは太郎しかないと思ってきたからです。

小倉　わたしは、太郎が鳴いたと思います。「ところが、そのとき、ゆかの下から」と書いてあるから、太郎が鳴いたと思います。

T32　「ところが、そのとき、ゆかの下から」に目をつけたんだね。

大村　太郎に追われたこおろぎが穴から飛び出してきて、「そのとき、ゆかの下から」と書いているんだから、太郎はゆかの下で消しゴムを探していて、しのちゃんが泣いたのに気付いて、太郎は助けようと思って「リリ、リリー」と鳴いたのだと思います。

三木　⑪の「ゆかの下で太郎におわれたこおろぎ……」と書いていて、⑫で「そのとき、ゆかの下から」と書いているから、太郎が消しゴムをゆかの下に取りに行っているから、だから、太郎が鳴いたのだと思います。

新居延　わたしも、太郎が鳴いたのだと思います。それは、しのちゃんが太郎にやさしくしてくれたから、太郎もしのちゃんを助けてあげようとして「リリー、リリー」と鳴いたのだと思います。

T33　これらの意見について聞きたいことがあると言った人もいたので、次にもう一度話し合いをしてみよう。昨日ね、新居延さんが「この教室の先生について考えました。先生は全部知っていたんと違うかな」と言ってきてくれました。明日は、これも一緒に考えてみよう。これで終わります。

授業記録　つり橋わたれ

昭和六十一年（一九八六年）七月五日（土）

和歌山大学教育学部附属小学校三年B組　　記録　教育実習生

（　）は児童のつぶやきなど

T1　三で考えたいこと、みんなのノートを見たら二つぐらいあったと思うんだけど、何だったか覚えている？

辻　つり橋を渡るとき、こわいと思わなかったのはなぜかな。

森田　男の子についてもっと考えたい。

T2　どこから読んでいけばそのことがわかるのかな。

西谷　⑩から⑲です。

T3　読んでくれる人は？

　グループで読む。（西谷、三木のグループ）

T4　本読み、うまくなっているね。

さっき、辻さんが「こわいと思わなかったのはなぜかな。」と言ったね。この文で、トッコがこわくなくなってつり橋を渡っているとわかる文はあるの？

上平　「トッコも知らないうちにつり橋をわたっていました」

西谷　「もうこわいとは思いませんでした」

岩橋　「男の子は……つり橋をトントンわたっていきました」

西郷　そんなんわからんやんか。

Ｔ５　トッコがこわがらないで渡っている様子のわかる文を見つけてくださいっていったんだよ。トッコのことを話しているんだから、ちょっと岩橋さんのはおいておこう。

森田　「こら、まねするとぶつわよ」トッコは男の子とまねっこをしていて、それに夢中になってしまった。それでつり橋を渡れた。

Ｔ６　初め、トッコはつり橋についてどう思っていましたか。

新居延　「谷川がゴーゴーとしぶきをあげてながれています」……こわい。

園生　もし、つり橋がきれたら死んでしまう。

上平　私も園生くんと同じ。

西谷　藤づるがきれたらこわい。でも男の子がまねをするから、男の子がトントンと渡っていったからトッコも追いかけていって渡れた。

榎本　追いかけて夢中で渡れたというけど、それなら「知らないうちに」という言葉はいらない。

森田　それなら、教科書に答えがでている。

Ｔ７　まねっこをしていて橋を渡れたって、さっき森田くんが言ったね。まねっこをしている様子のわかるところはどこですか。

小橋　⑫～⑬を読む。

Ｔ８　それをだれかにしてもらおうか。

（前芝、下村が動作化をする。）
新居延　すぐまねをしたからおもしろかった。
T９　ここから考えて、トッコが渡れたのはどうしてなのかな？
坂本　まねっこばかりする男の子がおもしろくなって、トッコは自分でもわからないまま渡っていた。
T10　坂本くんみたいに自分の言葉で話してくださいよ。
宇治田　追いかけるのが夢中でつり橋がこわいということを忘れてしまった。
木岡　楽しくなった。
岩橋　もう一度、男の子と遊びたくなった。
三木　頭の中は男の子のことばかりだった。
T11　どの言葉からそれがわかったのかな。
三木　「知らないうちに」
辻　男の子はかすりの着物をきていて不思議だな。
園生　「トントン」今度は追いかけていって正体をしろうとした。
榎本　男の子も「トントンだから」、トッコもまねをした。
西郷　「どっと風がふいて」
T12　足がすくむほど、あれだけこわかったのに、渡れたのは不思議やね。
森田　トッコは二回も怒ったから、もう我慢がしきれなくなった。
T13　どこで怒っているの。
（「こらっ、まねするな。」）
（「まねすると、ぶつわよ。」）
（「読みのとき、怒っているように読まな、雰囲気でえへん」）

Ｔ14　じゃあ、一度読んでみようか。

（榎本、太田の二人が音読する。）

Ｔ15　じゃあ、まとめて……

榎本　つり橋とはわからなかった。

太田　ふつうの道に見えた。

下村　質問があります。「もうこわいとは思いませんでした」とあるのに、つり橋のことを忘れたというのはおかしいと思います。

Ｔ16　じゃあ、このことについてみんなに話してもらおうかな。

西谷　おいかけるのに夢中で……

坂本　まねっこがおもしろい。

宇治田　つり橋のこわいのを忘れた。

木岡　楽しくなった。

岩橋　もう一度、男の子と遊びたい。

三木　頭の中に男の子ことばかり。

谷口　ゆれるのを忘れていた。

森田　がまんできずに追いかけていった。

榎本　つり橋とはわからなかった。

Ｔ17　この時間みんなで考えてきてわかったことはどんなこと？

秋月　トッコの気持ちです。

Ｔ18　男の子については三つの考えが出ています。「夢」「山びこ」「サブ」自分ならどう読むか、次の時間までに考えておいてください。今日の考えたことも書いておいてください。

授業記録　手ぶくろを買いに

昭和六十一年（一九八六年）十二月五日（金）
和歌山大学教育学部附属小学校三年B組

（　）は児童のつぶやきなど

T1　今から、勉強することを言いますよ。今日は最後の場面「本当に人間は、いいものかしら。本当に人間は、いいものかしら。」を中心にやります（板書）

T2　今日は、この場面を考えながら、お母さんは人間についてどんなふうに考えているのか、みんなで読んでいきます。いいですか。まず読んでもらいます。お母さんの人間について考えているところはどの辺りを読んでいけばいいのかな。全部読むには時間がないから、どこから読もうか。

C　③の場面

C　②の場面

C　⑤の場面と②の場面

T3　じゃあ、ここでは②の場面と⑤の場面を読んでもらおうか。この列の人に読んでもらいます。適当に区切ってくださいね。⑤の場面は一人でいけますね。

（挙手している子の中から、発言に自信をつけさせるために斎藤さんを指名する。）

C　②の場面（六人で読む）と⑤の場面を読む。

T4　うまく読んでくれました。（学習課題を板書）

T5　今、読んでくれたところで、母さんぎつねが人間について考えているところがありますね。最初の方ではこんなんだったけど、斎藤さんの読んでくれたところではこんなふうに変わってきているなどと、気づいたら話してください。まず、②の場面から考えていこうか。

森下　②の場面では人間がこわいと思っていたけど……

T6　本文から見つけていってくださいよ。

森下　P四七の四行目を見てください。ここに「人間はね、あい手がきつねだと分かると、手ぶくろを売ってくれないんだよ。……つかまえておりの中に入れちゃうんだよ。」と書いていて、すごくこわいということが分かるけど、⑤の場面になるとP五三の十一行目をみてください。「どうして」と聞いていて、あまりこわくないと思ってきていると思います。

T7　（挙手しているのを制止して）ちょっと待ってよ。先生、忘れないように書いていくよ。P四七だったね。

　　C　「子ぎつねに言い聞かせているところ」

T8　このように二つを比べながら話していってください。いっぱい見つけてくださいよ。

　　C　「はい」「はい」の声が多くあがる。

秋月　P四八の十三行目に「決して、この手を出しちゃいけないよ」と言っているけど、⑤の場面ではP五四に「本当に人間は、いいものかしら」と言っているから、前よりもちょっと変わってきて、こわくなくなってきていると思います。

T9　（板書しながら）秋月さん、「本当に人間は、いいものかしら」は一回だけですか。

秋月　二回言っています。

T10　まず出してもらいましょう。人間について考えているところ、まだあるのかな。

榎本　P四四の七行目を見てください。「母さんぎつねの足は、すくんでしまいました」と書いていて、P四五の六行目には「どうしても足が進まないのでした」で、それほどこわいということだと思います。P五五になると子ぎつねに教えられたみたいに「母ちゃんね人間ってちっともこわかないや」と言われ、母さんぎつねは「まあ」と言ってあきれてから「本当に人間は、いいものかしら。本当に人間は、いいものかしら」とつぶやいて、少しずつ人間がこわくないようになって迷っているんだと思います。

T11　榎本くんは長くまとめてくれました。このように（黒板を指して）お母さんぎつねの考えていることを出してほしいんです。（下村くん挙手）まだあるのかな。

下村　P四五を見てください。「お友だちのきつねが……あひるをぬすもうとして……さんざん追いまくられて、命からがらにげた」のを思い出したんだから、よほど人間がこわかったんだと思います。

T12　そこでお母さんがこわかったわけだね。それが……下村くん。

下村　⑤の場面では、P五四を見てください。「本当に人間は、いいものかしら」と最後には迷っているような形になっています。

木岡　二の場面のP四七を見てください。「決して、こっちの手を出しちゃいけないよ」と言っています。母さんぎつねは人間がおそろしいから子ぎつねのことを心配していたけど、⑤の場面のP五三の六行目に「なきたいほどよろこびました」と書いていて、子ぎつねが帰ってきてくれたので、もうこわいという気持ちがほとんどなくなっていって、無事に帰ってきたのでうれしくなったと思います。

T13　さあ、今ね。木岡くんが「なきたいほどよろこびました」のここで人間ってこわくないと思いますと言ってくれたよ。

（「えっ」「ちょっと質問」の声）

T14　おかしいと思うの。ここで（板書を指して）子ぎつねが無事に帰ってきたんだよ。

秋月　質問します。人間がこわかったから、子ぎつねが無事に帰ってきたのを見てなきたいほどよろこんだのだから、それはおかしいと思います。

T15　ここでは、どういうお母さんの気持ちがあったと思うわけ？　秋月さんの考えは？

秋月　（こわいと）思っていると思う。

（「反対」「質問」の声が上がる）

T16　木岡くんはこわくなくなっていると思っているんやな。木岡くんはいい考えをだしてくれたよ。子ぎつねを抱きしめて喜びながら、お母さんはこわくなくなってきていると思っているというわけやね。秋月さんはそうとは違う。みんなはどうですか。（分かりにくそうな顔をしている子がいるので）分かりにくかったら一回読んでみたらどうだろう。読んでもらおう。谷口くん。

谷口　二回読む。（一回目少しつまずいたため）

T17　ここで（板書を指して）何人かが言ってくれたのはお母さんは変わってきたと言うんだよ。木岡くんも言ってくれたよ。

岩橋　私は変わっていないと思います。「なきたいほどよろこびました」とあるけど、それは泣きたいほど喜ぶというのは、こわいことがあって、子ぎつねが手袋を買って無事に帰ってきたけど、まだ人間がこわいという気持ちはまだあるから、子ぎつねが帰ってきたのであたたかい胸にだきしめて泣きたいほど喜んだのだと思います。

西郷　ぼくは木岡くんの考えとは違います。「なきたいほどよろこびました」で人間はあまりこわいという気持ちはなくならず、ぼうやが無事に帰ってきたので泣きたいほど喜んだので、人間はあまり関係していないと思います。

滋幸　僕は反対です。「ふるえながら待っていました」「あたたかいむねにだきしめてなきたいほどよろこびました」というところで、人間はこわいけど子ぎつねが無事に帰ってきたから泣きたいほど喜んだのだから、ここでは人間がこわいという気持ちは少なくなってきていないと思います。そして、子ぎつねが「ぼう、まちがえて、本当のおてて出しちゃった……」といってお母さんぎつねは子ぎつねの帰ってくるまでのことを知ったから、「本当に人間は、いいものかしら」「本当に人間は、いいものかしら」とつぶやいて、人間がこわいという気持ちは少なくなってきたんだと思います。

T18　このように（板書を指して）子ぎつねがお母さんにお話をしたわけやね。それで変わってきたと滋幸くんは言うんだね。今のは、うまくお話してくれたね。

太田　ぼくは反対です。わけは「ふるえながら待って」「なきたいほど」、心配したというのは、子ぎつねが無事に帰ってきたから、そう喜んだだけで、そこでは別に人間のことは関係ないので、そこでは別にお母さんぎつねの気持ちは変わっていないと思います。

藤井　ぼくは、「ふるえながら待っていました」「だきしめてなきたいほどよろこびました」のところは、お母さんぎつねは子ぎつねの帰ってくるのを心配しながらふるえながら待っていたので、ぼうやが来るととてもうれしい気持ちになって「坊や、よかったなあ」という気持ちになっていると思います。

T19　ここに書くよ。ここでは（板書を指して）藤井くんはそんなに読んだわけやね。（榎本つぶやく「そんなふうには考えていなかった」）ちょっと書かせてよ。（板書を終えて）続けてください。ここ（お母さんぎつねが待っている様子）からこっち（お母さんぎつねが喜んでいる様子）へ話していったらいいんだよ。

上平　私は「ふるえながら待っていました」「だきしめてなきたいほどよろこびました」でお母さんぎつねの人間のことは変わっていないと思います。（T　「人間をこわいと思う気持ちのことだね。」）

それは、藤井くんとちょっと似ていて、坊やが無事に帰ってくるかなと思っていて、坊やが帰ってきてよかったと思っているから「なきたいほどよろこびました」というところは、まだ人間をこわいと思うのは変わっていないと思います。

T20　「ふるえながら待っていました」は寒かったからやね。

（榎本　「ちがう。こわいからやで。」）

新居延　お母さんが泣きたいほど喜んだのは、まだそこでは人間はこわいと思っていて、そのこわい人間のいる町へ手袋を買いにいってちゃんと帰ってきたから、泣きたいほど喜んだと思います。

（榎本　「ふるえながら……」とつぶやいている。）

T21　無事に帰ってきたからやね。そうか……

（榎本　「わかった。」と声を上げる。）

榎本　今、先生が「ふるえながら待っていました」というところで分かりました。ふるえながら待っていたというのは、人間がこわいからふるえながら待っていたのだと思います。

T22　藤井くん。雪の中で待っていたから寒いのだと思っていたのだけど、藤井くんの考えと少し違うみたいだね。どうですか。

藤井　（母さんぎつねは）子ぎつねの帰ってくるのを洞穴のところで待っていたのは、子ぎつねは道が分からないから外で、雪の降っている寒いところで待っていたからふるえていたのだと思います。

（「ちょっと反対」「藤井くんに反対」の声）

T23　藤井くんの考えは何と言ったかな。（板書）雪の寒さにふるえながら待っていたのだと言いました。榎本くんは何と言ったかな。（榎本「心配して人間がこわいからふるえながら待っていた」）（板書）違うわけやね。

（「はい。はい。」と声が大きくなる。）

女子　藤井くんに反対します。人間がこわいからふるえながら待っていたのだと思います。わけは、子ぎつねが帰ってくると「あたたかい胸にだきしめてなきたいほど」喜んだのだから、人間がこわくて無事に帰ってきてくれたから……

三木　ぼくは、雪の寒さと人間のこわいのです。

T24　二つあるというのやね。

（榎本「二つあったらちょっとおかしい」と声を出すので、Tは「ちょっと待ちなさい」と止める。）

三木　雪が降っていると寒いし、それに子ぎつねが無事に帰ってきたんだから二つあると思います。

T25　こういう（黒板を指して）ことがあるから心配してふるえていた。二つあるというのが三木くんの考えです。

（「賛成」「反対」の声が上がる。）

森下　三木くん、藤井くんに質問します。三木くんはこわいという気持ちが入っていると言ったけど、こわいと思う人間の町に行ったのだから、人間につかまらないかばっかり心配しているだけだと思います。

谷口　ぼくは寒さは関係ないと思います。わけは、人間の町へ坊やが行きたいと駄々をこねたのでお母さんは行かしたので、そこでは行かせて悪かったかなとお母さんは人間がこわいと思っている

T25　谷口くんは、そう読んだわけやね。ここでは寒さは関係なく、坊やは大丈夫かな、人間はこわいけど行かせてよかったのかなと思いながら待っていたと言うんやね。三木くんの考えもいいね。

小倉　谷口くんに付け足します。坊やを町まで行かせて大丈夫かなと思っているから、心配しながら人間がこわいと思いながらふるえながら待っているんだと思います。

榎本　雪が寒いと関係あるのなら人間がこわいという気持ちはないと思います。

T26　意味、分かりますか？

西郷　なんでえよ。そのわけを言わな。

榎本　わけは、人間がこわいという気持ちがあるのなら「本当に人間は、いいものかしら」「本当に人間は、いいものかしら」と最後にあきれて、こわいと思っていて迷っている。

C「なんなの?、それ」「分からん」とつぶやく

T27　一生懸命話してくれたのに分かってもらえないみたいやね。だれに対して何を言いたいのか、それを言ってみよう。

榎本　藤井くんの雪の寒さは関係ないと思います。

T28　人間をこわいと思うのは？

榎本　関係ある。

西郷　⑤の場面の最初に母さんぎつねは心配しながら「ふるえながら」と書いている前に「今か今かと」て書いているから、坊やのことは関係していると思います。

T29　「今か今かと」を西郷くんが見つけてくれたね。だから坊やのことを心配していたと言うんだよ。

新居延　私は「ふるえながら待って」いたのは、こわいからだと思います。それはお母さんぎつねが坊やが②の場面で行きたい行きたいと言うから行かせたので、坊やが早く帰ってくるのを「今帰るか、今帰るか」とこわい気持ちで待っていたのだと思います。

T30　（黒板を指して）こう考えた人（雪が寒い）とこう考えた人（人間がこわい）と、これを合わせた人の三つの考えが出てきたね。まだ話したいという人はいますか。

太田　ぼくは雪の寒さは関係ないと思います。二の場面では人間がこわいと思ったままだから、子ぎつねが帰ってくるま

でに人間につかまえられたらいやだし人間がこわいので、だからふるえていたのだと思います。

藤井　ぼくは雪の寒さから人間がこわいに変えます。わけは母さんぎつねが子ぎつねが帰ってくるのを心配しながら待っていたので、だから雪の寒さは関係しないで人間のこわさにふるえていたのだと思います。

T31　三木くんも言いたいの？

三木　①の場面のP四七を見てください。坊やの手にしもやけができてかわいそうだから……（つまりながら話すのでT「がんばれよ」と声をかける。）自分も凍えて寒いし、⑤の場面では……（しばらく考えながら）「ぼうやのきつねの帰ってくるのを、今か今かと、ふるえながら待って」いたので、そこで坊やを心配して待っていて、寒いときもあったと思います。

T32　三木くんね。①の場面ではお母さんは坊やに手袋を買いたかったわけだね。しもやけができたら大変だから……三木くんの読みの中には、そういうお母さんの寒さというのも入っているわけやね。坊やとつなげて寒さを話してくれたんだね。

榎本　三木くんに質問します。「かわいいぼうやがかわいそう」というのは、自分のことじゃなくて、この言葉は子ぎつねのことを考えてやっているのだから、寒さは関係しないと思います。

三木　①の場面では、しもやけができていると思います。

榎本　①の場面では「かわいいぼうやの手にしもやけができたらかわいそうだから」とあるので、まだ（しもやけには）なっていないと思います。

T33　そうか。できたという言葉はないのか。鋭いですね。（驚いたように言うので周囲に笑いが起こる）

森田　三木くんに質問します。三木くんは自分も寒いと言っているけど、①、②の場面のP四五を見てください。「命からがらにげた」と書いているから、そんなところへ坊やを一人で行かすのだから、そんな寒さは関係ないで、命を取られるか取られないかと心配しているのと思います。

T34　「命からがらにげた」経験があったからお母さんぎつねは心配だったという気持ちが強いのが森田くんの意見や

ね。ベルが鳴ったから、これで終わりにします。今日はもう一つ考えてほしいことがあったのですができませんでした。子ぎつねが無事に帰ってきて、お母さんは人間がこわくなくなっているんじゃないかという意見が多いようでしね。

子ぎつねの買ってきた手袋を見たのはいつだったのか、いちど考えてみてください。終わります。

4　豊かな読みを育てる文学の指導　―「一つの花」の実践―

一　ひとり歩きできる子

今日の勉強で、高い高いしてあげたのは、ゆみ子の「一つだけちょうだい」をやめさすためにやっていたと思っていたけど、授業の中で一つの喜びということを考えながら高い高いをしたということを考えたら、お父さんが、ゆみ子に大きくなってもしあわせになってほしいから高い高いをしたといういけんに変わりました。それは一つの喜びとは、ゆみ子が大きくなってもしあわせになってほしいということだと思うからです。

すこしわかりにくいのは、深いため息をついたというのは、だれにたいしてため息をついたのかわかりません。私はお母さんがいったことばにたたいして「そうだね」というようにこたえているような感じがします。

もう一つ、お父さんがせんそうに行く場面の所で、ゆみ子とわかれたとき、ゆみ子はなにか思っていたのかどうか考えていきたいです。私は、小さいゆみ子は、お父さんがせんそうに行くことも知らないしわかれることも知らないから、何も思っていないと思います。

（四年　山下）

「一つの花」の学習時の山下さんの感想ノートである。私たちは、文学教材を指導するとき、一人一人に豊かな読みをもたせたいと願い、取り組んでいる。しかし、当時の私の実践録を振り返ってみると、それがなされたかどうかは疑わしい。今回は、一九八一年の授業記録（三、四年複式学級）をとり出し、豊かな読みを育てる文学の授業を考える一つの契機にしたい。指導者のどのような働きかけが授業の中で学習者に豊かな読みを促すことにつながるのか、先生方とともに考えてみたい。

当時の記録をみると、「この教材をとりあげるにあたって」では、私は次のように記している。

「一つだけちょうだい。」

これが、ゆみ子のはっきりと覚えた最初の言葉でした。

片言をやっと話し始めた幼い子が、どうしてこのような言葉を覚えたのだろうと疑問を感じる冒頭の二行から、読み手は、この作品の淡々とした素朴であたたかい世界に引き込まれていく。ゆみ子の育った時代は、人間にとって大切な「衣食住」が満たされない悲惨な戦時下である。このような想像もつかない時代を、何不自由なく育っている今の子どもたちはどう受け止めるのであろうか、大変興味深い。ある統計によると、現在の中学生のほしいものとして次のような挙げられている。男子はトランシーバー、天体望遠鏡、マイコン。女子はプールつきの家、ラジカセ、ゲームウォッチ等である。このように恵まれた子どもたちが、戦争当時の生活を理解できるであろうかと危惧されたので、読書感想文の中に原爆をあつかったものが出てきた機会に、家庭で戦争について話を聞いてくるように指導したい。

しかし、この作品にかかげられている家族の愛、幸せへの祈り、平和への願いというものは、たとえ戦争を知らない子どもたちであろうとも、十分に読み深めることは可能であろう。この作品は、昭和二十八年、雑誌『教育技術』に発表されて以来、長く教材として利用されており、作者の短編の中でも代表作と言えるものである。幼いゆみ子に愛情を注げば注ぐほど「一つだけちょうだい」という言葉にやるせない苦痛を感ずる母親。何一つとして、満足に与えてやれるものがないわが子を不憫に思い、心配するあまり、めちゃくちゃに高い高いすることしかできない父親にとって唯一のものは、やさしく包んでやれる愛情だけであった。しかし、その父親も出征し、ゆみ子の前から去っていく。一輪のコスモスの花をゆみ子に託したままに……。

作者（今西祐行）は「いくら貧乏しても、この世にたった一つしかないもの、それだけはわが子に与えてやらなければならないと思い」この作品を書いたという。
　ここでは、一輪のコスモスは何の象徴であるのかを問い詰めるのではなく、子ども自身が読み取っていく中でとらえたものを問題として取り上げ、個を生かした授業を展開していきたい。その際、自身の読みの根拠は文章のどの表現からきているか、叙述に即してとらえさせるようにし、一人一人の読みのイメージを豊かに広げていきたい。
　複式部の研究テーマは「ひとり歩きできる子どもの育成」であり、「一つの花」では、読みの根拠は文章のどの表現からきているか、叙述に即してとらえさせながら、イメージ豊かに一人一人の読みを広げていくことをめざして取り組みたい。「ひとり歩きする力をもつ子」の具体的な姿として、複式部では次のように考えている。「自分なりに課題や問題をもつ」⬇「学習計画をたてる」⬇「読み進める」⬇「友達との話し合い、みがきあいをもとに自分の考えを広げたり深めたりする」⬇「自己評価、相互評価する」

当時、複式学級は、同時同単元指導（同一教材を異学年が学習する）が行われていたため、下の学年の学習には十分配慮しなくてはならなかった。漢字、難語句の学習に時間を取り、読解学習に入っていくという展開が多かった。その時の記録を振り返ってみると、授業は話し合いを中心に展開している。子どもに読みをもたせ、それを全体の場に発表させることが文学の授業であるとの考えだったのである。その時間に、活発な発表ができていれば文学の授業は成功していると思っていたのが当時の私であった。

子どもが豊かな読みをしている時とは、どのような場合であろうか。先述の山下（四年）を例に挙げてみよう。

（お父さんが）高い高いしてあげたのは、ゆみ子の「一つだけちょうだい」をやめさすためにやっていたと思っていたけど、授業の中で一つの喜びということを考えながら高い高いをしたということを考えたら、お父さんが、ゆみ子に大きくなってもしあわせになってほしいから高い高いをしたといういけんに変わりました。それは一つの喜びとは、ゆみ子が大きくなってもしあわせになってほしいということだと思うからです。

山下は、本文の「ゆみ子を……高い高いする」に目を向け、そこから「お父さんが、ゆみ子に大きくなってもしあわせになってほしいから高い高いをした」と考え、本文の「一つだけ」は一つの喜びととらえ「一つの喜びとは、ゆみ子が大きくなってもしあわせになってほしいということだと思う」と述べている。このように「豊かに読む」とは、本文を土台としながら思考を働かせ、書かれていることがら、様子、登場人物の心情をその子なりに個性的に想像することである。描かれている作品の叙述から遊離することなく、思考し、想像力を働かせて作品を再構築するところに「豊かな読み」が生まれるといえるだろう。

「豊かな読み」に関して、田近洵一氏は『読み手を育てる』の中で次のように述べている。（P一六二）

> 「豊かさ」とはどういうことだろうか。それは自己形成が、テクストの読みとは無縁な外的条件に束縛されることなく、自由で創造的だということであろう。すなわち、テクストのことばとかかわって、読者の思考力・想像力が十分にはたらき、意味とイメージと反応とが、型にはまることなく、読者自身のものとして成立するということである。大事なことは、意味発見・イメージ生成・反応批評が創造的だということ、しかも、それがテクストのことばとのかかわりにおいて創造的だということである。

それでは授業記録から振り返り、豊かな読みができていたかどうか考えてみたい。

附属小学校研究発表会当日の授業は次の通りである。一九八一年十一月下旬、第六時の授業記録である。

二　学習課題　⑤

ゆみ子の家はコスモスの花でいっぱいに包まれている。そのわけについて考える。（名前の下の数字は学年）

T①　今日の場面はどこからですか。

阿部３　23から29までです。

T②　今日の場面は、今までと違うところがあります。それを読んでいきましょう。まず、読んでもらいます。

（松中　音読をする）

T③　今まで勉強してきたところとどんなところが違いますか。

西川４　この場面は明るい場面のようです。今までの場面は戦争の激しいころだから、暗い感じだったし、かわいそうな感じでした。

久保４　それと、前の場面は戦争が激しかったころだけど、それから十年たったから、戦争が終わったみたいです。

阿部３　コスモスの花が一輪だったけど、たくさんになっている。

上山４　戦争が終わったによく似ているんだけど、平和な場面です。

池下４　お母さんがミシン仕事をしているんだけど、外からでもミシンの音が速くなったり遅くなったりしているけど、昔だったらそんなことをしている暇はないし、爆弾の音とかで、ミシンの音も聞こえないと思います。やっぱり平和だと思います。

長谷４　「お肉とお魚どっちがいいの」と出ているんだけど、最初ゆみ子が小さかったころは、おいもや豆やかぼちゃしかなかったんだけど、お肉やお魚というゆみ子の好きなものを食べられるようになったので、戦争のころとすごく違うようになったと思います。

「付け足して」の声

北地4　戦争のころは買い物とか行かないけど、ここの場面ではゆみ子が買い物にいっている。

T④　だからどうだと言うのですか。

北地4　だから、平和だという感じです。

松中4　町の中は灰になっていたけど、十年たったら、町の中もお店やさんもいっぱい立ちならんで平和になったみたいです。

T⑤　南方さんはどう考えているのかな。

南方4　今までと比べて、住みやすくなっています。

中岡3　食べ物のことなんだけど、初めは、おいもやかぼちゃとか、そんなものだったけど、十年たったらお肉とかお魚とかが出たから平和になったんだと思います。

T⑥　何でも食べられるようになったから平和になったというのかな。

西川4　昔までは、配給で食べ物を持ってきていたんだけど、今は、買い物かごを持って町の方へ行けるということは、戦争が終わって平和になったと言えると思います。

長谷4　買い物のことなんだけど、ゆみ子はスキップをしながら行っているんだけど、戦争中は爆弾とかが落ちてくるけど、この時はもう危険ではないように思え、戦争が終わって平和になって、ゆみ子が楽しく買い物ができるようになったとわかります。

南方4　さっきのと似ているんだけど、暮らしやすくなったと言える。

山形4　戦争中だったら爆弾とかが落ちてきて、あまり外に出られなかったけど、今の場面ではゆみ子は楽しそうに外に出て買い物をしています。

松中4　今気が付いたんだけど、この絵を見てみたら、ゆみ子は防空頭巾も被っていないし、派手な服も着ているから戦争が終わったんだと思います。

山下4　そして、昔は配給で何日になるかわからないくらい食べ物は少なかったんだけど、十年後には、ゆみ子は食べ物を買いに行ったりしていて、食べ物が少ないという感じはあまりしません。

T⑦　この場面は食べ物が少ないとは思えないんだね。じゃあ、ゆみ子はもう幸せになったんだね。

上山4　私は、日本は平和になってよくなったかもしれないけど、ゆみ子は、まだ家は貧しいし、お父さんもいないから、平和になっていてもはっきりと幸せになってはいません。

T⑧　この場面は楽しそう、平和だとか、みんなは言ってくれたよ。だから、ゆみ子も幸せになっているんだろうと思うけど。

久保4　でも「ゆみ子は、お父さんの顔を覚えていません。自分にお父さんがあったことを知らないのかも知れません」と書いているから、ゆみ子はお父さんのことを全然知らないと思います。

T⑨　それがどうだと言いたいのかな。

久保4　だから、お父さんのことでは幸せになれたと思います。

「わかりにくい」の声

久保4　お父さんがいなくても、お父さんのことを知らないから、お父さんのことは関係してこないと思います。

「反対」の声

谷口3　でも、前のところで、お父さんがコスモスの花を一輪だけあげて、そのお父さんのかわりみたいなものだから、お父さんが出てこないというのはおかしいと思います。

T⑩　お父さんは関係あるというんだね。久保君の言ったことは、この場面は明るく楽しい平和な場面だから、もう、お父さんは関係してこないというのかな。

西川4　付け足して、「お父さんの顔を知らないのかもしれません」はかわいそうな感じがするけど、20の「でも」というところで、お父さんがいなくても、お父さんのかわりにと読めるから、お父さんは関係してくると思います。ぼくは、前と変わってきたんだけど……

T⑪　最初、西川くんは、この場面はお父さんがいないから関係ないと言っていたんやけど、今日変わってきたんだって。「でも」という言葉に気づいてくれたよ。西川くんの言うように、この場面はお父さんと関係してくるのだろうか。

久保4　ここでは、お父さんが出てこないから関係しないというんじゃなくて、ゆみ子がお父さんの顔も知らないし、実際いてたことも知らないから、ぼくは関係してこないと思います。

「反対」の声が多い

南方4　これは前の場面だけど、お父さんがゆみ子に花をあげたときは、花をお父さんのかわりとしてあげたんだから、コスモスの花が咲いているからちゃんとお父さんは関係していると思いますが、久保くんどうですか。

山形4　付け足して、このコスモスの花はどうしていっぱいになったのだと思いますか。「ゆみ子のとんとんぶきの小さな家は、コスモスの花でいっぱいに包まれています」のところです。

久保4　お父さんがコスモスの花をあげて、ゆみ子が大切にして植えたから、家のまわりは花でいっぱいになったのです。

山形4　それだったら、コスモスの花をゆみ子にお父さんだと思ってもらおうと思ってあげたんだから、コスモスの花がいっぱいになったのは、お父さんと関係していると思います。

久保4　でも、ゆみ子はお父さんのことを知らないから、花をもらったことも知らないから、だれかに聞かないとわからないし、関係してこないと思います。

T⑫　「ゆみ子はお父さんの顔を覚えていません」という文から考えたんだね。だから、ゆみ子がお父さんに花をもらったのを知らないというんやね。そしたら、花はなぜ増えてきたのかということは関係してこないのかな。

上山4　お母さんかだれかに大事なことだから聞いていると思うんだけど、それで一つの花がだんだんと家を包むぐらいにたくさんのコスモスになっていったんだから、コスモスはお父さんのかわりだから、コスモスをお父さんと考えて、この場面はお父さんと関係していると思います。

西川4　久保くんに質問します。このたくさんの増えたコスモスは何と思っているのですか。

久保4　さっきから言っているようにお父さんからもらったコスモスです。

西川4　それだったら、お父さんが関係しているのと違いますか。

有本3　ぼくはちょっと思っていることだけど、西川くんの言ったこととはちょっと違うと思います。コスモスの花はただもらって関係すると言ったんだけど、お父さんのかわりにもらったんだけど、それだけでお父さんは関係してこないと思います。ぼくは久保くんにも賛成とちがう。

T⑬　西川くんに賛成ちがうし、久保くんにも賛成と違うというんだけど、みんな有本くんの言うことをわかってあげているかな。

成本3　ぼくは多分、久保くんの意見に反対で、西川くんのもらったから関係するというんだけど、それにも反対で、ほかの意見に賛成するというんだと思います。

有本3　それともちがう。西川くんのに賛成みたいで賛成じゃないと言ったのは、西川くんの言っていることはまああっていると思うけど、ぼくはまだ足りないと思うからです。

長谷4　何が足りないのですか。

（有本はしばらく考えるが説明できない。西川と久保の考えについてもどることにする。）

池下4　ぼくは付け足して、家を囲んでコスモスの花がたくさんになっていることに賛成です。ゆみ子のとんとんぶきの小さな家を囲って周りにコスモスがいっぱいあるから、包んでいるということはお父さんがコスモスになって何かをしているようです。だから、この場面は、お父さんと関係していると思います。

T⑭　小さな家をコスモスがずっと囲んでいるからお父さんと関係しているというのだけど、阿部さんはコスモスが増えたことについてはどう考えているのかな。（読み取りノートを点検していたため指名できた。）

阿部3　私は図鑑で調べたんだけど、コスモスの倒れた茎からまた根とか芽が出てきて、だんだんと増えていくと書いていました。

T⑮　コスモスは倒れて自然にだんだんと増えていったという考えです。谷口くんらとは少し考えが違うんですよ。

南方4　私は谷口くんとよく似ているんだけど、やっぱりコスモスの花にお父さんは関係してくると思います。それはゆみ子は今でもコスモスの花を大事に育てているんだけど、阿部さんの言うように自然に生えていくのも当たり前だけど、それならお父さんが関係していないように思えるので、私はやっぱり谷口くんの言うのに賛成です。

中岡3　私も谷口くんのに賛成です。お父さんが戦争に行くときに「大事にするんだよう」と言ってコスモスの花に気持ちが入っているから、花はお父さんの気持ちが入っていると思います。

池下4　コスモスの花にはお父さんの気持ちとか生命とかが入っていると思います。生命といったらすこしおかしくなるかもわからないけど、お父さんは戦争に死にに行くようなものだから、だいたい戦争はどんな人でも死にに行くようなものだから、それで自分が死んだらこの花に捧げるというか、自分の大事な生命をコスモスに捧げて、そのコスモスがゆみ子を見守ってくれるというか、一輪のコスモスの花もお父さんの生命で生きているかもわからないから、それでゆみ子のことをどこかで見守っていると思います。

　お母さんはゆみ子のこともお父さんのことも知っているから、お父さんが死んだということを教えなくても、花を大事に育ててねということは教えて、一生懸命育ててきたんだと思います。自然に生えてきたというのは少しおかしいと思います。

T⑯　この花にはお父さんの生命が入っていると考えてくれたよ。みんなはこの考えについてはどう思うの。

（「生命というより心や」と谷口（三年）のつぶやき）

上山4　私は阿部さんには反対なんだけど、コスモスの花は自然にいっぱいになっていったんじゃなくて、ゆみ子がお母さんから聞いてコスモスをお父さんだと思って一生懸命育てて、こんなにコスモスの花に包まれるぐらいいっぱいになったんだと思います。

T⑰　ゆみ子が育てたというんだね。

成本3　ゆみ子が育てたと言ったけど、花はもらったらすぐ水に入れたりしておかないと枯れるんだけど、ゆみ子が花をもらったのは小さくて一～二歳のころだったんだけど、そんな時にゆみ子は何も知らないのでわからないと思います。

ぼくはお母さんが代わりに水をあげたりして、お母さんがお父さんの気持ちを受けながらコスモスの花を育てて立派にしたんだと思います。

T⑱　お母さんが大切になってくるというんだね。

谷口3　ぼくは、ゆみ子にお父さんのことを話したんじゃなくて、お母さんは話してなくてゆみ子と一緒になってコスモスの花を育てたんだと思う。24でそう思う。

T⑲　24のどこからそう考えたの？

谷口3　「お父さんの顔をおぼえていません。あるいは知らないのかもしれません。」と言ったら、お母さんから聞いたらこんなことは書いていないと思う。聞いてないようになってくると思う。

西川4　成本くんに質問します。コスモスの花を育てたのはお母さんだけですか。

成本3　ゆみ子は何もわからないから、お母さんはゆみ子の代わりに育てたんだと思います。

長谷4　ぼくはお母さんとゆみ子で育てたんだと思います。それは初めは何もわからなくてお母さんに手伝ってもらったんだろうけど、コスモスの花というのは、ゆみ子がお父さんにもらった花だからゆみ子も育てていると思います。十年たってコスモスの花がいっぱいになっているということはお母さんも一緒に育ててきたんだと思うんだけど、みんなはどうですか。

山形4　私は長谷くんに賛成です。ゆみ子はまだ小さいので何もようしなかったのでお母さんと一緒に育てたんだと思います。

T⑳　みんなはこのと同じというのだね。

谷口　「同じです」の声

ベルが鳴る。

今日の考えを書いて終わる。

三　授業記録から振り返る

楽しい文学教材の読みとは、物語の展開にしたがって子どもたちが想像を交えながら読み進めていくところにある。子どもの興味や関心を生かして、物語の背景、場面の情景、人物の変容などを読ませていくことによって、豊かな想像が生まれ、次の作品を読もうとする意欲も喚起されていくのである。

この授業記録から、そのような姿勢はみられるのであろうか、最後の場面（第六時）から考察してみたい。指導者として今後配慮すべきは、次のような点である。

①　場面の転換に目をむける

子どもをゆさぶり、思考させる授業は、場面の転換部分に着目することである。ここでは、戦時下の家族の悲惨な状況から一転し、十年後のゆみ子の姿が描かれているのがそれにあたる。ここに学習者の目を向け、叙述からゆみ子と母親の姿を想像させていくことが、イメージを更に広げることになる。本時のねらいは「コスモスに包まれた、十年後のゆみ子と母親の生活の様子を読む」であったが、結果どうであろうか。果たして、ねらいは達成されたと言えるであろうか。

②　発問は易から難へむかう

T③（指導者）の「今まで勉強してきたところとどんなところが違いますか。」は、明確でない問いである。発問については以前、野地潤家先生が私たちの学習会で指導してくださった。「教師の発問は教育話法における中心存在のひとつである」として、すぐれた発問の具備すべき特性を明治期の教育学者谷本富氏の書から引用された。それは「簡潔性、確定性、平易性、論理性」の四つである。先生は、それに「適合性」を加えられ、発問の重要性を唱えられた。

発問（T③）は、どれにも当てはまらない幅のありすぎるものである。ややもすれば横道にそれる恐れもあるが、この場では何を答えてもよいという安心感を子どもに与えることにはなる。複式異学年の導入の段階であるので、前時との違いが下の学年にもわかるように、指導者なりに工夫した問いかけなのであろう。確定性に欠ける問いであるが、学級の子どもたちは慣れているせいであろうか、指導者の意図するところを答えている。

前の場面と比較して、十年後について次のように発言している。西川「暗い感じ」⬇「明るい感じ」、久保「戦争が激しい」⬇「戦争が終わった」、阿部「コスモスが一輪」⬇「コスモスがたくさん」、上山「戦争が激しい」⬇「平和になった」、長谷「おいもやまめやかぼちゃ」⬇「お肉やお魚」、北地「買い物に行けない」⬇「買い物に行ける」、松中「町は灰になっていた」⬇「町にお店がたっている」、西川「配給の食べ物」⬇「買い物かごをもって町へ」、長谷「爆弾で外に出られない」⬇「楽しそうに外に出られる」である。

ここから「豊かな読み」を促すきっかけが見いだすことができよう。場面の変化に気づかせ、「何がどのように変化しているか」「それはどの叙述からわかるか」を考えさせることが、その子の読みをふくらませていくことにつながっていく。

T⑥、T⑦、T⑧の発問は、子どもたちから出された意見から深めていこうとする指導者の意図が読み取れる。導入では幅広く考えを出させ、そこから指導者のねらいに迫っていこうとする、言葉を換えれば「追い込んでいく」姿勢がみられる。しかし、久保の発表「ゆみ子はお父さんのことを全然知らないと思います。」によって、意図する方向とは異なる流れになっていく。ここから、指導者の迷いというものがみられる。

これらから、授業を行うにあたっての基本的な事項が再確認できる。発問は、その時間のねらいに即してしぼること。主要な発問、補助的な発問を準備しながらも、子どもの発言に対しては柔軟に対応することである。

③　関連づけて考えさせる

子どもたちのイメージを広げ、思考させるには、場面と場面、文と文、言葉と言葉を関連づける指導者の力量が問われる。授業が単なる発表会で終わってしまうと、子どもにとっては、その時間の成果は何であったか、疑問として残されよう。記録からもわかるように、指導者は子どもたちの発言を聞いているものの、それを整理し、方向づけることなく授業を流している。これでは最後の場面で一人一人に豊かな読みができたかどうか疑わしい。

想像豊かに読ませるためには、本文から関連づける深い教材力（教材把握力）をもつとともに、子どもと子どもの意見も関連づけ、方向づける力量を高めなくてはならない。

④　発言を聴き取る

この当時の私は、子どもの発言を的確に捉える力は未熟である。それは授業記録から読み取れよう。

久保は次のように述べている。「ゆみ子はお父さんのことを全然知らないと思います。」「ここでは、お父さんが出てこないから関係しないというんじゃなくて、ゆみ子がお父さんの顔も知らないし、実際いてたことも知らないから、ぼくは関係してこないと思います。」

有本の発言である。「西川くんの言ったこととはちょっと違うと思います。……ぼくは久保くんにも賛成と違う。」「西川くんの言っていることはまああっていると思うけど、ぼくはまだ足りないと思うからです。」

二人の発表は何を言おうとしているのか、私には分からなかったのである。有本の考えには、父親の一つの花に託した思いというものがあったのかもしれない。「まだ足りない」という彼の言葉を敏感に聴き取る力があれば、話題をかえてしまうことはなかったであろう。ここで私は有本を生かすことはできなかったのである。

久保の読みも次のように考えたらどうであろうか。

「十年後、ゆみ子と母親の平和な生活がもどった。とんとんぶきの小さな家はコスモスの花でいっぱいに包まれている。買い物にも行ける穏やかな日常生活にみえるが、その家には何かが足りない。出征するまでずっとゆみ子を見守り、ゆみ子の成長を心配していた父親の姿が見えないからである。コスモスに包まれたわが家があるものの、ゆみ子には父親についての記憶はない。やさしい父親はいたのだが、幼かったゆみ子には、そのことは分からない。父親の姿を知らないまま成長し、十年後、元気に過ごすゆみ子は、父の死という悲しみを知らないのだから、ある意味では幸せなのかもしれない。」

そう読むことによって、この作品のもつ戦争の悲惨さ、そこに生きる家族のひたむきな愛というものが一層深く浮かび上がるかもしれない。二人のすばらしい発言を聴き取る力が私にあったなら、授業はもう少し変わっていたかもしれないのである。

⑤　時間の配分を考慮する

子どもにとって、学校での学習時間は有限である。それを生かすも否も指導者の手腕ひとつにかかってくる。授業は四十五分が一般的である。それをどのように有効に展開するか、指導者の授業構想力が必要になってくる。

当時の国語科の多くは、話し合いが中心であり、時間がオーバーしていることも少なくない。時間設定については反省すべきことが多い。

授業の導入、展開、終末にあたり、それぞれの段階でどの程度の活動を予定するか、指導者は、まず構想しておかなくてはならない。「子どもたちが活発に発表しているから……」とか「ねらいが盛りだくさんだったから……」等の言い訳をすることなく、時間内に終えるように心掛けることである。

学習活動にめりはりをつけ、話し合いが焦点化されていたなら、授業はもう少しスマートになっていたであろう。

⑥　深い教材解釈をもつ

野地潤家氏は『授業に生きる教材研究　小学校国語科四年』（一九八一年九月初版刊）で述べておられる。

国語科授業力は、授業を準備し計画し構想していく力（国語科授業構想力）、授業を実施し展開していく力（国語科授業実践力）、授業を評価していく力（国語科授業評価力）から成っている。これらの三つの力（構想力・実践力・評価力）が緊密に結びあって機能していくことによって、国語科授業力は精練されていく。

国語科授業力のうち、国語科授業実践力の中核を形づくっているのは、国語学力把握力・国語学習深化力・国語教材把握力の三つである。国語学力把握力は、国語学習者（児童）の実態・実質を見抜く力であり、学習者の国語学力をとらえていく力である。国語学習深化力は、国語科授業・国語科学習活動をたえず次元の高いものに、質的に深みのあるものにしていこうとする力である。国語教材把握力は、教材研究を推進し成就していく力である。これらの三つの力（国語学力把握力・国語学習深化力・国語教材把握力）が相互に機能し合うことによって、国語科授業実践力は真に生きてはたらくものとなる。（Ｐ九）

子どもに豊かな読みをもたせるには、指導者の深い教材解釈が必要である。

子どもが想像し、イメージを広げていく力は、国語学習で培った全ての力が発揮されている結果であるといえよう。そのためには、指導者は子どもの実態を確実に把握する（国語学力把握力をもつ）とともに、教材内容を深く理解し、実態と教材とを結び付ける幅広い豊かな感覚をもたなければ学習は成立しない。

この作品を通して一人一人にどのような力を育てていくか、当時の私にはそこまで考えている余裕はなかったのである。「書くこと」「話し合わせること」に重きをおいてがむしゃらに突き進んでいたようである。

教材に出会ったとき、私は作品を読む三つの目を大切にしたいと考えている。それは、次の通りである。

読者の目……一読者として、その作品を楽しみ、感想をもつ。

教師の目……指導者として、その作品の何を教材として取り入れていくか。

子どもの目……自分の学級の子どもたちは、その教材の何に感動し、どのような関心をもつであろうか等。

⑦　学習の流れにそって指名する

だれを、どんな場面で指名すべきか、指導者は授業を構想するにあたって事前に考えておかなくてはならない。この授業では全員を発言させる機会はなかったが、南方（四年）、阿部（三年）に関しては、こちらの意図があった。南方は積極的に発言しない。指名されて発表することが多い子であった。ノートに毎日目を通していたので、指名できたわけである。T⑤で発表の機会をもたせることにより、その後、南方は三回発言している。阿部も同様の子であった。彼女の家庭学習を生かしてT⑭で指名し、全体に揺さぶりをかけることができた。

集団の場で発言する機会を設け、「話すこと」に自信をつけていくことも国語科の求められる能力の一つである。

授業後、四年の二人は次の感想文を記している。

「一つの花」の勉強で一番心に残ったことは、ゆみ子はとてもかわいそうな子ということが心に残りました。ゆみ子はとても小さい子だし、戦争中にいたから、食べ物やおいもやまめやかぼちゃだけしか食べられなかったからです。そのうえ、お父さんともわかれて、お父さんが死んでしまったからです。

お父さんは、そんなゆみ子に、戦争中のたった一つの喜びをゆみ子にあげたと思います。その喜びとは、一輪のコスモスの花です。この喜びを大きく広げていくというか、大きくしていってほしいと、お父さんはゆみ子にたった一つだけの花をあげたんだと思います。

一番はじめに書いた感想には、かわいそうと書いていて、今もかわいそうだなという考えです。

この文を読んで教えられたことは、戦争時代はとてもつらかったんだなということです。戦争中というと、食べ物も配給するものばかりだし、にげまわらなければならないし、なにごとも不便だからです。こんな時代にでもゆみ子は生き続けてきたんだから、よくがまんできたなあと思いました。

わたしはゆみ子と父の関係でこの勉強をしてきたんだけど、ゆみ子と父の関係はとても深い気持ちがあったということがわかりました。わたしの心に残しておきたいことは、ゆみ子はお父さんがいないけれど、コスモスの花を育てながら生き続けているということを心に残しておきたいです。

（南方　四年）

ぼくは、戦争のころはとてもつらいことばかりだったということをはじめ調べました。だからゆみ子やお母さんお父さんも、そんなことにであったと思う。ゆみ子はお父さんにコスモスの花をもらってとても喜んでいた。でも、お父さんは本当はかなしかったと思います。わかれるからです。「ゆみ、さあ一つだけあげよう。一つだけのお花、大事にするんだよ――」といってコスモスの花をあげたとき、お父さんはゆみ子の一人だけの力で育ててほしいと思っていたと思います。

もどるけど、このお父さんもお母さんも本当にいい人だと思いました。戦争がおわったら、ゆみ子の家のまわりにはコスモスがいっぱいさいていました。お父さんにもらったコスモスの花は一輪だったのに、戦争中もいっしょうけんめい育てたんだと思います。

この文で、ぼくは戦争のころはとてもはげしい日が続いていたということが教えられました。ぼくは戦争に出会ったことがないけど、ゆみ子みたいな人はいっぱいいたと思います。

コスモスの花というのは、ゆみ子の家ぞくだけのものだと思います。あの一つの花は、ゆみ子やお父さんお母さんの心をよく知っているものだと思います。さいごの花でも、ゆみ子の気持ちのこもっている、ゆみ子の家ぞくのものだと思います。ぼくはこの文を読んでとても好きになりました。

（長谷　四年）

（平成十一年（一九九九年）一月九日（土）　野ぎくの会　於　児童女性会館）

5　問い続ける子どもを育てる

—「ヒロシマのうた」（六下）の実践から—

一　はじめに

昭和六十年（一九八五年）、附属小学校国語科は研究テーマとして「自分の読みを追求する子どもを育てる」をかかげ、実践を積み重ねている。

国語科の学習は、一言で言うならば、ことばの力をつけることである。これを「自分の読みを追求する子ども」と重ね合わせると、次のような子どもの姿が浮かびあがってくる。

ある作品に出会うと、子どもたちは、心にひびいたことばをおさえながら様々な思いを（感動、共感、疑問等）をもつ。これをもとに学習課題をたて、自分の読みをつくり、集団の中でみがきあうことよって、一人一人が自分の読みを確認したり修正したりしながら豊かな読みをつくりあげていくという意欲的な姿である。

このような子どもを育てるためには、どのような指導者側の配慮が必要なのであろうか、今回は一つの視点として、読み取りノートを生かした授業展開について述べてみたい。なお、実践は昭和六十年の六年生である。

二　子どもと教材

戦争を素材とし、これほど悲惨な描写をした教科書作品は、あまり見当たらないが、それでいて、読後爽やかな感動を呼び起こすのはなぜであろうか。この作品には、だれしもの心を揺さぶる人間愛のテーマが息づいているせいであろうか。随筆集『冬の祭り』で今西祐行氏は、次のように述べている。

> 子どもたちが修羅場の中に、小さな命を失われていくのを見た私は、せめて、ささやかな私の文章の中ででも、もう少しその子たちの命をながらえさせてやりたかった。

ここに、作品に流れる子どもを見つめる彼のやさしさがにじみでているように思う。

次に、子どもたちについて述べてみたい。

五年のころから「書くこと」を重視して取り組んできたこともあり、自分の考えを書き込むという点は、ある程度身につけてきたように思う。しかし、進んで音読していこうとする意欲には欠けており、ことばとことばをつないで想像豊かに読むという点も十分とはいえない。中には、作品を表層的にとらえる子どももみられる。そこで、この「ヒロシマのうた」では、音読を学習指導計画に位置付け、場面を次の四つしぼって読み進めてみようと考えた。

①　我が子の名を呼び続けながら死んでいった実の母の手の力

②　本当のヒロ子の母親になろうと決意する育ての母の心

③　「あたし、お母さんに似てますか。」とにっこり笑い、〈わたし〉にワイシャツを贈ったとヒロ子の心

④　十五年の年月の流れを考え続けている〈わたし〉の思い

この四点を考えた場合、①の「実の母の手の力」をどのように読み取らせるかが、この作品を読む一つの鍵となるように思われる。〈わたし〉を揺さぶり、育ての母親（橋本さん）を励まし、後にヒロ子を力強く成長させ「あたし、お母さんに似てますか。」と言わしめたものは、すべて、「その時」の実の母の手の力にほかならないからである。

歴史学習をしている関係上、戦争に目を向ける子ども何人かいるであろうと予想していたが、ほとんどの子どもの目は稲毛さんや育ての母親のやさしさに目を向けていた。戦争に目を向けている三人の子どもも、悲しい戦争の中で生きてきた人々の姿に強い感動を抱いているので、読みの視点はだいたい方向づけられた。

作品全体の語りかけているものをとらえる学習後、子どもたちから出された読みの課題を集約すると、次のようであった。これらを、先に述べた四点と重ね合わせて読み進めていくことが、読みを深めていけそうである。

稲毛さんについて

・兵長に赤ちゃんのことを話さなかった〈わたし〉……………………九人
・戦争ということが、こんなにも悲しいものであることを初めて知った〈わたし〉………六人
・実の母のことをまざまざと思い出す〈わたし〉……………………六人
・ひとりで手紙に頭を下げる〈わたし〉……………………三人
・ヒロ子に初めて会ったときの〈わたし〉……………………三人
・ヒロ子や橋本さんのことを一生懸命考えている〈わたし〉……………………十五人

・いつまでも十五年の年月の流れを考え続けている〈わたし〉……………………七人

育ての母（橋本さん）について

・ヒロ子に出会ってから変わっていく橋本さんの心……………………三人

ヒロ子について

・ヒロ子の暗いかげとは何か……………………七人
・実の母のことを聞いたあとのヒロ子の心……………………三人
・原子雲とイニシャル入りのワイシャツをおくったヒロ子の心……………………十三人

実の母（長谷川さん）について

・実の母は、この話にどう関係しているのか……………………五人

その他

・なぜ「ヒロシマのうた」の題がついているのか……………………五人
・この話の〈わたし〉は、今どこにいて語っているのか……………………二人

三　子どもを生かした授業

ここでは抽出児として、K子とY男を取り上げてみたい。Kは国語の授業に対しての関心も高く、文章の内容も的確にとらえて読み進める子である。Y男の場合、五年のころは個別指導を多く必要とする子であった。「大造じいさんとガン」の学習時に、グループに励まされて音読の練習を繰り返し、少しずつ自信をつけながら、書くことに対しても興味を示すようになっていた。

先にも述べたが、この作品を読むポイントは、「固くだきしめた冷たいお母さんの手の力」であろうが。最初気付いていたのはK子のみで、あとは、稲毛さんや橋本さんのやさしさ、ヒロ子の力強さに目を向けているのが実態であった。そこで、まず、「実の母は、この話には関係がない」という子どものつぶやきを取り上げ、「実の母の手の力」に気付いているK子と、稲毛さんに目を向けているY男たちの読みとを比較する中で、戦争の悲しみを初めて知った稲毛さんの思いを読み取らせようと考えた。

作品全体の語りかけているものをとらえる学習後、K子は家庭学習で、次のように書いている。

> 私は、実の母はすごく関係していると思います。それは、橋本さんもヒロ子も勇気づけられているからです。
>
> つまり、弱気になっていた橋本さんに、この人（実の母）の話をすると、勇気づけられていたからです。
>
> 母は死んでしまったけれど、きっと、「ミー子を手放さないで。あなたがこれからも、私にかわって育てていってください。」と、橋本さんにたのみたかったのだと思います。
>
> ヒロ子ちゃんの場合も同じです。「ミー子、これからも強く生きてちょうだい」とたのみ、それが通じて、ヒロ子ちゃ

んは強くなったのだと思います。それをつうやくするような役が稲毛さんだと思います。

実の母と稲毛さんとヒロ子ちゃんと橋本の心は、見えない糸で結び付けられているように思いました。だから、実の母というのも大切だと思いました。


Y男の場合、この時点では、音読の練習を繰り返すことによって、全文を通読できるという状態であった。彼は次のように書いている。


ぼくは、稲毛さんに目を向けて読みます。この文章で、ぜんぶとおっているからです。

どうして、稲毛さんは赤ん坊を助けたのだろう。


授業では「戦争ということが、こんな悲しいものであることを、その時初めて知りました」という稲毛さんの思いを読み取らせた。

赤ん坊を助けるという本来の人間としての行為が、この時代には通用しなかった。だが、一人の母親の自分の命を投げ出してまでも我が子を守ろうとする姿に、稲毛さんは心打たれ、助けずにはいられなかったのだと読み取っていった子どもたちであった。

「すぐ死んでしまうのだから、実の母はこの物語にあんまり関係がない」とつぶやいていた子もいたが、稲毛さんが初めて知った悲しみを追求していく過程で、勝手な行動をとらずにはいられなかったほど「固くだきしめた冷たいお母さんの手の力」の存在が大きかったということに気付いていったようであった。

みがきあいでは、K子は戦争という点に目を向け、稲毛さんの思いについて、次のようにまとめている。

私は、「初めて」というのは、あんなにお母さんがミ子ちゃん（子ども）のことを思っているのに、こんな戦争のために手放すことになったから、初めて知ったということだと思います。

子どもを思うお母さんのことを考えてみると、稲毛さんは悲しくてしかたなかったと思います。

「その時」のことばにもどってみると、ただ、原爆がおとされただけじゃなく、ヒロ子にあった時のことを示していると思います。そして、稲毛さんは、お母さんのことを考えているんじゃないかなと思いました。

「お母さんの手の力」ということばや「生きているとしか」ということばからも、お母さんの子どもを思う気持ちがわかります。


このころのＹ男は、読みが戦争の残酷な面ばかりに向いており、稲毛さんの心を考えるところでは、部分的なことばに目を向け、次のようにまとめている。


稲毛さんの悲しいのは、ぜったいに戦争のざんこくさもまじっていると思います。人がじゅんじゅんに死んでいくので、とても心がいたんでいると思います。ひどくぶたれても、決して兵長のことなど考えていなくて、なぐられるいたさを考えていなくて、あの赤ちゃんやお母さんのことを考えていたと思います。

稲毛さんは、すこし気が小さいと思います。こうかいの多い人だなあと思っています。もう少し、稲毛さんのことについてしらべていきたいです。今日、わからないことがたくさんありました。もう少し知りたいです。


すべての子どもたちが一時間の授業のねらいを達成することは望ましい。しかし、学級の子どもの読みのレベルは様々である。ややもすると、指導者側は、鋭い意見や深い読みをする子のみに目を向けて、高いレベルで授業を進めていこうとすることも多い。部分的な読みや思いつきをつぶやく子どもに目を向けることなく、話し合いを進めていこうとする気配が見られる授業も時折参観させてもらう。これでは、一人一人が自分の読みをもち、作品を読み深めていこうとする姿勢は果して育つであろうか。

「もう少し知りたい。わかりたい」というY男のような願いを、授業では大切にしていきたいと思う。そのときの子どもの読みの実態を指導者は十分把握して、学習指導計画は柔軟に変更していけるようにしたい。学習指導計画全体を見通して、読みにつまずいている子どもをどこかで生かしていくならば、一人一人に、読みを追求していこうとする姿勢が身につくと考えるのである。

「稲毛さんは気が小さい、こうかいの多い人だ」と考えているYの読みをもとに、再度、話し合い（みがきあい）をもつことにした。Y男の考えを生かしながら、叙述に即して悲惨な戦争に目を向けさせ、赤ん坊を助けずにはいられなかった稲毛さんの心の動きに迫ってみようとしたのである。

四　授業展開の実際

T①　稲毛さんは後悔の多い人だとか、気が小さい人だと考えている人がいるんだけど、今日は、それについて考えてみよう。

C①　気が小さいというのはどこらへんからですか。

C②　（Y男のこと）
ヒロ子に昔のことをなかなか話ができなかったことや、P一〇一の「どうすればいいのか、さっぱりわかりません」と書いているところで迷っているので……

T②　まだあったのと違うかな。

C②　「赤ちゃんをうばい取るような気がして、気がとがめ、かんがえこみました」というところもです。

T③　いいところに目をつけているだろう。これについて、みんなの考えと比べてみよう。まず、自分はどう思うのか、考えを書いてごらん。

（三、四分程度待つ）

T④　まず、C③の考え（Y男の考えと同じ子）を聞いてみよう。

C③　ぼくも、稲毛さんは気が小さいと思います。C②くんの言ってくれた文から、気が小さいとよくわかるからです。

T⑤　これらについては、別の考えの人はどうですか。

C④　私は、気が小さいんじゃなくてやさしいと思います。どうすれば人のためになるか考えていたんだと思います。

C⑤　軍医のところへ連れていっていいか迷っているのは、勝手な行動をしてはいけないけれど連れていこうとしているのだから、勇気があると言えます。あとでぶたれるのに、赤ちゃんを預けにいっています。

C⑥　私も、C②くんの考えは少しおかしいと思います。P一〇一の「気がとがめ考えこみ」というところでは、お母さんがしっかり、ミ子ちゃんを抱いているので、それで気がとがめ、とってもいいのかなとお母さんのことを思っているのだから、気が小さいのとはちがうと思います。

C⑦　僕も、稲毛さんは気が小さくないと思います。軍医のところへ連れていっても、治療してくれるかどうかわからないので迷っていたのだと思います。

C⑧　わたしも、C④、C⑤さんに付け足します。P一〇〇に、稲毛さんは「しっかりするんだ。お母さん……」と言っています。気が小さい人ならこんなことはしないと思います。

C⑨　僕は、C⑥さんとよく似ています。お母さんの手の力というところから、母と子を離してまでも軍医のところへ連れていっていいかどうか迷っているから、気が小さいというよりやさしいと思います。

C⑩　このころの兵隊は、勝手なことをしたら、罰があるぐらい知っていたと思います。それでも、ミ子ちゃんを橋本さんに預けたのは、自分自身の行動だから、私は気が小さいとは思いません。

C③　僕は、P一〇一の「わたしは、このままにして、立ち去れなくなりました。といって、どうすればいいか、さっぱり分かりません」というところから、稲毛さんは迷っているので、やっぱり気が小さいのだと思います。

C②　P一〇二の「赤ちゃんをもぎとることができません」というところで、お母さんは死んでいるのに、いちいち「だいじょうぶですよ。お母さん」などと言っているので、気が小さいとわかります。

T⑥　文に目を付けて意見を出してくれたよ。すばらしいぞ。さあ、これをみんなはどう答えますか。

グループ内の話し合い　（考え始める子どもたち）

「この人らの考えに賛成、反対？」

「反対」

「じゃあ、どこが反対よ」

「本文のどこらへんなの」

C⑪　稲毛さんがそのとき心を痛めたのは、死んだお母さんの生きているような気持ちが伝わってきて、かわいそうになってきて、気がとがめたのだと思います。

C⑫　P一〇一「だいじょうぶですよ。お母さん、わたしが預かります」と言っているのは、気が小さくて言っているのではなくて、実の母が生きているとしか思えなくて、そう言わなくてはうばいとるわけにはいかなかったからです。

C⑩　そう言って抱き取ったのは、ずっと子どもを守っていた母のことを考えていたからで、「わたしが預かります。安心してください」というやさしい気持ちで言ったのだと思います。

C⑧　私も、C⑫、C⑩さんに付け足します。預かりきれるわけでもないけど、そのままにしておくと赤ちゃんが死んでしまうかもわからないし、だまってお母さんから抱き取ると、お母さんがとても心配すると思ったから、安心してくださいというこころでもぎとったと思います。

C⑬　ぼくも、稲毛さんは気が小さくはないと思います。「安心してください」と言った言葉の中には、そう言わないとお母さんが安心して死ねないと思ったと思います。

C⑨　P一〇一に「赤ちゃんをだき取りました」とあります。そこで何も言わないで抱きとろうとしているけど、「その時の、固くだきしめた冷たいお母さんの手の力」で、死んでも子どもを守ろうとしているお母さんの手の力に、稲毛さんが心をうたれて、お母さんの手から奪い取るような気がしたので「だいじょうぶですよ。おかあさん、わたしが預かります」と言って預かったのだと思います。

以下略

このように話し合いは進み、ほとんどの子どもは、稲毛さんは気の小さい人ではないと読み取っていった。P一〇一「どうすればいいか、さっぱりわかりません」「……連れていったらいいものかどうか、そんなことを迷いながら」気がとがめ、考えこんだ稲毛さんのこころは、勇気ややさしさのでているところだと読み取っていった。しかし、C②（Y男）、C③はまだ納得がいかないようであったが、次の橋本さんの心を考えていく中で、自身の読みについて振り返り、再度本文に目を向けていったようである。

C②（Y男）、C③の読みは部分的であると言える。前後の文に目を向け、関連づけて考えれば理解できるものであろう。学習の主体は子どもである。このような子どもの考えを授業の中に位置づけ生かしていかなければならない。時間的には少し超過したものの結果としては、C②（Y男）たちの考えにより、他の子どもたちが本文の細部に目を向けることになったのは確かである。その日の感想ノートに、ある女子は次のように書いた。

Y男くんの言ったことで今日は授業をやってきて、このことばにはこういう気持ちがあったんだなということかわかりました。だから、こういうような疑問をみんなで話し合ってくことは、そのことだけではなくて、ほかのことも考えられてわかってくるということに気付きました。

疑問を話し合うことも大切なことだと思いました。

この授業では、Y男は大層がんばった。この授業で発表するために。風邪ひきで気分がすぐれなかったのであるが、無理に登校したそうである。前日、彼の発見したこと（稲毛さんは気が小さい、後悔の多い人だ）を認め、みんなのまえで発表するよう勧めたため、彼はその期待に応えようと登校し発言したのであった。

Y男は、最初のうちは、根拠となる文に目を向けながら、集団を納得させようと努力していたが、周囲の考えを聞く中で自身の考えに疑問をもち始めた。その後、次の感想を書いている。

ぼくは、はじめの考えとちがいます。はじめは、戦争のおそろしさばっかりだったけど、このごろはちがっています。戦いやそんなことばかり思っていたけれど、あとの方になると、平和というものがとても大きく感じられるのでそう思いました。

いまのぼくは、稲毛さんのことについてふかく考えているつもりです。がんばっていこうと思います。

子どもたちのノートに目を通し、集約し、毎回プリントを配付しながら読み進めてきた。

当初計画していた時間よりも、約三時間オーバーした授業であった。だが、指導者の計画していたねらいは、ある程度達成したようにも思われる。

悲惨な原爆に命を奪われながらも、子を守ろうとする強い母の愛、稲毛さん（わたし）や橋本さんのあたたかい心、それに支えられて、強く明るく生きていこうとする前向きなヒロ子の姿に子どもたちは感動した。自分なりの読みをもち、考えを書き続けてきた子どもたちであった。

Y男は、最後の感想を次のように記した。

> ぼくは、はじめは戦争のことばかり考えていたけれど、今はちがってきました。この話は、戦争のことばかりでなく、かなしさ、うれしさ、そんなものがまじっています。
>
> ぼくの一番よかったのは、稲毛さんがミ子ちゃんをたすけたところです。
>
> 「ヒロシマのうた」には、なぜかすごくかんどうさせられ、すごく考えました。それはなぜかというと、こうかいのことで、稲毛さんは気が小さいとか、ぼくは、一番考えたつもりです。こうかいはあまりないということがわかってきました。
>
> 登場人物で一番すきなのは、（わたし）です。（わたし）には、やさしさがあって、あれこれとても考えさせられるからです。（わたし）は、きっと心うたれたと思います。死んでいっぱい血がながれ、ミ子ちゃんのお母さんの手の力もすごくひげきだからです。
>
> ぼくは、はじめて知ったのは、戦争のつらさ、こわさ、かなしさ、美しさ、思いやり、うれしさ、親切さ、勇気です。
>
> （わたし）の心は、はじめとさいごに出ています。お母さんの手の力のかんどう、あずかってくれたしんせつな人、りっぱに成長したヒロ子ちゃん。このようなところに出ています。
>
> もっとほかのもやってみたいです。こんなおもしろい本。

「ぼくの一番考えたのは、稲毛さんは気が小さくて後悔の多い人かどうかを話し合った時」であるとY男は書いている。Y男ような考えの子は、場合によっては授業の中で生かされないことがあるかもしれない。K子のような読みの深い子にとっては、「前後の文を読んでつないでいけばすぐにわかる」と思うこともあるかもしれない。しかし、子どもたちは違った。Y男の考えに耳を傾け、ことばにこだわり、本文に目を向け読み進め、自分の考えをつくりあげていった。

ことばへ働きかけ、ことばに目を向け、意欲的に読み進めさせるためには、指導者の時と場に応じた働きかけが重要であるということをここから学んだ。

五　おわりに

ある時間に焦点をあて、子どもが読みを追求していく姿を見てきた。ここで、全体の授業を振り返り、成果と課題を述べてみたい。

子どもたち一人一人に読みを問い続けさせるために、今回は、一冊のノートづくりを目標として取り組ませてきた。毎日、子どもに考えを書かせてきたことは、ある程度の指導の効果があったように思われる。

毎時間全員のノートをチェックし、読みを把握し、授業を展開していくのは大層時間もかかった。しかし、どの場でどの子を生かしていくか、どの子の考えを取り上げて授業を展開するかと構想を練る段階では、子どもの姿が見えてきて、私も授業が楽しみになってきた。

子ども一人一人は、考えをもって授業に臨んでいるのである。指導者は、それに応えるように努力をしなくてはならない。今回は、作品の核心に迫る「固くだきしめた冷たいお母さんの手の力」を考えさせるために、二時間にわたって立ち止まらせた。文と文を関係づけてとらえられず、部分に目を向けていた子を中心にすえてみたが、これが結果として全員を叙述に目を向けさせる契機となったように思われる。

子どもに読みを問い続けさせるためには、指導者のきめの細かい実態把握と見通しをもった授業の構想力が要求されるということが、この実践から学ぶことができた。授業の中に子どもを登場させれば、後は子ども同士が互いにみがきあっていく場面も見られたことからも、それがうかがわれる。

しかし、発問に関しては、今後の課題として残されている。

一時間の学習を軌道にのせ、深化させることをねらった適切な発問ができたかというと、反省すべき点がある。

「ヒロシマのうた」では、子どもたちは、自分たちで読みを追求していく意欲が十分見られたのであるが、集団思考をうながす適切な発問は十分であったとはいえない。

一人一人がことばの存在に気付き、考え、読み進めていけるような発問とは。学習を整理し方向づけ、子どもが意欲的に学んでいける発問とはどうあるべきなのか。今後の研究課題としていかなくてはならない。

（平成六年（一九九四年）五月十四日　野ぎくの会　於　県民文化会館（四階会議室））

Ⅲ　詩の学習指導

1　席についた直樹くん　―詩の学習について―

直樹くんは入学当初から落ち着きません。

授業が始まってもそわそわとして、席に座ることができません。教室を歩き回り、廊下を出歩き、担任の言葉は全く耳に入らないようです。

梅雨時には、教室を飛び出し、水たまりに入って全身ずぶぬれになって遊びました。

学校でのいたずらもだんだん多くなり、周囲を騒がせ始めました。友達とのいさかい、教室の物の持ち出し、体育館の鍵が閉められないこともありました。直樹くんが鍵穴に土を詰めてしまったのです。ウサギ小屋に勝手に入り鍵を持って帰った時には、私は思わず大声を出してしまいました。

「まわりの迷惑を考えているのか。ウサギ小屋に犬が入ってきたらどうなるのだ。お母さんも直樹を心配しているのが分かっているのか。」

それからしばらくして、担任が休んだ日、私が授業に入ることになりました。

直接話をしたことのない教頭が入ってきたので、教室内は様子をうかがう気配です。真っ先に側にきたのは、直樹くんでした。

「教頭先生は、こわくないで。」

周りの男の子に話しているのです。

その時間は、与田準一の詩「おちば」を読みました。

直樹くんは、相変わらず席を立ち、廊下から教室をのぞいたりしています。

「おちば、おちば、はっぱっぱ」

リズムが子どもたちを軽やかにします。何回も何回も読んでいると、その声にひかれたのか、直樹くんは窓から顔を出してきました。

「おちば、おちば、／きの　はっぱ」

暗唱するころには、直樹くんは席に近づきみんなと声を合わせ始めました。

「ならのき、かしのき、／きの　はっぱ」

教室に元気な声が流れるころ、直樹くんは一緒に合わせていました。

詩の響きとリズムが直樹くんを教室に引き入れ、「きのはっぱ」は、全員の声を一つにしました。

授業の終わりには、みんなと一緒に感想も書きました。

「はっぱでおふねとかいろいろなものができるからいいです」（なおき）

お母さんを乳児に取られ、いたずらの繰り返しで心理的な不安定を訴えた直樹くん。

みんなと声を合わせた詩の学習は、学級での居場所を確認するひとときとなったようでした。

2　詩を味わう

詩の学習はどうあるべきかと、今、国語の研究者のあいだでいろいろな意見が出ています。単なる鑑賞指導では学習の目的が達せられないという人がいるかと思えば、いや、そうではない。すぐれた詩にふれること自体が子どもに影響を与えているのだという人もいます。

六年C組の詩の学習は、その作品によってねらいを変えていますが、どちらかといえば後者に近く、みんなで声を出して読む楽しさや一人ひとりが、作者の詩の世界を想像してみる楽しさ、そして、詩を身近なものとして感じる心を育てているようです。本時のねらいはこうだから、この語句に絶対に注目させていかなければならないというものをあまり強調せず、楽しく読むことに重点をおき学習を進めています。

子どもたちは、詩を読むことが大好きです。凝縮されたことばのもつ世界そのままを短時間で受け止められることも魅力の一つでしょう。また、作者の詩の世界を、自分の読みで想像し、それを仲間に聞いてもらうことも楽しみの一つでしょう。

このような学習を繰り返すことによって、中には、自分の身近に詩を感じ、つくってみたり詩集を求めたりする子も出てくること思います。六年C組では、「詩が好きになること」を一番のねらいとしている訳です。多くの詩にふれ、想像してみる楽しさを十分に味わうことが六年C組のねらいです。

今回は、教育実習生の国語の研究授業が行われるというので、その前に一度、六年C組でやってみることにしました。大関松三郎の詩です。教育実習生さんのノートを中心に、そのときの授業を再現してみましょう。学習記録

から子どもたちの心を読んでやってください。（一九八三年　数名の教育実習生を前にしての授業）

学習展開の実際

・大関松三郎について、自分の知っていることを話す。
・教師の範読
・黙読（その間、指導者　全文を板書する。）
・指名読み（一人ひとりの読みの良さを認める。）

T　作者はここで何を見ていますか。
松田　大きな山芋です。
佐藤　それを土の底からほじくりだして、百姓の手と比べています。
T　その作者の気持ちを一言で書いてみてください。
矢野　こんな山芋みたいに、自分の手もなりたい。なるかなあ。
坂本　山芋は、百姓の手と同じように力強い。
津田　山芋も百姓の手も、どっしりとしていて力がいっぱいこもっている。
小沢　山芋は、百姓の手と似ていて力強い。
T　その中身について言える人は。
坂本　おおこうやってみると、どれもこれもみんな百姓の手だ。つぁつぁの手そっくりの山芋だというところからです。
塚原　坂本さんにつけたします。これはまちがいない百姓の手だという文からもです。
森本　土だらけでまっくろけ
中浴　「ぶきようでも力のいっぱいこもった手」の力のいっぱいこもった手というところは、自分に力がいっぱいこもってきた。

T　すごいな。まだ言えるという人はいますか。

上山　「ふしくれだってひげもくじゃ」のところで、男で百姓をしている人だったら、手は大きくてごつごつしていてグローブみたい。山芋もそれと似ている。

津田　「でこでこと太った指の間に」……やっぱり百姓の人だったら迫力がある。大きい山芋も、お父さんの手も太っていて迫力があるみたいです。

T　ここで、お父さんの手も想像しているというんだね。

坂本　つけたします。「ちからのいっぱいこもった手」というところが、百姓の手とどっしりと重たい山芋ということで、二つにつながりがあるように思います。

T　こんなに、共通しているように思うところで他にあるかな。

上山　ひげもくじゃはいろいろなつる、いものひげで、百姓のひげもくじゃの手と似ています。

石原　しっかりと土をにぎっているところです。山芋がしっかりと土をにぎっているし、百姓も毎日毎日土をにぎっています。

T　百姓さんは土とともに生きているね。それが、土をにぎっているようにみえるわけだね。「ふしくれだった」は、どのようにとらえていますか。

津田　家のおじいちゃんは、みかんを作っています。おじいちゃんの背は先生ぐらいだけど、手を想像すると倍ぐらいあるような気がします。ぶあついし、しわだらけで、使い古した手のようです。そんな感じとちがうかなあ。

坂口　僕も崎山君と同じ百姓の子やけど、お父さんの手は、僕の手に包帯を巻いたぐらい大きい。作者は、僕のように百姓を継ぐか迷っていると思います。俺の手もこんなになるかなあって……

西尾　僕は、勇ましいという感じがします。自分の手もこんなにがっちりした百姓にようになりたいなあと思っていると思います。

福井　僕も、西尾君と同じです。自分もがっちりしてくるのかなあと思っていて、作者はやさしい感じがします。

Ｔ　福井君はすばらしいぞ。がっちりからやさしいと出てきたよ。

中浴　福井君はおかしいと思います。この詩は、どちらかというとがっちりしていて力強いという感じです。どこからやさしいとわかるのですか。

Ｔ　福井君と同じように考えた人は助けてあげられるかな。

巨勢　がっちりとした手で大きいという感じで、それが見守ってくれているという感じがしてやさしい。

津田　がっちりとした感じがするけど、作者は心のやさしい人だと思います。

Ｔ　すごいな。この作者の心の中まで読んでやさしいととらえたんだね。

炭井　ぼくは、迫力があるような気がします。でこでこと太った指の間から……というところから。

石躍　私は、力のいっぱいこもった手……しっかりと土をにぎって、土だらけでまっくろけから、勇ましいという感じがします。

山崎　元気という感じです。

坂本　あったかさも感じられます。その人からあったかさが伝わってきます。

Ｔ　みんなすごいな。作者の心まで読んでいっているぞ。

栗須　弱々しくは全然感じられません。

大沢　力強さがあります。

Ｔ　みんなの一番好きなところはどこですか。

中川　ぶきようでも力のいっぱいこもった手

（ほとんどがそこだという）

Ｔ　じゃあ、今から作者の思いを込めて読んでもらいます。

指名読み（五名）　一人ひとりの良さを認める。

Ｔ　今から十分程度で、自分の考えたことをまとめてください。

教育実習生を迎えての急な授業だったため、子どもたちがゆっくり考える場が少なかった点は反省しなければなりません。時間が五十分で、しかも、今回は感想文も書くというので、流し方が荒っぽいものだったと思います。その中で、子どもたちは、一人ひとりすばらしい感想を書いてくれました。

これからも、いろいろな詩を紹介し、子どもたちと語り合い、楽しい詩の授業を続けていきたいと思います。

子どもたちの感想から

ぼくのおじいちゃんは、田畑をちょっともっていて、たんぼだけ別の人にやってもらっています。前、おじいちゃんといもほりに行ったとき、ぼくが強く引いても抜けないのをおじいちゃんはほんのひと引きで引いてしまいました。とても強いけど、その反面、お祭りなどに一番に連れて行ってくれるやさしいおじいちゃんです。

これは、この作者の父と同じだと思います。作者は、父のように力強くてやさしいりっぱな百姓になりたいなと考えていると思います。そして、いつもがんばって働いている父を感謝して、この詩を書いたと思います。山芋と父は、すごく関係していると思います。わけは、百姓は、土と一緒に暮らしているんだけど、山芋のふしくれだった手も、父のふしくれだったぶあつい手も同じ力強くてあったかい感じが出ているなあと作者は思っています。

苦労してほった山芋を見ながら、そんなことを思って詩にしたんだと思います。

（津田　兼司）

ぼくは、作者は百姓にあこがれている感じがします。

それは、おれの手もこんなになるのかなあというところで、こんな手というのは、グローブみたいで、とても大きな手だ。それで、作者は、つぁつぁのような大きな手になって、みんなのために働きたいなあという感じが出ていると思います。

おれの手もこんなになるのかなあと考えているようだが、ここは、百姓のつぁつぁのような手になりたいという願いがあるのだと思います。自分の夢があるような気がします。ぶきようでも力のいっぱいこもった手というところも好きだが、おれの手もこんなになるのかなあというところがまだ好きです。

ぼくも、大関松三郎と一緒の百姓の子だ。ぼくも、今に、父さんやおじいさんのように、とても大きなグローブのような手になって百姓をしたいと思います。大関松三郎と同じような感じをしています。

（崎山　稔）

この詩はやさしいと思う。詩の内容は力強くて勇ましくてがっちりしているけれども、作者の気持ちはやさしいと思う。それがよくわかる文は、一番最後の「おれの手もこんなになるのかなあ」というところだ。ここには作者の気持ちを書いていて、この行以外の文は、とても力強い文ばかりだ。それなのに、「おれの手もこんなになるのかなあ」と書いている。だから、この詩はやさしいと思う。

ぼくのすきなところは、「ぶきようでも力のいっぱいこもった手」だ。なぜかというと、ぶきようでも一生けんめいに力をこめていると感じとったからだ。

ぼくは、全校委員長のとき、ぶきようでも一生けんめいやったつもりだから、この文と一緒な感じがしてくるからだ。「ぶきようでも力のいっぱいこもった手」

（武田　博輝）

私はこの詩を読んで、力強い詩だなあと思いました。また、この作者は、山芋と百姓の手は同じだということを言いたかったのだと思います。

ところで、福井くんは、この大関松三郎の心の中まで読み取ったのだけれども、すごいなあと思いました。最初福井くんの意見を聞いたときは、何を言っているのだろうと思いましたが、同じ考えの巨勢くん津田くんの考えを聞いていると、なるほどなあと思いました。

このことから、坂本さんの言ったように、あたたかさもふくまれていると思います。

私ははっきり言って、この詩がきにいりました。

どっしりとしていて力強いこの詩が大好きな私です。「ぶきようでもちからのいっぱいこもった手」ここです。ここを読んだときジーンときました。

この詩は、私たちと同じ年のときに書いた詩だと先生はおっしゃいました。が私は、こんな力強い詩は書けないと思います。私は、この詩でとても感動しました。

（山東　資子）

3　詩の学習指導を通して
―「ことばに目を向け、確かに学習していく子」―

一　指導にあたって

(1)　詩を味わう楽しさを

私の出会った子どもたちは詩が大好きである。ほとんど毎週のように詩を読み、語り合ってきた。私も出来る限り、多くの詩を紹介した。リズム感のある詩、思わずニコッとしてしまう詩、自分の生活を改めて見つめ直させる詩。子どもたちとともに声を出して読み、語り合うことを通して詩を楽しみ、言葉のもつ魅力を味わってきた。

詩の学習では、普段と違う子どもの姿があらわれる。生き生きとした声の調子や眼を輝かせ自分の読みを語る姿から、子どもたち一人ひとりが音韻のおもしろさ、響きの豊かさ、ことばのもつ魅力を楽しんでいるかのように感じられる。

「詩は作者の感動の直接的な表現である」といわれる。この感動を少しでも子どもたちに味わわせたいのが指導者の常である。そのためであろうか、指導者が解釈や説明を時として強く打ち出してしまい、子どもたちにとって詩の学習を味気ないものとしてしまうことも多い。

詩の指導で大切にしたいことは、まず、詩を読むことは楽しいものだということを子どもたちに十分感じさせることである。そのためには、できる限り多くの詩と出会わせ、詩を読む楽しさを体験として味わわせ、浸らせることである。そうすることが、子どもたちに詩に対して興味・関心をもたせるとともに、生活を豊かにする詩の心を育てることにつながるのである。

(2)　感想を手がかりに

子どもたちは、最初詩に出会うと様々な感想をもつものである。詩の指導では、この初発の感想を大切に扱い授業を展開していきたい。それぞれがもつ感想を発表させることによって、お互いの考えを理解させ、表現されていることばを手がかりにしながら、詩の内容を一人ひとりに豊かにイメージ化させたいものである。

詩は音読を繰り返すことによって、その作品のもつ良さを味わうことができる。何度も何度も声に出して読むことによって、ことばの音韻、リズム、響きを味わい、詩的なイメージを広げ、詩の世界を楽しむことができる。作品によっては、音読を中心に据えて、声に出して読むこと自体を楽しませることも必要である。

詩の学習では、次の点に重視して取り組んできた。

・数多くの詩にふれること
・初発の感想を大切にすること
・声にのせて読むこと
・読みを語り合うこと

(3)　作者の思いを

詩は、私たちが何気なく見過ごしてしまいがちな事象に目を向けさせ、改めて、現実を見直す機会を与えてくれることが多い。平凡な事象が、詩人の斬新な目を通し、選びぬかれたことばによって、私たちにものの見方、感じ方を問い直させてくれる。

今回学習する「手紙」(鈴木敏史)と「じっと見ていると」(高田敏子)もその一つであろう。郵便屋さんといえば、便りを運んでくれる人と連想されるが、「ゆうびんやさんがこない日でもあなたにとどけられる手紙はあるのです」という一連によって、読者は心動かされる。そして二連に描かれている日常のありふれたできごと(揺れ動く雲の影、たんぽぽのわた毛、のらねこの声、働く人の汗……)全てのものが手紙なのですよという作者の着眼のすばらしさ、豊かな精神に読者は改めて感嘆させられるのである。「手紙」では、最初子どもたちは「わかりにくい」「どうして手紙なのかな」という疑問をもつであろうが、この詩においても、子どもたちの初発の感想を大切にしながら読み進め、手紙の意味を考えさせていきたい。当学級の子どもたちの実態がよくわからないので、補助教材として「じっと見ていると」を用意しておきたい。この詩は、身の周りのできごとをじっと見ているとそれぞれが声をかけてくる、とわかりやすく表現されている。詩の内容は子どもたちにもとらえやすいと思われる。この学習を通して、一人ひとりに届けられる手紙(身の周りに起こる様々なできごと)を子どもたちはどのように受け止めてくれるであろうか楽しみである。

二　指導目標

(一)詩における連の構成やことばのリズム、表現の特徴に気を付けて音読させる。

(二)情景や様子を思い浮かべて読み、イメージを広げさせる。

(三)詩を読むことを通して、表現への意欲をもたせる。

三　指導計画（全4時間）

第一次　ことばの楽しさを味わわせる。（谷川俊太郎・まどみちおの詩）

第二次　同じ題材から、詩の特色に気付かせる。（青戸かいち・おうちやすゆきの詩）

第三次　表現の工夫から、作者の世界をイメージ化させる。（鈴木敏史・高田敏子の詩）

（本時）

第四次　いろいろな詩から、好きな詩を選ばせる。

四　詩の授業（一）

平成二年（一九九〇年）十月五日

和歌山大学教育学部附属小学校　四年C組　糸川学級

授業者　岡山末男（教育研修センター）

T1　今週と来週の一回ずつ、みんなと一緒に勉強をさせてもらいます。授業では、自分の力を精一杯出して頑張って下さい。今日は、楽しい詩を用意しました。知っている人もいるかもしれませんが、今日は二人の詩を読みます。（板書する）谷川俊太郎さんの詩です。もう一人は、まど・みちおさんです。（何人かが知っているという）

谷川俊太郎の詩を配付する。

T2　谷川俊太郎さんの詩です。読んでから、みんなで考えていくよ。読みたいという人はいるかな。

C　多数挙手する。

岡本　「いるか」を読む。

T3　よかったよ。うまく読めました。（拍手が起こる）

浜口　「ことこ」を読む。

T4　これはちょっと難しいね。一度読んでみるよ。

泉　「ののはな」を読む。（難しいのか、つまりながら読む）

T5　歌のように読んでいたね。今度は、みんなで読んでみようか。立って下さい。自分の速さで読んでみて下さい。

T6　自分の速さで読むことができましたか。寒川くん、坂本くんどうだったかな。

C　「苦労した」という声

T7　鉛筆をもって下さい。谷川さんの詩を三編読みましたが、読んでから心に残ったことを何か、一言でいいから簡単に書いてもらいます。

　机間巡視

　質問に対して分かりにくそうな子には説明をする。

T8　（板書をする）一番多かったのを書いてみました。この詩を読んで心に残ったことは「むずかしい」「おもしろい」まだ、このほかにもあるかな。「ややこしい」は難しいに似ているかな。

古谷　早口ことばみたい。

宮野　意味がわかりにくい。

T9　何回も読んでいたら何かが浮かんでくるかもしれないね。今日は時間がなくて申し訳ないんだけど……

男　読みにくい

T10　これはどっちに近いのかな。（板書する）じゃあ、先にこっち（「おもしろい」）に聞きたいと思います。何人ぐらいいたかな。（確かめる）おもしろいと書いた人たちの中に、この中身を説明できる人はいますか。

C　「訳でいいんですか」

T11　自分の思ったことでいいから、みんなに聞かせてあげて下さい。

上田　「いるか」の場合だったら、一つの言葉みたいなのを何回も繰り返していて、読んでみたら読みにくいけど、なんとなくおもしろくなってくるから。

T12　こんなふうに、自分の考えを言えるのがいいんですよ。まだいますか、話せる人は。

寒川　「ことこ」のこが一つというか必ず入っていて、この繰り返しみたいなのがおもしろい。

T13　いいところに気がついているね。気がついたことは何でもいいから話してくれたらいいんですよ。
「読みにくい」「むずかしい」「わかりにくい」と書いた人は何人ぐらいいたのかな。（確かめる）訳を話せる人はいるかな。

藤井　ぼくは「わかりにくい」の方だけど、「いるか」の場合、いるかのことをたずねているみたいだけど、いるかと関係ないことも書いているから、そこらがわかりにくい。

T14　あと二、三人に話してもらってから、もう一度読んでみようか。

曽根　同じ言葉を何回も使っていてしゃれみたいでおもしろいんやけどね、何が言いたいのか、どんなことを言おうとしているのかが全然わからない。

泉　ぼくは「ことこ」について思ったんだけど、「このこのこのこ」の後、「たけのこきれぬ」と急に変わっているから読みにくいと思った。

松井　「ののはな」というので、「はなのののはな」で、初め何が書いているかわからなかった。

T15　ここわかりにくいようだったら、説明しておこうか。「花野の野の花」だったらわかるかな。

C　「あっ、そうか」

岡本　全部の詩のことなんだけど、急に難しいところが入ったりしている。

T16　それはどこなの。

岡本　「いるか」や「ことこ」にある。急に意味が変わったり、言葉が難しくなったりしている。

T17　もう一度みんなで読んでみようか。題だけ読むから、あとは続けてくれるかな。

一斉音読をする。

覚えてしまった子も何人かいる。

T18　だんだんとうまくなっているね。今日はあと一つ勉強したいので、次はこれを読みますよ。

プリントを配付する。

題だけを読みますから、あとは続けてください。

「ぞう」　一斉音読をする。

「ケムシ」　一斉音読をする。

「ノミ」　一斉音読をする。

「ワニ」　一斉音読をする。

「もやし」　一斉音読をする。

T19　どうですか。

C　笑い声が起こる。

T20　今笑っている、その心の中を教えてくれるかな。

C　鉛筆をもち書き始める。

C　「訳を書いてもいいの」

T21　書けるところだけでいいんだよ。訳を書ける人は書いてもいいよ。できたら消しゴムは使わないで書く方がいいな。

（期間巡視）

T22　書いた人で発表できる人はいるかな。

樋口　楽しい。

上園　へんな感じ。
坂口　意味がわかりにくい。
　C　「そうかな」
T23　浜口さんと角野くんは逆のことを書いているよ。読んでごらん。
角野　なっとくする。
T23　わかりにくいとはちょっと違うね。岡本くんは。
岡本　変わっていておもしろい。
T24　どこが変わっていると思ったのかな。
岡本　すごく短い詩とかがあって、それがおもしろい。普通の詩だったらもっと長い。
T25　訳を言える人に何人かに聞いてから、また、読んでみよう。
北方　ぼくはおもしろいと書いた。なぜかというと、動物や虫の弱点をおもしろく書いているみたいだから。
T26　まどさんはこれら（題を指して）のことをよく見て書いているというんだね。
C　けむしの詩を何回も読んでいたら楽しくなってくる。
T27　こういうのがいいんですよ。何回も何回も読んでみたらいいね。大事なことなんだよ、繰り返し何回も読むことが……残りの人は立ってください。言ってもらいます。
泉　ぼくは、楽しいなんだけど、その訳は、題名の説明をしているようで、楽しくなってくるから。
寒川　たいした説明をしていないのに、詩らしい。日記みたいにもっと書けるのに、簡単に書いている。
藤井　虫や動物のイメージをそのまま考えて、それをそのままに書いているみたい。
T28　藤井くんが新しい言葉を言ってくれたから書くよ。虫や動物について頭の中に浮かぶことをイメージと使っているんだね。それをそのまま書いているんだね。
古谷　わたしはおもしろいです。最高で三行だし、まどさんの詩を読んでいると、頭の中にすぐ浮かんでくるようなおもしろい詩だと思う。

C　ぼくは、詩はあまり好きじゃないんだけど、このまどみちおの詩を読んでいるとおもしろくなってくる。

T29　先生もこんな考えを聞いているとうれしくなってくるよ。まどさんの詩を読んでいると好きになってきたという人が出てきて……

T30　今日は、谷川俊太郎さんとまど・みちおさんの詩を読んできました。この中で、自分が一番好きという詩を選んで、もう一度読んでみてください。

C　「決めた。決めた」の声

T31　一番好きなのは印を付けてごらん。

C　「いっぱい出てきてもいいの」

T32　自分が好きと思うのならそれでいいよ。選んだら読む練習をしてみよう。

C　「好きなのがいっぱいある」という声

T33　みんなの読みを聞いていこう。

題名を指さしていく。好きな詩を読む児童たち。

T34　いろいろな詩を選んでいたね。じゃあ、今日の感想を簡単に書いてから終わりにします。

五　詩の授業（二）

平成二年（一九九〇年）十月九日

和歌山大学教育学部附属小学校　四年C組　糸川学級

授業者　岡山末男（教育研修センター）

T1　この前の授業で「詩っておもしろいんだな」とか「詩はぼくも書けそうだ」「詩が好きになってきた」などの意見を書いてくれていました。例えば、吉田さん、宮野くん、鋒山くん、木村さん、笠松くん、上田さん、平山さん、山崎さんなどがそうです。（前回意見を言っていない子を中心に読む）

今日も、また詩の勉強をします。

絵を貼る。（バッタの絵）わかるかな。

C　バッタやの声が上がる。

T2　仮面ライダーじゃないね。

C　大きな笑い声が起こる。

T3　今日は、このバッタについての詩を二つ読みます。

プリントを配付する。

板書をする。「ばったの歌　おうち　やすゆき」

T4　今みんなが読んでいるように、ばったの歌です。一度先生に読ませてください。後で、みんなにも読んでもらいますよ。

読む

こんな詩です。黒板にこの詩を書く間に、三回ぐらい読んでみてください。その後で、心に浮かんだことを簡単に書いてください。

子どもたち、立って音読をする。

C　「難しい」の声が起こる。

T5　（視写の途中で）難しいという声が聞こえてきたけど、読んだ後、心に浮かんできたことは難しいでもいいんだよ。

C　「難しいことないで」

C　「書けるで」

机間巡視をする。わかりにくいと言った子に対しては個人指導をする。

T6　（机間巡視をしながら）気付いたことや訳も書けるようだと書いてもいいよ。まだ書けないという人は、もう一度声を出して読んでみるのもいいね。

T7　さあ、書けたようだから、黒板をみてください。字が間違っていないかな。みんなで、これを読んでみよう。指していくから、読んでください。

C　音読をする。

T8　元気がないから、もう一度読みます。

C　音読をする。（今度は大きな声ではきはきと読む）

T9　良かったよ。もっと早く読みたいという人もいるみたいだね。（子どもの読みの速さを聞いて）みんなのプリントをみせてもらったら、こういう人（おもしろいと書いた子）が一番多かったです。わかりにくいと書いた人や書けなかった人も何人かいたようだね。みんなで考えていこう。わかりにくいと書いた人の中で、話ができる人はいますか。山崎さん話してくれるかな。

山崎　少しわかるんだけど、最後のばったというところが、話しかけているみたいで、話しかけているのかな。どうしてばったのことを書いたのかとか考えていて、自分では納得しにくいから。

林　わかりにくいって言っても、説明するほどじゃなくて、何か全体がわかりにくい感じがするから。

T10　じゃあ、おもしろいと書いた人の考えを聞いて、みんなで考えていこう。意見を言える人はいるかな。

宮野　思ったんだけど、ばったばったと何回も続いているから、何か、ばったというのが名前みたいに思えてきた。

松井　「……ばった」というように、最後に必ずばったがついているから、読んでいたら、ばったがたくさん出てくるような気がした。

坂本　おもしろいと思う。ばったが最後に必ず書いているから、これが「……でした」「……ます」「……ました」と同じような感じがしてくる。これがおもしろい。ばったということばが「……です」と同じようになっている。
女子　ばったということばが何回も使われているし、同じことばも使われている。
T11　どんなことばが同じなの。
麦田　ぴょん
寺本　草の色が二つ
越水　とび出す
浜口　はっぱ
T12　もういいですか。
　C　「まだある」
北方　前に行ってもいい?。（指さして）「ばった」
C　まだある。「じっとしてれば」
T13　これ二つあるの。
C　ちがうよ。「じっとしてたら」だよ。
T14　もういいみたいだね。ここで一つ聞きたいことがあります。これは仲間です。（連を指して）これを何というか、聞いたことがあるかな。（首を傾ける子どもたち）これは連といいます。この詩には、連はいくつありますか。
C　六つ
T15　この詩は、一連から六連まであると言えます。じゃあ、これ（一連を指して）と同じ連はほかにもあると言えますか。よく前を見てごらん。

　グループで教えあったりしている。

　「前をよく見てごらん」というグループも

T16　みんな手が上がってきたようだから、一斉に言ってみよう。

C　四連

T17　これとこれ（一連と四連）が全くいっしょだと言えるね。他の連ではどうか考えてみよう。

大平　はっぱが似ている。

C　じっとも似ている。

矢頭　二連と五連を読んでいたら、同じ意味で書いているようです。

T18　すごいね。二連と五連は同じような意味になるんだって。読んでみようか、一度。

C　一斉に読む。

C　大体同じやな。

C　ちょっと違うとこあるで。

T19　あとの連はどうかな。

C　ちょっと違う感じ。

C　この詩は問いかけているみたいやな。（つぶやき）ばったに話しているみたい。

寒川　全体に読んでみたら、こうすればかまきりとかにみつからないよと問いかけているみたいな詩です。三連と六連を読んでいると。

藤井　三連と似ているのは六連だと思います。何故かというと、三連は、ばっただから飛びたいのは仕方がないとばったに言っているみたいで、六連は、ばったが言い返しているみたいです。

T20　この詩からそんなことを考えたの、すごいね。

C　反対みたいだな。

C　似ているとこもあるな。

T21　まだ気がついたというところがあれば話してくれるかな。

古谷　一連と四連はまた別だけど、ばったというものが、どんなになったらばったで、ばったがこうでなかったらばったにならないというのを書いている。

宮野　藤井くんと似ているんだけど、三連と六連は、作者の意見を述べているみたいです。

寒川　ぼくは、この詩はすっきりしている感じがします。何か二つのことを書いているみたいで、ばったのことをごちゃごちゃと書いているのではなくて、少ない題名、テーマみたいなもので書いているみたいです。ばったの全部の性格を書いているのではなくて、幾つかの事を書いている。

北方　「ばったの歌」という題名なんだけど、一連と四連が似ているんだけど、歌でも同じことが繰り返されることがあるから、これも「ばったの歌」としたんだと思う。

岡本　藤井くんの言ったことに似ていて一、二、三連がグループみたいで、四、五、六連が一つのグループみたいに感じられる。一、二、三連は、人間がばったに話しかけているみたいで、四、五、六連は、ばったが人間に言い返しているみたいです。

寒川　北方くんがいってたんだけど、この詩は、別に「ばった」だけでもいいのに「歌」がついているのは、繰り返しがあるような気がしてきた。「ばったの歌」というのがまだあるようにも思う。

T22　この詩は、実際に歌になっているんです。一度、音楽の先生に聞いてみてください。時間がなくなってきたので、もう一つの「ばった」を紹介します。今度はどんな「ばった」が出てくるかな。難しい漢字があるので一度読みますよ。（その後、板書をする）

C　板書を一斉に読みだす。歌のようにリズムをつけて読みだす子もいる。

C　東西南北になっている。

T23　時間がきたようだから、これで終わりにします。岡本くんはどっちの詩が好きかな。

岡本　どっちも好き。

T24　今日は少し難しいことを言ったので大変だったと思います。今日の感想を簡単に書いてから終わりにしたいと思います。

六　詩の授業（三）

平成二年（一九九〇年）十月十三日（土）
和歌山大学教育学部附属小学校四年C組　糸川学級
授業者　岡山末男（和歌山県教育研修センター）

本時の学習目標

・「手紙」を想像しながら読むことができる。

本時の学習展開

学習活動	留意点
一　「手紙」を読む。	・一斉読み、自由読み等で変化をもたせる。
二　初発の感想を語る。	・疑問を中心に、四～五名から発表させる。
三　届けられる手紙の中身について話し合う。	・表現を手がかりに、様々な考えを発表させる。
	・補助教材「じっと見ていると」を準備する。
四　音読をする。	・心に届いた手紙の中身を想像させながら読ませる。
五　感想を書く。	・学習を振り返って

子どもたちが着席しているので始める。

T1　この前から一緒に勉強してきて書いてもらったのを持っているんだけど、ちょっと早くやりすぎたのでわかりにくかったと思っている人もいたかと思います。だいたいは「おもしろかった」とか「歌みたいにリズムがあった」と書いてました。麦田くんは、これもいい見方だなあと思う考えを書いてくれていました。ところで、この前は、どういう虫を歌っていたのかな。

C　バッタです。

T2　バッタでしたね。このバッタの詩を読んで書いた麦田くんの文です。「同じ虫でも、表し方、見方、考え方が全然違う。見る人」見る人っていうのわかるかな。誰だったかな。（挙手する子どもたち）見る人というのは「おうちゃすゆき」さんと「青戸かいち」さんだね。「見る人によって全然違う。だから、詩っておもしろい」と書いてくれていました。この考え方いいなあと思ったので読みました。あとの人たちのもこんなふうにノートに書いています。この感想は先生の勉強のために使わせてもらいます。

始業ベル

T3　今日の詩です。（プリント配布）今日の詩は、そのプリントに書いているように「手紙」です。（板書）詩を作った人は「鈴木敏史」さんです。どういう詩かはあとで読みますね。「今日はどんな詩を勉強するん」と糸川先生に聞いてくれた人が何人もいてたそうです。楽しみにしておいてください。手紙ってわかるね。手紙っていうと、寒川くん。

寒川　手紙っていうと、年賀状とかお盆とかに誰かさんに言葉を書いておくもの。

T4　言葉を書いておくものだね。じゃあ、手紙を書いたことのある人。

「そりゃある。ある。」「ほとんどの子があるよ。」の声

T5　手紙をもらったことのある人は？

「ある。ある。」と全員挙手

T6　今日は「手紙」という詩を勉強します。一度、先生が読みます。みんなはこの前二回やったように、ここに（プリントの「一言でいうと」を指して）書くために考えておいてください。

読む

手紙　　　　鈴木敏史

ゆうびんやさんが　こない日でも
あなたに　とどけられる
手紙はあるのです

ゆっくり　過ぎる
雲のかげ
庭にまいおりる
たんぽぽの　わた毛
おなかをすかした
のらねこの声も
ごみ集めをしている人の
ひたいの汗も……

みんな　手紙なのです
読もうとさえすれば

T7　これだけの詩です。ぱっとこころに浮かんでくることを書いてください。一言だけでいいのですよ。

机間巡視をする。（実態を把握する）

「わかりにくい」……一〇人

「あたたかい」「さみしい」などの感じで書いている　……九人

書いていない……二人

その他……一〇人

「いろいろなものを手紙にしている」

「うそみたいな本当の詩」

「どんな気持ちでもよみとれる詩」

「自分にも毎日手紙がきていた」

「じぶんのまわりからの手紙」

「おもしろくない詩」

（ここではどれから入るとわかりやすいか迷いながら）

T8　一度書きます。みんなはあいているところ（指して）に書いてください。ついてこれるかな。

T9　ここはちょっと難しいので……（よみがなをつける）これは「あせ」と読みます。

T10　書いた人は、黒板と比べながら目で読んでください。

机間巡視をする。（連をあけていない子が何人かいる。）

T11　ここ（連を指して）あいていますか。あいているかどうか、気を付けてください。あけていない子は、あいているんだという印をつけておくといいね。

さっき回ってみせてもらったら、一番多いのがこれでした。（板書「わからん」）何名ぐらいいますか。

「よく似ている」の声

T12　よく似ているというのもいいよ。（挙手させて数える。）後の人はね。こういうのもありました。（指名）

山崎　あたたかい感じがする。

T13　こういうのもあったんです。

こういう人たち（わからんと書いた子ども）が、授業が終わったらどんなふうに変わっているか楽しみにしています。今度は、声をだして何回か読んでみましょう。

T14　みんなで立って読んでみよう。これ（指示棒で）で指したところを読んでいこう。

全員で読む。

T15　もう一度、自分で読んでから座ってください。速さは自分で考えてください。

一人ひとりが自分の速さで読み座る。

T16　読みたいという人はいますか。（二人が挙手）寒川くん元気がいいぞ。松井くんがんばっているね。

寒川読む。

T17　あせったけど、良いところが一つあったよ。ここは声が変わっていました。気がつきましたか。

松井読む。

T18　ゆっくりと読んでくれました。

意味がわかりにくい、わからんと書いた人で、何がわからんのかを説明できる人はいますか。

北方　「みんな手紙なのです」というところが、なんかわからん。

T19　あと、言える人はいますか。同じなのかな。坂本くん、じゅんくん。

松井　「のらねこの声、ごみ集めをしている人のひたいの汗」なんかが、どこが手紙なのかわからん。

T20　こういうのが（指して）どうして手紙になるのか、これがよくわからないというんだね。坂本くんはどう、（坂本は同じと言う）自分の言葉で言おう。

坂本　「たんぽぽのわた毛・雲のかげ……」なんかがどうして手紙なのかが、やっぱりわからない。

T21　「ぼくはわかるような気がする」という人もいるんです。それをいろいろと出し合ったらいいね。

「一言で言うの」の声

T22　いいや、今度は説明してもらうのです。一言で言われてしまったら困るよ。（笑いが起こる）

藤井　ぼくは一言で言うと「おもしろい」と書いたんだけど……

T23　これ（みんな手紙なのです）を話できますか。ここがわからんと三人が言ったでしょう。それを、ぼくはこう思うんですと言えるかな。

藤井言葉に詰まってしまう。

T24　がんばって……藤井くんはどう書いていたかな。

藤井　おもしろい。

T25　じゃあ、「おもしろい」の中身を話してみようか。

藤井　「ゆうびんやさんがこない日でも　あなたにとどけられる手紙はあるのです」と先生が読んでくれたとき、ぼくは、電話のことかなと思ったんだけど、「雲のかげ、たんぽぽのわた毛」そういうのを手紙と書いているから、おもしろいなと思った。

T26　いいぞ。電話の話かなと思ったんだけど、ずっと読んでいくと、「たんぽぽのわた毛、雲のかげ、のらねこの声」とかが「手紙なんですよ」と書いていたから「おもしろい」と思ったんだね。

岡本　「雲のかげ」とかいうのがわかるような気がする。雲のかげはね、かんかん照りのとき、雲のかげが出てくるとほっとする。たんぽぽのわた毛は春の終わりごろに散るから、夏の初めを意味しているように思う。のらねこの声はわかりにくいけどね、ごみ集めをしているひとの汗は、秋のはっぱとかを集めているような気がする。

T27　岡本くんは、これらから（指して）季節ということを考えて読んでいったんだね。すばらしいな。こんなふうに話ができる人は言ってください。みんなのを聞いていると考えが変わってくるかも知れないよ。古谷さんは、「あったかい」と書いていたでしょう。その中身を後で教えてね。じゃあ、麦田くん。（きちんと立っていないので）立ってから言いなさい。

麦田　ぼくはね、「雲のかげ、たんぽぽのわた毛」というのはわかりにくいんだけどね。たぶん、「のらねこの声」とか「ごみ集めをしている人のひたいの汗」というのはね、行動していることを人の心に伝えたいというのを手紙と表していると思う。

T28　人の心に何か伝えたいのを手紙と表しているんだね。

寒川　雲のかげ……（あわてて言おうとするので聞こえにくい）

T29　ゆっくり言いなさい。

寒川　なんで手紙というのかなというのがおもしろかったんよ。あの、鈴木さんという人は、自分の感じで何か書いていて、受け止めたことを表現しているというか……

T30　じゃあ、受け止めた感じとはどういうこと。

寒川　たんぽぽのわた毛とかが手紙だと感じること。ぼくらは手紙だということがわからんけど、でも、鈴木さんにとっては手紙なんだなとわかる。

T31　寒川くんは、これが（指して）手紙かどうかわかりにくいけど、鈴木さんにとっては手紙なんだとわかるんだね。こんな話で、思い付いたということを出してください。わかってきたという人もあれば教えてください。

古谷　「みんな手紙なのです　読もうとさえすれば」とあるんだけど、「のらねこの声」「ひたいの汗も」というのは、わからない人は読もうとしていないからわからないと思う。読もうとするにはどうしたらいいのかわからないけど、それを実行したらわかると思います。

T32　鈴木さんにとっては、のらねこの声が手紙に聞こえてくるわけなのかな。

古谷頷く。

T33　どんなに聞こえてくるのか話してくれてもいいんだよ。

北方　えっとね。ぼくも古谷さんに似ているんだけど、ごみ集めをしている人の心と思うんよ。ごみ集めをしている人も

T34　いそがしいから疲れていると思うんよ。
ごみ集めをしている人の心を読めばいいわけ？（北方頷く）角野くんは付け足しなの。言ってごらん。

角野　最初わかりにくかったんだけど、みんなのを聞いていたらわかってきた。ごみ集めをしている人の心を読み取ったらいいとかが……「くものかげ」とかはね、今感じている気持ちを表したら手紙となっていくと思う。

T35　角野くんの言う感じている気持ちってこれら（指して）のこと？

角野　そういうこともある。ごみ集めをしている人のひたいの汗というのは、感じている気持ちとちょっと違うかもしれないけど、手紙となる。

T36　これら（指して）を見て感じている気持ちを手紙としているというんだね。

曽根　角野くんみたいに感じている気持ち、心でもね。鈴木さんという人は、別の世界に住んでいる人みたいな気がする。「たんぽぽのわた毛、雲のかげ、のらねこの声」とかが手紙に聞こえてくるというのは、ほかの別の世界に住んでいるみたいな気がする。

T37　自分と違うみたいな気がするの？　曽根くんは。（頷く曽根）

寒川　「読もうとさえすれば」と書いてあるんだけどね、何か僕らに伝えたいというか、感じ方というか、あの、受け止め方というか。自分の受け止め方をみんなに伝えたい……そういうことが「読もうとさえすれば」ということじゃないかなと思う。

T38　作者が伝えたいわけ？（頷く）　誰に？

寒川　読んでいる人に

T39　それがここ（指して）にあるような気がするのだね。（頷く寒川）

T40　そしたら、少し話を変えてよう。「みんな手紙なのです」の「みんな」はどれを指しますか。ちょっとこれを考えてごらん。

考える子どもたち

T41　わかりにくかったら、グループで考えてもいいよ。

　何人かが挙手

T42　あっ、手が挙がってきたぞ。＊＊くんのグループがんばっているぞ。

T43　木村さんに聞こう。木村さんはどう思うの。

木村　「みんな」というのは「雲のかげ、たんぽぽのわた毛、のらねこの声、ごみ集めをしている人」のことを言っていると思います。

T44　この「みんな」は、ここに赤い線を入れた四つだと言ってくれました。どうですか。

　「付け足して」の声

T45　これは（指して）四つだけでは足りないというのかな。（考えている子どもたちが多いので）読んでごらん。ちょっと待とうかな。

T46　この「みんな」というのは、四つだと思う人は手を挙げてごらん。（人数を見る）もうちょっと付け足したいという人は？（挙手した人数を見る）後の人はわかりにくいんだね。聞いておいてもらおうか。

矢頭　「ゆっくり過ぎる」……（指導者から「みんなの方を向いて話そう」と体の向きをかえられる）「ゆっくり過ぎる」から「ひたいの汗も」の全部だと思います。

T47　木村さんもこの四つ全部だと言ったのじゃないのかな。

　「いや、そこの「ひたいの汗も」まで言わなかった」の声が出る。

T48　うーん、よく考えたね。木村さんはここまで（指して）言わなかった。だから、これ（指して）全部というんだね。まだ付け足したいという人がいるね。

山崎　作者が言いたいのは、これだけじゃなくて、ほかにもいろんなことを言いたいのだと思います。

　岡本つぶやく。「身の周りのこと」

T49　岡本くんも言っているね。

　　　寒川ほか二～三人同じように言う。「そうだよ」

T50　そうかな。

藤井　「ひたいの汗も……」の後に「……」と書いているけど、何何も何何もと書いていられないから、その代わりに「……」と書いたのだと思います。

　　　「それはいい」の声

宮野　矢頭くんは「ゆっくり過ぎる」から「ひたいの汗」の全部と言ったけど、「ゆっくり過ぎる」とか「庭にまいおる」とかは飾り言葉だから違うと思います。

T51　宮野くんはどれがそうだと思うの？

宮野　「雲のかげ、たんぽぽのわた毛、のらねこの声、ごみ集めをしている人」だと思う。

T52　宮野くんも四つだと思うわけだね。（頷く宮野）けど、藤井くんは四つと違うと言っているよ。これを（「……」を指して）みなさい（わざと声色を変えて）と言っているよ。

　　　「そりゃあ、えらい」と前のほうでつぶやく声

T53　どこがえらいか、それを言ってくれたらもっとえらい（周囲がドッと沸く）

麦田　矢頭くんは全部入れると言って、宮野くんは四つだけと言ったけど、ぼくは別に飾り言葉は入れても入れなくてもいいと思う。そんなのは別に考えなくてもいいことと思う。

T54　だから、麦田くんはどっちの考えになるの。

　　　わかりにくそうにする麦田

T55　考えがあったら言ってね。

北方　ぼくは藤井くんと一緒なんだけどね。ぼくの考えはね、この四つだけじゃなくて、身の周り全部だと思う。

T56　どこから考えがでてきたのかな。

北方　ぼくも藤井くんと同じ考えだけど、「……」は、作者がいっぱい書いたら文みたいになってしまうから、だから、

「……」で表していると思う。

「……」について同じようにつぶやく何名かの子ども

T57　北方くんに付け足してという人はいますか。

曽根　四つは一番身の周りに近いことだから、作者は書いたんだと思います。全部書いていたらきりがないから、だから、そんなにしぼったのだと思います。

T58　みんなに届けられる手紙はいっぱいあるというわけだね。じゃあ、曽根くんにとっては、例えばどういうのがあるわけかな。

曽根　今、授業していることも手紙かもしれない。

T59　今、授業していることも……（T頷きながら）

坂本　宮野くんはさっき飾り言葉だからいらないと言ったけど、「雲のかげ」の「雲の」も飾り言葉だから「かげ」だけでいいんかなと……（迷い始めながら）……いいんかな（迷っている坂本）

T60　坂本くん、今問題になっているのはこれ（指して）なんです。それについてはどう思うの。

坂本　ぼくは、「ゆっくり過ぎる」などの飾り言葉は入れてもいいし、入れなくてもいいと思う。

T61　それで、四つだと思うの。

坂本　四つだと思う。けど、「……」を混ぜたらいっぱいある。

T62　要するに、いっぱいあるわけだ。

「いっぱいあるんや」と数人のつぶやき

古谷　手紙っていうのは、友達とかで、知らない人でも、そっちの人が知っているという人からも手紙もらうんだけど、ごみ集めをしている人も、もしかしたら、このクラスの子誰も知らないかもしれへんから、地球の周りにある全部が自分にとっての友達というか、知っている人みたいな、知らないつもりでも、本当は知っている人だというのを表していると思います。

T63　そう、考えたんだね。もう時間がありませんね。最後に話したいと思っている人はいませんか。

寒川　あのね、こっちと関係づけて読んでみたんだけど……

T64　どこと？

寒川　そこの「読もうとさえすれば……みんな　手紙なのです」と文が続いているというのか、あの、いっぺんに言えるような感じがする。日記や作文とかだったら……作文で考えてみたら、それはつながっていて、こういうことを感じてほしいという……「読もうとさえすれば」というのは「みんな　手紙なのです」のしめくくりというか、この詩のしめくくりだと思うんよ。だから、関係づけて、作者は伝えたいといえる。あの、身の周りの全部が手紙なので、そういう受け止め方を一回考えてほしいというか、（T　みんなに？）うん、読み手の心に考えてほしいと伝えているみたいな感じがする。

T65　ここ（指して）で、みんなに考えてくださいねというのが寒川くんの考えです。それと、さっき、曽野くんが、今授業をやっていることも手紙なんですよと言ってくれました。今、みんなに届く手紙として心に浮かんでくるようなことはありますか。あったら話してほしいな。

　考えている子どもたち

T66　（一つずつ指して）雲のかげ見たことありますか。

　「ある。ある。」と言う子どもたち

T67　これは

　「ある。ある。」と言う子どもたち

T68　「のらねこの声」頭に思い浮かべてくださいよ。

　「ニャオー」と鳴きまねをする子。

T69　ああ、聞こえてきたね。これは、働いているひとの汗

　「ないなぁー」「あるよ」の声

「近くにいてるよ」と指導者を指さす子

T70 前にいてる？　働いている人が？　汗かいていますね。（笑いが起こる）
これらがみんな手紙なのです。読み手が読もうとさえすれば……と寒川くんがまとめてくれました。
最後に一度読んで終わりにします。読みたい人はいますか。（三人指名する）

C 読む（子どもたちから自然に拍手が起こる）

C 読む（拍手）

T71 ここ（指して）をあけて読んでいたよ。よかった。

C 読む（拍手）

T72 ここに（指して）心をこめていましたね。

T73 時間がきました。これで終わります。あと一つ用意していたんですが、これ（「手紙」の詩）をゆっくり考えたほうがいいと思って出しませんでした。糸川先生と一緒にまた後で読んでみてください。それと、一つプレゼントがあります。（オーという声）みんなと一緒に勉強してきたのを一冊にまとめています。みておいてください。何人かが作った詩も入れています。読んでみてください。
最後に一言でいいです。今日どんな事を考えたか感想を書いてください。

「書きたかったからもう書いた」と言って持って来る子も……

子どもたちが次々と前に持って来る。

T74 これで終わります。

七　子どもたちの感想から

寒川　作者の伝えたいことがこもっている詩なんだな。

山崎　何回も読んでいたら本当に手紙に受け止められそうな気がしてきました。本当に手紙かもしれません。

北方　最初わかりにくかったけど、だんだんとわかってきて発表に参加できてよかった。

坂本　最初まったくわけがわからなかったけど、作者は小さなことにも目を向けてほしいということを言いたかったのだと思ってきた。

麦田　最初どこから読めるのかなと思った。読もうとしないと読めない手紙だった。

角野　初めはこの詩はわかりにくかった。自分の心や気持ちでこの手紙を読むということがわかると授業が楽しくなってきた。いろいろな手紙を今ぼくは読んでいます。

宮野　最初意味がわかりにくかったけど、わかるようになってきた。「雲のかげ、のらねこの声、たんぽぽのわた毛、汗」みんな手紙だった。

古谷　ときたま家の外を歩いているのらねこを「なんだ」と思うぐらいだったけど、この詩を読んで、のらねこが手紙を届けてくれているんだと思うととてもうれしいです。

寺本　どんなことでもなんでも読もうとすれば読めるというのがわかった。

岩橋　三連のところが、なんでもという意味なのですごくおもしろいと思った。

越水　「みんな」ということば「ひたいの汗も」のあとに「……」と書いているのでまだあると思った。

笠松　初め読んだときわかりにくかったです。でも、勉強していると、ちょっとずつわかってきました。作者はテレパシーでみんなに伝える手紙みたいでおもしろくなってきました。

木村　最初まじめそうに思えていたけど、勉強していくと楽しい詩のようになってきた。のらねこの声も作者には手紙になる。とても楽しいと思った。

岩本　いつもの詩とちがって、「ゆっくり過ぎる」というところにいろいろなことばを入れているから、最後の終わり方がとてもいいと思いました。

坂田　何回も読んでいるとおもしろくなってきた。

平山　最初ぜんぜん意味がわからなかったけど、だんだんと「みんな」という意味がわかってきました。
松井　みんな手紙なんだなと思うようになった。
大平　だんだんと意味がわかってきた。この詩はなんだかさびしいような気がします。
上園　うそみたいな本当の詩。これが思い出に残った。
岡本　今まで詩を学んできたけど、これでまたひとつ大切なことを学んだような気がします。
矢頭　これは手紙の気持ちを伝えていて、とてもいい詩です。
吉田　今日の詩はいつもより大好きになりました。

（平成二年（一九九〇年）十月十三日　全国大学国語教育学会　和歌山大会「小学校中学年の部」）

4　詩の指導について

今回は、詩の授業について学び合いたいと思います。

三人の授業記録をもとにしながら話を進めたいと思うわけですが、その前にまず、詩教育について、研究者はどのように述べているかを話をさせてもらいます。詩の授業のどのように展開するか、一つの参考にしていただけたらと思います。

『教育科学　国語教育』（一九八三年六月号）の「詩の授業は鑑賞指導だけでよいか」の特集で、足立悦男氏（島根大学）は、一般的に行われている情緒主義の詩教育の問題点を取り上げ「見方の詩教育」を提案しました。足立氏は情緒主義の詩の授業の代表的なものとして武田常夫氏の『詩の授業』（国土社）の中の「秋へ」の授業記録を例にあげ、ここでは何が教えられているかが疑問であると提唱しています。そこ（P八～九）には、次のように述べられています。

> 詩教材を媒介にして、子どもたちがのびのびと発言する授業は、見ていて快い、このばあいも、記録の背後から、せいいっぱい発言する子どもたちの顔がうかぶ。明るい授業風景である。たしかに、形としての授業は成立している。しかし、ここで何が教育されているのであろうか。「秋へ」という詩教材の、何が教えられたのであろうか。おそらく何も教えられていない。わたしには、これだという確かなものがつかめない、その理由は、はっきりしている。「感じ方」の詩の授業だからである。

指導者の「どんな感じがしますか」の問いには、子どもたちの「〜という感じがします」という答えが繰り返されるに過ぎないと述べ、足立氏は、武田氏の指導も詩教材の導く機能の一つとしながらも、詩教材から取り出せるもっと確かなものを教える内容とするべきであると主張して、詩人の「ものの見方」に焦点をあて、指導の対象にするべきであると提唱しました。これについては後で話をします。

この足立氏の提案については、『国語教育』にさまざまな意見も述べられています。今回は、藤井圀彦氏（文教大学）の「創造読みの授業」（『国語教育』一九八九年五月号）と、菅邦男氏（宮崎教育大学）の「ひとりひとりの詩的世界を創造させる詩教育」『詩教育の理論と実践』（教育出版センター）について話をさせていただき、その後、詩人は詩の授業についてどのように考えているかを話します。

まず、藤井圀彦氏の「創造読みの授業」について話します。藤井氏は『国語教育（一九八九年五月号）』（P三一）で、次のように述べています。

> 詩教材の指導といえども、それが国語科の指導である以上、言語の力を身につけることを忘れてはなるまい。言語による表現の一つの形としての詩の指導である。

藤井氏は、作者の描いた世界を読者の世界として創造することが「詩教材」指導の目標であると述べ、形式と内容を一体化した読み取らせ方を提唱し、一時間の授業を次のように展開しています。

雪　　三好達治

太郎をねむらせ　太郎の屋根に雪ふりつむ

次郎をねむらせ　次郎の屋根に雪ふりつむ

① 視写する
② 「雪」に関することばを思い出させる
③ 詩を読む（指名して三人）
④ 読み取ったことを話し合う
　リフレインの効果
　太郎と次郎を使い、政夫、美紀などを使わなかったわけ、その効果

石　　草野心平

雨に濡れて。
独り。
石がいる。
億年を蔵して。
にぶいひかりの
もやの中に。

⑤ 「石」を視写する
⑥ 読む（指名して三人）
⑦ 読み取ったことを話し合う

(1) 石を人間にたとえていることなど
作者の思いが重ねられていること、感情移入であることをおさえる
(2) 語の用法について
濡れての漢字の表記の意味と効果
独りと一人の違い
蔵して
(3) 作者の強調したかったのはどの行ですか
この語にもリフレインがあるのがわかりますか
⑧ 朗読する

菅邦男氏（宮崎教育大学）の提唱しているのは、子どもの詩的な世界を構築させてやることで読み方を学ばせていくという方法であります。

菅氏は、作品の表現上の特性から考えて、イメージ性の強いもの、意味性の強いもの、音楽性（リズム）の強いもの等を踏まえ、それぞれの特性に基づいた指導法を考えていくべきであると述べています。この考えは、教材によって、何を子どもたちに身につけていきたいかを指導者が判断し、その都度、展開方法を構想していくわけですから、実態と教材とを踏まえた指導法を工夫できる点からいって、指導する側にはわかりやすいのではないかと思われます。詳しくは、その書物を読んでみてください。

次は、足立氏の理論について話します。足立氏は、詩人のものの見方に焦点をあてた指導法を提唱し、詩の指導を考えるうえで三つの位相をあげて述べています。それは、「詩が教える位相、詩を教える位相、詩で教える位相」の三つです。

まず初めに、「詩が教える位相」についてです。ここでは、「詩自身の語ってくれる言葉の感触による受容の可能性」の観点から述べているわけですが、茨木のり子氏の著書『言の葉さやげ』の「詩は教えられるか」（P九三）の文章が、足立氏の考えにかかわって大変参考になります。その部分を読んでみたいと思います。

> 「柿くへば鐘が鳴るなり法隆寺」
> の子規の句碑の前でしばしば黙読していると、白い遍路姿の女性が近づいてきて尋ねた。「なんと読むんです？」……私は音読した。「どういう意味ですか？」ときかれ「そうですねえ、柿をかじっていたら折しも法隆寺の鐘が鳴ったというわけでしょう」彼女は腑に落ちないらしく、更に迫った。
> 「つまり、どういうことなんですか？」そう言われても困る。私は二度同じことを繰り返してその場を離れた。石碑に刻まれているのだから、彼女はもっと深遠な意味があるに違いないと思ったのだろうか。しばらくこちらの心に落ちつかないものが残った。
> 　柿を食った　鐘が鳴った　法隆寺の鐘だ
> というだけのリトル・ポエジイをその場で享受できなかったら千万言を費やしても無駄なような気がする。
> 　詩はそれこそ、まるのまま齧るしかない。

茨木氏は、「私が教師だったらとびきりの解説者となって、自分の心に触発されたものを起点として話すだろう。……愛するものに関してだけ、人はすぐれた批評家になりうるし、言葉を導き出せるし、他人にも何ものかを伝えうるだろう。……自分の選んだ詩、情熱をこめて喋りたい詩を教材にしてしまうだろう」と述べています。これからも分かるように、詩の指導を、詩における教えられる部分と教えられない部分とをより分けて、教えられる部分に的をしぼった「とびきりの解説者」となることを茨木氏は勧めているわけです。

この茨木氏の考えを引用して、足立氏は、詩が教える位相というのは、詩そのものが教えてくれる位相への信頼を回復しなければならないと言っているのです。また、詩のアンソロジーづくりも一つの例として挙げられています。

次は、「詩を教える位相」についてです。

ここでは、個々の詩の主題や思想をとらえさせることをねらいとしていくわけです。足立氏は、三好達治の「雪」の詩を引用し、ねらいを三点あげています。それは、「解釈の多義性を味わうこと、短詩としての完成度の魅力を探ること、伝統的な叙情性を味わうこと」の三つです。解釈の多義性については、小学校段階では、「詩的イメージの多義性を楽しむ」、中・高等学校段階では、「詩的イメージの多義性を問うこと」をねらいとしています。

三つ目の「詩で教える位相」についてです。小田迪夫氏（大阪教育大学）は、「詩で詩ならぬものを教えること」（『教育科学　国語教育』一九八九年五月号）であると述べています。足立氏はこの指導例として、「新しい関係の発見、言葉の関係の発見、比喩の学習」をあげています。足立氏は、「このような原理を明確にした実践はまだまだである。それだけ詩で教える位相の詩教育には、多くの可能性が残されている。」（『新しい詩教育の理論』明治図書）と述べています。

最後に、詩人は詩の指導についてどのような考えを述べているか。以前、研修講座で使用したテキストから何人かの意見を読んでみます。

> 詩というのは創る人間の側から言うと「ごちそう」なのね。ハンバーグでもなんでもいい。目の前においしそうな食べ物がある。食べてみたい、食べてみたらおいしかったというのが、基本的な詩の受けとり方だと思うんですよ。

もちろん、そのなかには、意味とか解釈とかいろいろなものが後になって入ってきてもかまわないんですけれども。みなさんがやってらっしゃることを聞いていると、もちろん例外はあるにしてもハンバーグがあります。ビタミンBが何mgでタンパク質が何mgで炭水化物が何mgこのなかにありますよってきこえるんですよね。

谷川俊太郎『子どもが生きることばが生きる　詩の授業』

詩とは、理論的に理解するものではなく、まず感じるものだ。
よい詩に感応する素直な感受性と柔軟なこころをいつまでももち続けたい。

清水たみ子『日本児童文学別冊』

いつかラジオで、中学校の先生が私の詩をテキストにして五、六人の生徒さんと、十五分ほどの番組をもったのを聞きました。その間、文法上の質問と答えだけかわされ、話の内容についてはほとんど触れないまま終わってしまったので、もしそのために使うのなら私の詩は考えものだなあと少しうしろめたいものを感じました。なぜなら、私は文法というものをよく知っていて、その詩を書いたわけではないので。

石垣りん『教室の窓―中学国語―』

簡単にこうすればいいということは言えないと思うのだけど、一つだけ言えることは、やっぱり感動性の強い詩に多く触れさせるということではないでしょうかね。……すぐれた詩に多く触れて豊かな感性のたがやしが行われるということが、第一の前提ということになるのではないか……

小海永二『季刊文芸教育』四二号

今までの話から、先生方は、どのような詩の授業展開を思い浮かべられたでしょうか。先生方なりの指導法が思い浮かべられていることと思います。

さて、今度は、三人の授業記録をもとにしながら私の考えを述べさせていただきます。

それぞれの授業を、導入、展開、終末の段階にわけて考えていきたいと思います。

まず、沖先生（田辺第一小学校）の授業記録から見ていきます。導入段階の指導者の発問に注目してください。

学習の流れは、大きくわけてみると次のようになると思います。

> 本時のねらい（小学校六年生）
> ・その子なりの印象を大切にしながら、黒田三郎の詩を読み味わう。

T　今からプリントを配りますので、いっしょに書いてください。（ワークシートの配付、使い方の説明）

T　今日の勉強は「紙風船」という詩です。（黒板に板書）

紙風船　　黒田三郎

落ちてきたら
今度は
もっと高く
もっともっと高く
何度でも
打ち上げよう

視写
①　②　③

美しい
願いごとのように

T　書けた人から、自分の速さで、声に出してでもいいですから読んでみてください。（何回か読ませる）
T　それでは、Cくん読んでください。（指名読み、三人）
T　頭に浮かんできたこととか、気付いたこととかを①に書いてみましょう。

本時は詩を通して何をねらいとするのか、子どもの実態によって、指導者の導入がそれぞれ違ってくるのは当然です。沖先生の場合は、子どもたちに視写をさせ、詩を丸ごととらえさせることから入っています。子どもたちのもった印象をまず把握しようとしているわけです。西庵先生（和歌山大学附属小学校）の場合はどうでしょうか。授業記録から見てみます。

> 本時のねらい（小学校四年生）
> ・小さな世界の風呂場と大きな世界の天と地があることに気づき、比較する中で比喩や巧みな表現を理解することができる。

T　「まど・みちお」さんがどこで何をしているか、考えながら聞いてください。（題を伏せて範読する）

しぼる　手に

まど　みちお

ちからを　こめると
かくれている　水が
どっと　おちる
まるで　ゆうだちだ
さて　そのタオルを
雲のように　ひろげて
天の上で
ゆうゆうと
からだを　ふいていると
うるさいのは
げかい　はるかな
あしゆびこぞうたち
　　ゆうだち　ふれえ
　　もっと　ふれえ
　　もう　ふらないのか
　　けちんぼう

T　読んでもらいます。わからないところに線を入れてください。（二人読む）

T　わからないところ、ありましたか。（難語句についての話し合い）

ここでは、指導者の範読から入っています。題がわからないために、子どもたちは、何について書いているのだろうかと興味をもちながら、範読を聞きいっています。これも一つの導入方法です。詩を丸ごととらえさせるというのではなく、表現に目を向けさせることに重点を置いていることがわかります。

次は、尾崎多先生（羽曳野市立羽曳丘小学校教頭）の授業からみてみます。発問は次の通りです。

本時のねらい（小学校五年生）

・ナムアミダブツ等の言葉を手がかりに、生き物の生きる様態についての作者の感慨や思いを想像するとともにその表現上の工夫について知る。

T　詩を読んでもらいます。難しい字は飛ばして読んでもらいます。

C　一斉に読む。

T　このように（三好達治の詩を例にして）、次々と字を消していきます。

（「生きる」の詩をOHPで提示する。）

生きる　　椋　鳩十

花が　咲いている
蝶が　舞っている
蛙が　空みている
馬が　いなないている
人が　笑っている
人が　喜んでいる

人が　泣いている
みんな　それぞれに　生きているなあ
生きることの　不思議さよ
生きることの　ありがたさよ
―― ナムアミダブツ

C　一斉に読む。（五、六回読む。）
T　次は、これでいけるかな。（字を順に隠して）
C　一斉に読む。（二回）
T　これでどうですか。（詩をほとんど隠して）
C　一斉に読む。
T　もうなくてもいけますね。
C　いっせいに覚えた詩を暗唱する。
T　（プリント「生きる」を配付しながら）プリントを見なくてもわかる人は見ないようにしよう。今から、覚えた詩を発表してもらいます。それを先生が黒板に書いていきます。発表するときは、自分の名前を先に言ってから、詩を言うようにしてください。みんなの名前を、この時間でできるだけ覚えたいからね。

これは、私たちにとって大変参考になる授業だと思います。尾崎先生の指導のねらい、巧みな導入が、この授業記録から読み取れるような気がします。

この詩（「生きる」椋鳩十）を子どもたちが覚えるまで、何回も何回も読ませています。音読を通して詩をそのまま子どもに受け止めさせようとしている指導者の意図が分かります。この授業は、足立氏のいう「詩を教える位相」にそって展開している授業ということもできます。尾崎先生の導入は、詩の鑑賞指導に大変参考になる一つであると思います。

短いことばで人の心を惹きつける詩というものを、何回も音読を繰り返すことによって丸ごととらえさせ、詩のもつ味わいを受け止めさせようとしている指導者のねらいが伝わってくるようです。

「詩の授業で何を教えるか」の問いに、深川明子氏（金沢大学）は、次のように述べています。

詩の心にふれさせること、詩情（詩的な情趣）を感得させること。個々のことばや場面のイメージ化を通してその背後に流れている作品の情趣をイメージ化すること（詩情のイメージ化）

（『教育科学　国語教育』№三一八号　六月号）

尾崎先生や沖先生の授業の導入は、まず全体をおさえさせて、詩の心にふれさせることにねらいをおいて取り組んでいるといえるわけです。二人の授業の導入は、「頭に浮かんできたことを書く」とか、詩を暗唱させてから鑑賞にはいっていくように、詩を丸ごととらえさせようとしている点に巧みな展開がみられます。

展開の部分について考えてみます。

沖先生の授業記録からです。

T　（頭に浮かんだことを書かせたあと）詩を読んでください。（指名）

T　「もっと高く　もっともっと高く」を三人とも強く読んだみたいですが、どうしてかな。

T　（紙風船を渡してから）黒田三郎さんが、なぜこの詩を書いたのかな。考えながらやってみて。

T　黒田さんが（紙風船を）やってみて書いたのかな、見ていて詩に書いたのかな。

T　黒田さんは紙風船のことを言いたかったのかな。題は「紙風船」ですね。

子どもたちの頭に浮かんできたことをもとに授業を展開し、作者の世界を想像させようとしています。紙風船で一人一人を遊ばせる活動を入れてから、作者の心に迫ろうとしている点が指導者の工夫であるといえるでしょう。展開にあたっては、どの子の考えをもとにしていくかを机間巡視をしながらチェックしていないと、話し合い（みがきあい）が成立しないおそれもあります。この授業の場合、子どもの疑問「作者（黒田三郎）が紙風船で遊んでこの詩をつくったのか、それとも、だれかが遊んでいるのを見てつくったのか」が話題となり、話し合いが堂々巡りしたのが考えなくてはならない点であると思います。最初の指名をどうするかが問われる一例とも思います。今回は、指導者が状況を適切に判断し、話し合いの視点を変えていったのはさすがです。展開における指名の在り方を学ぶ一つの例です。

ねらいに迫るゆさぶり発問について考えてみると、ここでは「黒田さんは紙風船のことを言いたかったのかな。題は『紙風船』ですね。」がそれに当たると思われます。この発問に対して、子どもたちは深い考えを発表しています。それは次の発表からもわかります。この学級の読みの豊かさは、子どもの発言によく出ています。子どもたちは、ことばを大切にしながら読み取っているように思います。

C　作者は、願い事のことを言いたかったのじゃないかな。

C　もっと高く、もっともっと高く何度でも打ち上げようと書いているから、一つのことを最後までやりとげるというか、何度でも挑戦するというような言い方をしているような気がする。

C　いろいろな気持ちをどんどん打ち上げてかなえたいという気持ち。

C　二連にわけて書いているから、美しい願い事を強調していると思う。作者は美しい願い事のことを言いたかったのだと思う。

C　願い事も簡単にかなう願い事ではなくて、すごく大きくて、かなうかかなわないか、わからないようなもので、そんな思いを紙風船に託している。

西庵先生の展開を見てみましょう。

T　場所はどこですか。

T　いろいろ出たけど、二つの世界について考えてみよう。

T　もう一回詩を読むよ。どんな世界か考えながら聞いてよ。

T　人間がどんなにしているのを例えというのか。書いてみよう。

T　これわかるかな。上から下を見たら「げかい　はるかな」と見えるの。

T　だいたい、様子がわかってきたかな。

この授業では詩の題名がわからないまま進んでいるため、「場所はどこですか」と尋ねると、子どもたちは範読の印象から想像して答えるので、さまざまな考えが出てくるおそれがあります。この展開で進めると、指導者のねらいとする「比喩、巧みな表現を理解する」が深めていけるかどうかは疑問として残ります。子どもたちは、「家の外」「ふろば」「地球と宇宙」と場所について考えました。これを明確にしてから次に進めるのか、あいまいなままでも良いのかは、学習のねらいと照らして展開するべきことでしょう。題名を隠したことの効果、ねらいに迫るための授業展開については、詩の授業の在り方について一つの提起をしてくれているように思います。

尾崎先生の授業記録をみてみます。

T　感じたこと、おもしろいと思ったことなど、何かありますか。

T　ことばの使い方でおもしろいと思ったところはなかったかな。

T　ことばの使い方を見ていると、いろいろなことがわかるね。全体の中で強く読む箇所を一箇所だけ見付けてください。

T　このことばでどんなことを思ったり考えたりしたのかな。これについて、思ったこと、考えたことを聞きたいな。

作者の思い（生きることの不思議さ、ありがたさを思い、ナムアミダブツと唱える心）を子どもたちに想像豊かに読み取らせることをねらっていたわけですが、学級が指導者の考えていた実態とは少しずれがあったため、ねらいとするところまではいかなかったようです。ここに飛び入り授業の難しさが見られると思います。

尾崎先生は、詩の全体からとらえた子どもたちの印象を中心に据え、それを生かしながら授業を展開しようとしているのが先ほどの発問からもよくわかります。自由な雰囲気の中から、思ったこと、考えたことを出させ、それを詩の授業の中心に据えていこうとしておられる様子が、この記録から読み取れます。子どもの考えをを生かしながら、指導者のねらいに近付けていこうとする授業の流し方は、今後の授業を考えていくうえで学んでいきたい一つの例であると思います。

授業者は、後半の四行に子どもたちの読みが集中するであろうと予測しながら、発問では「強く読む箇所を一箇所だけ見付けてください」としぼらせています。これは、子どもたちの考えをより明確にさせようとしている指導者の意図の現れともいえますし、ゆさぶり発問の一つであるともいえましょう。

終末段階の三人の授業をみてみます。
沖先生の授業記録からです。

T　願い事というのは、さっきCさんが言った、どんな願い事がわからないけど、何度も何度もチャレンジしてほしいと言っているように思うね。最後に、この詩を読んでみて、どんなに思っているか、感想をプリントの三つ目に書いてください。

T　最後に、読み取ったことを読み声に表してもらいます。

次は、尾崎先生の授業です。

T　最後のしめくくりとして一緒に読みます。自分はここを強く読むというところを自分なりに心をこめてください。

最後に、西庵先生の授業です。

T　場所だけ確認しておこう。
T　実は、「ふろばで」という詩です。

私は詩の授業の終末は、子どもたちの心に余韻を残して終わるようにしたいと思っています。子どもたちの心にいつまでも詩が残っているような、そんな授業をやりたいと考えているのです。

この三人の授業記録から、先生方はどのような印象をもたれたでありましょうか。それぞれの良さというものがありますが、私の考える終末段階は、子どもたちが読み取ったものを十分にことばに表現できるような時間も設定し、お互いの鑑賞を交流させることも一つだと思います。

野口芳宏氏（千葉県岩根小学校長）は、「鑑賞とは、時間の経過につれて、同一対象から多くの魅力を感得していく過程である。対象から新しい意味を次々に発見しつづける過程である」と述べています。詩の指導にあたっては、最初に子どもたちのもつ印象を第一にしながら進め、それを指導者が整理し方向づけていくことによって、子どもたちに詩のもつ味わいを十分に感得させていきたいと私は思います。

「詩を読んで楽しかった、良かった」と子どもたちに思わせるような授業が少しでもできたなら、指導者としてどれほどうれしいことでしょうか。谷川俊太郎氏は「いい詩であれば、詩が自分の中に入ってくる。読み手が話の中に入っていく必要はない」と述べていますが、指導者が選択するいい詩をいっぱい提示し、子どもたちの心に手渡していくことが、詩の学習では大切だと思うのです。それは、以前私にお電話をくださった弥吉菅一先生のお話からもうかがわれるのです。

詩の授業とは、子どもたちの感性をどれだけことばとして引き出していくか、指導者に問われている課題であると思うのです。

（平成七年（一九九五年）三月四日（土）　道草の会　於　田辺第一小学校）

5　子どもの詩の指導　―分科会指導助言―

一　竹野先生の実践発表

竹野先生の実践発表をお聞きし、まず思い浮かべたことは、中洌教授（兵庫教育大学）の述べた「生きたことばの環境」を竹野先生がつくっておられるということです。中洌教授の「ことばの環境」とは、あたたかい雰囲気の中での「友達同士のやりとり、それを聞く先生のことばかけ、それを文章に書き留めていく子ども……」ここに生きたことばの環境があり、子どもの表現が生まれるというのです。中洌先生は「生きたことばの環境は一朝一夕ではできるとは思わない。かといって心がけなければ始まらない」（『月刊　国語教育研究』№二一二号）とも述べておられます。竹野先生の実践は「ことばの環境」が生きたものになっている例であると思いました。

竹野先生は「子どもに詩を書く楽しさを知ってほしい」「創作の喜びに触れ、自分を豊かにしていくこと」「人間の創造力を培っていくこと」を目指して、教室の環境に心を配り、小黒板を利用して多くの詩に出会わせたり、詩を書く専用の用紙を準備したりして工夫されているのは、まさしく「生きた言葉の環境」づくりを心がけた結果であり、Ａ君の詩が生まれたと言えると思います。

竹野先生の教室に詩があったからこそ、Ａ君の成長が詩に明確にとらえられたとも言えます。先生のお話にもありましたが、Ａ君は最初、友達とのかかわりがうまくいかず、集団に溶け込みにくい面も見られたとのことですが、学級のあたたかい雰囲気の中、竹野先生の生きた言葉の環境づくりによってＡ君の心に変化が生じ、それがこのような詩として表出され、詩を教室のみんなで読み合うことによってお互いが成長していったように思われます。

　Ａ君の詩「おりにはいった動物たち」を読むと、川崎洋の「動物たちの恐ろしい夢の中に」の詩を思い出してしまいます。それほどＡ君の詩に豊かなセンスを感じます。少年詩と児童詩は比較すること自体ができないと言われるかもしれませんが、私にとっては両方共すばらしい詩だと思うのです。

　野地潤家先生（鳴門教育大学）は、小学校時代に力を入れたいのは「感性の耕し」であると言っておられます。一人一人の子どもに、ものを見る眼、感じる心を身につけていくことの重要性を言っておられるのだと思いますが、私もこの必要性を感じたのは、ある高校の先生のお話を以前うかがってからです。その先生は、高校に入ってきた生徒に作文を書かせることが多いそうですが、きらっと光る文章や読み手の心をうつ素直な文章を書いている生徒の話を聞くと、ほとんどの生徒は小学校時代に書くことを熱心に取り組んだ先生に受け持ってもらっていたそうです。また、本を読んだり、詩をたくさん紹介してもらったりと、感性の耕しを十分されている担任の子が、高校に入学したら花を咲かせていると聞いたのです。中学校で技巧的な作文の指導を受けている学級よりも、書くことを気軽に積極的に取り組んでいる学級の方が高校に入って書く文章に個性が見られおもしろみがあるとも言っておられました。私はこの話をお聞きし、小学校時代の感性の耕しの重要性を強く感じました。小学校時代にＡ君は、詩を書くことによって十分な感性の耕しが行われているように思いました。竹野先生との出会いによってＡ君は自分を伸ばすことができたように思います。

　啐啄同時という言葉があります。「禅宗で、今まさに悟りを得ようとしている弟子と、それを導く師家の教えが絶妙に呼応すること」（日本国語大辞典による）竹野先生の一人一人を育てようとしている働きかけと、Ａ君が内から伸びようとしている時期がぴったりと合わさったので、このようにＡ君の成長が詩に表現されたと思われます。

次に、授業の中で詩をどのように扱っていくかについて話します。竹野先生の取組の中で教科書教材の詩を扱ってから表現法をまねて詩を書くというのがありました。これも一つの詩の指導法であろうかと思われますが、子どもに詩を与えるときには、できるだけ多くの詩に触れさせることをめあてとして取り組むのも方法であると思います。先日、和歌山大学附属小学校の沖先生が、金沢大学の附属の先生方を迎えて詩の授業を行いました。その展開も詩の指導法として興味のあるものですので紹介させてもらいます。まず、工藤直子の『のはらうた』を二十編、子どもたちに紹介し、好きなものを選択させ、その詩を全体に紹介するために、一人（あるいはグループ）学習をさせてから発表させるという展開でした。選択した詩によっては、その後の学習が一人になったりグループになったりしましたが、それぞれ子どもたちは積極的に取り組み、自分の選んだ詩をどのような方法で紹介しようか、その子たちなりにアイデアを出して取り組んだといいます。当日の授業は、選択した好きな詩の発表でした。ある女子は放課後を使って詩を作曲し、歌って紹介しました。音読で紹介したり、詩の分析をしたりと様々な方法が授業で見られました。

　詩の指導法を考えていくときは、このような学習展開も一つの方法であろうかと思います。詩人の小海永二氏は『現代詩の指導　理論と実践』の中で「その作品を示しただけで子どもたちが反応してくれるような詩こそ実はすぐれた詩教材なのである。詩によっては、教師が何も〈教えて〉くれない方がいい。その方が本当に〈教える〉ことになるという場合さえありうるのである」と述べておられます。子どもにとって本当に心に響く詩であれば、教師がそっと手渡してやることによって、子どもがその詩と新鮮に出会うことができるということもあると思います。教科書教材の詩を細かに指導していく方法も一つであろうし、多くの詩に出会わせることも一つであると思います。指導者が子どもたちに今どのような力をつけていこうとしているかによって展開も変わってくると思います。大切なことは指導者が、子どもが詩に興味をもち好きになるようにしていきたいという大きな願いのもとで詩の学習を取り組む必要があるということです。

今回の資料『国語の教室』Ｐ六に石森延男先生の言葉があります。

「教育は人間を育てること。人間は、知識だけで育つものではない。人間は理性で動くよりは感性で動くことが多い。感性というのは、教師の人がらにこもっている。お互いの感性が結びついて、子どもも伸びるし、先生も伸びていく。それが教育の世界だ」

この「教育」という字を「詩」に置き換えて読んでもいいのではないでしょうか。詩の教育は、指導者自身のもっている感性、センスというものが問われてくるようにも思うからです。竹野先生は幾つかの参考図書名を挙げてくれました。詩の指導を考えていくときは、教師自身が多くの詩に触れ、教室を詩で一杯にしていくぐらいに考えていくのが良いように思います。言葉にたいして感覚を磨き、豊かな想像力を子どもたちにつけたいと思うなら、まず指導者自身の詩に対する感覚を磨き、多くの詩に関する書物に触れていくことが必要であろうと、私自身が常々思っていることです。

大村はま先生が大阪に来られたとき、竹野先生はいつもお世話をしてくださっています。ある年（一九九三年八月）私もお供をさせていただいて、ご無理を言って大村先生から色紙をいただきました。

「ことばを育てることは　こころを育てること　人を育てること　教育そのものだ」

竹野先生の発表をお聞きし、先生は詩の指導を通して、子どもたち一人一人の心を育てていらっしゃるという事を強く感じました。

（平成八年（一九九六年）二月二十五日　冬季国語教育研究大会　於　大阪国際交流センター）

6　詩の実践から学ぶ　―分科会指導助言―

沖先生の実践を聞かせていただいて、学級の子どもたちの表現意欲、エネルギーはどこから生まれてきたのだろうかと感心させられる取り組みだったと思います。詩人、大岡信さんの書物の中に「言葉のシャワーを浴びる」というのがありますが、この学級の子どもたちは、沖先生から多くの詩に触れていた、つまり、詩のシャワーを多く浴びていた成果が、このような表現意欲が育ったとも言えるのではないでしょうか。

沖先生はこの実践を取り組んだ年に附属小学校に異動してきました。私も偶然に二回、先生の授業を参観させてもらったわけですが、転勤して来た年に研究授業をするということは大変なことだったろうと思われます。その中で、このように表現意欲の旺盛な子どもたちを育ててきたことはすばらしいことだと思います。

先程の意見の中に「子どもが無理やりに表現させられているような感じがする」というのがありましたが、私はそうは思いません。詩のシャワーを浴びる中で子どもたちは自分の気に入った詩を選び、それをみんなに紹介したいという意欲が生まれてきたのだと考えたいのです。沖先生の取り組みは、詩を学ぶというよりも、詩から子どもたちの表現へとつなげていく実践であったと考えるべきではないでしょうか。今日の分科会にも助言者として出席されている小田迪夫先生が述べています。詩教材から表現へとつなげていく学習展開というものを意義を位置付け、「詩で詩ならぬものを教えている」（『教育科学　国語教育』）と述べておられます。

その年の附属小学校の研究テーマは「自己表現力を育てる」だったと言います。つまり、表現力を育てることを通して、一人一人の個を育成したいという願いがあったのではないでしょうか。附属小学校の場合は、各教科ごと、一つの研究仮説のもとで提案していかなくてはなりません。多くの詩に触れることから表現意欲へとつないでいく指導展開は、私たちは詩の学習方法の一つとして学びたいものだと思いました。

さきほど、少年詩と児童詩の話題が出ましたが、これについて少し述べさせていただきます。

私たちは、児童詩を読むと子どものもつ詩心、子どもの目のつけどころ、物の捉え方の鋭さに驚かされます。足立悦男氏は『現代少年詩論』の中で「大人では捉えられない、見いだせないものを軽々と見る」という点に児童詩の価値を見いだしています。また、少年詩については「子供の現実認識をふまえ、子供の目の位置からでは見えにくいものごとをの姿を描き出している」点に教育的価値を述べています。

詩は言葉の芸術であると言われます。読む人の心に訴え、想像力を豊かにし、感性を耕します。詩は精神的な喜びで人の心を満たしてくれます。少年詩よりも児童詩の方が良いという意見もありましたが、少年詩は子どもの目では捉えきれないものをごとを表現しているところに詩を読む価値があるとも言えます。少年詩と児童詩のどちらを読ませるかの論議よりも、自分が受け持っている子どもたちとどのような詩を読みあいたいか、どの詩が子どもにふさわしいか、指導者自身が詩を選択する目をもち、取り組みを進めることだと思います。

私が十二年前に受け持っていた三年Ｂ組の学級は大変にぎやかな、落ち着きのない学級でした。始業式が終わってから教室へ入っていくと机から足を出して挨拶をしてくれる子もいるという有り様でした。その中におしゃべりに夢中なＭくんもいました。初めのころの図工の時間に私は聞きました。「この画用紙から何か声が聞こえてきますか」そのとき、Ｍくんたちは答えました。「先生、何も聞こえてこないで」「そんな聞こえるわけないで」そんな学級でした。私は、毎週毎週詩を読みました。茨木のり子さんの『言の葉さやげ』の中にあるように、私の好きな詩を子どもたちに読み続けました。また、にぎやかな子どもたちのエネルギーを発散させてやろうと毎日のようにドッジボールをしました。授業中やかましいＭくんやＳくんばかり狙って私はボールを投げていました。最初のころ、ＭくんやＳくんは私のボールを受けることはできなかったのですが、二学期になると時々ボールを受けるようになり、その喜びを日記に書くようにもなりました。詩を読み、ドッジボールをやりながら、過ごした楽しい一年間でした。三学期のある日、絵を描くときに私は聞きました。「この画用紙から何か聞こえてきますか」子どもたちは答えました。それもあのやんちゃで憎たらしかった（嫌いという意味ではないですよ）子どもが真っ先に言うのです。「先生、聞こえるで。ちゃんと描いてよと言っているで」「がんばってねという声がするで」いろいろと発表してくれました。

子どもたちと詩を読み合う中で育ってくるものがあります。豊かな感性、心が耕されていくように思います。沖先生の今日の発表を聞かせていただいて、私は自分の学級のことを思い出していました。

工藤直子さんがある雑誌（『月刊　国語教育研究』）の巻頭に書いていました。工藤さんの表現はどこから生まれるのかということに関わってですが、あらゆる物が工藤さんに語りかけてくるというのです。大きな木の側に立つと、その木が工藤さんに語りかけてくるというのです。工藤さんはそれに耳を傾け、ことばにあらわしているのだそうです。この工藤さんのお話からも子どもの表現意欲というものを考えてみることもできるかと思います。私たちが日ごろどのような取り組みをしているか、子どもにどのような詩を与えているか、これらを考えて取り組んでいくことが子どもの心を育てることにつながっていくのではないでしょうか。

（平成十年（一九九八年）二月二十七日　冬季国語教育研究大会）

7　選択を取り入れた詩の授業

一　国語科学習指導案

㈠　日　時　平成九年（一九九七年）二月二十一日（金）　十四時〇〇分〜十四時四五分

㈡　学　年　和歌山大学教育学部附属小学校　四年生（岡　学級）

㈢　教　材　「たんぽぽ」「木」「涙」（川崎洋）、「せっけん」「しょうじきショベル」「二月のうた」（まど・みちお）、「いるか」「うんとこしょ」「きもち」（谷川俊太郎）、「めがさめた」「日記」「また　あいたくて」（工藤直子）

㈣　学習指導にあたって

・**詩の指導にあたって**

「子どもたちに詩を身近に感じさせたい。詩を味わう喜びを感じさせたい」、これが私の願いである。

「詩は何よりも歌うことばであり、絶望に沈むときも希望をになうことばだ」とエリュアールは言う。小学校時代に担任が読んでくれた与田準一、石川啄木等の詩を私は今も思い浮かべるときがある。心に残る詩は、その人にとって一生の「感情の宝石」を手に入れたことになるのであろう。野地潤家氏（鳴門教育大学長）は述べる。

「詩の世界のように、読み手の方にその気持ちがあれば、自在に多くの詩人の作品の世界にくぐりいってそこを自由に逍遥して多くのものに出会う喜びが得られる——そういうのは、それほど他のジャンルでは期待することができないように思います。」（『国語科教育・授業の探究』P四三）

豊かで柔軟な感性をもつ小学生時代に数多くの詩との出会いをさせることは、その子にとって「感情の宝石」を手にすることであり、生涯読書人に育っていくことにもつながっていくであろう。

子どもたちと詩との出会いを考えるとき、菅邦男氏（宮崎大学）の論考が授業を構想するにあたって一つのヒントとなるように思う。菅氏は述べている。

詩を読むという行為は、映画のように目の前に或る世界を人から展開してもらって、それを享受して楽しむ、といった類いのものではない。……作品に触発される形で、自分自身の手で自分なりの詩的世界を作っていくべきなのである。詩教育では、その過程をくぐらせてみる必要があるのではないか。そして授業者は、それを手助けするというのが本来の詩の授業の在り方なのではないか（『初発の感想を生かす詩教育の理論と実践』P九）

今回の授業は、時間の制約上、子どもたちに詩的な世界を構築させるとまではいかないであろう。そこで、幾つかの詩にふれさせ、第一印象を生かしながら、各自の選んだ好きな詩を想像豊かに読ませ、詩のもつ味わいに気づかせる時間としたい。

実態の捉えにくい飛び入り授業であるので、学習意欲を喚起させる一つとして「選択」をとり入れてみたい。教材として四人の詩（「たんぽぽ」「うんとこしょ」「せっけん」「日記」）を提示し、子どもたちの気に入った（興味・関心をもった）詩人を選択させ、次にその詩人の作品を何編か読ませ、感想等を交流するという授業の展開である。友達の選んだ作品を聞き、また、自分の選んだ作品を紹介することによって、子どもたちは違った観点から詩を捉えることができるのではないかと思われる。

・教材について

「どんな詩を読んだことがありますか」と岡学級の子どもたちに聞いてみた。その結果、多く挙げられたのは、まど・みちお、谷川俊太郎、工藤直子、北原白秋の詩であった。今回、採り上げたのは、子どもたちが身近に感じている三人（まど・みちお、谷川俊太郎、工藤直子）と私の好きな詩人の一人（川崎洋）である。

今回の授業では、四人の詩から子どもたちが好きなのを選択して読むという学習展開を考えている。

「せっけん」「しょうじきショベル」「二月のうた」は、まど・みちお全詩集から採っている。まど・みちお氏は、「私は手あたりしだいに、すべての物を、これが見おさめと思って注視する。もたつかずに、つねにフレッシュに、すかっとね……」と述べている。「せっけん」に向けられた作者の目は、鋭いながらあたたかく感じられる。「しょうじきショベル」は、「し」の頭韻で始まるおもしろさが読み手を楽しくさせる。音読の繰り返しが効果的であろう。「二月のうた」は、工藤直子の「めがさめた」と同様、巧みな擬人で読み手を誘う。

谷川俊太郎の「いるか」は、ことば遊びとして楽しめる。音韻的な楽しみ、リズムの楽しみと意味の二重性に気づく楽しみである。「うんとこしょ」は音読の繰り返しによって楽しみを味わうことができる。「きもち」は、子どもたちには少し考えさせられる詩であろう。四年生は、精神発達上、一つの変わり目である。子どもから大人へ、第一の関門であるとも言える。そういう時期に、この詩を読むことによって、自身の内面に目を向ける契機となるかもしれない。

「たんぽぽ」は、ことばを楽しむ詩である。字の順序の入れ替えによることばのもつ味わいに気づかされる。「木」の二連目、「涙」の五連目は、読み手に作者は訴えかける。木は生きている。それを利用しながら私たちも生きている。その木に語りかける作者の優しい目が、子どもたちの心をうつものがあるに違いない。「涙」は、日々の生活の中で感動することのすばらしさがあるということに気づかせてくれる。

工藤直子の「のはらうた」は、子どもたちにたいへん人気がある。今回は、詩集『あ・い・た・く・て』から三編を選んでみた。巧みな比喩、美しい夕焼けを想像させる「日記」、「また　あいたくて」は、何かに会いたくて歩いていく作者の心を想像して読む楽しみがある。

㈤　学習指導目標

・想像豊かに楽しく詩を読むことができる。
・好きな詩を紹介しあい、詩の世界をさらに広げることができる。

㈥　学習指導計画（全三時間）

（1）四編の作品から好きな詩を選び、イメージ化を図る。（一時間）
（2）選んだ詩人の作品を読み、友達に紹介する詩を選ぶ。（一時間）　本時
（3）選んだ詩を友達と紹介しあい、それぞれの詩の世界に気づく。（一時間）

(七) 本時の目標

・選んだ詩人の作品を想像豊かに読むことができる。

(八) 本時の展開

学習活動	指導の工夫
1 前時の復習 ・前時に選んだ好きな詩を読む。 「たんぽぽ」「うんとこしょ」 「せっけん」「日記」	・音読をとり入れながら雰囲気を和らげる。 指名読み グループ読み
2 本時のねらいを知る。 選んだ詩人の作品を読み、好きな詩を友達に紹介しよう。	
3 選んだ詩人の作品を読む。 まど・みちお、工藤直子 谷川俊太郎、川崎洋	・音読を繰り返し、最初の印象を大切にさせる。 自由読み
4 それぞれの作品から好きな詩を選ぶ。	・選んだ詩を想像豊かに読むようにさせる。 ・ワークシートを配布し、視写等の助言をする。 ・机間指導で児童の活動を確かめ、それぞれの読みの違い等を把握する。
5 選んだ詩を読む。	・時間の都合上、数人にしぼることもある。
6 次時の学習を知る。	・次時の学習は四人の作品を紹介しあうことである。

二　授業記録

平成九年二月二十一日（金）和歌山大学教育学部附属小学校四年C組

授業者　岡　山　末　男

T１　この前に読んだ詩、覚えてますか。
　　次はどんなのが出てくるか楽しみに。前の時間、どんなの読んだか、覚えているかな。
山中　前は、「せっけん」というのを読んだ。
T２　だれの詩だったかな。
岡　作者は、まど・みちお。
T３　まど・みちおさんの「せっけん」。（板書する）
北本　「うんとこしょ」、作者は谷川俊太郎。
T４　谷川俊太郎さん。（板書する）
C　「日記」で工藤直子さんです。（板書する）
C　「たんぽぽ」で川崎洋。（板書する）
T５　前は、いいなと思った詩を選んだね。
　　　まど・みちおさんを選んだ人……三人
　　（三人で「せっけん」を読む）
　　　谷川俊太郎さん……五人
　　（五人で「うんとこしょ」を読む）
　　思い切って読もうね。

工藤直子さん……二十人ぐらい

（二十人ぐらいで「日記」を読む）

T6　この「日記」という詩から、「すごくきれいな場面を思い浮かべます」という人が何人もいました。

川崎洋さん……七人

（七人で「たんぽぽ」を読む）

T7　元気よく読めました。

気に入った詩を選んで、自分が思ったことを書いていました。読んでみます。

岡野君は、たんぽぽの一つ一つに名前があるのが気に入ったと書いていました。（岡野くんの感想を読む）

「日記」を選んだ人の中に、太陽の気持ちがあらわれていて気に入ったとありました。

大嶋さんは「全体的にロマンチックで感動的で女の子の心を打つようないい詩」と書いていました。

「せっけん」では、岸本さんは、「身近な題名と内容で、バラのはなびらと例えている所」が好きと書いていました。

「うんとこしょ」は、北本くんが「うたがこころをもちあげる」という所が好きと書いていました。

T8　今日みんなにしてもらうのは、四人の詩人から一人好きな人を選んで、その詩を読むことです。

C　前とかわらん。

T9　それを後でみんなに紹介してほしいんです。

C　えっ。

T10　作者の詩をいくつかもってきました。川崎さんは『しかられた神さま』から三つ、詩を選びました。まどさんのは、まど・みちお全集から三つ。谷川さんのは、他の本からも選んでるけど表紙は『ことばあそび』にしています。工藤さんの『あ・い・た・く・て』からも三つ。

今日は、四人の中から一人だけ選んで、自分で何回も読み、シートや画用紙も用意していますから「ここが好きです」と紹介できるようにしてください。後で、みんなに紹介するんやで。

C　（つぶやき）だれにしよう。

T11　迷ってよ。しっかり。

C　迷う。

C　みんなの分があるのかな。（それぞれの詩集を見て冊数を心配している）

T12　四十五人作ってあるから心配しなくてもいいで。
九班と一班、取りに来てください。八班と二班、取りに来てください。順々においでよ。

C　（自分の好きな詩人の詩を選ぶ）

C　これ、短いな。全部これくらいなん。

T13　自分で声出して読んでもいいし、（同じ詩の）仲間がいたら読み合いしてもいいで。
その詩を選んだ理由、心の中に浮かんだこと、みんなにお話ししたいことなどを決めてくださいよ。

T14　声を出して読んでもいいし、目だけで読んでもいいですよ。気に入った詩を決めていってください。

C　（それぞれ自分のを読んだり、隣りとちょっと話し合ったりしている）

T15　（机間巡視しながら）覚えるほど読むといいね。

C　覚えんの。

C　わたしこれに決めた。
（声が大きくなる。各自が読み始める）

C　画用紙使うん。（女の子が聞きにくる）

T16　この間、絵なんかも描きましたね。大きくしたかったら画用紙を使ってください。
（机間巡視しながら、個人にそれぞれ支援する）

C　（画用紙と好きな色のマジックをそれぞれ取りに来る）

T17　（各自が詩を紹介するための作業に入る）……二十分近くか？
　　あまり時間がないから、自分の言いたいことだけでもいいで。
　　（板書――今日の詩の題を書き加える）
C　「しかられた神様」って詩ないん？
T18　本の題名やな。そんな詩もあったよ。また自分で捜してくれる。
T19　できた人は。（三人挙手する）
T20　東君と○○君、出てきて。発表できるようにしっかり練習しといてよ。
C　できた。
T21　できた人はちょっと先生に見せてくれる。
T22　ちょっとみんなやめてくれる。何人かに聞かせてもらおう。
　　今もって来てくれた人は手を挙げて。（十人程、挙手）
　　天さんは「日記」を選んでいましたね。まどさんに変わったわけは言える？
天　別にない。
T23　どれを選びました。
天　「しょうじきショベル」
T24　「しょうじきショベル」を選んだ人。（三人で読む）
T25　どこがよかったの。
C　ギャグとか、かわったことば。ショベルとか、しゃべるとか似たようなことばがあるから。
東　「しょうじきショベル」の正直が面白かった。
T26　島田君は何を選びました。（前時は、気分が悪くなって途中で抜けた子ども）
島田　「たんぽぽ」

T27　どこがいいの。
島田　川に落ちるなとか呼びかけている。
T28　「おかあさんのたんぽぽが子どものたんぽぽに呼びかけている」って書いた人もいるんだよ。
T29　これは村木君の絵です。
（「目がさめた」十人で読む）
T30　もうちょっとみんなのを聞きたかったのですが、時間がありません。
感想はどうでした。
C　おもしろかった。

三　授業後の感想から振り返る

今回の授業は、子どもたちに詩を身近に感じてもらいたいというねらいであった。その結果について、何人かの感想文から振り返ってみることにしたい。

わずか二時間の授業であったが、和歌山大学教育学部附属小学校四年C組岡学級の明るい子どもたちとの出会いは楽しいものであった。

三十五人が感想文を提出してくれた。その内訳は次のとおりである。

（ア）詩に触れて楽しかった。よかった。　↓　十五人
（イ）詩に興味もった。好きになりそうだ。　↓　六人
（ウ）四人の詩人についての感想　↓　十一人
（エ）その他　↓　三人［自分の好きな詩人のこと（一人）・感想がなく、学

習についてのみの記述（二人）］

（ア）の感想は次のようであった。

ぼくは、先生との授業で詩の勉強をやって、一番心にのこっている詩は、「いるか」という詩です。「いるか」という詩は、谷川俊太郎という詩人が書いた詩です。「いるか」をぼくはあんきをしていて、どこが好きかというと、なんとなく同じようなことばをつかっているところが好きです。

ぼくは、先生と勉強していたときは詩をあんきできなかったけれど、読んでいるうちにだんだん頭にはいってきました。先生との授業が楽しかったので、また来てほしいです。

（和田　昂矩）

先生は一日目「せっけん」「たんぽぽ」「日記」「うんとこしょ」の詩をくばってくれました。心に残ったのは「日記」です。工藤直子さんが書いた詩です。とくに気に入ったのは小さな島々を句読点、太陽の光を文字と表している所です。二回目に使った「あ・い・た・く・て」は「目がさめた」が心に残りました。山が目がさめた動物たちのせいで大笑いする所がとくに心に残りました。

私は、今まで作文や詩はあまり好きではありませんでしたが、二時間しか使わなかったのに、こんなに詩が楽しくなってきました。

（松並さゆり）

先生との詩の学習で、私たちのよく知っていた詩人とか、詩を選んできてくれて、とても考えやすかったです。

私たちの詩の勉強の仕方は、一つの詩でいろいろと考えていきます。でも、岡山先生は、四人の詩人の詩を三つも集めてきて、自分で詩を選んで考えて、みんなに自分の考えを発表する勉強でした。

私は、ときどきちがう勉強をしてみることもいいなと思いました。それから、いろんな詩を見てみて、「ああ、こんな詩もあるのか」と、いろいろその詩を読んで感じました。先生の授業は、とても楽しかったです。（太田　仁美）

ぼくは、この学習をするまでは、詩といえばずうっと前に習った「やく島のすぎの木」しか知りませんでした。詩人は、そのやく島のすぎの木を作った、川崎洋さんしか知りませんでした。でも、先生のおかげで何人もの詩人や詩を見ました。

まず、岡山先生にもらった、「せっけん」と「たんぽぽ」と「日記」と「うんとこしょ」の中の「たんぽぽ」は、ぼくの知っている川崎洋さんが作った人だったので気に入りました。その次に、川崎洋さんの「しかられた神様」というのをもらいました。ぼくはその中では「木」が気に入りました。こんなことで、たくさんの詩を読めたのでとても楽しかったです。

（恩賀　嶺）

先生に会って、まだ二日しかたっていないのに、とてもたくさんの勉強ができました。

はじめの勉強は、四人の詩を一つずつくばってもらいました。工藤直子さんの詩だけ知っています。あとの三人は知らなくて、とてもいい勉強になりました。

二日目は、この四人の詩の三つを選んでのせた紙を一冊だけもらいました。私は、工藤直子さんのをもらいました。そのもらったのでよかった所や思ったことを紙に書きました。その日は研究発表会でした。また来てください。

（嶋村　早織）

（イ）の感想は次のようであった。

先生の授業で「詩人について」「詩について」のことがよくわかりました。授業の中で四人の詩をわたされました。

その詩をくり返しよんでいるとどうしても集中して二度も三度も読んでしまう詩があります。それは、川崎洋さんの「たんぽぽ」でした。家の前の空地でよく見かけるたんぽぽについて「みんな名前があるんだ」とか「川に落ちるな」とか、ふだん考えないことでもちょっと考えるだけでこんなにいい詩ができるのかと感じました。他に「しょうじきショベル」と「いるか」もおもしろい詩の一つで、早口言葉のようでおもしろいので選びました。「詩っておもしろいなあ。」

（坂田　悠）

わたしは、そんなに詩が好きではありませんでした。でも、岡山先生がくれた詩は、とてもおもしろくて好きです。中でも、「うんとこしょ」という詩が好きです。心がうきうきしてきて、リズムにのってくるんです。「目がさめた」も、「いるか」も、「2月のうた」も大好きです。いいなあと思った詩人は、谷川俊太郎さんです。谷川俊太郎さんの詩は、リズムがあるような感じがします。他の詩もいろいろなことが思いうかんできました。詩ってこんなにおもしろいんだなあと、ひさびさに思えた学習でした。詩っていうのは一年生のとき以来でしたからね。家の本棚の中を詩の本はないかとさがしました。

また、楽しい詩をもって授業をしに来てください。

わたしは、詩を読んだり、書いたりするのが好きになりました。詩って楽しいです。

（吉田なぎさ）

先生との詩の学習で詩のいろいろなことをした。詩を読んだり好きなのを選んだり、感想を書いたりした。そして、ぼくは、詩のことにすこしくわしくなった。

すきな詩は、川崎洋さんの詩がすきです。おもしろいのがいっぱいあるからです。とくに「たんぽぽ」がすきです。岡山先生と学習をしていなかったら、こんなことは知ろうともしていないと思います。けれどそのおかげで知ろうとも思ったし、内海先生が自分の詩集を作るといって、作った詩集もうまくいきました。

二時間ともありがとうございました。楽しかったです。

（山中　亮二）

ぼくは、岡山先生が詩をもってきてはじめていろいろな詩を作った人の書いたものを見ました。ぼくは、あまり詩は好きではなかったけど先生のいうことで少し詩が好きになりました。

ぼくは、詩の中で、川崎洋さんの「木」という詩が好きです。木をこんなにおもしろくやさしく書いていて、いい詩でした。でも、少しうれしいといったけど、おもしろい詩や、いい詩があったからたのしい詩の勉強できました。こんども先生といっしょにしたいです。

（北本　久幸）

私は、はじめ先生に、まど・みちお、工藤直子さんたちの詩集をもらって私の心の中に残ったのは、まど・みちおの「せっけん」というのが私の心の中に残りました。それは、せっけんは、身近にあるしこの詩を読むと、「あっ、考えてみればそうだなあ……」と思う所があります。その場面は、「うちじゅうのみんなのこころにちりしいて」というところです。

まど・みちおさんの詩は、「かなしそうな詩」「たのしそうな詩」、ことばであらわすのがむずかしいものでも文にしてしまう。

先生の授業で詩を絵で書くとき、そんなことをだんだん考えることができるようになってきました。（窪田　悠衣）

私は初めて先生に教えてもらいました。

先生の授業は、他の先生とちがうような気がしました。それは、進め方でした。なんて言うのか一つ一つ聞いたりしてくれました。私は、詩は意味がはじめはわかりませんでした。でも、先生の授業で、少しわかってきたような気がしました。

詩は好きではありませんでした。でも、先生の授業で好きになりそうです。

その中でも、私は、工藤直子さんの詩が好きです。それは、何かが心に残るような言葉が一つの詩に一つはあるからです。

これからも、詩に興味をもっていきたいです。

（河島彩恵子）

今回の授業は、学習意欲との関わりから、「詩の選択」をとり入れてみた。子どもたちの意欲はどうであったかは、学習後の感想文からみることもできように思う。

当初の二時間目の計画は、子どもたちの選択した詩の発表時間をもっと取るつもりであったが、こちらの見通しの甘さもあり、子どもたちが活動に取り掛かるのが予想以上の時間を必要とした。そのため、子どもたちが選択した詩を発表する資料を準備したのにもかかわらず、時間がほとんどとれなくなってしまったのは残念であった。

好きな詩を選択することについては、子どもたちはどのように感じていたのであろうか。感想文から見てみたい。

私は、岡山先生の授業はとても楽しかったです。いろいろな詩人を選んできてくれて、好きな詩を選んだり、好きな詩人を選んだりして、最後には、紙にまとめて発表するという方法が気に入りました。

それで、私が気に入った詩と詩人は、工藤直子さんの「目がさめた」です。工藤直子さんをなぜ気に入ったかというと、工藤さんは、女の子の気持ちを考えて、ロマンチックに詩を作っている所がとても好きです。

そして、なぜ「目がさめた」にしたかというと、山といっしょに話しているような感じで、山がしゃべっている所で、うろちょろとか、かさこそとかふるえている理由の所が、とてもおもしろいなあと思ったからです。（天　陽子）

先生の勉強の進め方は、たくさんの詩を読んで、その詩の中から自分の好きな詩を選んでいくというような進め方でした。

私が思ったことは、たくさんの詩の中から自分が一番好きな詩を一つ選んで発表するのは、ちょっとむりかなと思っていたけど、やってみると、たくさんの詩の中から一番好きな詩をさがしてみると、みつかりました。一番好きな詩は、谷川俊太郎さんの「いるか」という詩です。私は、「いるか」の「いつならいるか　よるならいるか　またきてみるか」が気に入りました。

工藤直子さんの詩は、何かに話しかけているような詩で、谷川俊太郎さんの詩は、一つの言葉で詩を書いているような詩で、川崎洋さんの詩は、物などをたとえているような詩でした。

（大家　由佳）

私は、先生との授業で、一番良かったなと思ったことは、一つ一つ、詩を勉強するのではなくて、いくつもの詩をまとめて考えたり勉強したりする所です。一つ一つだと気に入った詩というのを見つけにくいけれど、まとめてやるとその中から気に入ったのを選べるからです。

私は、十二個の詩の中で、「目がさめた」というのが一番気に入りました。それは、今の季節に一番あっているのと、なにかすごくやさしいような感じがしたからです。

私は、いつも、詩を見るとなんだか明るいような、楽しい気分になります。それは、書いている詩が、明るい楽しい詩だからかもしれません。きっと、その詩人も、明るい人だと思います。

（田村佳菜子）

ぼくは、先生の勉強のしかたは、すごく楽しいです。岡先生のやり方と、またちがうやり方だからだと思います。先生のどこが楽しいかというと、まず、自分で詩を選べるところがいいです。そして、自分の思いどおりにかけるし、いろいろな詩も読めるからです。

ぼくの一番気に入った詩は、まど・みちおさんの「しょうじきショベル」という詩です。この詩のおもしろいところは、ショベルがしゃべることがおもしろいです。他にもいろいろおもしろい詩はあるけれど、先生の授業はたのしかったです。

（東　進一郎）

一度にたくさんの詩を学習したので、だれがどんな詩をよく書くのか、ということがよくわかった。たとえば、工藤直子さんの詩は自然の様子をありのままに比喩をつかって表現したり、まどみちおさんの詩はとても身近なことを書いているということがよくわかりました。

ぼくは、工藤直子さんの詩が気に入りました。それは、木みたいに動いていないものでも気持ちをくみとったり、動いているもののようにたとえたりして文を作っているからです。

また、まどみちおさんの「二月のうた」という詩は、二月が考えているという、考え方がすごくおもしろくて感動しました。また、「しょうじきショベル」は、うまくシャレをつかっているのでおもしろかったです。ぼくはいろいろな詩があるんだなあと思いました。

（村木　明登）

先生の授業は、四人の詩人の三つずつの詩から一つを選ぶという授業でした。４Ｃがいつもしている詩の授業は、外に出て、木や花とお話しするというのが中心でした。先生の授業は有名な詩人の詩を読むので、なるほどなあと思う詩がたくさんあって、とっても心がおちつく時間でした。

私は、詩が好きです。なぜかというと、点やまるのかわりに行をかえていて、読みやすいからです。それから、自分の言いたいことが短く書いてあるので好きです。特に、まど・みちおさんの詩で「せっけん」です。三連目の「一まいだけのこったバラの花びらのようだ」というところは、とてもなっとくしました。

私は、物の見方を変えてできた文が詩だと思いました。二時間いろんなことを覚えたと思います。また、附属小学校に来てください。

（岸本あずさ）

これらの感想から判断して、「詩を選択する」ことは子どもたちに詩を身近に感じさせる一つの方法であることが実証されたと言えるであろう。詩の指導法として、一つの詩教材を用いることも考えられる。しかし、実態が明確に掴めない飛び入り授業では、より多くの子どもに詩を身近に感じさせることは難しい。そのため、今回は、四年生なら読めるであろう詩をいくつか準備し、「選択」によって詩を味わう時間を設定したわけである。

この授業を通して学んだ一つは、実態に即した教材を選定し、選択という方法を用いた単元構想は子どもの意欲を促すという点である。

それでは次に、学習意欲に関してはどうであろうか。

いくつかの詩の中から好きなのを選ぶ活動であるから、子どもにとっては活動が主体的となり、自覚的な活動は学習意欲をも喚起したといえるであろう。友達に話す資料づくりのとき、子どもたちは黙々と取り組んでいたことからも意欲の程がうかがわれる。

感想文の中に、次の言葉が見られる。

「好きな詩を選んだり、好きな詩人を選んだりして、最後には、紙にまとめて発表する方法が気に入りました」（天）

「一番よかったなと思ったことは、一つ一つ、詩を勉強するのではなくて、いくつもの詩をまとめて考えたり勉強したりする所です」（田村）

子どもにとって学習意欲の沸く楽しい国語の授業とは、指導者のレールに乗って進められる授業ではなく、ある部分は自分たちに委ねられる展開が構想されているときである。もちろん、そのためには、学習指導展開に幅を持たせ、指導者自身が一人一人に柔軟に対応する姿勢がなくてはならないのは言うまでもない。

今回の授業は、一人一人の発想を生かす部分が多かった。実際、授業を展開して感じたことであるが、個性がある程度生かされたものの、指導者にとっては、終末をどのようにまとめていくか大層迷った授業でもあった。個人カルテにチェックを入れながら、一人一人の選択した詩を全体の場にどのように提示するか、展開が定まらないままに授業が終わってしまったような気もする。

収斂的な思考、拡散的な思考を考えた場合、この授業は子どもたちが自分の発想を生かし、書いたり読んだりしたわけであるので後者にあたるであろう。子どもにとって意欲を喚起する授業の在り方を考えるとき、今回の拙い研究授業も一つの提起をしたと言えるのではなかろうか。自身としては大変よい勉強をさせていただいたと思っている。

なお、四Cの選んだ詩、及び好きな詩人は次のとおりである。（人数は延べ人数）

工藤直子　……　十三人　〔目がさめた（七人）　日記（三人）〕

川崎　洋　……　九人　〔たんぽぽ（七人）　木（二人）〕

谷川俊太郎　……　八人　〔いるか（五人）〕

まどみちお　……　七人　〔しょうじきショベル（五人）　せっけん（三人）　2月のうた（一人）〕

8　想像力を育てる詩の授業

一　学習指導案

㈠　日　時　平成十年（一九九八年）十一月七日（土）　九時五五分～一〇時四〇分

㈡　学　年　大阪教育大学附属天王寺小学校　二年生

㈢　教　材　「おちば」（与田準一）　「おちば」（三越左千夫）　補助教材「おちば」（まど　みちお）

㈣　学習指導にあたって

子どもが詩の学習を楽しむのは、どのようなときであろうか。詩のリズムやリフレインにのって音読しているときであろうか。それとも、言葉から生まれるイメージを仲間と語り合っているときであろうか。

どのような場合にしろ、詩の学習は、できる限り多くの作品を提供し、子どもたちの想像力を刺激し、個の読みを豊かに育てていく指導がなされなければならない。それが、言葉に対する感性を耕し、生涯にわたって詩に親しむ子どもを育てていくことになるであろう。

「落ち葉」をテーマに詩を「続け読み」すると、二年生の目標である「理解」力「……想像しながら読む」に、どの程度迫ることができるであろうか、今回はこの課題をもって授業に取り組んでみたい。低学年の場合、身近な詩を豊富に与え、言葉のもつおもしろさに目を向けさせ、理屈抜きで楽しませながら詩の魅力に触れさせていくことが求められよう。しかし、私にとっては、機会をいただいた授業である。日ごろ関心をもっている点について授業を通して学ばせていただこうと考えている。

授業に使用する主たる教材は二つである。まず、一年生のとき読んだであろう「おちば」（与田準一）を導入として読み、その後、同じ素材をうたった「おちば」（三越左千夫）を読む。二つの作品「おちば」を読むことによって、子どもたちは「秋」のイメージを更に広げることができるのではないだろうか。当学級の実態が定かでないので、補助教材として、「おちば」（まど　みちお）も用意しておきたい。

与田準一の「おちば」は、音声化によって作品の味わいが感得できよう。撥音のもつ言葉のひびき、「はっぱ」の繰り返しを舌で味わうことがまず第一に考えられる。七五調のリズムにのることによって「おちば」の舞い散る様子が一人一人に想像されるにちがいない。今回は、既習作品である「おちば」（与田準一）を音読を中心として導入で扱い、三越左千夫の「おちば」へとつなげる展開を試みたい。

詩は比喩の文学と言われる。三越左千夫の「おちば」は、それを子どもたちに気づかせてくれる作品である。一連から三連を読むことによって、「いたずら　きたかぜ」「やまの　どんぐり」「ふたりの　いもうと」になって、読み手は「おちば」と楽しむことになるだろう。そこから、個性的な想像が生まれ、秋のイメージをその子なりに広げていくにちがいない。四連目は、二年生にはどの程度想像できるであろうか。「あきを　しまいます」は、低学年にとってやや難しい表現であるかもしれないが、今回の授業は、それを確かめる意味もある。

高田敏子氏は述べる。（『詩の世界』P二三九）

詩は、発見、発明であるといわれていますが、それは新しい意味の発見、見方、思い方の発明発見でもあります。なんでもなく、あたりまえになってしまっているものにも、もう一度目を向けて、それについての意味や価値を思い、たしかめて、もっとよい見方、思い方をさがすことが、詩の使命といってもよいでしょう。

新しい詩に出会い、作者の物の見方、考え方に気づき、自分との落差を発見するところに読む楽しさの一つがある。二つの教材を読みあうことによって作品の世界を想像し、言葉がもたらす豊かなイメージを表現を通して読み味わう時間となれば、授業を行う意義もあろう。当日、子どもたちはどのような反応を示してくれるであろうか。

㈤　本時の目標

・想像豊かに詩を読み、秋のイメージを広げることができる。

㈥　本時の展開

学習活動	指導の工夫
1　学習のねらいを知る。 「おちば」の詩を楽しく読むことができる。	
2　与田準一の「おちば」を読む。	・音読を繰り返し、既習事項を思い出させる。 自由読み グループ読み

3　三越左千夫の「おちば」を読む。	一斉読み　等を取り入れる。 ・ワークシートを配布し、第一印象を書くようにさせる。 ・音読、視写等をとり入れ、詩の世界を想像させるようにする。
4　詩から思い浮かべたことを話し合う。	・詩から思い浮かべたことを発表させ、表現にも気づかせるようにする。
5　「おちば」を読む。	指名読み ・時間があれば、学習後の感想も書かせたい。

詩人　嶋岡晨は述べる。（『詩のたのしさ』P三）

「わたしたちは誰でも、詩のこころをもっています。春、いっせいに開く花の美しさに、いのちのよろこびを感じ、秋、舞い散る枯れ葉の音に、人生のかなしさをかみしめる、そのようなこころのはたらきのなかには詩の種子がたしかにこぼれ落ちているのです。そして、じっさいの年齢とはかかわりなく、詩のこころを自分の中に探り当てるとき、ひとは青春を保ちつづけている、といえるのではないでしょうか。」

　詩は比喩の文学であると言われるが、三越左千夫の「おちば」を読むことによって、それを体感するであろう。比喩に子どもたちが想像を想像力を引き出してくれる。作者の個性や表現の特徴があらわれている。それを十分話し合わせることによって、読者に想像力を促し、思考力を引き出してくれるといえよう。詩の鑑賞は読み手である子どもの想像力の豊かさにかかっている。詩教材では思い切り想像の翼を広げさせたい。

この研究大会での、詩の授業は今回で三回目である。その度に私は楽しい出会いがあった。低学年を受け持ったことはないが、飛び入り授業の経験が数回あるだけである。

「学習意欲の活性化を図る授業展開」という観点から、これまでに研究授業を数回させていただいた。その授業を通して、子どもたちに「活動を選択する場」を設定することが授業を活性化するという結果も得られた。今回も、それをとり入れた授業ができないだろうかと考えている。

二　授業記録

平成十年（一九九八年）十一月七日（土）
大阪教育大学附属天王寺小学校二年

T1　ベルが鳴ったようです。さぁ、始めます。
一時間目だけですが、よろしくお願いします。

C　「お願いします」の声

T2　今日はね、みんなと一緒にやりたいのは、秋の詩を読むことです。
どんな詩が出てくるか、楽しみにしておいて下さい。（「ハイ」）
さっき、廊下を歩いていて、後ろの黒板を見たら秋がいっぱいでした。何かわかりますか？

C　「ハーイ」の声

T3　何でしょう。

C　「おちば」「どんぐり」
「おちば……」　などの声が上がる。

T4　秋を後ろにいっぱい貼ってくれていますので、すぐ詩に入ります。

プリント配付

T5　これは読んだことあるかな。（配りながら）

子どもたちはプリントを一心に見ている。

C　上のうしろ（教科書）にある。

C　これ知ってる。

C　読んだことあるよ。

C　教科書にあるよ。上の……

などの声が上がり、机の中の教科書を取り出している子も……

T6　みんなは読んだことあるのかな。

C　うん（うなずく子供たち）

T7　じゃあ、覚えている人もいるかもしれないね。立って下さい、読みましょう。
先生が読みますか、みんなが読みますか？（「読みたい」と言う子どもたち）

全員立つ。

T8　みんなが読みたいというから、一度、読んで聞かせてもらおうかな？　いいですか。（「ハーイ」）
「おちば」と題だけ読むから、みんなは後を続けてね。

「おちば」を一斉に読む。

T9　うまいですね。

T10　グループごと、もう一回読んで下さい。
今度は、「おちば」（与田凖一）と、ここまで読んで下さい。

座席の二列ごとに読ませる。

一列目のグループ読む　T「いいですね」

　二列目のグループ読む　C　自然と拍手が起こる。
　三列目のグループ読む　C　拍手が起こる。
T11　聞いていて、何か感じたことはありますか。
杉本　（答えない）　T　「何でもいいですよ」
杉本　秋の感じがした。
中井　こざるが、おもちゃのお金にするのかな。
中川　みんな声がそろっていて、息が合っていた。
T12　読み方について言ってくれました。このクラスは、まとまっているから息があっていたんだね。今、中川君は、「息が合ってそろっていた」といったから、もう一度読んでもらいましょう。
　四列目のグループ　一番元気よく読める　C　拍手が起こる。
T13　木村さんは、聞きながら下を向いて覚えようとしていました。
さっき、手を挙げていた人もいるけど……、一回読んだことがあると言っていたね。この詩を振り返ってみます。
中井さんがさっき、おさるのお金のことを言ってくれました。杉本さんも言ってくれましたね。
他の人にも聞いてみましょう。
前野　おちばが風にのって飛んでいて、その場所にりすとさるが遊んでいる。
T14　いいですね。おちばが風にのって飛んでいて、そこでりすとさるが遊んでいる。
さぁ、鉛筆を持って下さい。
今、何回かこの詩を読みましたね。前野さんみたいに、この詩を読んで心の中に浮かんでくることがあれば、簡単に書いてみて下さい。下のあいている所です。
　机間巡視
T　「簡単でいいんですよ」

（座席表を見ながら一人ずつ見て回っている）

T　「いいですか」

C　「書き過ぎた」

C　「四行」　　などの声

C　「三行」

T　簡単でいいんですよ。

T15　よろしいですか。そしたら、何人かのを紹介してもらいます。発表してもらいます。怜央君どうですか。

山田　おちばが下にひらひら落ちて、それでこざるとりすが遊んでいる。

T16　このように、自分の書いたものを発表できる人はいますか。西田君はどうですか？　読みますか。（はずかしがる西田）

岡澤君は……。（はずかしがる岡澤）

挙手している子を指名する。

隅田　木の葉と遊びたいから、りすとさるが木の葉を追いかけているような感じがする。

池尻　「おちば」っていう詩を読んだら、森の中に入って、本当にこざるがおもちゃのお金にして、こりすが電車のきっぷにしているような感じがする。

T17　あと何人かに発表してもらいますか。

古岡　いろいろなおちばが飛ばされていって、こざるとりすがきれいなおちばで遊んでいるような気がしてきました。

T18　みんな同じように、小ざるとりすの遊んでいる様子が思い浮かんでくるんですね。

金江　大きな大きなかしの木やならの木があって、りすやさるが遊んでいて、動物の遊び場かなと思いました。

岡野　こりすが今にも飛んできそう。こざるがお金を出して「食べ物ちょうだい」と言っているみたい。

T19　この詩は、みんな読んだことがあると言っていたね。これはこのくらいにしておいて、同じ題の「おちば」をもう一つ読んでみたいと思います。（「えっ」と声があがる）「おちば」が次々と出てきます。
　板書する　（「おちば」　三越左千夫）

T20　今度は、この人（板書を指して）の詩を読みます。一度、先生が読みます。聞いてくれますか。
　範読する
　　プリント配布する

T21　（配りながら）読んでみて下さい。

C　一人で読んでいる子
二人で読み合っている子　などが見られる。

T22　声出していいですから、一回読んでみて下さい。

　「せえの」と声を出し、二人で読み出す子もいる。

　「いっせいの」「おちば」三越左千夫、と作者をきちんと読んでいる子がほとんどになる。

　二～三回読んだころを見計らって

T23　みんなの声を聞かせてくれますか。

　（「ハーイ」）

中川君が言いました「声がそろって息が合っていた」、そんなに読めたらいいね。

先にこの題だけ読みます。後は、みんな続けて下さいね。

「おちば」

　三越左千夫　～　一斉に読む

T24　もう一回読んで下さい。（後ろの方の声が出ていない子に気づいて）
　一斉読み

T25　中川君ね、目をつむって一生懸命覚えようとして読んでたんですよ。

今度は、グループごとに読んでもらいます。

　一列目のグループ読む。　元気よく読む。　拍手が起こる。

　二列目のグループ読む。　拍手が起こる。　T「よかったですよ」

T26　何か気づいたことあるの。西田君は一生懸命聞いていましたね。

西田　そろっていた。

T27　そろっていましたね。最後です。決めてください。

　三列目のグループ読む。　拍手が起こる。

四列目のグループ読む。

T28　ここのグループでよかったと思うところは、自分の速さで読んでいた人があったところです。

T29　心の中に浮かぶことを今から書いてもらいます。
わからないこともあったら書いたらいいですよ。
　　机間巡視
　T「書き終わったら、読んで覚えてくれたらいいね」
書き終わっている子の中には、一生懸命覚えようとする子も見られる。

T30　（しばらくしてから）徳長さんは、ここに番号を①②③④とうっていました。わかりやすくていいですね。

もういいですか。（「ハイ」の声が多く起こる。）

他の人はどんなことを思い浮かべたか、聞いてみましょう。

西田君、今度は手を挙げていますね、どうぞ。

西田　どんぐりは、おちばで寝たり、自然の中では、おちばは、いろいろなところで使われているんだなぁと思いました。それに、どこかに飛ばす北風は悪いなぁと思いました。

T31　いいですね。西田君、さっきは恥ずかしがっていたけど、今度はさっと手を挙げました。

岡澤　「おちば」という詩は、秋から冬になっていく様子を表しているんだなと思いました。

T32　岡澤君は、秋から冬になっていく様子を表していると書いていました。これもいいなと思って、さっき読んだんですよ。

杉谷　おちばは、いたずら北風に会うと飛ばされるけど、おちばは、どんぐりに布団をかぶせてあげるから、どんぐりのお母さん。おちばを皿にして遊ばれるのはかわいそう。おちばは、しおりにされるのはきれいかなと思いました。

T33　④（四連）できれいだなと思ったわけですね。

岩谷　どんぐりの布団は、あったかいかな。おちばの皿に何をのせて遊んだのかな。おちばのしおりを私も作りたいです。

隅田　何となく秋の感じがして、一連のおちばを風に飛ばされて飛んでいっているのを小鳥に表しているところは、特に秋を深めていると思います。

T34　秋を深めている。いいですね。四宮さんはまだだったですね、どうぞ。

四宮　この前の「おちば」よりたくさんのおちばがあって、もっと秋を思い浮かべさせました。

T35　さっきの詩より、たくさんのおちばが（心に）出てきたんですか？　いいですね。前野さんは？（前野　「あたっている」）いいですから言ってくれる。

前野　おちばを北風を飛ばしたのは、山のどんぐりが見た夢だと思いました。

T36　あー（感心したように）つけたしでもいいですよ。気がついたこと、思ったことなら何でもいいです。言って下さいよ。

森野　みんな最初に「おちば」と書いていて、すごく秋の詩みたいな感じがしました。

T37　森野君、もう一回聞きますよ。ここ（板書を指して）を言っているのですか。

（「おちばを」……四回出ているところに線を引く）

山田　おちばが北風に飛ばされて、山のどんぐりの上にのったんかなと思いました。

萩野　おちばがいろいろなものに変身して、いろいろなものに役立つなぁと思いました。おちばってすごいなぁ。

T38　いろいろなものに変身していくおちば、萩野君が書いていました。いいですね。

池尻　おちば、いろいろしたのは、「いたずら北風」「山のどんぐり」「二人の妹」、そして「ぼく」。そのみんなは、おちばを大切にして遊んだと思います。でも、ちょっと北風は悪いなぁと思いました。

岡野　どんな気持ちだろう、おちばの布団。きっといい気持ちだ。ちゃんと飛んだだろう、小鳥さん。風邪ひかないで。どんな秋だろう、本の間の秋。すずしいだろう。

T39　それぞれに思ったことを書いているんだね。あと残っている人、立って言って下さい。

金江　北風はおちばを小鳥にして飛ばし、山のどんぐりは布団にし、二人の妹はおままごとのお皿にし、ぼくは本のしおりにする。みんなはっぱの役目はあるんだなぁ。わたしだったら、いろいろな形にして、真ん中に穴をあけて、糸を通してできあがり。風にあたっていい音だ。

T40　もう発表の方はいいですか？（周りを見る）　詩を読んでみてどうでしたか？

隅田　どっちも秋を感じる。特に二つ目の方が秋を感じる。

T41　このように、自分の考えをもっているというのはすばらしいですね。他に言える人はいますか。

岡澤　どっちも題名は「おちば」なのに、中身が違うから、おもしろいなと思いました。

T42　最後に「声を出してこれを読みましょう」と言ったらどっちを読みますか？

C　（「二番目」という声）

C　（「一番目も読みたい」）

C　（「両方読みたい」）

T43　それがいいですね。二つ読みましょう。

立って下さい。

自分の速さでいいです。覚えている人は見ないで言ってもいいです。元気に読んで下さい。

　全員が読む。

「おちば」

　　……　ベルが鳴る
「おちば」

T44　これはお家で読んでみて下さい。

　「おちば」（まど　みちお）配付する。

三　授業を振り返って

授業前に、挨拶をしようと思って教室をたずねたものの、既に朝の会が始まっていた。担任（石川先生）と子どもたちの話を中断させられないと思い、廊下でしばらく待っていた。教室をのぞくと、背面黒板には生活科の学習だろうか、秋の掲示が多くあった。これを導入で利用することを思いついた。一時間目の授業終了後、担任に挨拶をし、座席表を受け取り、授業に臨んだ。

休憩時間に少し何人かの子どもと雑談をした。学級の雰囲気は大変和やかであり、笑顔の多い子どもたちであった。その中に私はすぐ溶け込むことができた。

学習指導案には「詩の学習は多くの作品を提供し、子どもたちの想像力を刺激し、個の読みを育てていく指導をしたい」と書いた。それを授業記録から振り返ってみたい。

「おちば」（与田準一）は、一年生のときに習っていると思っていたが、二年（上）で習ったらしい。子どもたちの発表から想像力の豊かさをみることはできるだろうか。

前野「おちばが風にのっていて……」
山田「おちばが下にひらひら落ちて……」
隅田「木の葉と遊びたいから、りすとさるが木の葉を追いかけている」
池尻「森の中に入って、本当にこざるがおもちゃのお金にして、こりすが電車のきっぷにしている」
古岡「いろいろなおちばが飛ばされていって……きれいなおちばで遊んでいる」
岡野「こりすが今にも飛んできそう。こざるがお金を出して「食べ物ちょうだい」と言っているみたい」

これらの発表から、「おちば」の七五調のリズムは子どもたちの想像力を十分刺激したと言えるであろう。ここでの音読は二回、黙読を含めても数回しか読んでいない子どもたちであったが、「心の中に浮かんできたことを書く」では、その子なりの表現ができていた。
小西「りすとこざるが秋と遊んでいる」　金江「大きな大きなならの木、かしの木は動物の遊び場かな」　土田「森の仲間がきそうな感じがしてきて、私も遊びたくなる」　中井「木の葉がいっぱいあるって感じ」などが特にそうである。

「おちば」（三越左千夫）の方はどうであろうか。この詩は最初の「おちば」よりも読む回数を増やしている。子どもと詩教材の橋渡し役である指導者は、可能な限り音読を多く取り入れた授業を展開する必要がある。一つの詩には十回程度は読みたいと思う。今回は、音読、黙読、微音読を含めて五、六回しか読んでいないが、当学級の子どもたちの反応は素早かった。ここに石川学級の言葉に対するセンスの良さが感じられた。子どもたちの発表は次の通りである。

岡澤「秋から冬になっていく様子を表している」
杉谷「おちばはしおりにされるのはきれいかな」
隅田「おちばを風に飛ばされていっているのを小鳥にしているところは、特に秋を深めている」
森野「みんな最初に「おちば」と書いていて、すごく秋の詩みたい」
萩野「おちばがいろいろなものに変身して……すごいなあ」
岡野「本の間の秋。すずしいだろう」

四連目の「おちばを　しおりにして／ぼくは　ほんの　あいだに／あきを　しまいます」をどのように読むであろうか、授業前は興味深かった。「意味がわからない」という子も当然出てくるであろうと予想していたが、それは見られなかった。それぞれの連に心をとめ、楽しみながら、その子なりにイメージを思い浮かべていたように思われる。

　心豊かな人間性は文学を読むことによって養われる。想像力の耕しは詩の学習を通して行うことも一つである。これは私の考えである。

　小海永二氏は『文学の教育・詩の教育』（P二六）で述べる。

子どもの想像力を豊かに育て、そのことによって物の見方や感じ方をいっそうのびのびとした柔軟なものに導いてゆくことは、たしかに可能だと信じられる。そして、そのことはまた、個性的で主体的な人間をつくってゆくという、教育全体として目ざす大きな目標にかなうことであるにちがいない。

詩に出会うと、子どもたちは直感的に何かを感じるものである。その詩から感じたこと（心の中に浮かんできたこと）を基盤に据え、お互いの見方感じ方の違いに気づかせ、その詩のイメージを更に広げていく。学級で詩を読み合う意義はこのような展開にある。今回の授業は二つの詩を「続け読み」することによって「おちば」のイメージを広げることができるのではないかという仮説をもって臨んだ。つまり、詩情のイメージ化は個々の読みの交流を通して行うことができるのではないかという考えである。その結果は、子どもたちの当日の発表から推測されるのであろう。この学級は指導者の日常の耕しが行き届いていたため、子どもたちは積極的な姿勢で授業に参加し、詩的なセンスを披露してくれた。それに私がうまい具合にのせていただいたというのが、授業を終えた率直な感想である。石川学級は生活科で体験活動を十分行っていたのであろうか、感性が豊かな学級であった。

現在の教科書には詩教材は少なすぎるように思う。それは様々の制約の中では当然のことであろう。しかし、本当に詩を子どもに身近に感じとらせ、「感情の宝石」を一つでも多く持たせるには、やはり、指導者が詩を数多く提示し、普段の取り組みを計画的に行わなければ、想像力の耕しは難しいであろう。学級にいつも詩が準備されており、詩にふれる機会が多くある学級の子どもたちは、詩を友とし、学校生活を楽しみながら心豊かな人間に育っていくようにと思われる。「厳選」と言われるこれからの教育課程にあって、なおさら、詩人の作品にふれる機会を多くとる必要があるような気がする。

（野ぎくの会　平成十年（一九九八年）十一月十四日（土）　於　県民文化会館）

四　野地潤家先生（前鳴門教育大学長）の指導助言

十一月の授業を今日、このように資料として出していることに恐縮してしています。

資料の一枚目に「新しい詩に出会い、作者のものの見方、考え方に気づき、自分との落差を発見するところに詩を読む楽しさの一つがある。……」自分との落差との発見という集約した言い方をなさっておりますが、作者と自分との違い、完全に重なり合う、共感する部分とかありますが、あまりにも違いがありすぎるという「落差」というものを使って、「自分との落差の発見」と述べておられるところには注目させられます。

資料4のT14「いいですね。おちばが風に乗って飛んでいて、そこでりすとさるが遊んでいる」その次に「さぁ、鉛筆を持って下さい」とあります。先生の授業をたくさん拝見したわけではないですが、子どもたちが感動をもってこりすとさるのことを聞いているときに、イメージをすぐに書きなさいというのは岡山流の鋭い刀の抜き方じゃないかと思います。「さぁ書くんですよ。書くんですよ。今から書くんですよ」と何回も言うような先生は、子どもの書く意欲もなくなり、先生は嫌われます。書くような中身をもってきて、「さぁ、鉛筆を持ちましょう」と言われると、書かないと悪いようになってしまいます。

生きた授業の分析の喜び、楽しみというのは、授業の一語一句を人事として読まないで、どのように読み取っていくかが、私たちの仕事です。指導の間に一言一句がどうなのか、読み取っていくのが授業研究者としての執念であり、喜びであります。授業研究を通して、授業力を身につけていくもとになるところでもあります。

期間巡視されてT15、T16、この続き方はうまいですね。はずかしがる二人、担任の場合、はずかしがらずに発表できるようにできるんですが、飛び入りの場合、難しいところでもあり、つらいところでもあります。分析するとき、（はずかしがる）とあると、後で非常に生きてくるのです。二人は後で活躍するんですけれど……

隅田、池尻、Ｔ17の後、何人か発表します。古岡、金江、岡野のそれぞれの子の想像したものがむだなく的確に答えられているわけです。それを一つ一つ評価する、褒めるということは、二つの詩を扱うということで余裕がないわけです。そのとき、先生は、うなずき、まなざしとかで子どもたちの発表したものを一つ一つ受け止めているというものがあったと思うんですが、全体の時間配分ということもあり、先生が言葉を添えたり添えなかったりしたら、アンバランスになり子どもたちにも悪いですから、平等にするということで評価がなかったのだろうと記録から読み取りました。

Ｔ24「もう一回読んで下さい」とあるのは、後ろのほうの子で読んでいない子を見逃さないというところが、先生の潔癖さというか良心に従って見逃すわけにはいかないというもので、「しっかり読むんだ」「読んでいない子がいる」とか言わないけど、授業者として内面に忠実にゆるがせにしないで授業を運んでいることがわかります。

Ｔ26「西くんは一生懸命聞いている」というところで、本当に西くんがきちんと聞いている、そのことをきちっと捉えている。西くん一人への言葉じゃなくて真面目に聞いていた、本当に聞いていた子どもたちへの言葉となっている。ここに講評というのがあるんだと思います。

Ｔ28　というふうに学習過程が進むに従って評価というのが的確になされているというのが記録から読み取れると思います。

Ｔ41　岡澤くんの言葉を受け止めて「よく受け止めました。作者もうれしいと思いますよ」というような言葉が加わりますとよろしいが、全体から見て、時間がなくて、すぐベルが鳴りますので、そういう余裕がなかったのかもしれません……

T44　これは余韻を残すような終わり方になっております。

資料十二枚目の「詩に出会うと子どもたちは直感的に何かを感じるものである。……（中略）……子どもたちは積極的な姿勢で授業に参加し、詩的なセンスを披露してくれた。それに私がうまい具合にのせていただいた」と非常に謙虚に述べています。既習学習としての「おちば」と、教材としての三越左千夫「おちば」とまど・みちおの「おちば」を周到に用意なさいながら、子どもたちの意欲を引き出すように巧みな四十五分間の授業を展開なさった成果であります。「子どもたちにのせられた」と言っておりますが、あくまでも子どもの目線にあり、気持ちにもありますから謙虚な述べ方をなさっておられますが、仮説として設けられたことは十分に達成されたのではないかと思われます。

このように生きた授業記録をもとに分析し試行錯誤をされて、更に次を指導に生かしていこうとしている姿勢に対して私は充実した時間をもつことができました。

（野ぎくの会　平成十年十月十四日）

五　弥吉菅一先生（大阪教育大学名誉教授）のお手紙

拝復、今年もあとわずかになりました。ご多忙の中であるのに、こんなに詳しい資料をとてもありがたく拝受しました。

第一時感想、この資料（与田準一さんの詩、三越さんの詩）の使い方、うまいな、さすがだと思いました。さらに、まどさんの詩まで準備されたこと、満点。

第二時感想、四の「指導にあたって」で気づいたこと。①「続け読み」のねらいすばらしい。②与田氏の「おちば」三越氏の「おちば」の特色をちゃんと押さえてある。③ことに本時の目的（中心）資料である三越の「おちば」の内部構造をちゃんと押さえておられる。四連目は、この学年には難しいとの判断、よし。豊かなイメージをとめざしておられることも立派だと思った。が、五　本時の目標について、これで結構であった。よく一つにしぼれと。ただし、この目標に違いないのであるが。これでいいのであるが、何か物足りない。それは何か。三越の「おちば」だけから持ちこまれる文芸鑑賞としての技能目標が設定されるべきではないか。例えば、「いたずら　きたかぜ　やまの　どんぐり　ふたりの　いもうと」と教材観でご指摘であるから、このようなめやすが押さえられて初めて、本時独自のめやすが達成されたことになるのではないか。この不徹底が展開の段階で出てくる。六　本時の展開①「学習展開」「指導の工夫」二大別、うまい。②１２３４５、実に肝心なところを押さえ、非の打ちどころがない。さすがだと考えさせられる。飛び込み授業では、これでいいと思う。しかし、私は物足りない。その物足らなさはT３～T10、及び「授業を振り返って」T11～T12によって、このかわきはいやされました。よくも、ここまでと、とてもありがたく存じました。

第三時感想、第三時感想は、T３～T10を二回ばかり拝見して気づきました。第一回目は、子供さんがよく動き、よくさばかれた、さすがだ、うまくいっていると思ったのです。ただ、残念だ。御授業を私が拝していないのが。あのとき、拝見すればよかった。だが、附属小についただけで、もう疲れていた。心ならずも参観することを中止してしまった。やっぱり参観しておればよかった。そうすればこれだけの資料が整っているから立派な論考に持ち込めるはず、残念だと思うことしきり。二回目、精読しはじめた。そのときの感想、これから第三時感想。①子供（二年生でありながら）すばらしいところに気がついている。例えば、西田、岡沢、杉谷にいたって、この詩のすべてに関しての主要なことを発言し終わっている。それをT33では「四できれいだなあと思ったわけですね」と受けておられる。が、西田、岡沢、杉谷、ことに杉谷はこのポエム（三越）の内容のすべてにわたってしまっている。だから、ここで「第一連について……第二連について……第三連について……」と展開を指示していったらと私は思う。第一連のイメージ、第二連のイメージ、第三連のイメージと。

②　四宮「この前の「おちば」よりたくさんの……」T35「さっきの詩よりたくさんの……」比較に入っている。この四宮と先生のやりとりは、二つの詩の比較に入る大きな要因がある。ここを契機に展開すると、本時の目標の大きなものが果たせることになる。惜しいものを逃がしていらっしゃる。

③　森野「みんな最初「おちば」と書いていて……」T37　教師受け止め、四回出ているところに線を引く。すごくよい。ことばと連との配置を押さえ、イメージの展開。すばらしい。

④　池尻、岡野、T39、この辺りもすばらしい。

⑤　金江「北風……」は、比喩という主要な目標へ手を伸ばすことのできるすばらしい場である。何かひとことあってと思うことしきり。それだけではない、「わたしだったら、いろいろな形にして、真ん中に穴をあけて糸を通してできあがり。風にあたっていい音だ」本時の授業中で、最高最大のイメージの世界がこんなに見事に生産されている。教師は受け止め、驚いてほしい。ひろげてほしい。のばしてほしい。残念である。殺している。T40「もう発表のほうはいいですか……」で終わっている。残念です。時間がなかったからと思いますが、それはそれとして、ただ無言で感じ入った姿だけでもいい。「その心で読みましょう。」と言って、鑑賞すれば、いかが。

わがままなことを書きました。すばらしい世界がいたるところに生起している。これをどう組み立て展開していくかが授業の醍醐味だと存じます。わがままなことといってすみません。やっぱり、拝見しなかったことが残念です。

この資料をいただいて、私はずっと昔、和歌山大学で全国大学国語教育学会のおり、先生が四年の御指導をなさった資料を引き出し、昔のことを思い出しました。（中略）

日本の詩の授業の展開の中で貴重な資料となるのです。あのとき、青木さんが『第三の書く』というテーマでお話ししているのです。一面、前進です。一面、大きな宝物を忘れさせたのです。その狭間にあなたの指導が厳然として存在するのです。大きな意義があるのです。それを世の中に書き残したいのです。たのみます。

（平成十年十二月十四日）

9　鑑賞から詩作へつなぐ授業

一　指導計画

㈠　日　時　平成十一年（一九九九年）二月九日（火曜）　十三時三十五分～十四時二十分

㈡　学　年　和歌山市立福島小学校　三年一組（今井学級）

㈢　教　材　じっと見ていると（高田敏子）、たんぽぽ（川崎洋）、ことこ（谷川俊太郎）
おちば（与田準一）、はる（畑中圭一）
『一年一組　せんせいあのね』から二編、『国語三下　あおぞら』から二編　他

㈣　指導にあたって

・詩の指導にあたって

大阪府下に勤務の二〇代の頃、詩を好きにさせたいと子どもに創作させていた。それも相当強引な方法であった。当時の指導の四行詩は次の通りであった。「①書く対象を見つける。②じっと見るとそれはどのようか。③「まる

で……のようだ」を入れる。④振り返り、自分の考えを書く。」そのときの岡本久（五年）の詩である。「岡くんがあくびをした／大きな口をあけている／まるでかばのようだ／ぼくのあくびもあんなのかな」一つの詩作の方法を提示し、全員に取材させつくらせるという半ば強制的な一斉指導であった。

江口季好氏は『児童詩の授業』の中で述べている。（P十六～）「詩の核心は感動である。詩を書かせることは感動を重視する教育活動である。／詩を書かせていくことは、子どもの感覚や感情を能動的に、しかも鋭利に、そして豊かにしていく。／詩を書かせることは人間形成のはたらきをもっている。」しかし、当時の私には、そのような考えはあまりなかった。作品を完成させることに重きをおき、子ども側に立って考えたことはなかった。がむしゃらに書かせていた若いころであった。振り返ってみると、私の指導は当時の子どもたちにとってたいそう迷惑であったに違いない。

「青春のころ、ひとは誰しも、多かれ少なかれ詩人になる」と嶋岡晨氏は述べる。（『詩の楽しさ』P三一～）おりにふれ、愛誦詩を口ずさむ人が見られる。このように詩を自身の友とし、生涯を通して詩に親しむ子どもを育てていきたいと考えている。詩に意図的、計画的に親しませることは、ことばに関心を高めるとともに、その子のもつ個性的なフィルターを通して対象を幅広く見つめる目を育てることになる。それが、身近な対象に心を寄せ、ことばに対する豊かな想像力や感性を磨いていくことになっていく。同時に創造性のある人間を育成していくことになるのである。

今回の詩の指導では大きく二つの流れを考えている。一つは、数編の少年詩、児童詩を鑑賞し、それぞれの詩から気づいたことを語り合い、詩に興味・関心をもたせること、もう一つは、それらの気づきを参考にさせながら詩作を試み、それを鑑賞することである。

詩の指導にかかわって、以前、二つの考えを聞いたことがある。「子どもに詩を作らせることよりも良い詩を多く与えることである。それも芸術作品としての少年詩がふさわしい。」「子どもの豊かな物の見方・考え方を育て、文章表現力を育成するには詩作の時間を多くとるべきである。」どちらが好ましいかは明言できない。私の場合、実態に照らして、適宜両方を取り組んできたからである。その学級に表現意欲が見られれば、時機を逃さずに表現活動を位置付けるのが有効であり、詩を鑑賞する時間を継続的に設定することも重要である。

　詩の指導で目標とすべきは、「詩は楽しいものだ」と一人一人に感じとらせることである。そのため、意図的・計画的に数多くの詩と出会わせ、詩を読む楽しさを実感させることが、子どもたちに詩の魅力を感得させることにつながる。

　今回は、鑑賞から詩作へとつなげていきたいので、音読は多くとれないであろう。限られた時間内でどの程度、その詩のもつ特色に気づかせ、表現の意欲へとつなげていくことができるか、今回の私の授業の研究課題である。

・教材について

　教材として選んだのは、私が子どもたちに読ませたい好きな詩が中心である。これらの詩を読みあうことによって詩作のおり、周囲を見つめる目が広がってくれればと思う。

　「じっと見ていると」（高田敏子）の対象を見る豊かな目、擬人的表現は子どもの詩作に参考となるであろう。古来から人々は「万物には生命が宿る」と考えていたが、それは詩にも受け継がれている。この詩を読むことによって周囲を見つめ、耳をすまし、表現する対象に心を傾けてくれれば幸いである。

　「たんぽぽ」は、個性的な物の見方にはっとさせられるとともに、作者の朗らかなあたたかを感じる。字の順序を入れ替えることによって起こることばのもつ味わいにも気づかせてくれる。音読を通して、無数の種子が風にのって飛ぶ様子を子どもたちは思い浮かべるかもしれない。

「ことこ」（谷川俊太郎）は、ことば遊びとして何回も読ませたい。声に乗せて読ませることが、この詩には効果的であろう。ここでのことば遊びには二つの側面がある。音韻的な楽しみとリズムの楽しみである。「いい詩であれば、いやおうなしに詩が自分の中に入ってくる」と谷川俊太郎氏は述べているが、今回は時間の制約上、音読を十分にとることはできないかもしれない。このような楽しい詩もあることに気づかせる程度となるであろう。

「おちば」（与田準一）は音声化によって作品のよさを感得できよう。「はっぱ」「はっぱっぱ」撥音のもつことばの響き、「おちば」の繰り返しを舌で味わうことで、七五調のリズムを楽しむことができる。この詩も、音読によって、はっぱの舞い落ちるなかを「こざる」や「こりす」の遊ぶ姿を想像するであろう。

「はる」（畑中圭一）もことばのもつ楽しさに気づかせてくれる。「はる」のもつ意味の多義性を考えさせられる。児童詩「ぼくがおとなになったら」「じしん」は、足立悦男氏の述べる「ノンセンス詩」のジャンルである。子供たちにことばの働きのもつおもしろさに目をひらかせる意味において、この詩は有効である。生活詩「顔ふき」「冬が来るぞ」は、詩をつくるにあたって、取材するときの周囲を見るヒントになるであろう。

㈤ 学習指導目標

・いろいろな詩にふれ、それぞれの良さに気づくことができる。
・創作した詩を紹介しあい、詩の世界を広げることができる。

㈥ 学習指導計画（全五時間）

① 児童詩、少年詩と出会う。（二時間）
（ねらい）数編の詩を鑑賞し、豊かに想像することができる。

②　詩を創作し、紹介しあう。（三時間　本時2／3）
（ねらい）取材し、詩をつくることができる。
創作した詩を紹介しあい、それぞれの良さに気づくことができる。

(七)　本時の目標
・友達の詩を読みあい、それぞれのよさ（事物、事象のとらえ方、比喩表現、擬人法等）に気づくことができる。

(八)　本時の展開

学習活動	指導の工夫
1　学習のねらいを知る。 ［友達のつくった詩を読み、それぞれのよさに気づくことができる。］	・詩の提示は、期待感を持たせるようにしたい。
2　友達の詩を数編読む。	・数編の詩は前半、後半に分けて読ませる。 ・最初の印象を大切にさせる。 指名読み、自由読み、一斉読み　等
3　詩を読んで思ったことを書く。	・用紙を配付し、お手紙形式で書かせる。 目のつけ所、個性的な表現のよさ　等
4　友達の詩の「いいな」と思う所を話し合う。	・友達の詩の世界を想像しながら、表現のよさに目を向

5　2・3・4を繰り返す。	けさせるようにする。
6　詩を読む。	・もう一度読みたい詩を選んで読ませたい。 本人にも読ませる。

二　詩を読んで思ったこと

少年詩を読んだ後の二組の子の感想である。児童詩を読んだときは感想があまり見られなかったが、少年詩のほうが三年生の子どもにとっては印象的であったらしい。その後で授業を行った一組も同様な感想であった。

この詩を読んでいると、楽しい気分になってきます。動物が遊んでいるところ、物がしゃべっているところ、春のころを思い浮かべられます。いろいろなことを思い浮かべると、いいことが起こりそうだなあと思います。何回も読んでいると、もっと楽しい気分になりそうです。

（西　和秀）

「じっと見ていると」の詩が一番気に入りました。消しゴムやほかの物たちも同じで、人に話しかけているところがすごく良かったです。「おちば」のこざるや森の小リスと書いているところで、どんなこざるや小リスなんだろうと思いました。

（雑賀　千彰）

詩の内容にもよるけれど、その詩に出ていることが頭の中に思い浮かびます。一つの詩には一つか二つ、すごくおもしろいところがあります。先生と勉強していて、世界中の詩を全部読んでみたいなと思いました。

（出水　束）

詩を読んで、はじめ詩なんか「全然おもしろくない」と思っていたのに、なんでこんなにおもしろい詩がいっぱいあったんかな。知らなかったです。

（岡西ゆうじ）

「ことこ」を読むと、山の中にいるようで、となりを「のこのこ」歩いているのが浮かんでくるし、自分がいきたい所に「その子」がいて「そこのけそこのけ」といっているみたいです。「はる」を読んでいると、おばあさんが障子を張っているとこがよくわかります。それに「はる」という言葉がいっぱい書いているで、だじゃれみたいで笑ってしまいます。この本の詩は全部おもしろいです。

（松下みなみ）

いろいろな詩があって、わたしは「たんぽぽ」が一番楽しいと思いました。それは「たんぽぽ」にみんな名前がついているし、「たんぽぽ」を入れ替えたりするので、「たぽんぽ」「ぽたぽん」とついていておもしろかったです。わたしは「たんぽぽ」みたいな詩をつくってみたいです。

（山本かおり）

詩って、本当はしゃべらないものまで言葉を考えていて、紙とか、見ているものが何かをしゃべっていると思います。「たんぽぽ」の詩には、一つ一つ名前をつけていてすごいと思いました。詩って本当はおもしろいなって思いました。

（橋本　あや）

「じっと見ていると」の「さよなら　さよなら　また来年ね　風に吹かれて　散っていった」のところが、風に吹かれてきえていくような気がする。わたしも、家のお花に水をやるとき、お花が「わたしにも、お水をちょうだい」と言っているような気がして、ついついたっぷりお水をあげてしまいます。

（西江　杏菜）

「じっと見ていると」何でも聞こえるんだね。わたしは、ふでばこを見ていたら「きれいに使ってね」と聞こえてきました。

（大塚　りさ）

「じっと見ていると」人以外としゃべれておもしろそう。わたしも、雲とかとしゃべってみたい。特に動物としゃべってみたい。（清水　莉恵）

「じっと見ていると」イチョウのはっぱが「来年もくるよ」といってる。わたしの心にのこった詩です。とてもいい話です。（西　真沙美）

「たんぽぽ」たんぽぽの中にある文字を名前にしているのはすごくおもしろい。（中谷　輝久）

「たんぽぽ」たんぽぽには、一つ一つ名前があってよかったな。（中山ともあき）

「たんぽぽ」みんな一本ずつ名前があるんだな。かわいい名前があっていいなあ。たんぽぽっていいにおい。（古川あい子）

「ことこ」の詩の中でだいたいは「この」を使っている。みんなすごくうまい詩をつくっているんだなあ。すごいと思います。（森　ちず）

「ことこ」早口ことばみたいで、読むのがすごくむずかしかったです。（酒井たつや）

「はる」明るくて、おもしろいし、書いている人もおもしろそうなので、この詩が好きです。（近西　まゆ）

「はる」を読んで、「はる」は「はる」でも、いろいろな「はる」があると思いました。（小畑　和輝）

「はる」をよんで「春」が近づいてくるような気がしてきました。（高橋せいや）

「はる」の詩はとってもおもしろかった。特に「春　おかあちゃん　おなかが　はる　すこしたべすぎはる」のところがおもしろかった。（福永あつし）

三　授業記録

平成十一年（一九九九年）二月九日（火）
和歌山市立福島小学校三年一組　今井学級

T1　（プリント配付後）最初に三人の友達の詩を出しました。大野くん、中嶋さん、丸山くんのです。三人がどこに行ったときの詩ですか？

C　「市立博物館です。」

T2　みんなは金曜日に市立博物館へ見学に行ってきました。そこで見たもの、心に残ったものについて詩に書いてくれました。友達三人の詩を渡しています。この三人の詩を読んで、「いいな」と思うところを話し合います。大野くん、中嶋さん、丸山くんの詩を読んで「いいな」と思うところをこのカードに書いてください。書くのは一人だけでいいです。

大野くん、読んでくれますか。

大野「あんどん」を読む。

T3　みんなも、一緒に読んでみましょう。

全員、一斉に読む。

T4　次は、中嶋さんの詩です。読んでみますか。

中嶋、恥ずかしがって読まないので、清水が「人力車」を読む。

T5　後で、中嶋さんも読めたら読もうね。一度、みんなで読んでみましょう。

全員、一斉に読む。「のってみたいな」の声に感情を込めているのかそれぞれが違う。

T6　丸山くん、自分で読めますか。

丸山「くわ」を読む。

全員、一斉に読む。「ガンバレ、ガンバレ」の声に感情を込めているのかそれぞれが違う。

T7　ここがいいなと思うところが見つかるかな。（「はーい」の声）もう一回、声を出してでもいいですから、読んでみましょう。そして、ここに（カードを提示）簡単でいいですから書いてみましょう。

全員、書く作業に移る。「一つ書いたら、まだ書いてもいいか」と質問がある。

T8　一つじゃない。二つあるという人は、二つ書いてもいいんですよ。

全員　書く作業

T9　書けたらもってきてください。（三つの詩の題と作者を板書する。）

書けたものに対しては「詩を読んでおいてね」と指示する。

カードの無記名者には記名するように指示する。

T10　もうみんなは出してくれたかな。（提出したカードを分ける）

T11　大野くんの「あんどん」の感想を読みますよ。大野くんの「あんどん」の最後は何と書いている？

「生きているみたい」（それぞれ声を変えて読む。）

ここがいいと思った人が多かったんだね。上山くんは何か言いたいのかな。

上山　火がともっていて、囲っていて、まるで火が心臓みたいな感じがする。それでね。囲っている四角いのが皮膚とか身体みたいなものになる。

T12　ここが気に入ったという人が何人もいました。上山くんみたいに話ができる人はいますか。（上山の意見を板書）

古川　あんどんてね。昼はついていないけど、夜になったら明かりがつくから、明かりがついたら、本とかが読んだりできる……（テープ　聞きとりにくい）

T13　古川さんは、夜になったらあんどんが遊ぼうと言っているみたいに見えるんだね。

「うん」（古川うなずく）

「暗いときに一緒に遊ぼうといっているみたい。」「あんどんが生きているみたいが上手やなと思いました」（カードを読む）西川くんが書いていました「あんどんが生きているみたいが気に入った。」内田くんは「いっしょにあそぼうといっているみたい」が気に入ったそうです。もう少し、思いつくことがあれば言ってくれたらいいね。

C　「言える」という声。「うーむ」「はーい」と言う声も出る。

前　あんどんは朝と昼は寝ていて、暗いときは起きているというのが気に入った。

T14　（板書しながら）大野くんの書いたここ（指して）が気に入ったというんだね。

酒井　朝と昼は電気をつけなくても明るいけど、夜になったら（あんどんが）明るいから生きているみたいと言っている。

T15　それが酒井くんにとってどうだと言いたいのかな？

酒井　夜になったらついているから、「生きているみたい」となっている。

T16　（酒井の発表にうなずきながら）時間がないので次にいきますよ。このように思いつくことがあれば後でもいいですから言ってくださいよ。「人力車」が好きだと書いていた人も何人もいました。（カードを見ながら）中山くん、丸山くん、出口さん、森さん、清水さん、何人もいます。木村さんはどこが気に入っていたのかな。大塚さんは言えますか。（恥ずかしがる大塚）近西さんどうぞ。

近西　引く人はつかれるけど、乗る人は気持ちよさそうだから、私は乗ってみたいと思いました。

T17　最後の行が好きなのですね。（挙手が見られる）清水さんどうぞ。（プリントを置いたまま見ながら話そうとしているので）清水さん、上を見て話そうね。

清水　私も「のってもみたいな」というとこを読んで、昔にもどって、私も乗ってみたいと思いました。

出口　人が乗ってくれて人力車はうれしい。人を乗せているから、力で引いて

（声が小さいのでTはそばに寄っていくが聞き取れない）

T18　（板書してから）出口さんは、人が乗ったら人力車はうれしいだろうなと言ってくれました。何人かは、乗ったら

気持ちいいだろうなという考えですが、乗ったら人力車も喜ぶだろうなというのが出口さんの考えです。

前　えっとね。ぼくも「のってみたいな人力車」というところで、ぼくも乗ってみたいなと思いました。

Tの指示「上山くんは簡単にまとめて言ってくれるかな」

上山　えっとね。出口さんと似ているんだけど、人が乗ってくれたら人力車は喜んで、そのまま動かないとおもしろくないから、こぐ人も人力車の気持ちを読み取って、人力車が喜んで、喜びながらすることができるからいい。

（上山の声が聞き取りにくくなる）

T19　先生ちょっとわかりにくいんだけど、上山くんはどこが気に入ったのかな。一番気に入ったというところを教えて。

上山　「きっときもちいいだろうな」人力車は人が乗ったらすーとするかもしれない。

T20　乗った人は？

上山　乗った人は楽やなと思って最高やと思っている。

T21　中嶋さんは「のってみたいな人力車」と書いてくれました。「ひいてみたいな人力車」とは書いていませんでした。そこがまたいいなと思いました。（笑いが起こり雰囲気が和らぐ。）さあ、次にいきます。西さんどうぞ。

西　「ガンバレ、ガンバレ」のところが、人が一生懸命……

T22　最後が聞こえにくいよ。

西　ひとが一生懸命ひいているようです。

T23　「ガンバレ、ガンバレ」のところが、人が一生懸命たがやしているように見えてきたというのですね。いい話し方をしてくれました。

鈴木　ぼくも最後の「ガンバレ、ガンバレ」が好きです。「ガンバレ」と応援している人も一生懸命やっているし、応援してもらっている人も一生懸命やっているようだからいいです。

早川　「ガンバレ、ガンバレ」と言ったら、やっている人も一生懸命がんばれるからいいです。

T24　こんなに言ってくれたら、やっている人も一生懸命にがんばれるからと言うんだね。上山くん、今、何か言っていたね。

上山　「ガ、ガ、ガ、ガ」というのは、くわが人と一緒に一生懸命やっているのが想像できる。

T25　いいこと言うね。くわと人が一緒になっているのが想像できるというんだね。素晴らしいね。

前　くわと人とが一緒になっているみたいや。

大塚　「ガ、ガ、ガ、ガ」はくわが一生懸命働いているみたい。

T26　こんなふうにそれぞれ書いた人の詩のよいところを見つけていってください。次の人のです。

（プリント配布する。）

T　詩と作者を板書する。子どもたちはプリントを読んでいる。

T27　（読み終えたころを見計らって）一回、読みましたか。（うなずく子ども）
鈴木くん、自分で読みますか。（いやがる鈴木。「読みたい」「読んであげたい」の声が多くあがる。挙手している高橋を指名する。）

高橋が「学校」を読む。

全員で「学校」を読む。

T28　出口さんの「かさとあめ」です。（出口が読まないので清水が読む。）みんなで読みます。

全員で「かさとあめ」を読む。（子どもたちは自分のペースで読んでいる。
「わーい、わーい」は自分なりの声を出している読んでいる。）

西江　「ヒヤシンス」を読む。（静かにきく子どもたち）

全員で「ヒヤシンス」を読む。

「ムキ、ムキ、ムキ」「ウニョ、ウニョ、ウニョ」は特に声を変えて楽しそうに読む。

T29　うまく読めていますね。中谷くんは読めますか。隣の内田くんよんでくれる。（内田、読む。）みんなで読んでみましょう。（一斉読み。「きれいにつくってね」の「ね」に特に感情を込めている子が多い。）
これと同じような詩を前にも読みましたね。
そしたら、この四人詩の中から、一人だけでもいいです、お手紙を書いてあげましょう。早く書けて時間があるようでしたら、二枚目を書いてもいいです。どうぞ、始めてください。

カードを書き始める子どもたち。

C「色は変えてもいいの。」「やったあ、青色をもらった。」と喜び子もいる。

C「もう一枚書ける?」　T「まだ書きたいの。」　C「もう一枚書きたい。」　C「ぼくも、もう一枚書きたい。」

T　カードを配付しながら「時間との勝負になりますね。」とつぶやく。

しばらくしてから机に提出する子が出てくる。Tはそれを読みながら声をかけていく。

T30　そろそろいきますよ。もう書き終わっていますね。（「ちょっと待って」の声。）
いいですか。

ベルが鳴る。

C「次のも読みたい。」「次も（詩を）読みたい」の声が起こる。

T31　時間がきたようです。明日は、次の人のを読みます。（「はーい」の声）
残りの人のを今日渡します。C「ヤッタア」「オー」の声起こる。
出来ました。これです。（冊子を見せ、配付する。喜ぶ声。
「ぼくのがある。」「わーい、あった。」「ぼくのんや。」「ぼくのん載っているんや」等の声。）
みんなにわたりましたか。「読みたい」と言ってくれたけど、今日はこれで終わります。
今晩、読んできてくださいね。

四　授業を振り返って——鑑賞から表現へつなぐために

今回の授業は、和歌山市国語教育研究会（三年部会）の研究授業として行ったものである。

三年生の年間指導計画に「詩の広場」の単元がある。担任の話によると児童は三年生になってからは詩をあまり読んだことがないとのことであったので、この単元をさせていただくことになった。指導のねらいは二つあった。「子どもたちを詩に親しませること」と「詩の鑑賞を表現につなぐこと」であった。

子どもたちの初めてつくった詩を文集からみると、三年生になって初めてつくったものであるが、様々な対象に目を向け個性的に表現しているように思われる。

この授業を通して、鑑賞から表現へとつなげていくには、子どもの思考の流れにそった段階的な指導が必要であることが確認できた。一つとして、冊子を三回配付し、意欲の喚起を図りながら授業を展開する方法をとってみた。

鑑賞の段階（冊子①）、鑑賞から表現へとつなげる段階（冊子②）、詩作の鑑賞の段階（冊子③）にそれぞれ冊子を配布し、授業を展開した。鑑賞の段階では、最初、二時間をかけて数編の詩を読んだ。冊子①の感想の一部は「詩を読んで思ったこと」にある。一編の詩を時間をかけて鑑賞する学習も教材によっては必要であるが、ここでは、子どもたちにいろいろな詩を読ませ、詩の楽しさに気づかせることをねらいとした。初めての試みであり、時間の制約上、学級の実態からみて無理があったかもしれないが、子どもたちは幾つかの詩に出会ったことから詩への興味がわいたようであった。

鑑賞から表現へとつなげる段階では、ワークシート（冊子②）を用意した。「まわりを見てみよう　詩ができるかも」「書くことを見つけたよ」「◎◎◎をふくらませてみよう」（参照　大阪府科学教育センター）「詩をつくろう」のワークシートは身の周りの事物、事象に目を向けさせ、表現への意欲を喚起させるねらいがあった。カット入りの②の冊子を持たせ、取材期間をおいたことが、詩をつくってみようという意欲を起こさせたかもしれない。

実際の詩作の折には、プリント「◎◎◎をふくらませてみよう」を参考にさせ、一番心に残っていることを思い出させながら書かせるようにした。このプリントの効果はあまりあったとは思えないが、書こうとする事物、事象から何を切り取って表現しようかというヒントにはなったようである。自分たちの詩集（冊子③）は一番の喜びであったようだ。

江口季好氏は『児童詩教育入門』（P一二二）で述べている。


直感力、感覚力、想像力などのさまざまな感応力や高い認識能力の成長がなければ、……すぐれた詩を創造することは　できません。また……詩は、かなり充実した指導がなくてはできません。


今回の指導は、江口季好氏の論からみると充実したものではない。限られた時間内で、どの程度子どもたちが詩に親しみを感じ、詩作への意欲を示すかを確かめる荒っぽい授業であったからである。子どもたちにとって初めての指導者であり、何枚かのプリントもあったためであろう、詩の学習に対しては大変興味を示し、意欲的に取り組んだ。表現へとつなぐ作品の鑑賞は、まず、子どもの心を動かす詩を指導者が多く読んでいくことである。これは普段の計画的な学習指導からなされるものであろう。今回のようなわずかな時間ではなく、鑑賞を年間計画に位置づけ、詩を楽しいものだと感じさせるような展開を行うことによって子どもたちの表現意欲が喚起されていく。表現しようとする対象に目を向け、心を動かし、詩作していく力は、指導者が学級に提示していく詩によって変わっていくともいえよう。

子どもの感性は私たちによって耕されていく。子どもの直感力、観察力、思考力、想像力は、私たち自身がどの程度、詩に親しんでいるか。詩集を身近におき、子どもたちと詩との橋渡しを行っているかが問われている。

（野ぎくの会　平成十一年（一九九九年）四月十日（土）　於　児童女性会館）

三年一組の詩

友達の詩を読み、いいなと思ったところを見つけよう

市立博物館を見学して

あんどん　　大野　こうじ

あんどんは
くらいときにおきて
「いっしょにあそぼう」
といっているみたい
朝とひるは
「おやすみ、夜にあそぼう」
といっているみたい
あんどんは生きているみたい

氷れいぞうこ　　西江　杏菜

ちっちゃいちっちゃいれいぞうこ。
中みをあければいいにおい。
上は氷、下は食べもの。

昔の昔のれいぞうこ。
今とはちがうれいぞうこ。
中みをあければ、
楽しい音楽がきこえてくるよ。
昔の人はくふうしていたんな。

昔のもの

中山　ともあき

昔のものをみていたら
昔のものがこういった
「昔のものでもだいじにつかってね」

七りん

神田　あかり

七りんでさかなをやいたら、
おいしいかな。
やいたらどんな音かな。
どこからか、なにかの音が、
きこえてくる。
「ジュージュー」
おいしそう。

あんか

清水　莉恵

さむい冬は、
あんかであたたまる。
あなのまどから、
炭火を入れればあたたかい。
火のにおいがする。
あんかはあったかいな。
あんかは今のこたつだ。

くわ

丸山　ゆうじ

お米をつくるための道具
くわは力をいれて
うつための道具
「ガ、ガ、ガ、ガ」
どんどんやっていっぱいたがやす
「ガンバレ、ガンバレ」

ランプ　　　　　　　中川　あつし

ランプをつけると
明るいかな
ランプのあかりがちいさいと
あかりがちょっとついている
ちいさいあかり
大きいあかり
きれいだな

すみ火アイロン　　　　清水　りょうこ

すみ火アイロンはてつでできています。
すみ火を入れて火をつければ、
「ジュー」と音がする。
わたしは、
その音が大すきです。

人力車　　　　　　　　中嶋　緑

人がのる人力車。
人がひく人力車。
きっときもちいいだろうな。
ひく人はやっぱりつかれるだろうな。
のってみたいな人力車。

おかま　　　　　　　　高橋　せいや

おかまは昔から使われています。
おかまは昔から人だすけをしました。
それでつかれて
「もうぼくはつかれた。すいはんきくん、
ぼくのように人だすけをしてください」
すいはんきは、
すごく人だすけをしたんだなあ。

あんどん　上山　たつや

ああー暗いな
こんな所にあんどんがある。
わあーすごい、明るくなった。
なぜこんなに明るいのかな。
ふしぎだな。ふしぎだな。
あんどんが言った。
「こんなに役にたつなんて
思わなかった。うれしいよ」
火から声が去っていった。
「あんどんって役にたつね」

あんどん　西　まさみ

夜はくらい。

「そうだ、あんどんをつかえばいい」

明るいなあ。

「そうだ、本をよもう。おもしろいな」

いつも明るいあんどん。

ろうそくがボーボー
けど、けむりがくさいよ。

ちょうちん　坂口　りょう

ちょうちんは昔の明るくする道具だ
くらいところを明るくする
昔はでんきをつかわないで、
マッチであかりをつけたんだ

ランプ　内田　よしのぶ

ランプは、たまに、
風にゆれて、ゆらゆら
たまには、がたがた
中に火がついているから
おちたら火じになるか
しんぱいだ

せんたくいたとたらい　森　ちず

せんたくいたはざらざらしてる。
たらいのまわりもざらざらしてる。
二人はなかよし。
ふたりはいつもいっしょ。

まわりを見てみよう。

詩ができるかも……

かさとあめ　　出口　鈴弥

わたしが
学校へ行こうとしたら
雨はふっていません。
どっからか
「シクシク」
耳をすませるとかさからきこえます。
つぎの日は
雨はふってました。
どっからか
「わーい、わーい」
きこえました。

リフト　　近西　まゆ

スキーのいたをつけて
ストックをつけて
リフトにのったら
「おもたいよ」
リフトしゃべってかわいそう。
今、おりれないから
「ごめんね」
声がかわって
「がんばって上までいくぞ」
わたしはおうえんしました。

でんしゃ　　　　早川　よしき

でんしゃはまがったりまっすぐ進んだりする。
ぼくがのろうとすると
でんしゃはまってくれる。
ぼくが入ると出ぱつする。
でんしゃはみんな
やすんだりはたらいたりするんだな。

おりがみ　　　　中谷　てるひさ

おりがみで何かをつくろうと見ているると
おりがみがぼくにいった。
「きれいにつくってね」

兄さん　　　　木村　光

わたしの兄さんは足がはやい
わたしは
兄さんみたいになりたい
兄さんがいった
「毎日、れんしゅうしたらいい」
わたしはがんばろうと思った

学校　　　　すず木　けんた

病気で学校を休んだ
学校へ行っているときは
休みたいと思うときがある
学校を休んだときは
行きたくなる
へんだな

雪

さかい　たつや

雪がふっていた。
雪はゆっくりふっている。
風がふいているので、
おどっているみたいだ。

色

ふくなが　あつし

色はいっぱいともだちがいる。
白色、黄色、オレンジ色、
みどり色、むらさき色。
いっぱいいっぱいともだちがいる。

雪

森　ちず

ちらちら、
雪がふってきた。
きれいだな。
たべると水みたい。
つもると雪がっせんできる。
たのしいなぁ。
雪がふるとたのしいなぁ。
雪、雪、もっとふってね。

雪

前　穂積

雪はつめたい
雪で遊べるからうれしい
けど、さわったらいたい
でも、雪だるまがつくれる
かゆいけどおもしろい

お星さま　　古川　あい子

空になにか、うかんでいる。

お金かな。それとも、お花かな。ビー玉。

なんだろう。きれいだな。

お月さまがいった。

「あれは、お星さまだよ。わたしの子どもなんだぁ。」

「うーん。」

わたしははじめて知った。

お月さまの子どもって、星なんだ。

日づけ　　大塚　理彩

日づけはおもしろい！
だって一日がおわると
二日にかわるんだもんだもん！
なぜかわるんかな？

しんごう　　小畑　和き

しんごうは、
三色の色がある。
赤、黄、青。
見ていると
「ぱっ」
色がかわっていく。
すごいな。

ふでばこ　　西川　裕之

ふでばこはけしゴムもいれられる。

えんぴつもいっぱいはいる。

マジックは一本か二本しかはいらない。

ボールペンも一本はいる。

えんぴつけずりもついている。

えもかいている。

ふでばこはつくるのがむずかしそう。

花

中嶋　緑

花、花、いいにおい。
風にゆれる花。
チューリップ、ヒマワリ、マーガレット、
パンジー、コスモス。
春、夏、秋、冬。
ぜんぶ、きせつの中に入ってあるんだ。
花、花。
みんな、みんな、いいにおい。

おふろ

神田　あかり

おふろってきもちいいな。
からだもあったまる。
でも、少しあついときもある。
おふろはさいこう。
今日もまた、
みんなでおふろにはいろう。

雪

大野　こうじ

雪がふっているときばらばらになる
けんかしたと思う
でもちがった
さいごにいっしょにとけるし
だれかが雪だるまをつくってくれる
だから、雪はみんなともだち

雪

丸山　ゆうじ

雪　雪　雪　雪
雪がふる
どんどんどんどん
雪がふる
いっぱいいっぱい
雪がふる
いっぱいいつもれや
いっぱいいつもれ

ヒヤシンス　　西江　杏菜

ヒヤシンスってふしぎだな
ほら、耳をすましてごらん。

きゅうこんから根っこが出てきた。

「ムキ、ムキ、ムキ」

ほら、耳をすましてごらん。

きゅうこんからめが出てきた。

「ウニョ、ウニョ、ウニョ」

ほら、よく見てごらん。

めから花が出てきた。

わたしはヒヤシンスのお母さん。

Ⅳ　学級便り

1　三年B組　一九八六年四月　(1)

和歌山大学教育学部附属小学校

どんな力をつけていくのでしょう

四月八日、新しい子どもたちとの出会いがありました。

この出会いを大切にして一年間を子どもたちと過ごしていきたいと思っております。どうぞよろしくお願いします。

明るく元気なクラスづくりをめざして取り組んでいきたいと思っています。

三年生といえば、ギャングエイジともいわれ、大変活動的で、二年生のころとちがい自己主張が強くなり、友だちとの結びつきも深まってくるようです。自分の意見をもちはじめ、仲間意識が強くなるこの時期を子どもたちの実態をしっかり把握しながら、伸ばしていきたいと思っています。

学習面も、学ぶことの楽しさがわかってくる学年です。指導するにあたって、この一年間は、覚えなくてはいけないことは徹底して覚えさせる。自分の力で考えたり、判断したり、創造したりすることに対しても十分に時間をとる。この二つを基本として進めていこうと考えています。

子どもたちの努力している姿をしっかりと認め、はげましてやってほしいと思います。

小さなことでも、認め、はげまし、支え続けていくことが、子どもたちの成長の大きな糧となりうるのです。お家の方々と互いに信頼し合い、助け合っていくことが、三年B組の子どもを大きく育てていくこととなります。
一、二年生でつけた力を、中学年の大切な時期にできるだけ伸ばしていくように担任としてがんばっていきます。
一年間、どのように子どもたちが成長していくのか、温かい目でしっかり見守ってやって下さい。

見ることは豊かな心づくり

校庭の花だんには、いろいろな花が、今咲いています。

このきれいな花を見て、子どもたちはどのように感じるのでしょうか?

一人ひとりには、すばらしいものの見方、考え方があるのがよくわかります。

花を見ている子どもたちの様子もさまざまです。

じっとパンジーに目を近づけている子、そっと小さな手をもっていく子、鼻を近づけにおいをかいでいる子などです。

約十分近く、子どもたちに好きなように見させてから、教室に帰って見たまま感じたままを書いてもらいました。

> パンジーの花を見た。ゆらゆら。風で、花がゆれた。
> ねっこが土にはりついていた。パンジーは、青黄の色だった。
> ねっこも、土にはりついているのは、とばされないように、がっちりはりついているんだな。
> （木岡　寿暢）

木岡君は、自分の目でしっかりと、パンジーに花を見ています。
だから、ねっこが土の中にがっちりとはりついているのが見えるのです。
同じように、目でしっかり見て表現しているのに、次のような文もあります。

> ぼくは、パンジーの花を見ると、おなじ形やら、ちがう形がいっぱいあった。いろいろな色の花があるんだなと思いました。
> パンジーの花の中を見ると、いろいものが入って、ほかに赤い花もあった。
> そして、花は風によわいので、風にふきとばされてちっていました。
> （藤井　郁久）

「みる」は、見るだけではありません。自分の鼻でかいでみて、花をみる子もいます。春風にのって、花のにおいは、子どもたちの心の中に入ってくるのです。

> ぼくは、パンジーがたくさんあって、どれをかごうかまよいました。
> それで、ぜんぶの花をかぎました。
> いろのしゅるいは、しろ、きいろ、あかむらさきがありました。
> ぜんぶ、パンジーの花をかぎました。いいきもちでした。
> それで、さくらかももかわからないけど、かぎました。
> パンジーの花のいろとかもしらべました。いちばんすきないろはむらさきのいろでした。
> （奥　貴年）

パンジーの花は、赤、白、黄いろ、むらさき、ちゃいろっぽいパンジーのいろでした。

はなをちかづけて、においをかぐと、いいにおいがしました。

はなのいろでいちばんすきなのは、むらさきです。

花びらのかずは、ぜんぶで五まいありました。


（前芝　真樹）

〰（なみ線）の引いたところに注意して読んでみてください。子どもたちの見方、考え方がよくわかります。子どもたちの表現のすばらしさは、まだまだあります。


ぼくが見たマーガレットは、花びらがぜんぶおなじで、ところどころにごみや、すながついた花びらでした。

まるで、どろあびをして家へ帰ってきて、おこられているようでした。

花ふんは、外がわがちょっと高い花ふんで、中がわがひくかったです。

まるで、花のかぞくだなと思いました。花びらはかさなっていました。


（園生　裕造）


においをかぐと、さくらとちがってにおいがちがいます。

やっぱり、花のしゅるいがちがうなあとぼくは思いました。

花をじっと見ると、気ぶんがよくなりました。ぼくは、「美しいなあ。」と思いました。


（坂口　智紀）

花を見ていたら、きれいきれいのれんぞくでした。

でも、この花もかれてしまうんだ。ぼくは、かわいそうだと思いました。

ぼくは思いました。人間のいのちは長いのに、花のいのちはなぜみじかいんだろうと思いました。


（太田　賢一）


ぼくは、花をじっくり見た。きれいだなと見ていると、花はこういった。

「みんなちぎらないでね。」ぼくは「花がすきだからちぎらないよ。」というと、花は、「ほっ。」とためいきをついた。


（前嶋　健徳）


つぎに、ももを見ました。きれいなもも色や赤がいっぱい。

もも色があるから、ももとよぶのかな。

でも、さわやかな風がさらさら。とてもいい気もちです。

気もちもさらさら。


（志賀　俊之）


春の花を見て、子どもたちはいろいろ感じます。その感じ方にも様々な個性が見られます。

すぐに口に出して表現する子や、黙って笑顔で見つめている子など、一人ひとりにちがいがあります。

三年Ｂ組の子どもたちを見ていますと、「何も感じないよ」と言う子が一人もいなくて、一人ひとりが熱心に花と対話していました。

これから一年間、表面上は見えないものにも目をむけたり、関係づけて考えさせたりしながら、豊かな心づくりをめざして取り組んでいこうと思っています。

2　三年B組　一九八六年四月　(2)　和歌山大学教育学部附属小学校

自分で考えてみよう

ある日の出来事です。

終わりの会が終わり、明日の予定を話している時でした。

一人の子が近寄ってきて言いました。

「先生忘れました。」（これだけでは、何のことかよくわからないのですが…）

「何を忘れたの？」

「連絡帳を忘れました。」

「そう、そしたら、どうしたらいいと思うの？」

その子は、何のことやらわからないという顔をしています。

何か指示してくれると思っていたのかもしれません。

考えてみれば、子どもたちのこういう話し方、行動が目立ちます。

児童会を四年間担当してきた時も、そうでした。いつも指示してくれることを期待して、自分たちから進んでやってみる、考えてみるという点に欠けていました。

みんなの前にこのことを話してみました。

「○○君が連絡帳を忘れたと言っているけど、この後は、どうしたらいいんだろう。」

次のような考えが出されました。さて、どれが一番良いのでしょう。

連絡帳を忘れた

- 自分のノートをちぎって使う。（紙がかわいそう）
- 友達に紙をもらう。（なかったらどうする？）
- 先生に言うとよい。（言うだけ？？）

先生に言うだけじゃなく、先生から紙をもらったら良いという考えが後から出てきました。やはり、これが一番良いというふうになりました。

子どもに対して、ああしろこうしろと教えることは、担任としては楽な仕事です。それよりも、見通しをもって子どもたちに考えさせ、やらせてみる（経験させる）ことは、時間がかかりますが、確実に子どもたちの身についているのです。

今は、遠回りの方法であっても、子どもが自ら考え処理していく能力をつけることを大切にしているのです。

今日、連絡帳を忘れた女の子が、前に出てきて言いました。

「先生、連絡帳を忘れたので、紙をください。」

3　三年B組　一九八六年五月

和歌山大学教育学部附属小学校

友と共に考えて楽しいクラスを

和歌山大学教育学部附属小学校では、「情操と知性の教育」を教育目標と定め、知徳体、調和のとれた子どもの育成をめざして日々、取り組んでいます。

ご存じでしょうが、学校要覧の中に、そのことがもう少し詳しく載っています。次のようなものです。

『豊かな情操とは、よい心根をもつということである。美しいものを、素直に美しいと感じ、「生命をいとおしむ心」と「愛の心」支えられた、人の喜びや悲しみがわかる子どもに育ってほしい……』

しかし、最近のマスコミや、教育白書等によりますと、子どもの意識の変容が大きくクローズアップされています。子どもの実態について、次のように述べられているのが多いのです。

知育偏重の教育、つまり、学力的な面にのみ目を向けすぎたため、本当に子どもにとって大切な、徳（つまり人間としての心）の部分を忘れた点はなかっただろうかということです。

小学校でもっと力を入れてほしい生活指導の内容

基本的な生活習慣	55	自主性	16
責任感	29	根気強さ	23
公共心・正義感	28	創意工夫	8
情緒安定	8	勤労意欲	8
寛容・協力性	18		

（数字は％　複数回答）

ある統計によりますと、表のように、家庭が学校に望む生活指導の内容がいくつかあげられています。ここから判断すると、心の成長を憂える世論の様子がよくわかってくるようです。また、小学校で特に力を入れてほしいと答えている四一％は、「道徳教育」であるというのも驚きです。（総理府による調査）

ここから考えてみますと、現代っ子は、知識は大変豊かであるが、人間として守っていかなくてはならないマナー、ルールというものがおろそかになっているとも言えるのでしょう。

たとえば、朝、先生や友達に出会ったら、「おはようございます。」と挨拶をする。授業中は、走り回ったり、大声を出したりして、周囲の人に迷惑をかけない。給食の前は手を洗う。友達のいやがることを言ったりして、心に傷をつけたりしないなどというようなことは、守らなくてはいけないあたり前のことなのです。

しかし、どうしてでしょう。このあたり前と思われることが、意外と守られていないのではないでしょうか。

学校は、躾の面も厳しくするとともに、知識・文化の伝達という重要な役目もあります。

数年前に、懇談会でこんな笑い話もありました。

ある担任に対して、次のように話をされた保護者がいたのです。

「先生、躾の方をしっかりお願いします。家ではしっかり勉強させますから…。」

附属小学校の教育は、学習の結果のみを大切にしているのではありません。それまでに至る学習の過程というものに重きをおいているのです。もちろん、躾ばかりやっている訳にもいきません。学習の結果から学び取らなければならない、「人間としての在り方」にしっかり目を向けさせていこうとしているのです。

各教科の学習はもちろん、朝の会や終わりの会、特別活動・道徳など、様々な場において子どもたちとともに考え、お互いが納得するまで話し合って進んでいきたいと思っています。

これからの一年間、子どもたちは、いろいろな場において、悩み苦しみながらも、大きく成長していくことと思います。

子どもの成長は、学校だけではなく、家庭との協力があってこそ初めて大きく実を結ぶものです。三年生という大切な時期での子どものやる気。これを少しずつ伸ばしていくために、今何をすべきなのか？　大きく育ってくれるように、素地をしっかり耕すような手立てを考えていきたいと思っています。

そのためにも、家庭では、人としての基本的なマナー・ルールを十分指導していただき、しっかりやる気を伸ばすような励ましの声をかけてやってほしいと思います。

教育は、家庭と学校とがしっかり手を結び合ってこそ、子どもの豊かな成長というすばらしい結果が得られるのです。

お互い、力を合わせて進んでいきたいと思います。

> 教育の基本は、やはり、徳育というか、人間そのものである。
> それができたら、その人間に知識を与えることである。
>
> 松下幸之助『ＰＨＰ』

考えのちがいを知る

先日、「ろばをうりにいくおや子」という話を教材として学習しました。話の内容は、プリントを家庭へ持って帰っておりますので、ご存知かと思われますが、あらましは次のとおりです。

町へろばを売りに出かけた親子が、とちゅうで出会った人たちにいろいろなことを言われます。

「どちらかが乗ればいいのに。」「年よりが歩いて若者が乗っている。」「よくも平気な顔で、自分だけ乗っていられるものだ。」「親子で乗るなんてひどいことをするな。」

人々の言う通りにしていた親子は、とうとう川の上でろばを落としてしまうのでした。

このお話を学級で読んだ後、話し合いました。

最後には、この親子のやったことはおかしいというグループと、とってもやさしい親子だというグループに大きく分かれました。

これからは、このように、自分の考えと、友達の考えをしっかりくらべ、何がちがうのか、どんなところがちがうか、どのようにちがうのか、子どもたちなりに、一人ひとりが自分の考えをもつようにさせていきたいと思っています。

おかしい親子だ

○おや子は、人のいうことばかりきいてやっています。ちょっとは、自分たちで考えて、自分たちでもっていったらいいと思います。
人のいうことをきいていたら、ぜったいいいことはおこらないと思います。（西郷）

○人のまねばかりしていると、もしかしてだまされているばあいもあるかもしれないし、もし、きかなくても、ろばは川におちるかもしれないと思います。どうして人のまねばかりするのだろうとふしぎに思います。（西谷）

やさしい親子だ

○わたしは右の方（やさしい親子）なんだけど、とてもやさしいと思います。わけは、人のいうことをきいているのでかしこいと思います。そして、さいごには、川にろばをおとしてしまって、くやしそうにみえていると思います。（増田）

○わたしは、やさしいと思います。
そのわけは、町の人にいわれてやっているけど、でもろばの気もちを考えるといいと思いました。だから、やさしいのです。（小倉）

○おかしいなあと思う。
はじめにあった女の人たちがいったことを気にせずにいけば、だれももんくをいわなかったと思う。きかなかったら、ろばはおちていないかもわからない。わたしは、おかしなおや子だと思う。

（岩橋）

○わたしは、左の方（おかしい親子）です。
わけは、町の人や、女の人のいうことばっかりきいていたら、そのおや子がけらいみたいだからです。

（斎藤）

○わたしは、とてもやさしいなあと思いました。
そのわけは、はじめ女の人が、「どっちかのせたらいいのに。」といったとき、おや子の方をのせてあげたのでやさしいなと思いました。

（中野）

○なぜやさしいかというと、人のいうことをよくきいていたし、丸木ばしの時もかついでいったからです。かつぐ時はくろうしたと思います。
その時も、やさしかったと思います。

（松下）


話し合いが進むにつれて、考えが変わっていく子も見られました。

○わたしは、はじめはとてもやさしいおや子だったけど、なまけものとやさしいのちゅうかんになりました。
そのわけは、そういう町の人たちも少しおかしいと思ったからです。

だって、のればいいといって、子がのると、子のことをなまけものというように、つぎからつぎへともんくをつけるからです。

（新居延）


これからの一年間、様々な資料をもとに、身近に起こる出来事について考え合っていきたいと思っています。

4　三年B組　一九八六年六月　(1)

和歌山大学教育学部附属小学校

考えるおけいこ

二年生の国語科の学習では、「順序」をはっきりさせて文章を書いたり、話をしたり、内容をとらえることが重点となっていました。

三年生になると、今度は、ことば・文のつながりを正しくとらえて、関係づけて読んでいくことが、大切なねらいとされています。たとえば、次のような文章があるとします。

> ①　明日は遠足です。
> ②　おかしも買って、すっかりしたくができました。
> ③　夕方から、雨がポツポツふってきました。
> ④　みち子さんは、大いそぎでてるてるぼうずを作りました。

ここでの①～④の文の事柄や事実を読めても、内容を読んだことにはならないのです。

これらの文が並列的ではなしに、重なりをもったもの・お互いが関係し合って意味をつくっているということを理解し、登場人物になって考えていくところに三年生のねらいがあるのです。

学習指導要領にも次のように書かれています。


文章の叙述に即して、表現されている内容を読みとる

文やことばの前後をしっかり関係づけて内容をとらえ、自分のもつイメージと結びつけて、豊かに、読みをふくらませていくことにより、このねらいが達成されるのです。

そうすることによって、三年生の国語科に重要なねらいである「文章や話の要点をとらえる力」もついてくるのです。

先ほどの例文にもどりましょう。

ここでのみち子さんの気持ちを一言でいうと

・明日ははれてほしいな。
・雨がやんでほしい。

となります。これは、文章の言いたいことにもなるのです。

次は、なぜそう答えたのかと聞かれたら、どう答えればいいのでしょう。

文の番号のどれを選びますか？　④の文を選ぶのが正しいのです。

わけは「大いそぎでてるてるぼうずを作りました。」を取り上げて説明できれば良いのです。

説明は、一人ひとりがちがった話し方をするでしょうが、それでいいのです。④の文をしっかりおさえてさえい

れば。たとえば、Ａさんはこう言ったとします。これでもいいのです。

「私は、④です。てるてるぼうずを作りましたという所で、みち子さんは、早く晴れてほしいと思っているからです。」

Ｂさんは、次のように言いました。

「私は、④の文の、大いそぎということばに、みち子さんの強い気持ちがあると思います。わけは、てるてるぼうずを作るのも、大いそぎで作ったというのだから、みち子さんの早く天気が良くなってほしいという気持ちがよくわかるからです。」

Ｂさんの話し方は、Ａさんよりくわしいですね。

みち子さんの気持ちを「大いそぎで」ということばに目を向けて、とらえているからです。

今学級では、少しずつこういうトレーニング（考えるおけいこ）をくり返すことにより、自分で考える・自分で文章を読んで見通す力をつけていくことをねらった学習をしているのです。

生活の中や、他の教科の学習の中ででも、自分で判断し、価値を見きわめていく力をつけることが必要となってきます。

今は、そのためのトレーニングを少しずつくり返しているのです。

お家でも、しっかりはげましてやってほしいと思います。

考える子ども

きょうは、じゅぎょうさんかん日で、国ごをやって、また考えるおけいこをしました。

きょうは、ポチのはなしのことを考えました。

そして、ぼくが学校からかえって、ポチのようすをみるととってもげんきがなくて、ぼくがミルクをもっていってあげても、ポチはげんきにならないし、いろいろなことをやってあげても、ポチは、ぜんぜんげんきがありませんでした。さいごに、ぼくは、ポチのそばにぜったいいてあげるようになると、ポチは、はじめよりもよくなってしっぽをふったんだから、しっぽをふるということは、うれしいということだから、ポチは、きっとさびしかったんだと思います。

（矢頭　志野）

きょうは、じゅぎょうさんかん日で、五時間目に国語をやりました。さいしょは、どきどきしていました。考えるおけいこをしました。その文が長くなってきたからむつかしいかなと思いました。でも、先生がもんだいを出すと、手を上げられたのでうれしかったです。ちょっとだけわからないものもありました。ぼくは、もんだいがぜんぶあっていたらいいのになと思いました。そして、考えるおけいこの文の中で、一番強くあらわしている文をさがしたとき、ぼくは、④番と⑥番と⑨番の文にして、先生の答えをきくと、三つあっていたのでうれしかったです。

（慈幸　範洋）

今日は、じゅぎょうさんかんでした。国語のべんきょうでした。考えるおけいこでした。

「ポチという犬がぐったりしていたから、ぼくはとてもしんぱいしました。」

この中で、しゅ人公を「ぼく」にきめて考えていくと、「しんぱい」なので、ポチに早く元気になってもらおうといっしょうけんめいがんばっている文です。

ぼくの気持ちをひとことで書くと、「早く元気になってほしいなあ。」ぼくがとてもしんぱいしているから、自分の気持ちを書きました。一番しんぱいしている文はどれですかときかれたので、わたしは、④⑥⑨に○をしました。

みんなで話し合っていると、先生が答えをいうと④⑥⑨だったので同じだからとてもうれしかった。

きのうの答えはまちがったけど、一つおべんきょうになったと思いました。これからも、がんばって考えていこうと思います。

（小倉　郷子）

5　三年B組　一九八六年六月　(2)

和歌山大学教育学部附属小学校

ちがってきたぞ

教育実習も終わり、小学校に落ち着いた日々がもどってきたような気がします。

毎日に生活にも、前のような、ザワザワとした雰囲気もなくなり、それぞれの学年の窓から、子どもたちのきびきびとした元気のよい声が、さわやかな風とともに流れています。

子どもたちの生き生きとした顔を見るのが楽しみで、三年生の教室へ向かう渡りローカを歩く足どりも軽くなります。

楽しみとなってきたことは、それだけではありません。教室での子どもたちの変化です。

特に著しいのは、「話し方・聞き方」の上達です。

こんな出来事がありました。

朝の会では、六名ずつが身近に起こった出来事について自分の考えを入れて話をする時間「一分間スピーチ」を設けています。そこで、一人の子が話をした後のことです。聞いていた者の何名かが、次のような発言をしたのです。

「〇〇〇君の言っている話はおかしい。」

わけを聞いてみますと、最初「〇〇〇の話をします。」といった結論と、後の内容が合っていないというのです。

子どもたちは、話の初めと終わりがつながっていないという事に気がついたわけです。

友達の話に耳を傾けることも少なく、手遊びをしたり、よそ見ばかりしていた四月当初の状態から、少しずつ、話を聞く姿勢が出てきた子どもたち。これから、どのように変わっていくのか大変楽しみです。

・すじ道をはっきりさせて話すこと。　A表現（ケ）

話の内容を正確に聞きとり、主述関係をとらえられるのは「聞く」ことができていると言えるでしょう。

これが、相手を意識した「話す」ということに通じてきます。

三年の大切な学習の一つは、すじ道をはっきりさせて話すということです。

子どもたちは、少しずつその目標に向かって進んでいるようです。

感じる心

今まで何気なく見ていたものをこのごろは少しずつちがった見方、考え方をするようになってきました。

一歩ずつ成長をしている子どもたちの姿を読んでみてください。

びっくりした

今日、お母さんがジャガイモを買ってきてくれていたので、きのうは、キュウリでしっぱいしたから、ジャガイモで空気でっぽうの玉を作りました。

作ってとばすと、「パン」とすごく音がしてよくとぶので、わたしはびっくりしてしまいました。

次は、もうこわくて、とばせないようになってしまいました。やっぱり、ジャガイモはかたくて、空気がもれないからよくとぶんだと思いました。とばす時、おしぼうを少しおすと、空気がまたおしかけた玉をもどしてくるのでおもしろかったです。こんどは、ニンジンで玉を作ってとばそうと思います。どんな音がして、どんなにとぶか楽しみだなあ。

（宇治田麻里）

空気でっぽうの玉を、毎日変えてためしてみる宇治田さんの意欲がすばらしいですね。

次の玉の実験の結果が楽しみです。

つばめのおや子

この間、六十谷駅の近くにつばめのすがありました。

そして、子がピーピーと鳴いていて、おやが一キロメートルはなれたところから、あお虫やいろいろな虫をとってきて、たべさせてあげるのをみて、わたしは、「へえー、つばめは、あお虫やいろいろな虫もたべるんだ。」とおもってみていると、またびっくりしたことがありました。それは、おやが子の口の中に、自分の口をいれてえさをやっていたので、わたしは、いいことがわかったとおもいました。

いろいろなものを見ていると、一つはなにかわかるということがわかりました。

いま、子のつばめはとべないから、おやにとび方をおしえてもらうとこをみたいです。

（斎藤めぐみ）

つばめのようすを、時々日記で知らせてくれる斎藤さんです。子つばめのとぶ日は、一体いつなのでしょうか。よく見ておいてほしいです。また、みんなに知らせてあげてください。

6　三年B組　一九八六年九月

和歌山大学教育学部附属小学校

説明文の学習

今日は、九月の中心学習である説明文についてお知らせします。

三年生の国語科のねらいに「文章や話の要点の理解」があります。

たとえば、人の話を聞いたり、本を読んだりしたら、この人（本）の言っていることはこういうことだと言えたら、要点をおさえられたと言えるのです。

二年生までは、事柄の順序をおさえることに重点を置いて学習してきているわけですが、三年生では、それを踏まえて進んだ段階となってきているわけです。

一学期のころより比較してみますと、子どもたちの「話し方・聞き方」に著しい進歩が見受けられます。

ダラダラと、順を追って出来事を話していた「朝のお話」が、最近では、まず結論を述べ、後で、それをより具体的に説明するという子どもたちが増えているのです。

そこで、この時期に、文章を読んで大事な点をまとめる学習をすることにより、一人ひとりの力をより一層定着させようと考えたわけです。

(1)　お話のいいたいことをつかむ

まず、二～三文の短い文章からトレーニングを始めました。

① くじらは、ネコや犬のようにおちちで育ちます。
② また、ネコや犬のように、水の上に頭をだして泳ぎます。
③ だから、海に住んでいても、くじらは、けもののなかまです。

このような文章をいくつか例としてあげ、考えさせました。
ほとんどの子どもたちは、次のようにとらえることができました。

くじらはけもののなかまです。

中には、①や②の文から取り出して書いている子どももいましたが、話し合い、個別指導することにより、少しずつ方法が理解され、③の文から選ぶということがわかっていったように思われます。
自分の考えを後で修正するときには、下の欄を使うように指示しています。消しゴムは使わないわけです。

(2)　絵をつかって、段落をまとめる

お話のいいたいことは何かをつかむ学習後、次は段落を意識化させるトレーニングに移ります。

「ヘリコプター」「ツバメ」「キリン」「けものの毛」などの短い文章をつかいます。

「ヘリコプター」の文章では、園生君は次のようにまとめています。

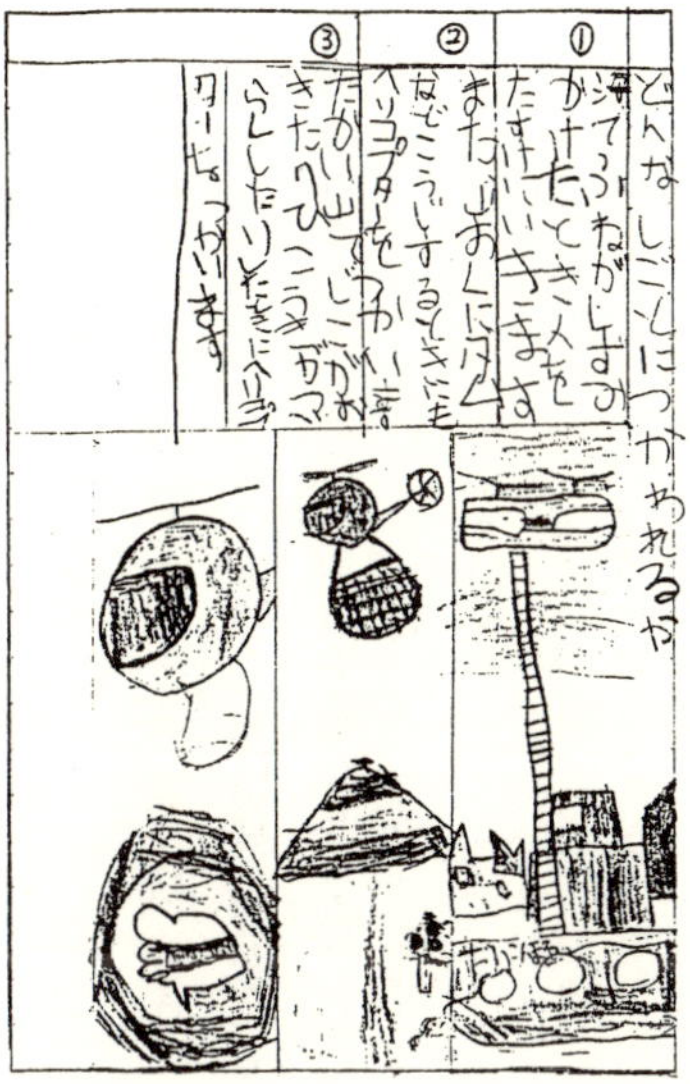

↑
図は色鉛筆を使って
大変ていねいにぬっていました。

この「ヘリコプター」の文章は、九つの文からなっているのですが、園生君は、、段落をきちんとおさえて、ヘリコプターの仕事をまとめています。

それは、右の①～③です。

半数の子どもたちは、すぐにこれができるようになりました。

段落という言葉は使わず、「大きなまとまり」をおさえてみようと指示しました。なかまわけと言えばわかる子もいました。

段落がきちんとおさえられた子どもたちには、次のような図が頭の中に入ってきている訳ですが、絵を使うことによって、三年生も、この時点では半数の子供ができるのです。

《お話のいいたいこと》

・ヘリコプターはいろいろな仕事に使われています。	・海の事故の時に	②〜③
	・山奥の工事の時に	④〜⑥
	・高い山での事故やついらくの時に	⑦〜⑨

(3)　一文の内容をつかむ。

楽しく絵を使って内容をとらえる学習後、もう一度一文の内容を端的にまとめる学習をしました。半数近くの子が、一文にはどんな内容が書かれているか、うまくまとめられないという実態があったからです。

次のような一文をあげ、要点を書かせてみました。

> 肉ばかり食べている動物、たとえば、ライオンやトラの小腸はわりあいみじかいのです。

ほとんどの子は、次のように書きました。

> ・肉食動物の小腸は、わりあいみじかい。
> ・肉ばかり食べている動物の小腸は（わりあい）みじかい。

まちがっている子の原因を探ってみました。

ア　こちらの指示をよく聞いていない。（三人）

イ　一文の内容のとらえ方があいまいである。（三人）

ウ　方法がまだよく理解されていない。（四人）

アの場合は、あわてていたわけですから、次から「聞く」ことをきちんと指導することにより要点をおさえることができると思います。

イの場合も、いくつかくり返しトレーニングすることにより変わっていくことでしょう。

ウの場合は、もちろんトレーニングも必要でしょうが、個別指導により、ゆっくり考えさせていく方が効果的であるような気がしました。

この子どもたちも、その後少しずつ方法を理解し、大事な言葉をおさえて、正しい内容をとらえるようになっていますので心配いりません。

大切なことは、学習を今始めたばかりですので、くり返しくり返しやらなくてはいけないということです。そのためには、根気よく子どもたちのノートを点検し、励まし続けなくてはいけないと思っています。

ご家庭でも、ノートをご覧になり、認め、励ましてやっていただければ、きっと子どもたちの自信となりうることでしょう。

(4)　自分でやってみよう

個別指導中心の学習から一歩進め、今度は、自分でやってみようという段階です。

まず、文章を読み、書き手の言おうとしていることをとらえ、そのわけが書かれている段落をおさえて、自分なりにノートにまとめてみようというわけです。

いくつかトレーニングをした後ですので、子どもたちは、わりあいスムーズに取り組み始めました。

①　みなさんは、動物の腸のことを知っていますか。

②　肉ばかり食べている動物、たとえば、ライオンやトラの小腸は、わりあいみじかいのです。

③　からだの長さの三ばいか四ばいの長さしかありません。

④　それは、えいよう分がたくさんあるので、みじかくてすむのです。

⑤　ところが、牛の小腸は、からだの長さの二十ばい、ひつじの小腸は、二十四ばいもあります。

⑥　草の中には、えいよう分が少ないのです。

⑦　ですから、草ばかり食べている動物は、小腸を長くして、草のえいよう分を時間をかけて、すいとらなければなりません。

⑧　さて、人間の小腸はどうでしょうか。

⑨　人間の小腸の長さも、食べ物にあうようにできていて、からだの九ばい半ぐらいあります。

⑩　つまり、野菜でもなんでも食べる人間の小腸は、肉を食べる動物との中間ぐらいのです。長さになっています。

⑪　このように、動物の小腸は、えいようをとるのに、ちょうどよい長さになっているのです。

読みとりノート例

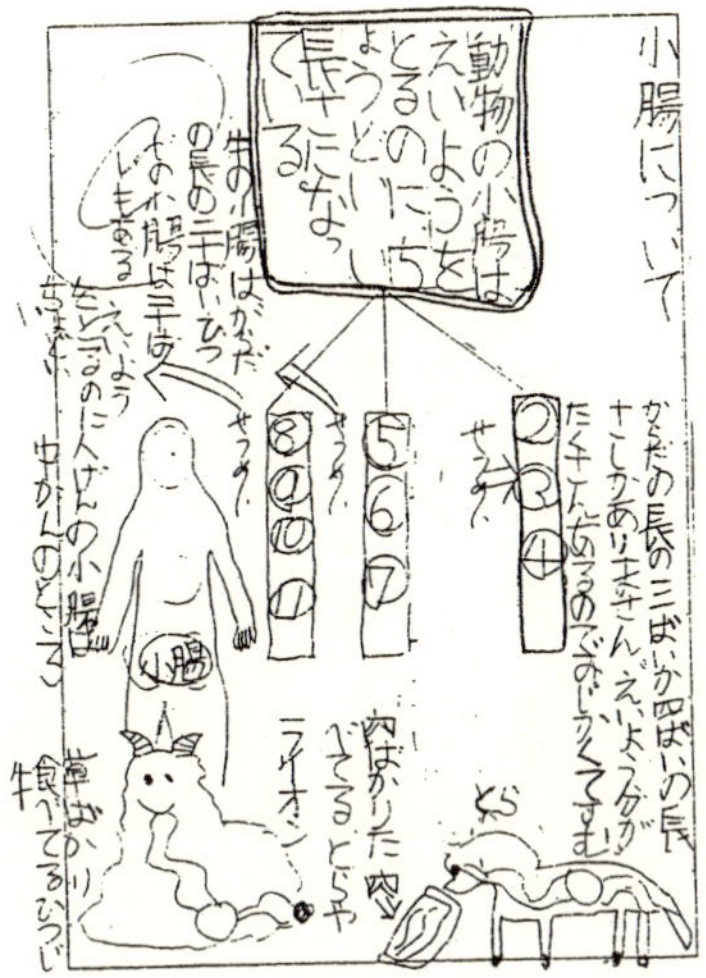

これは、西山さんのノートですが、今までの学習をきちんとふまえて大変わかりやすくまとめています。文章のなかみをとらえ、お話（書き手）のいいたいことはこうだ、そのわけは、こういう例をあげて説明しているとノート一ページにまとめているわけですが、小腸の文章を自分のものとしているのがよくわかります。

他の子どもたちのノートも同じように、自分なりに工夫してまとめているのがよくわかります。

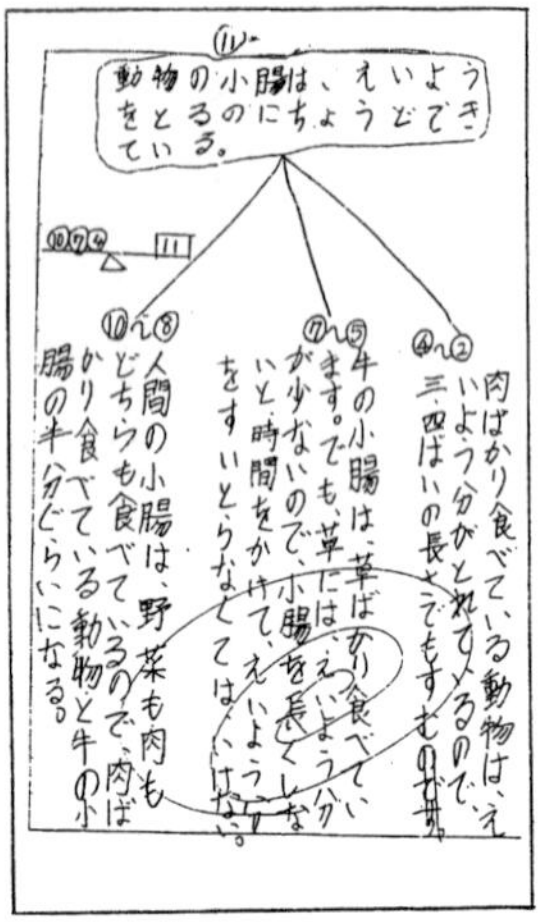

志賀君のノート

○書き手の意図するものをとらえている。（要旨ともいう。）

○段落をおさえている。段落にあるだいじな文をおさえてまとめている。

○文の関係をおさえている。11は親の文（要旨）と考え、④⑦⑩は子の文で同質であるととらえているようです。

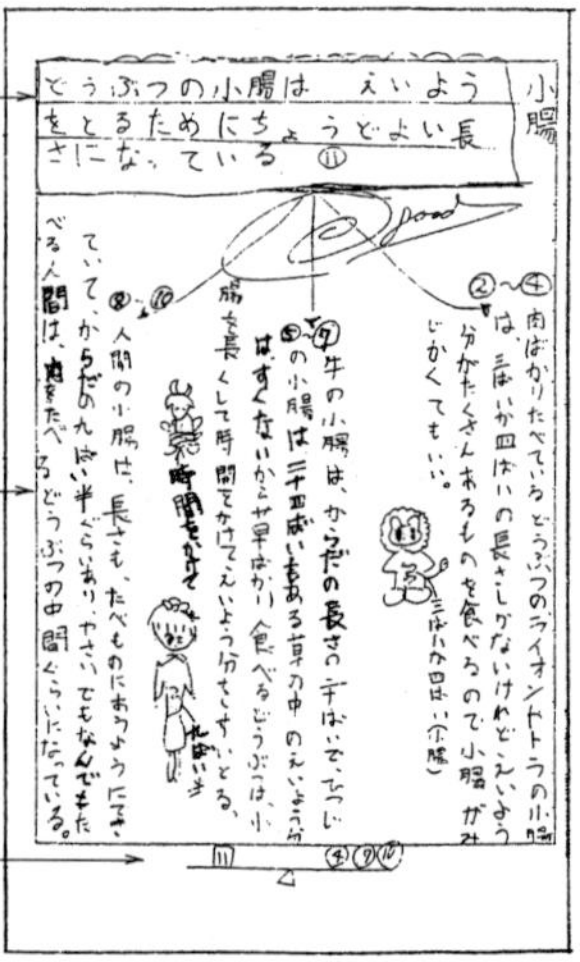

大村さんのノート

志賀君のノートにも、てんびんのような図があります。

これは、できる子にはノートに書いてもらっているわけですが、文の質の違いに目を向け、見分ける力をつけていこうというねらいがあります。

たとえば、次のような文があるとします。

① 鳥の体は、空をとぶのにつごうよくできています。

② 体の中には、空気のふくろがあります。

③　鳥がいきをすうと、そのふくろは、空気でふくらみます。
④　このふくろのおかげで、体がかるくなってとびやすいのです。
⑤　鳥のほねは、中がからになっているのです。
⑥　竹のようになっています。
⑦　これも、体をかるくし、とびやすくなっているのです。

この文章のいいたいこと（書き手の意図するもの）は、

鳥の体は、空をとぶのにつごうよくできている。

ということです。①の文に、文章のいいたいことが含まれているわけです。
それを、先ほどの親の文とします。この親の文と同じぐらいの文が残りの文にあるわけです。それを子の文とします。

鳥の体は、空をとぶのにつごうよくできている。

②の体の中には空気のふくろがある。
⑤のほねの中がからになっている。

つまり、①のわけを説明しているのが②と⑤であり、てんびんの形で表すと

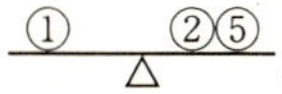

というふうになるのです。子どもたちは、これをシーソーとも言っています。動物の小腸の文章では、子にあたる文は②⑦⑩になります。

(5)　一人読みのできる子をめざして

子どもたちは、くり返しトレーニングをすることにより、だんだんと読みとることに慣れてきました。

短い文章を配付し、「これは何が書かれているか読みとってごらん」と言うと、十分間もあれば、図も交えて、立体的な読みとりノートをつくりあげるという子も出てきました。

この力を、更に生活全般に広げていきながら、様々な情報を自分の力で処理していける子に育っていってほしいです。

①　人々は、色のせいしつを利用して生活に役立てています。 ②　赤は、見る人をしげきします。 ③　それで、ゆうびんポスト、消ぼう自動車、火さいほうちきなどに利用しています。 ④　青はどうでしょうか。青はつめたく、すずしい感じがするのです。 ⑤　みなさんは気づかなかったでしょうが、電車の運てん手を落ちつかせるために、運てん室などよく青をつかいます。 ⑥　黄色は、明るさを与えてくれるので、気持ちがひろがっていくような感じがします。 ⑦　だから、黄色はたいへん目立ちます。 ⑧　それで、学どうぼうや、かさなどにつかわれます。

このような例文をあげ、読みとりをさせた後、何名かの子どもに、「もっと絵や図を入れてまとめてごらん」と指示しました。その子の個性も出て、大変楽しいものが出来上がりました。

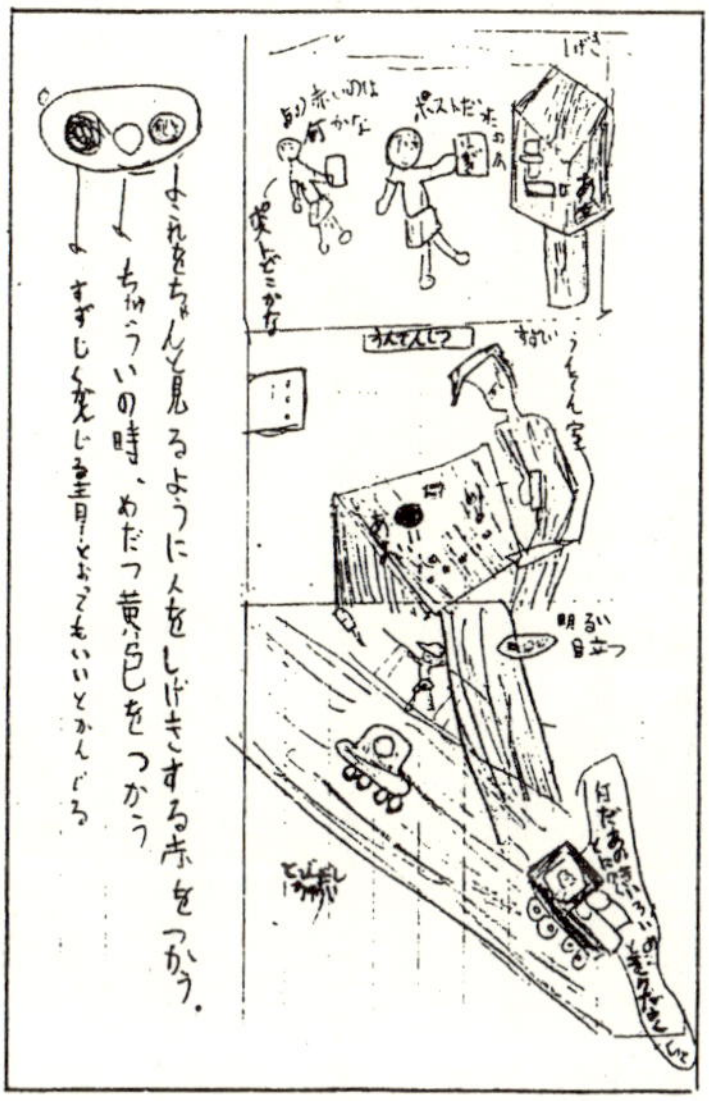

辻さんのノート

子どもたちは最初はとまどいも見せていましたが、慣れるにしたがって自力で読み進めるようになりました。次回からは、集団で「みがき合う」という点にポイントをおいて指導を進めていきたいと思います。

7　三年B組　一九八六年十月

和歌山大学教育学部附属小学校

書くことにより豊かになる心

先日、高校一年生の子と出会い、話をする機会がありました。

思い出話の中で、小学校三・四年のころの日記について次のように話してくれました。

「日記を取り出してみると、あのころの様子がよく思い出されて大変なつかしいです。みんなと遊んだドッチボールや、お弁当を持って行ったお城のまわりでのゲームなどは、特に小学校の良き思い出です。今も、これらの出来事が忘れられません。」

数年前の日記が今も大切に保存され、時々、ふとそのころにもどってなつかしく小学校時代のあばれ回っていた様子を思い出しているわけです。

「書く」という活動は、めんどうだと思われがちです。しかし、続けることにより、書き慣れ、書くことの喜びが生まれるのも事実です。

小学二年生終了までに、この「書く」活動を取り組んでいれば、学習への楽しさ、喜びをも育てることになると言い切る人もいます。そのくらい「書く」ことは、人間にとって大切な一つと言えるのです。

B組も四月からずっと、「書く」活動を学習に位置付け、取り組んできました。

今回は、その中での日記から、みんなの様子をみてみましょう。次の日記を読んでみてください。

（例）　きょうの朝に、○○君たちでキャッチボールをしました。
かべにあてて、はねかえってきたボールをうけていました。
ちょっと雨がふってきました。
小運動場でやってたのであまやどりをしました。
雨がやむまで、ファミリーコンピューターのはなしをしてました。
あのゲームたかいわりには、ぜんぜんおもしろくないでなあとかいってました。
雨がやみました。そしたら、すぐにチャイムがなりました。
とてもおもしろかった。

楽しかったことを書きたかったようですが、これだけでは何が楽しかったのかよくわかりませんね。

おもしろかった
- キャッチボール
- 雨やどり
- ファミリーコンピューターの話

友だちと一緒にやったことを並べて書いていても、読む人にとっては、その中で何が一番おもしろかったのだろうと迷ってしまいます。

低学年の時にならったことがあると思いますが、日記文や作文では、「見たこと・聞いたこと・したこと」を入れて書くとわかりやすい文章になるのです。

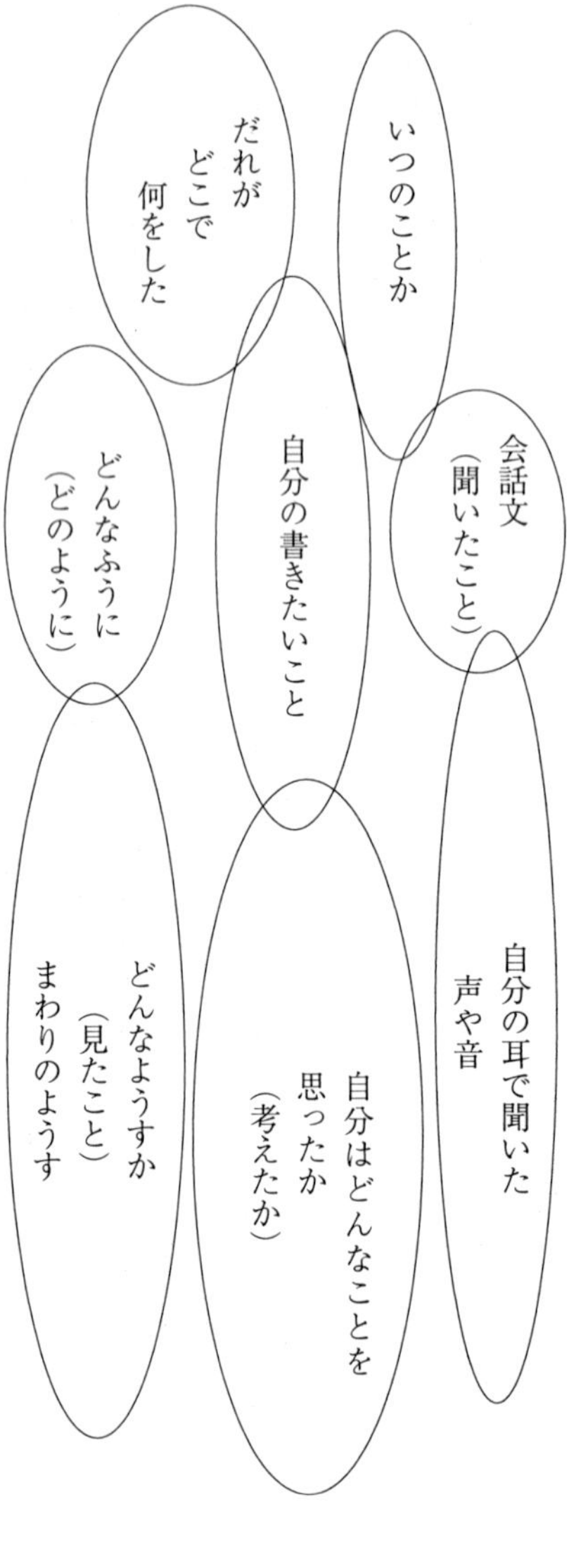

今日、図工の時間がおわって、先生が、だれかに
「これを、うしろにもっていって。」
と言いました。それは、坂口君が夏にかいた絵でした。
その絵をだれかがうしろにおくと、「だれのや。」とか言って、ＭさんやＳ君が見に来ました。
それで、さきに、Ｍさんに
「絵を見に行ったらあかんで。」

とちゅういすると、きちんとすわってくれました。

次に、S君に

「もう、やめ。」

と言いました。すると、S君は、ぶつぶつもんくを言いながらせきにつきました。

そして、S君は、だれかと「大村よう。ちょっとえらいからって、いばっているで。」とないしょばなしをしていました。

いやだなあと思いました。

（大村）

これだと、その時の様子がわかりますね。

文章を書くときは、五感を働かせて書くことが大切だと言われます。ことばで考えたことを表現することは、話しことばや文章となります。自分の考えが、相手（聞き手・読み手）にわかってもらえた時は、この上ない喜びとなります。

これからも、書く喜び・言う喜びを一人でも多くの子どもが体得できるように、意図的、計画的に取り組んでいきたいと思っています。

書き出しの工夫

一学期のころの日記と二学期の日記とをくらべてみましょう。どういうちがいがあるか考えてみてください。

（六月二十七日の日記プリントから）

ぼくわ、かえってから、○○くんと、ぼくと、○○ちゃんと、○○ちゃんと、××とでけいどろをしました。

〜略〜

わたしは、この一しゅうかんで、とてもおもしろかったのは、今日の体いくがとてもおもしろかったです。〜略〜

きょう、そうじのとき、わたしがきょうしつのそうじで、いつもいつも、そうじのじかんをまもってなくて、みんなにめいわくをかけているから、先生が四〇分のそうじのじかんまでできなかったらほうかごで、できたらやらなくていいから、いっしょうけんめいみんなで力をあわせてやりました。〜略〜

キックベースをしていて、ぼくはなんかいもまわってきたけど、〇〇君とかはホームランをれんぞくだったけど、ぼくは、「ホームランいくぞー。」

と言ったけど、一本もホームランがうてなくて、三ベースヒットがさいこうでした。〜略〜

このころの日記には、次のような特徴があります。

・書き出しに「きのう」「ぼくは（わたしは）」が多い。
・何が（は）…どうだ（どうした）がはっきりしない。（主語—述語）
・接続詞（そして）が大変多い。

では、二学期の日記をみてみましょう。九月二十七日の日記です。

「リリリーン。」「リリリリーン。」

わたしは、あさ早くおきて外に出ました。

すると、こおろぎがたくさんないていました。これだったら、こおろぎがつかまえられると思って、わたしはすぐに外

にでました。～略～　（矢頭）

「ただいま。」

わたしは、学校から帰って、犬ごやをのぞくと、子犬がねむっているところでした。

この前生まれたばかりの子犬です。～略～　（秋月）

わたしの今日の気ぶんは、すっきりしていて気もちがいいです。

どうしたのかというと、わたしのへやをきれいにしたからです。

ちらばった本をもとにもどして、つくえの上をきれいにし、たなをせいりしたりして、二十分かんやったからです。

なぜか、へやをすっきりさせると気ぶんもすっきりします。～略～　（森下）

「うんどう会、はしれるかな。」

ぼくはしんぱいです。だって、あしのかかとがいたくて、今はあまりはしれないからです。それで、お母さんに、どうやったらなおりやすいかきくと、あたためたらいいといったので、ぼくは、おふろにはいりにいきました。

おふろから出ても、ちょっといたかったです。

うんどう会の時もいたかったから、かかとだけつけないでというふうにしようと思います。でも、おそくなるな。どうしよう。

かかとがなおるように、いのっとこうと思います。　（塩路）

いよいよ、まちにまったうんどう会です。

今まで、れんしゅうしてきたことを、ぜんぶほんばんで出したいです。

リレーのれんしゅうは、朝と昼と帰りにしています。
これだけれんしゅうしているのだから、Ｃ・Ｆ・Ａ組にはまけないと思います。
けっしょうでまけてもいいけど、よせんではぜったいかちたいです。〜略〜　（太田）

どうでしょう。六月のころと比較してみるとよくわかりますね。

あったことをだらだらと書いていた文から自分の書きたいことをしぼって書くようになっているのが、これらの例からよくわかります。低学年では、書くことそのものへの意欲化を目指して学習が進められてきましたが、中学年においては、相手を意識して、何を、どう表現するかという点を考えていかなくてはなりません。そのための一つとして、書き出しをどう工夫すれば相手に興味をもって読んでもらえるかを、子供たち一人ひとりに考えさせたわけです。その効果が、ここに現れているといっていいでしょう。

もちろん、書き出しの工夫だけではなく、要点を分かりやすくするためにはどう書けばよいのか。段落はどう考えて工夫していくべきか。どのような語句を使えば、正確な表現となるか等も合わせて考えていくことが必要です。日記を続けて書いていく中で、子供たち一人ひとりの力が少しずつではありますが、変わっているように思います。

書くことを通して、自分をしっかりと高めてほしいと思います。

やかましい三Ｂの一人

園生　裕造

「コンコン。コツコツコツ。」
「これをうつしなさい。」

先生がこう言ったから、ぼくは、どうしてこんなものをうつすんだろうと考えこんでいると、先生が言いました。

「うつしましたか。これには、二つのいみがあるのですよ。」

ぼくは、○○君と△△君のことだなあと思いました。それとも、あれは、「主語」と「述語」の勉強かもしれないと考えたりして、何をどう書いたらいいのかわからなかったです。

でも、家に帰ってよく考えてみると、やっぱり、○○君がしゃべったあとから、すぐに先生が黒板に、「やかましい三Bの一人」と字を書いたんだから、ぜったいに○○君と△△君のことなんだなと思いました。

日記プリントにもそのことを書きました。

次の日、朝学校へきて黒板を見ると、きのう先生が書いた「やかましい三Bの一人」の文が一もじもきえないでまだ黒板にのこっていました。

ランドセルをおいてから日記を出して遊びにいきました。

休み時間が終わって、朝の会がもうすぐ終わりの時です。

「ズー、ズズズ。」

と、後ろの戸があいて、先生が教室に入ってきました。

日直さんが、

「きりつ。これで朝の会を終わります。れい。」

と言いました。

「国語を出しなさい。」

と先生が言ったから、きのうの日記について、何を書いてくるのかぜったいに言ってくれると思いながら、国語のノートと教か書を出しました。

先生が、黒板に字を書きだしたから、ぼくは、きのうの日記のことを書いているんだと思って、先生のほうを見ました。

「きのうの日記を、みんなはどう書きましたか。○○君と□□君って書いた子が多かったみたいだけど、それはまちがっています。あれは、この前に勉強した『、』『。』のことだったんです。」と先生が言ったので、みんなが、

「えー。」

と言いました。

そうやったんか。ぼくは、まちがっていたんだなと思いました。

「これは、くぎるところをかえて読むと、いみがかわってくるんだよ。やってごらん。わかるかな。」

そうだ。先生がきのう言ってたんだ。

「何回も何回も読みなおしなさい。そしたらわかってくるよ。」

本当に、そう言ったとおりでした。それぐらいよく読まなければ、よくわからなかったのです。

クラスのみんながやかましいというのは、「やかましい三Bの、一人」で、三Bの中の一人がやかましいのは、「やかましい、三Bの一人」です。

どうしてかというと、三Bのみんながやかましかったら、やかましい三Bまでおもいきって言ってしまうし、一人がやかましかったら「やかましい、三Bの一人」と言うので、切るところによって、いみがちがってきます。

「、」や「。」を入れるところによって、いみがちがってくるというのがわかりました。

もっともっと、文をよく読んだらわかることだったんだなと、あとで思いました。

先生が、また黒板に字を書きはじめました。見たら、

「ここではきものをぬぎなさい。」と書いてあります。

「これは、てんをかえるだけでわらい話になってしまうのです。考えなさい。」

と言いました。

黒板に書かれた文を読んでいると、ある子が大きな声で、

「はい。」

と言いました。

あそこにてんを入れればどうだろうと思って、そこにてんを入れてみました。

「ここで、はきものをぬぎなさい。」と「ここでは、きものをぬぎなさい。」になります。てんを一つ入れるのをかえるだけで、ぬぐのがはきものになったり、きものになったりするのだから、本当にわらい話になってしまいます。

ぼくは、この勉強から、これから文を読む時には、おちついて、よく読むことが、だいじなんだなと思いました。

この作文は、ふだんの学習の中から題材をみつけ、自分の考えをくわしく書いています。

三年生になれば、取材の目を広げることもねらいの一つです。

身近な経験を書くことも大切ですが、他教材の学習と関連させた文章とか、手紙文、感想文、説明的な文章等、範囲を広げていくようにしなければなりません。

先日学習した、『ありの行列』も、説明文の読み取り方、話し合いの仕方の学習と共に、自分で説明文を書いてみようという意欲をねらっているわけです。

8　三年B組　一九八六年十一月　和歌山大学教育学部附属小学校

考える子どもを育てる

日本の子どもたちは、知識をたくさんもっているが、それが生かされていない、応用がきかないと言われ始めてから長い年月が経っているように思います。そう言えば、国際学力検査では、日本の子どもたちの計算力は抜群であるにもかかわらず、文章をとく力は極力に低いという結果もあります。（昭和五十八年の結果から）

学校での実態をみても、それは言えます。塾へ通ってペーパーテストに慣れている仲間は、すぐに解答を出すことができるのですが、その過程については、考え込んでしまうということがしばしばあります。（全員とは言えないですが……）

「考える」という側面からみた場合、スピード＝量的にこなすということが、考える力があるとされている面もあります。小学校の段階では、単にすぐ答えを出すことのみを重視して取り組んでいたのでは、本当の「考える力」というものはつきません。難しい問題に挑戦し、どのようにして正解にたどりつくか、その過程に「考える力」をみい出すべきです。

考えるということは、創造するということに通じます。三年生の段階は、この創造性を発揮させるために大変重要な時期でもあります。子どもたちの実態を見る中で、様々な刺激を与えていくことは、一人ひとりの心に、個性的な創造を生み出すもとになります。ある刺激を与えることによって、今までにない新しい物の見方、考え方を作り出していくこと、これが重要なわけです。一つ例を挙げてみましょう。

紙版画の時に、バラバラ人形を使って下絵を考えた時です。一通りの手順を説明してから台紙となる黒い画用紙を提示し、尋ねました。

「この画用紙が何を言っているか聞いてごらん。」

子どもたちは、初めは、けげんそうな顔をしてこちらを見ます。

「わからない。」

「何も言っていない。」

と即座に答える子どもは、Ｂ組では減ってきました。考えているのです。

（しばらくしてから数名の挙手）

その子たちの瞳は輝きはじめました。自分の考えが生まれたからです。そして、発表します。

「がんばりなさいと言っています。」

「ていねいに一生けんめいやろうねと言っています。」

「いい作品ができることを待っていますよと言っています。」

ここに、個性ある創造があるのです。教師というものは、ややもすると、すぐ答えの出せるような、言われたことだけを素直に聞く子どもを「よい子」とみてしまいがちで、じっくり考える時間を奪ってしまう面も持ち合わせています。

型破りな考え方・様々なユニークな考え方を出せるような環境づくりを心がけていくことがこれからの課題であると思っているのです。「考える子ども」「自分で創造する子ども」をめざして取り組んでいきたいと思います。

秋をみる個性

いいな　　岩橋　美沙

今日のかえりみちに、秋をみつけました。

それは、いねです。

わたしは、秋をみつけたのでうれしかったです。

秋だから、いいなと思いました。わけは、秋だと、夏とちがってすずしいし、いねかりのしごとも手つだえるからです。

このごろ、いいなと思うことがたくさんあります。

教生先生がきたときも、いいなと思いました。

いろいろあります。


自分のみつけた秋はすずしさと結びついている。また、自分の仕事として、稲刈りをとらえている点は、すばらしさであり、個性的な見方とも言えましょう。

さむい秋だ　　藤田　祥暢

朝は、ものすごくさむくて、とりはだがたってきて、そこで、ハッーといきをやると白いけむりみたいなのが出てきた。

けど、なぜ、ひるごろになってくると、あつくなってくるのかがわかりません。なぜ、天気がかわっていくのかわかりません。今ごろの朝は、冬みたいにさむいです。はもうごいて、からだじゅうがふるえてきます。

そういえば、こんなさむいときに雪がふって、雪がっせんをしたことをおもいだします。

秋は食よくの秋とかもいわれているけど、さむい秋ともいえるんじゃないかなと、ぼくはおもいます。

秋の気温の変化の激しさをとらえながら、自分なりの秋「寒い秋」をつくり出しています。

「そういえば……」「……とかいわれているけど……」というようなことばを、学習した後すぐに使っているところもすばらしさの一つです。

秋一つみつけた

矢頭　志野

わたしの家のかだんに、秋の花がさいています。それは、きくとか、ダリアとか、ほかにもあります。

秋の花だから秋の色をしています。たとえば、きいろやしゅ色です。

わたしは、このことを思いながら考えました。

きょ年、友だちとよく花で人形をつくってあそびました。

山にさくくだものも、秋になると、ちゃ色のくりや、オレンジ色のみかんがはやってきます。そういえば、きょ年、オレンジ色のみかんを、手をまっきいろにしてよく食べました。

このように、秋は、色にもかかわりがあるんだとわたしは思います。

藤田君と同様に、ことば（接続詞・指示語）をうまく使っています。「たとえば」「このことを…」「そういえば」「このように」がそうです。

学習したことばを自分のものにしていくすばらしさとともに、秋と色を結び付けているところに矢頭さんの個性がみられます。友だちの日記に触発されて、考えを深めていくという例もみられます。次がそうです。

あきだな　　　　　森下　明子

今日の日記は、やとうさんのことをもとにしました。

今日の夕方、空を見ると、一面青色でした。その時わたしは、もう秋だなと思いました。

きょ年の今ごろも、同じように、一面が青い空で、秋だなと思いました。なぜ、秋だということがわかるかというと、夏は、空がキラキラとしていて見えにくいけど、秋になると、だんだん空気がすみわたってきて、さわやかな空になるからです。

このように、やとうさんの色のことのように、天気も秋だということがわかってくると思います。

本当に、秋にちかづいてきたな。

空気がすみわたってさわやかだということは、目にははっきりと見えません。けど、森下さんは、心で鋭く感じとっているのです。古今和歌集にこういう短歌があります。

秋来ぬと目にはさやかに見えねども風の音にぞおどろかれぬる　（藤原敏行）

秋が間違いなくやってきたとは、目には、まだはっきりと見えないけれど、風の音に自然とそれに気付かされて、はっとするという意味です。秋を感じる心には、一人ひとりの個性があり、どれをとってみてもすばらしいとうなってしまう子どもたちです。

スポーツの秋

谷口　航平

秋は、かつどうしやすいきせつです。だから、よくスポーツができます。

ドッチボールやハンドベースボールをとくにやっています。このごろ、キックベースボールもやりたいと思っています。

秋は、うんどう会もありました。

あさとか、夜とかはさむいけど、日中はとてもいいおんどで、かつどうしやすいです。

そういえば、きょ年の冬や夏は、こうどうしにくかったきせつだからやりませんでした。体いくなんかも大きらいでした。

一しゅうかんに、二回ぐらいしか、ドッチボールやうんどうをしませんでした。ずっと前は、かつどうしやすい秋でも、うんどうがきらいだったので、あんまりしませんでした。今は、きょ年のことをこうかいしています。

今は、もうあさ早くからきて、ドッチボールをやっています。きょ年のことを思い出すといやです。

谷口君にとっては、秋はスポーツの秋であると共に、自分自身を振り返り高める秋でもあるのです。

秋ということば、季節から、子どもたちの個性ある考えをいろいろ聞かせてもらうことができました。ここに、「考える子ども」の姿があるのです。

V　週報　ふくしま　その一

平成九年度　「週報　ふくしま」に紹介した図書一覧

月日	タイトル	作者	書名
4／7	個性開発の10の観点	片岡徳雄	『個性を開く教育』P99
4／14	心のふれあい	尾木和英	『総合教育技術』P34
4／21	やる気をひきだす	岩田純一	『やる気をひきだす環境づくり』P4
4／28	監督の仕事、教師の仕事	山田洋次／田中孝彦	『寅さんの学校論』P36
5／5	子どもをとらえる	大村はまとの対談	『言葉と感動』P104
5／12	やる気を失わせる教師	永井聖二	『学習意欲を高める本』P36
5／19	悩みを話せる人を	武田鉄矢	『いじめを対応と予防読本』P7
5／26	教育は印象的なもの	広中平祐	広中平祐の『家庭教育論』P26
6／2	いじめを見過ごさない	川島一夫	『いじめない子いじめられない子』P123
6／9	伸びる子の条件	詫摩武俊	『伸びてゆく子どもたち』P82
6／16	聞くこと聴くこと	扇谷正造	『聞き上手・話し上手』P53
6／23	監督の仕事、教師の仕事	山田洋次	『寅さんの教育論』P15
6／30	目はいつもやさしく	家本芳郎	『教師のための話術入門』P59
7／7	話し言葉を考える	吉沢典男との対談	『言葉と感動』P193
7／14	人権に配慮した言葉づかい	林　博	『しかり方・ほめ方入門』P62
9／1	人間関係をつくる	本明　寛	『自分を豊かにする心理学』P162
9／8	家庭でできる自己表現	上玉啓子	『自己表現トレーニング』P150
9／15	子どものきく耳	外山滋比古	『ことば散策』P114
9／22	生き方を育むしかり方ほ育むめ方	渡辺弥生	『しかり方・ほめ方入門』P70
9／29	量の読書と質の読書	轡田隆史	『考える力をつける本』P59
10／6	ことば以前に話はある	小沢あつし	『話し方に強くなる本』P120

10／13	好かれる教師の条件	下村哲夫	『好かれる先生嫌われる先生』P16
10／20	個性を伸ばす教育	河井隼雄	『子どもと学校』P36
10／27	教育技術も大切に	飯田　稔	『授業を問い直す』P88
11／3	考える力は感動する力	轡田隆史	『考える力をつける本2』P53
11／10	スクール・カウンセリング	福島脩美	『スクール・カウンセリング入門』P16
11／17	プラス思考はことばに因る	江川ひろし	『話し方は生き方だ』P78
11／24	見えにくさとわかりにくさ	菅野　純	『スクール・カウンセリング入門』P52
12／1	会話で伸ばす子どもの言葉	小沼俊男	『素敵なはなしことば』P40
12／8	毎日の授業こそ	青木幹勇	『生きている授業死んだ授業』P2
12／15	ユーモア度を採点する	高嶋秀武	『できる男ほどよくしゃべる』P166
12／22	よく生きられない子どもたち	伊藤隆二	『生活習慣のしつけ方』P103
1／5	あなたからわたしへの転換	近藤千恵	『やる気の上手なひき出し方で、育て方』P69
1／12	心を抱きかかえる余裕	金盛浦子	『子どもの人間関係がわかる本』P100
1／19	木を見て森を見ず	西岡常一、小原二郎	『法隆寺を支えた木』P55
1／26	対話のできる子を育てる	野地潤家	『教育話法入門』P209
2／2	生き方のモデルとしての先生	関根正明	『好かれる先生嫌われる先生』P23
2／9	より高いものをめざして	武田常夫	『真の授業者をめざして』P77
2／16	教師業の甘さ	上寺久雄	『現代教師論』P32
2／23	情報と人生	加藤秀俊	『情報行動』P159
3／2	子どもの成長を保障する	明石要一	『総合教育技術』P30
3／9	豊かな体験豊かな発想	暉峻淑子	『豊かさとは何か』P34
3／16	自然に学習に引き入れる	大村はま	『教えながら教えられながら』P139
3／23	教育は子どものためのもの	小松郁夫	『総合教育技術』98、3　P34

平成十年度「週報　ふくしま」に紹介した図書一覧

月日	タイトル	作者	書名
4／6	子どもの話に耳を傾ける	畠瀬直子	『学級づくりハンドブック』P33
4／13	教師の豊かな人間性	西村文男編	『校内研修進め方事典』P21
4／20	楽しげに話す	春風亭昇太	『ステキな話し方』P96
4／27	カウンセリング・マインドを培う	西　君子	『学校カウンセリングハンドブック』P61
5／4	引き出す教育	永野重史	『授業を問い直す』P42
5／11	いま、なぜ話しことばなのか	杉澤陽太郎	『人前で話す基本』P42
5／18	自然によって磨かれる感性	河合雅雄	『ことばの野生をもとめて』P22
5／25	なぜ、いま作文か？	扇谷正造	『トップの条件』P196
6／1	今を犠牲にするな	山形琢也	『人の気持ちが読める人読めない人』P65
6／8	言語能力を育てる	ジム・トレリース	『読み聞かせこの素晴らしい世界』P58
6／15	育つ力を信じよう	松井　直	『子どものよさを活かす』P33
6／22	自然とふれあうこころ	鳥山敏子	『賢治の学校』P25
6／29	道徳教育をやってみて	河合隼雄、谷川俊太郎　他	『子どもと大人』P127
7／6	まずは伝統を見直せ	マークス寿子	『ひ弱な男とフワフワした女の国日本』P69
7／13	癒しのための物語	岩宮恵子	『生きにくい子どもたち』P41
9／1	言葉によって人は救われる	本明　寛	『人生、楽しみは後半にあり』P143
9／7	あそびの自然	河井雅雄	『子どもと生きる』P188
9／14	学校で学ぶこと家庭で学ぶこと	永野重史	『子どもの学力とは何か』P44
9／21	人生いかに生きるか	椋　鳩十	『小学校の国語科教育研究』P142
9／28	感動体験を通して	藤本浩之輔	『子どもと生きる』P224
10／5	人間らしさをとらえなおす	手塚治虫	『ぼくのマンガ人生』P143

10/12	論理的に書くこと	井上ひさし	『ニホン語日記』P225
10/19	教師を作り直す	工藤美代子	『教育をどうする』P58
10/26	教師の力量	小川利雄	『子どもが見えてますか』P105
11/2	心の自由と行動の自由	國分康孝	『カウンセリング心理学入門』P66
11/9	「ありがとう」を素直に	下重暁子	『聞き上手話し上手』P102
11/16	大事と小事	松下幸之助	『指導者の条件』P130
11/23	耳で聞く楽しみ	林　望	『知性の磨きかた』P127
11/30	長所を伸ばそう	坂東真理子	『教育をどうする』P292
12/7	自分を知り、相手を知る	國分康孝	『学校リーダーシップ読本』P35
12/14	いくつかの自分	関根正明	『教師の気になる失敗気づかぬ失敗』P144
12/21	先生という職業	臼井昭伍	『親と教師の話し方教室』P64
1/4	日々是好日	外山滋比古	『文章を書く心』
1/11	共感的な理解に立って	東　洋	『子どもにものを教えること』P23
1/18	力を与える言葉	菅野　純	『いじめ子どもの心に近づく』P86
1/25	尊敬できる大人を求めている	米長邦雄	『教育をどうする』P196
2/1	子どもは偉大なる模倣者	秋葉英則	『生活習慣のしつけ』P8
2/8	心に残るものこそ忘れない	五木寛之	『他力』P112
2/15	感動体験の共有	小山田勢津子	『科学的な家庭教育』P32
2/22	サーチライト性	横湯園子	『子どもの心の不思議』P161
3/1	自己実現を託す親	辻井　正	『のびのび子育ての知恵』P21
3/8	仮面をかぶった子ども	影山任佐	『普通の子がキレる瞬間』P34
3/15	「わかんない大学生」	中野　収	『総合教育技術』P6
3/22	子どもの中に自立性	河合隼雄	『こころの天気図』P54

1　週報　ふくしま（平成九年度）

はじめに

私たちは、教育について語るとき、何を基準にして語っているのでしょうか。自分だけの実践を通して「ああだ、こうだ」と、それがあたかも一般論であるかのように述べているときはないだろうかと、ふと考えることがあります。

二十代のとき、附属小学校でお世話になった伊都地方出身の先輩教師が話してくれた言葉です。

「教育について語るとき、気をつけなければならないことがある。自身の実践を語っても全く説得力がないし、一般論としては通用しない。普遍的なものとして通用するのは三点が押さえられているときである。それは、自身と同じような考えを先人は書物等でどのように述べているか。自分の考えが周囲の人々に認められているかどうか。これが押さえられて自分の実践が裏打ちされたときにのみ、一般論として通用し、その人の教育論が周囲の人々の耳に入っていく。」

仕事の関係上、いくらかの書物に出会う機会がありました。再び学校現場に戻り、出会った書物を「週報」として活字にしてみると、改めて教育について考えさせてくれる書物が多かったのに気づきました。今にして思えば、仕事上の書籍書との出会いとはいえ、教育行政にいた期間は本当に恵まれていたのです。

教頭職としての三年間、学校便り『週報』に掲載させていただいた先達の文章は、私に多くの示唆を与えてくれました。

書物は私の考える教育を代弁してくれており、今後の我が国の教育の方向性を切り拓いてくれているかのようでもありました。

「一人一人の子どもをどのようにとらえ、育てていけばよいか」を考えるとき、私自身の教育観はこれからもこれらの書物のように変わることはありません。

今後も、子どもの意欲を育てる教育の在り方を探り、書物等をとおして学び続けたいと思うのです。

四月

朝、玄関に入ると爽やかな風が通り過ぎていきます。

校務員さんが廊下の窓を毎日開けてくれているからです。空が晴れて、ゆったりとながく閑かな春の日を「長閑」と言うそうです。この閑かな春の日の風を十分取り入れるためにも、毎朝、教室の廊下の窓を開けてはどうでしょうか。

先週からの交通指導、挨拶指導、御苦労様です。一日は、朝の挨拶から始まります。こちらの方から進んで子どもたちと挨拶を交わしていきたいと思っています。今週も忙しいようですが、どうぞよろしくお願いします。

平成九年四月十四日（月）

朝、職員室に入ってくる子どもたちの言葉に注目してみました。「失礼します」「お邪魔します」と声をかけてくる子「お早うございます」と挨拶をしてくる子。「お邪魔します。○年○組、◇◇です」と入ってくる子。様々です。教室で友達と交わす言葉と職員室での言葉遣いを使い分けている子どもたちに感心させられます。

皆さん方の日ごろの指導が一人一人の心に届いているからでしょう。

「お早うございます」の声を聞く朝の玄関は爽やかです。学校の一日は朝の挨拶で始まります。更に明るい福島小にしていきたいと思います。

今週も、どうぞよろしく。

平成九年四月二十一日（月）

休憩時間にトイレの草履を整頓している子がいました。一年生の前田くんでした。私たちの目の届かない所にも意欲的な子どもたちの姿が見られます。

日常の子どもたちの良さを見つめていかねばならないと考えさせられました。

家庭訪問が始まります。休み明けでお疲れでしょうが、先生方、どうぞよろしくお願い致します。

平成九年四月二十八日（月）

五月

休み明けでお疲れでしょうが、家庭訪問、よろしくお願い致します。

特別教室等を使用する時は、代替の札を掛けるのが本校のきまりだそうですが、時折、忘れている学級も見受けられます。今一度、指導の方をよろしくお願いします。

「こどもの日。それはおとなが自分の生き方をふりかえる日でもある」は、ある新聞の社説（5/5付）の言葉です。思春期の子どもたちが「おとなの普通に生きる意味」を考え、自身の生き方を問いかけている心の避難所にふれた記事でした。

平成九年五月五日（月）

初夏の日ざしを浴びながら担任とともに中庭を観察している子どもたちを見ていますと、木々のある本校の環境をうれしく思います。幼虫を大事に持って教室に帰る子、木の葉の変化をノートに記録している子……四季の移り変わりを感じ取りながらの日々は、子どもたちにとって意義あるものになっていくことでしょう。今後の子どもたちの変容を楽しみに見守りたいと思います。

今週も、どうぞよろしくお願いいたします。遠足に行けますように……

平成九年五月十二日（月）

遠足も無事に終了ました。遠足の前日、帰る一年生に声をかけてみました。「明日は楽しみ？」「うん」「お菓子は用意しているの？」「買っているけど、少し食べた」「どうするの？」「かまわんね、後でまた買いにいくから」……そのグループは初めての遠足を大変楽しみにしているようでした。遠足の一日子どもたちは、先生と友達と、どんな思い出をつくったのでしょうか。

平成九年五月十九日（月）

廊下を通っていると、一人の女の子がトイレの草履を並べていました。放課後、戸締まりをしながら気が付くことは、どの階もトイレの草履がきちんと整頓されていることです。このようなちょっとした心づかいをする人が福島小には多く見られます。三年の井上さんのような行為はしっかり認め、他の子どもたちにも影響を与えていきたいと思います。今週も、どうぞよろしくお願いします。

平成九年五月二十六日（月）

六　月

先日、ある研修で西牟婁地方の先生方と話し合っているとき、掃除の仕方が分からない子どもが増えているのではないかと話題になりました。福島小の子どもたちはどうかと考えてみました。時間内に熱心に取り組んでいる子も多いようですが、なかには、固まって話に夢中のグループや竹箒をうまく使えない子も見うけられます。どんな小さな事でも子どもたちに気づかせるには、あせらずに、繰り返し指導していくことの必要性を感じます。階段は、一歩ずつ着実に上っていきたいと思います。今週も、どうぞよろしくお願いします。

平成九年六月二日（月）

土曜日、研究授業をさせていただいて感じたことです。子どもの言葉は、指導者の継続的、計画的な指導が大きく左右されるのではないかということです。言葉から感じる、言葉から想像することは、普段の授業の中で体験していないと磨かれていかないということです。子どもは大きな可能性を秘めた存在です。それをどのように開花させるかは、私たち一人一人の力にかかっているのだということを考えさせられたひとときでした。大変よい勉強をさせてもらいました。

梅雨入り間近です。お身体に留意してください。

平成九年六月九日（月）

最近気になること。登校する子どもたちの表情です。四月のころの元気のよい声が少なくなっているようです。朝の挨拶にも覇気がありません。どうしたのでしょうか。五月病という言葉を耳にしますが、福島っ子にもそれが見られるのでしょうか。ある人は教師の資質として「笑顔」をあげています。私たちも疲れを感じる六月ですが、子どもたちの前では笑顔を忘れないようにしたいです。

十七日は指導班の訪問です。普段の元気のよい子どもの姿を見せてあげてください。今週も、どうぞよろしくお願いいたします。

平成九年六月十六日（月）

歯科医専門教員、畠中先生の話です。学生たちは小学校のブラッシング指導の実習を経験することによって、その後の授業態度に変化が見られるそうです。子どもたちを前にして話す難しさを学んだ学生たちは、担当教諭の指導を我が身に置き換えているのかもしれません。講義を聞く態度が大きく変わるそうです。これは私たち教育に携わる者にも応用したいエピソードだと思いました。

玄関前で子どもたちと語り合い、共にカメラにおさまっている学生の姿は、行事を終えた満足感か、笑顔があふれていました。

平成九年六月二十三日（月）

人前で話す難しさはだれしもが経験していることです。職員室に鍵を取りにくる子どもたちも、この難しい公の場の話し言葉（パブリックスピーキング）を少しずつ積み重ねているように思います。「おじゃまします」から始まる声に、この子はどのように話すのかと楽しみに聞いています。「順序をたどって明瞭に話す」「整理して話す」は低学年の表現の目標です。各学年が少しずつ場に応じた話し言葉を身につけていくことを楽しみに見守りたいと思う昨今です。

今日からプール水泳が始まります。先生方、お疲れがでませんように……

平成九年六月三十日（月）

七月

忘れ物を取りに来た親子。全て母親が話そうとするのを止めました。「自分で話してごらん。何をしに来たのか、自分で話せるだろ。」の声に、その子は、考え始めました。「水着を忘れました。鍵を貸してください。」忘れ物をとって戻ってきたその子は、自分から言いました。「ありがとうございました。」側では母親が笑顔で見ています。こちらが指導した方が時間的にむだがないと思われることも、子どもに任せた方が長い目で見て効果がある場合あります。

教育に特効薬はありません。じわじわと効く漢方薬と言えるのでしょうか。

平成九年七月七日（月）

雨の日、廊下を走る六〜七人のグループ。周りの子も知らん顔して見ているだけ。一度では聞かないので、ついつい大声で「走るな」と言ってしまい、反省……。

子どもの心に届く叱り方とは、どのようにすべきなのでしょうか。小児科医の内藤寿三郎氏は、二歳児でも約束ができる、大人が子どもを信頼して目を見て語りかけると、子どもは理解し、記憶し守ろうとすると言います。子どもに信頼を得る教師とは、上手な叱り方とは、考えさせられるひとこまでした。

平成九年七月十四日（月）

九月

新学期が始まりました。先生方、夏季休業中、お身体の調子を整えていただけたでしょうか。この二学期も何かと行事が多く忙しそうですが、御協力のほど、どうぞよろしくお願いいたします。

丸正百貨店にて研修中、先生方にはいろいろと御迷惑をおかけいたしました。三十一日をもって無事に研修を終了しました。企業で学んだ点は何かの機会に報告をさせていただきます。本当にありがとうございました。

平成九年九月一日（月）

今日から給食が始まります。手洗いの励行を図り、楽しい給食となるように御指導の程、よろしくお願いします。

先週の挨拶指導、御苦労様でした。そのときに気づいたことです。夏休みの疲れもあったのでしょうが、子どもたちのあいさつがあまりできていないということです。

挨拶を徹底し、関東のスーパーが売上げを伸ばしているとの新聞記事がありました。挨拶は生活の基本です。明るい学校づくりに欠かせません。一人一人の心に届く指導を今一度徹底してほしいと思います。

平成九年九月八日（月）

体育館横の草引きを終えたとき、二年生が虫かごを持って走ってきました。運動会の練習中、コオロギがとんでいるのに気が付いたようです。コオロギやカマキリをとらえたくて急いで来たようです。大休憩に、夢中になって虫を追っかけています。練習の疲れもみせず虫取りに動き回る姿を見ていると、子どものもつエネルギーに感心させられます。虫取り、花づくり、野菜作り等と自然と親しみながら学べる本校の環境は、子どもの大切な心の栄養になっていくだろうと思います。

今週も忙しいようです。先生方、お疲れがでませんように……

平成九年九月十五日（月）

ＴＶ「世界ウルルン滞在記」という番組から。ある女優が中国雑技団に入門し、舞台のフィナーレを飾るブリッジを練習しています。しかし、なかなかできません。副団長が聞きました。「そのときの気持ちは」「くやしい」「その気持ちがあるのならできる」本番の舞台に立つ前にもう一度テストをするという副団長。代役を勧められる中で「やろうと思う気持ちがあればだれでもできる」と言って、女優を信じます。本番、仲間に支えられて彼女はブリッジを成功させます。舞台の袖でほほ笑む副団長。相手を支え、信じ、見守る気持ちは私たちの教育にも通じています。

平成九年九月二十三日（月）

秋晴れのもと、運動会は無事終了しました。先生方、本当にお疲れさまでした。本部席から子どもたちの様子を見て、精一杯、力を発揮している姿にたのもしく思いました。徒競走では、低学年のかわいい走りに敬老席から歓声があがりました。中学年のダンスは、観客もリズムに乗せられてしまうようでした。高学年の組体操も見ごたえがありました。壮大な音楽に合わせて次々と体形を組む姿に、すばらしい集中力を感じました。運動会で見せた子どもたちのがんばりが、これからの学校生活にさらにプラスとなるように、私たちは取り組んでいきたいと思います。

平成九年九月二十九日（月）

十月

各学年の農園がきれいに整地され、種蒔きも終わりました。子どもたちの土を触っている姿を見ていると、体で学ぶ学習を重視している本校の特色が出ているようでうれしく思いました。昼休み、一年生が鍵を借りにきました。吉野くんを先頭に虫取りだそうです。鍵をなくされたら困るし、行かせてあげたいし迷いながら送り出しました。休み時間が終了するころ、四人は満足気な顔で帰ってきました。

子どものやる気や自信をもたせていくためには、興味を示したことに対して、こちらがゆとりをもって見守っていかなくてはならないと考えさせられました。

平成九年十月六日（月）

縦割り掃除が始まってから約一カ月。子どもたちの掃除の様子はどうでしょうか？　始まった当初、下の学年に対して丁寧に教え、優しく見守っているリーダーの姿が印象的でした。今、興味深いのは、リーダーは、下の学年は、それぞれどんなに成長しただろうかという点です。掃除を手伝いながらあるグループの様子を見ていました。てきぱきと指示をおくっているリーダーは見ていても感心します。時間内に何をしなくてはならないか、見通しをもって活動しているグループは、動きが違います。

私たちはそこから何を捉え、言葉をどうかけていくか、考えさせられます。

平成九年十月十三日（月）

想像力を刺激させる活動の一つに「ファンタジーの二項式」があります。それを二年生で確かめてみました。好きなカットを選ばせ、そこから思いつくお話を創作するというものです。ジャン＝ロザーリは『ファンタジーの文法』で「火花を散らすにはひとつの電極ではだめで、ふたつ必要である……」と述べています。二つのカットから自由に想像し、簡単な文章を書く活動は、表現意欲を喚起させたのでしょうか、時間が過ぎても取り組みました。思考力、想像力の育成を目指して、子どもたちの柔軟な発想力を可能な限り引き出していきたいと思います。

平成九年十月二十日（月）

一週間が過ぎると考えます。「今週、子どもたちにどの位かかわってきただろうか」と。集団としては見てきたものの、一人一人に目を配っていない自分に気づかされ、個をとらえる難しさを感じています。その点、職員室に入ってくる子どもの特徴は、わりあい把握しやすいです。職員室と教室の違いを理解できている子、いない子。一文を分かりやすく話せる子、単語しか話せない子。入ってきたときの表情を見ていると、個性が見えてきます。一年生の優作くんは話し方に苦労しながらも鍵を持っていきました。帰り際のほっとした表情は何ともいえません。

平成九年十月二十七日（月）

十一月

「ヤンタ森に行く」は、子どもたちの心に何を残してくれたのでしょうか？　お年寄りを迎えての観劇は、準備等で先生方はお疲れだったでしょうが、大変好評でした。後日の役員会での話によりますと、スーパー「ゴコー」で参加者が感謝と喜びの声を聞かせてくださったようです。初めての試みですが、地域の方々がうれしそうに校門を出ていった様子は、今も思い出されます。先生方、御苦労様でした。

親子ハイキングに参加された方々、お疲れ様でした。行楽日和の当日、汗をかきながら長縄を跳んでいる姿に、ふれあいの大切さを感じました。

平成九年十一月三日（月）

今、二年生の「子ども郵便局」が開かれており、職員室にも盛んに便りが配達されています。福島の子どもたちの一人一人が、手紙をもらったときの喜びを通して、手紙の意義や人とのかかわりに気づいてくれたなら、この活動のもつ意味も大きいといえるでしょう。各学級でせいぜい活用してほしいと思います。

昨日、市バスケットボール大会が行われました。本校からも五、六年生が参加し、男女とも善戦しましたが、惜しくも敗れました。親子ハイキング、陸上競技大会、バスケットボールと行事が続きました。参加の先生方、本当に御苦労様です。

平成九年十一月十日（月）

放課後、いつものように農園の水やりに六年生が来ました。「他の学年の畑にも水をやってくれる」と言うと、佐々木くんと連れの子は直ぐに手伝ってくれました。その後、野菜にどの程度の水をやればよいのか話しながら、農園をみて回りました。水を浴びた野菜は生き生きとしています。毎日、子どもたちに世話され、声をかけられている野菜たちはそれに応えているのでしょうか。「菊作りは人づくり」とある人から聞きました。野菜にも同じことが言えるのでしょうか。

平成九年十一月十七日（月）

農園から帰って来た児童に声をかけました。「何をしてきたの？」それに答えたある子の返事。「何してもいいやん。」これではお互いの会話は続きません。別の子は「草をひいてきてん。」と直ぐに返ってきました。「持っているのは？」「これはキャベツです。」「はなし言葉の基礎は幼児期から少年期にかけての環境と教育で決まる」はNHKアナ小沼俊男氏の言葉です。コミュニケーションの原点でもある会話の場をもっと増やして、児童の話し言葉を豊かにしていきたいと考えさせられたひとときでした。

平成九年十一月二十四日（月）

十二月

皆さんは気になりませんか？　公共の場での騒音。電車では「眠る、本を読む等」最近できなくなってきたようです。若者の話し言葉の音量、携帯電話の音量……人々の音に対する感覚というものが変化しているのかもしれません。石川啄木の句「秋声まづいち早く耳に入る　かかる性もつ　かなしむべかり」は日本人の自然の音を聞き分ける感性をうたっているかのようですが、今はどうでしょう。風の音、虫の声はかき消され、あわただしい人々の声と身の回りの騒音が主流を占めているかのようです。生活の中での静寂さも、子どもにはときおり体験してほしいと思います。

平成九年十二月一日（月）

日曜参観日の様子を見て回り、活動を取り入れた授業には子どもたちの意欲が更に喚起されるとわかりました。六日の冬の集会も、楽しい学年の出し物に子どもたちは保護者とともに夢中になって見ていました。忙しい日々の中での先生方の取り組み、本当に御苦労様でした。二学期もあとわずかとなってきました。先生方も風邪などに十分留意され、無事に終えられようによろしくお願いします。

平成九年十二月八日（月）

特別教室の窓、体育館の舞台横の出入口の戸締まりに御配慮願います。子どもたちのトイレの草履の乱雑さとともに気になっていることです。よろしくお願いします。

玄関前の掃除の低学年は、リーダーも認めるがんばりやさんです。黙々と竹箒を使いこなす姿は、二学期間の成長を感じます。子どもを褒める時、タイミングを逃すといけないと言われます。その子のどこが成長しているか、何に努力しているか、具体的な周囲の一言が、その子の大きな自信となります。長谷川さんと塩崎くんは三学期、どのように成長していってくれるのでしょうか、楽しみです。

平成九年十二月十五日（月）

二学期も今週で終わりです。振り返ってみると、さまざまな出来事が思い出されます。子どもたちが意欲的に取り組んだ運動会を初めとして、六年生の修学旅行、遠足、「わらび座」を迎えての観劇、五年生の加太合宿、日曜参観、マラソン大会、集会……どの場面にも子どもたちの生き生きとした表情が浮かんできます。その一つには先生方のあたたかいサポートがあったからこそ、行事が無事終了することができたのでしょう。本当にお疲れ様でした。冬季休業中は、どうぞ心身を休めてください。よいお年をお迎えください。

平成九年十二月二十二日（月）

一月

明けまして、おめでとうございます。本年も、どうぞよろしくお願い致します。三学期が始まりました。冬季休業を終えて教室に入ってきた子どもたちの表情はどんなものだったでしょうか。休み中にそれぞれが思い出をつくり、友達と久しぶりの会話を楽しんでいる様子から、一人一人の生活がうかがわれることと思います。短い三学期です。子どもたちの意欲を更に喚起させ、それぞれが学年のまとめを無事終えるように、先生方のお力添え、どうぞよろしくお願い致します。

平成十年一月五日（月）

「壊れるのは易しいが、積み上げることは難しい」は、学級づくりでよく感じることです。冬休みを終えた子どもたちの表情から、先生方は授業中に気づかれたことが多くあったことでしょう。やっと育ってきたと思っていた点も休みの間に元に戻っていることもあったと思われます。

子どもたちの実態から積み上げの大切さと継続することの難しさを痛感させられることが多々あります。

今週は、まず、朝の挨拶「おはようございます」から生活リズムを整えていきたいと思います。御協力よろしくお願い致します。

平成十年一月十二日（月）

給食後、それまで静かだった中庭に元気な子どもたちの声が弾みます。まず、一年生が走ってブランコを目指します。その後、他の学年がグループになって中庭を走っていきます。しばらくすると、校庭から子どもたちの元気な声があちこちから聞こえてきます。昼休憩は、子どもたちのさまざまな遊びが校庭で見られます。北風をも吹き飛ばすかのような元気な声に、見ているものはうれしくなってくるひとときです。「学校は子どもたちの元気な声があってこそ生きている」と、戸締まりで廊下を歩いていると改めて思います。

平成十年一月十九日（月）

冷たい風が吹き抜ける廊下を雑巾を持った子どもたちが掃除をしています。冬の掃除は子どもたちにとってはたいへんです。寒さでかじかんだ手が赤くなったまま、濡れた雑巾を使って丁寧に廊下を拭いています。思わず「御苦労さん」と声をかけずにはいられません。「掃除の教育的効果」を述べたある大学の先生がいましたが、それよりも、時間内に黙々と学校をきれいにしてくれている子どもたちを見るにつけ、感謝の思いで一杯になります。「今日も本当に御苦労さんでした。」

平成十年一月二十六日（月）

二　月

日ごろ気になっている子と掃除に行く途中、毎日のように出会います。今まで声を掛けてもほとんど返事をしてくれないことが多いＫくんです。掃除が終わって聞きました。「今日も頑張ったかい」かすかにほほ笑みがみられました。うれしくなって「次の時間は何かな」と尋ねました。「何か、わからん」小さな声で初めて応答してくれました。これまで投げ続けていたボールを初めて受け止めてくれた瞬間です。身体を持ち上げ「次も、がんばれよ」と送り出しました。

これからもＫくんとの言葉のキャッチボールは続きます。

平成十年二月二日（月）

北風が吹きつける寒い一月は、ウサギもあまり顔を見せてくれませんでした。立春も過ぎた先週のある日、ウコッケイと並んでやわらかな日差しを浴びている姿を久しぶりに小屋で見ました。そういえば、給食後に運動場へ飛び出してくる子どもの声も、その日は弾んでいるようにも聞こえました。春を敏感に感じ取るのは飼育小屋の小鳥や小動物、それに柔軟な心の持ち主である子どもたちであるのかもしれません。ちなみにその日は三月上旬のあたたかさだったそうです。

平成十年二月九日（月）

先週、児童会役員立会演説会がありました。立候補、応援の演説を聞いていて感じたことは、話し言葉の影響力です。聴衆を引き付ける話し方はどうあるべきか、話の構成や語尾をどう工夫すれば聞き手が分かりやすいかなど、子どもたちの話しぶりから学ばせてもらいました。その子なりの個性を出して自分のことばではきはきと話す候補者には聞くものも好感をもっているようでした。新しく決まった児童会役員は楽しい福島小学校をつくるために努力をしていってくれることでしょう。期待して見守っていきたいと思います。

平成十年二月十六日（月）

雨の日の集会でした。六年生に贈る寄せ書きを縦割りグループが作成しました。その様子を担当のパトロール隊長は見て回りました。卒業生の写真を真ん中にして、グループは思い思いの言葉を書いています。五年生が指導し、低学年が指示に従っている姿は縦割り活動ならではの良さと思えました。トランプ、ハンカチ落とし等のグループでのゲームも楽しそうでした。初めての活動には消極的な尚ちゃんでしたが、カメラにはきちんとポーズをとってにっこりおさまってくれました。先生方、御苦労様でした。

平成十年二月二十三日（月）

三月

最後の参観日、保護者に一年間の子どもたちの成長をみていただきました。楽しい音楽とお店やさん、縄跳びの発表、学習発表会、紙芝居、学年の音楽、親子ドッジボール等、当日はそれぞれの学級の趣向を凝らした時間となりました。保護者に見守られた子どもの表情豊かな活動を見ていると、今までの先生方の取り組みの成果がよく現れているようで感心させられました。先生方、本当にお疲れ様でした。三月に入りました。今週もどうぞよろしくお願いします。

平成十年三月二日（月）

先週の土曜日は六年生を送る会でした。壁が奇麗に飾り付けられた体育館で、各学年がお別れの出し物をしました。一年生の手話を交えた合唱、似顔絵を持って呼びかけた三年生、五年生のダンスを入れた力強い合奏など、すべての学年は、見るものを大変楽しませてくれました。忙しい合間をぬっての練習でしょうが、見事なものでした。六年生も思い出をまた一つ増やしてくれたことでしょう。

三月に入り、毎日があわただしく感じられます。あたたかい日差しに玄関のパンジーも大きな花をつけ、卒業を祝っているかのようです。今週もどうぞよろしく。

平成十年三月九日（月）

「おじゃまします。一年○組の○○です。音楽の野崎先生はいますか。」元気な声が職員室に響きました。パブリックスピーキングを身につけた一年生の成長した姿です。一年間の先生方の取り組みは子どもたちのちょっとした言動となって現れます。これも一つの成果なのでしょう。用を終えた二人は安堵感からか、挨拶を忘れてにこにことしながら帰っていきました。これもまた御愛嬌です。二人が去った後、あたたかい風が入ってきたのは、彼らの姿にほほえんだ春だったのでしょうか。卒業式は今週です。お世話かけますが、よろしくお願いいたします。

平成十年三月十六日（月）

第十八回卒業証書授与式が無事終了しました。天気は悪かったものの、不安を吹き飛ばすかのように本番では決めてくれた子どもたちでした。予行練習では気になっていた呼びかけも、声を合わせて元気に言えました。長い時間を三年生も姿勢を正して座っていることができました。やれば出来るということを私たちに福島っ子が示してくれた卒業式でした。卒業生は祝辞をじっと聞き入っていました。尾崎くん、橋本くんの真剣な表情も印象的でした。平成九年度もあと僅かです。先生方にはいろいろとお世話になりました。本当にありがとうございました。

平成十年三月二十三日（月）

学び続けること

これは私の好きな書物の言葉です。

今、学問について漫然と思いめぐらす時、ふと思い浮かぶ言葉が、『論語』の中に書かれている。

学びて思わざれば、すなわち罔し。思いて学ばざれば、すなわち殆し

短い言葉であるけれども、学問というもののあるべき姿をよく喝破し得て、私にはひとしおあじわい深い言葉である。時代を超えた孔子の明察はさすがである。自然科学に限らず、広く学問一般に何が大切かということを、この言葉は物語っているように思えてならない。孔子はこんなふうに説いているのだ。

学ぶこと、それは現代的な表現に改めれば、対人関係や自分自身の経験、あるいは先人の知識からの情報の収集と蓄積ということになるであろうか。それだけでは罔い。すなわち、それだけでは学問を照らす光が十分に発してこない。では何が欠けているか。それは思うことである。思考、思索である。

思うというのは、一定の前提から結論を導き出すのに、いささかの恣意もまじえずに論理的に思考することであ

るが、さりとて、頭で思うだけで学ばないのは、とんでもない独りよがりの結論を導き出してしまう危険がある。すなわち、殆いのである。それゆえ、学問には、学ぶこと思うことが、あたかも鳥の両翼のように、ともに備わっていなければならない。こう孔子は教えているのだが、私たちが学校という教育の現場にいて日々努めていることも実は「学ぶ」と「思う」、この二つのことにほかならないのである。

福井謙一『学問の創造』

教師は、授業をとおして児童一人一人の能力の開花を願って取り組んでいます。だが、私自身を振り返ってみると、大きな視野に立って児童を見ることもなく、日々の実践に追われるばかりであったように思います。

教師としての力量を高めるには、具体的な実践を積み上げることは当然ですが、それを裏付ける一つとして先達から学ばなくてはならない。今、そのようなことを考えています。

今年も、「週報」を一年間発行することができました。

私にとって「週報」は二つの意味をもっています。私の考える教育について再認識させてくれるとともに自身を絶えず戒める言葉として記録されていくからです。

毎週読まされる皆さんにとってはありがた迷惑かもしれませんが、教育について一緒に語れる参考資料にでもなればと思い継続してきたようなわけです。

私自身振り返ってみて、この一年間は大変充実していました。

教育を大局的に見つめてくださった廣瀬校長と一人一人の子どもに親身になってぶつかってくださった皆さん方に囲まれての毎日だったからです。「教育とは、子どもを見つめるとはどういうことか」を皆さんの具体的な取組から学ばせていただきました。

福島の森を訪れる小鳥たちの声を聞きながら、農園を走り回る子どもたちの元気な声に励まされながら、私は楽しく勤めさせていただくことができました。

本年度、私を支えてくださった関係者の方々に感謝申し上げます。

平成十年三月三十一日

2　週報　ふくしま（平成十年度）

四　月

入学式も終わり、桜が散り始め、校門は白い絨毯になっていました。十日は新しい掃除体制になる前の最後の掃除です。

当番は新学年の自覚からでしょうか、見違えるばかりの動きで落ち葉を集めています。リーダーもてきぱきと指示を出しています。「今日でみんなとはお別れやね」と言うと、岩崎くんは「またここに来てもいいんやで」と、かわいいことを言います。長く一緒に掃除を続けていると何だか寂しいものです。学校をきれいにするため、次の場所へ行っても精一杯がんばってほしいと話して別れました。

平成十年四月十三日（月）

一年生の給食が始まり、なかよし学級の開級式も済み、学校がスタートしたことが実感として感じられます。一年生の第一声は「おいしかった。」「残さずに全部食べ（ら）れた」でした。当日の指導、担任はさぞかし大変なことだったでしょう。

なかよし学級の開級式では、加納くんの挨拶には感心させられました。自分の言葉で、考えを入れて、学級代表や保護者の前で話すことができました。昨年からの成長が感じられました。これからの一年間、硯さんや和田君とともに、友達に支えられてまた伸びていってくれることでしょう。

平成十年四月二十日（月）

福島の森の若葉が目に映えるころとなりました。子どもたちは新学年にも慣れ、運動場での友達とのふれあいも多くなってきたようです。先週は、農園へ行く学も見受けられました。アオムシを大事そうにかかえ、農園を歩き回る三年生。担任と雑草を一心に取っている四年生。畑もだんだんとにぎやかになり、活気が出てきたようです。今年も各学年で工夫し、子どもたちと楽しみながら野菜づくりをしてほしいと思います。土とともに一年間を過ごすことができる子どもたちは幸せものだなと、加納くんの活躍する姿を見ながら思いました。

平成十年四月二十七日（月）

五月

休み明けの教室は、遊び疲れた子どもたちの顔が多かったかもしれません。

こどもの日、電車の中は家族連れいっぱいでした。吊り革にぶら下がって遊んでいる子、座席に寝っ転がって騒いでいる子、いろいろな言動が見られました。それぞれの家庭の躾の様子がうかがわれるようです。その日のＡ新聞の記事です。「親が子と正面から向き合い、だめなことはだめと本気で叱ることを避けてはいないか」……教育に携わる私たちも考えてみたい言葉のような気がしました。

平成十年五月四日（月）

残念ながら、当日（八日）は雨でした。遠足に行けない子どもたちは、さぞかし悔しかったろうと思います。玄関前を通ると、教室から子どもたちの声が聞こえてきました。「教頭先生、遠足へ行かせて、行かせてよ」元気な六年生の男子たちです。期待していた行事が中止になるのは、誰しもが残念なことです。その日の彼らの心はどのようなものだったのでしょう。ある学年は、担任と一緒に藤棚の下で楽しそうにお弁当をひろげていました。その学級は、残念な一日ながら少しは思い出ができたかもしれません。今度は晴れて、楽しい遠足になりますように……。

平成十年五月十一日（月）

遠足が晴天に恵まれてよかったです。出発前の子どもたちのうれしそうな表情を見ていると、何ともいえない気持ちになりました。一日中、一緒にいた先生方にとっては、さぞかしお疲れのことだったろうと思います。御苦労さまでした。

先日廊下でアオムシを十匹見せてくれた高居くんでしたが、その後どうなったのでしょうか。蝶に変身したのでしょうか。

教室の後ろに大切に飼われているアオムシを見ていると、子どもたちの期待に応えて育ってほしいと思いました。

平成十年五月十八日（月）

一年生の女の子がトイレの草履を並べていました。こちらも気が付いたときは「ありがとう」と声をかけるようにしています。昨年も感じたことですが、繰り返しの指導と、その子に添う励ましの声によって素直な低学年は育っていきます。

「しっかり」「がんばろう」の抽象的な言葉がけでは、何をどのようにしてよいか、わからないようです。良さや潜在的な能力が教師に認められたとき、子どもの内からのやる気が育っていくようです。今週もどうぞよろしく。言葉がけを十分に……

平成十年五月二十五日（月）

六　月

学校へ来る途中、集団登校の子どもたちと出会います。グループによって表情はさまざまです。佐田さんは、いつも仲間の様子を見渡しながら、笑顔で登校しています。そのグループは会うと直ぐに挨拶をします。小畑くんのグループは笑顔が少なく、いつも疲れた表情です。覇気に欠けるのが気になります。このグループだと気をつかうだろうと思いました。先日、「八人を待つのは大変だろう」と声をかけました。小畑くんは笑顔で答えてくれました。「そうでもないです。みんなきちんと集まってくれます。」リーダーの心優しい態度が集団登校を支えてくれているのだと学ばせてもらいました。リーダーさん、毎日、御苦労様。これからも、よろしくお願いします。

平成十年六月一日（月）

農園から帰ってくる二年生に出会いました。手に手にネギを握りしめ、楽しそうに話をしています。「みんな持っているのは何かな。」「ネギです。」「持って帰ってどうするのかな？」「お味噌汁に入れて食べます。」「お母さんに刻んでもらって食べます。」「砂糖も入れます。」「塩も入れます。」うれしそうに、いろいろお話をしてくれました。一本のネギを通して家族の対話が生まれるとしたら、すばらしいことだと思いました。塩や砂糖を入れたお味噌汁の味はどんなものかわかりませんが、その夜、子どもたちはお家の人とどんな会話が弾んだのでしょうか。

平成十年六月八日（月）

低学年がトイレに飛び込みました。「靴、履き変えなあかんで」と、廊下から女子の声がします。「これでもいいんや」男の子はそのまま行ったみたいです。声のする方を見ました。出てきた男の子は、わかっているものの面倒だからそのまま入ったということでした。毎日の子どもたちの生活をみていると、学習とは、このような小さな出来事にも目を向け、思考させることの積み重ねであると考えさせられます。今週もどうぞよろしくお願いいたします。

平成十年六月十五日（月）

地域の人々とのふれあい「福島盆踊り集会」は、雨上がりの運動場で行われました。児童会の挨拶の後、小畑昭子さんを中心に、踊りの指導の始まりです。高学年が輪の中に入り、指導を受けながらの練習です。それを他の学年は周囲で見て覚えました。その後の一斉練習は、慣れないリズム、足の動きに戸惑いながらも、踊りを覚えようと全員が身体で動きをとっていました。今年は地域と楽しむ夏祭りです。

教育は今、厳選の方向で進んでいます。忙しい日程の中、地域との連携を図りながら子どもたちをどう育てるか、私たちの柔軟な指導力が求められています。

平成十年六月二十二日（月）

低学年の研究授業が終わりました。「具体的な活動や体験」を重視するのが生活科の趣旨です。二つの授業とも、意欲的に取り組める活動を展開し、子どもたちは楽しんで学習していました。これをどのように評価するかが今後の課題であるようにも思えました。子どものつぶやき、うなずきを捉え、声をかけていく指導者の指示、問いかけ等の分析が、生活科での個を育てることになるようです。

「子どものつぶやきが聞こえる。それは小学校一級免許状よりも、もっと大切な免許状なのだ」は東井義雄氏の言葉です。(『村を育てる学校』)

平成十年六月二十九日(月)

七月

先週は、ベルと子どもの言動に注目してみました。この暑さでは子どもたちの動きも相当遅れがちだろうと予測していたのですが、思っていた以上の素早い動作に感心しました。暑い中、ボール遊びに熱中し、ベルが鳴ると運動場から走って帰ってきて自分の掃除場所に向かう姿を見ていると、彼(彼女)らのもつエネルギーの大きさに驚かされます。子どもたちのこのエネルギーを更に伸ばすために、私たちはどのような行動をとればよいのか、ふと考えさせられました。今週も忙しくなりそうな毎日ですが、子どもたちへの声かけをよろしくお願いします。

平成十年七月六日(月)

土曜日は久しぶりの雨でした。早朝、福島の森では蝉がにぎやかに鳴き、一息ついているかのようでした。水不足気味だった農園も、ほっとしていることでしょう。

今日から個人懇談が始まります。暑い中での懇談は大変でしょうが、どうぞよろしくお願い致します。一学期間、一人一人がどのように成長したのか、保護者は関心をもって出席していることと思います。「あれは直してほしい。ここが悪い」と、個の良さに目を向けられなかった懇談時の私の失敗が今も鮮やかに思い出されます。先生方は、子どもの伸びを十分に保護者にお話ししてあげてください。

平成十年七月十三日（月）

九　月

二学期が始まりました。教室での子どもたちの表情から先生方は一人一人をどのようにとらえるのでしょうか。長い夏休みを家庭で過ごした子どもたちは、それぞれの思い出を胸に教室で先生方を待っているにちがいありません。彼（彼女）らの休み中の出来事に耳を傾けながら、意欲・やる気を喚起する言葉をかけてやって下さい。行事の多い二学期ですが、先生方、どうぞよろしくお願いいたします。

平成十年九月一日（火）

今日から給食が始まります。調理員さんが毎日作って下さる食事を楽しくおいしくいただくためにも私たちはマナーを守りたいと思います。食前の手洗い、後片付け等、今一度、御指導の程、よろしくお願いします。

先週の交通指導、挨拶指導、御苦労様でした。休み明けの疲れもあったでしょうが、子どもたちは元気に挨拶をしてくれました。相手の前に立ち帽子をとり挨拶をする男子には感心させられました。明るい学校づくりに挨拶は欠かせません。私たちも子どもたちと挨拶を交わし合い、活気のある学校作りを心掛けたいと思います。

平成十年九月七日（月）

一年生の高橋くんと佐藤くんがトイレの草履をきちんと並べてくれました。それに気づいたT先生「きれいに並べてくれたね。ありがとう」と声をかけていました。

すばらしい行為に気づき、それに応じた言葉をかけていくことが子どもの意欲を喚起し、やる気を育てていきます。先生に認められた二人は、その日はきっと気持ちも弾んだことでしょう。今週も、子どもたちのその日のがんばりには、どうか一言、声をかけてあげてください。

運動会の練習で忙しいようですが、先生方、お疲れがでませんように……

平成十年九月十四日（月）

運動会の練習が続き、子どもたちと同様に先生方もお疲れのことと思います。少しの油断がケガや病気を招くことにもなりかねません。今週も無事に過ごせるように、活動と休憩のけじめをつけ、お身体に十分注意しながら取り組んでください。

先週、なかよし学級の芋掘りをしました。加納くんは芋が見えるたびに「一つ、ゲット」と喜んでいます。隣の畑では、三年生が同じように芋掘りです。土の中から芋が見えるたびに子どもたちの笑顔が広がりました。広い農園の維持には大変な労力を要しますが、福島小の特色は今後も生かしていきたいと思いました。

平成十年九月二十一日（月）

台風が去った後の玄関は泥と枯れ葉でいっぱいでした。西岡さんと二人で掃除をしようと準備し外に出ると、箒の音がしています。調理員の西川さんです。「ご苦労さんです」と声をかけると「自分の玄関はきれいにしとかなあかんからね」と言いながら給食室の前を丁寧に掃いてくれました。何げなく言ったその言葉には大きな重みがあるように私には思えました。

順延だった運動会も無事に終了しました。各学年の工夫された演技を楽しく見学させていただき、楽しい一日でした。先生方は本当にお疲れさまでした。

平成十年九月二十八日（月）

十月

縦割り掃除が始まってから一カ月が経とうとしています。それぞれの場所での子どもたちの行動はどのようなものでしょうか。リーダーの指示の仕方如何によってグループの動きは変わると昨年も述べましたが、今年も同じように思いました。それぞれの場所でのリーダーの動きを見ていると、私たちはリーダーに対してどのような指導を行っているかが問われているような気もします。時間内に、その場所でどの程度の作業をするか、リーダーにはその場所を見て、見通す力が問われています。今週も、どうぞよろしく御指導の程をお願いします。

平成十年十月五日（月）

農園での出来事です。畝をつくっている場所に二人の高学年が来て声をかけてくれました。「何か、手伝いましょうか」大変うれしい言葉でしたが、ほとんど仕事も終わっていたので「ありがとう。今日はもういいよ。種を蒔いた後、みんなで世話してよ」と言って帰しました。相手の言動を見てさりげなく声をかける、この高学年の態度に感心させられました。福島の児童の良さのあらわれです。居眠りから覚めた学生が、目の前のお年寄りに気づき、あわてて席を譲ったのが先日の電車内の光景でした。これと同じさわやかなひとときが農園でありました。

平成十年十月十二日（月）

地域の方々を招いての観劇の準備は、縦割りグループで行われました。リーダーの見守る中、下の学年は飾り作りです。時間が足りないようでしたが、楽しいカット入りの葉書ができました。先生方、御指導の方、御苦労様でした。

五、六年生と地域の方との手話や歌を通じてのふれあいがありました。遠藤さんの幼い頃の話には、子どもたちは頭一つ動くことなく聞き入っていました。音のない苦しみから手話を通して世界が広がっていった話には、子どもたちにも心打つものがあったにちがいありません。これからの共生の時代にふさわしい集会でした。

平成十年十月十九日（月）

曇り模様でしたが、遠足には行けました。出発間際の子どもたちの表情は、何回見てもいいものです。「行って来ます」とハイタッチをしていく低学年。心が躍り、乗り物の中ではつい騒がしくなる子たちに、付添いの先生方もお疲れのことだったでしょう。御苦労様でした。その日、残った六年生は運動場を存分に使って楽しんでいました。体を思いっきり動かせる喜びがあったのでしょうか、休憩時間の声は普段よりも弾んで大きく聞こえました。校時の倍の掃除時間では、それぞれの分担を丁寧にやってくれました。一階のトイレの便器は普段以上に輝いていました。

平成十年十月二十六日（月）

十一月

食欲の秋、スポーツの秋、読書の秋と、秋はいろいろ。毎日新聞による（10／28付）第四十四回学校読書調査では、「読書量の減少とともに全く本を読まない子が増加している」との記事が大きく出ました。全国学校図書館協議会は、「子どもが本を読まない国に未来はない」のキャッチフレーズでキャンペーン中です。本との出会い、読書の意欲は担任の働きかけが大きいものです。これからも、さまざまな機会を通じて、子どもたちを本の世界へ導いてやってください。

今週は行事が重なります。お忙しいですが、どうぞよろしくお願いいたします。

平成十年十一月二日（月）

玄関には、毎月、子どもたちの心をうつ言葉が書かれています。今月は与田準一の詩です。先日、その「おちば」の詩を一年生と読みました。一年生の林君も立って元気に読みました。みんなが暗誦できるまで声をあげて読みました。その時に書いた文章です。「はっぱでおふねとかいろいろなものができるからいいです」（なおき）「おさるはどんなきもちかな。いいなあひろって、ておもっているかな」（ゆき）「よむっていいなあ。たのしいな」（あさひと）。

一年生なりに精一杯考えてくれました。一つの感想からも先生方の日頃の取り組みの成果がうかがわれます。

平成十年十一月九日（月）

就学時健診が行われました。子どもたちの前に立ち「静かにできますか」と尋ねると、すぐに口を閉じました。話を聴く姿勢ができているようでした。このまま来春まで続いてくれればうれしいですが、どうなることでしょう。健診が終わり体育館を後にする保護者の言葉に注目してみました。「お世話になりました。ありがとうございました」と私たちや六年生に丁寧にお礼を言って帰る人、「さようなら」と挨拶だけで帰る人、何の言葉もなくさっさと子どもを連れて帰る人、いろいろでした。このような保護者の姿勢は、わが子にどのような影響を与えていくのでしょうか。

平成十年十一月十六日（月）

先日、「王様ドッジボール」が行われました。それぞれが好きなチーム名を付け、昼休みに対戦しました。中には五年生をリーダーに一・二年生も入っているチームもありました。「下の学年には負けられない」と試合前に六年生が燃えています。先輩としては負けられない、意地みたいなものがあるのでしょうか、真剣にボールを投げている姿はほほえましく思いました。昼休みに急いで運動場に出てくる姿や下学年と作戦を立てている上学年の様子から、異学年が交ざって行われたこの大会の意義というものを十分感じました。準備された先生方、お疲れさまでした。

平成十年十一月二十三日（月）

落ち葉の季節です。これからしばらくの間、掃除当番は落ち葉との戦いです。中庭で濱田くんが掃除をしていました。「今日も頑張ってくれていますか」と尋ねると「はい」とすぐ返事。しかし、周りのみんなは意味ありげな笑顔です。和やかな雰囲気の中で始まった掃除の時間、掃く人、一輪車でごみを運ぶ人と精一杯活躍してくれました。ベルが鳴ると、さっと後片付けをしてみんなは教室へ帰りました。残されたのは落ち葉の小さな山とごみ袋一枚。それなりに毎日がんばってくれている子どもたちです。縦割りグループの良さを認めていきたいと思ったひときでした。

平成十年十一月三十日（月）

十二月

「あの落ち葉は掃かないとだめですか」とT先生の言葉。見るとイチョウの周りは金色の絨毯のようです。それを聞いてある学校での論争を思い出しました。「落ち葉はごみかどうか」直ぐに掃除すべきだの発言をめぐって職員会議では二通りに分かれました。絨毯を踏みしめて歩くところに子どもの豊かな感性が耕される、見た目が汚い等の意見です。個性重視の教育が求められている昨今、落ち葉はどのように考えていけばよいのでしょうか。ある場に遭遇したとき、幾つかの考えが思い浮かべられるバランス感覚のある子どもが育っていけば……と思ったひときでした。

平成十年十二月七日（月）

北風がごみ袋にいたずらし、校庭のすみに飛ばしました。気づいた掃除の人たちは急いでそれを拾い集めています。これからの季節は寒さの中での掃除となり、子どもたちも大変だろうと思います。どうか、励ましのことばをかけてあげてください。

掃除をしている一年生に声をかけました。「ご苦労さん。ちょっとリーダーさんを呼んでくれる?」直ぐ行動してくれました。「リーダー、だれかが呼んでいるで」「この人はだれ」とリーダーが聞いても首をかしげるだけ。一年生にとって、担任以外は全て知らないよその人なのでしょうか？　掃除のときの楽しいエピソードです。

平成十年十二月十四日（月）

二学期も今週で終わりです。教職員の皆さん、本当にお疲れさまでした。無事に今週を迎えられるのも、子どもたちに対する皆さんの温かいまなざしがあったからこそだと感謝しています。二学期も多くの行事がありました。教育にはP→D→Sが重要であると言われます。私たちの計画し実施したそれぞれの行事の意味というものをもう一度評価し、次の年度の計画に役立てていかなければと思います。

休業中は、お身体を十分休め、次の学期のエネルギーを蓄えてください。どうか、よいお年をお迎えください。

平成十年十二月二十一日（月）

一月

新しい年が明けました。本年もどうぞよろしくお願いいたします。

職員の皆さんは、ご家族とともに、今年の一年にどのような願いを込められたのでしょうか。三学期も皆さんが健康で過ごせますように願いたいと思います。

カール・ロジャース（カウンセリングの創始者と言われる）の言葉です。「一人の個人を深く知るとき、人類を知ることにつながる」私たちの前にいる子どもにどのようにかかわっていくべきか、考えさせられる一言です。

平成十一年一月四日（月）

一月七日、前日から準備をされている先生方が何人かおられました。新しい年が明けた三学期、校門を入る子どもたちの気持ちを考え、準備されていたのでしょう。

いつも趣向を凝らした玄関掲示も、始業式を迎える用意が整えられ、子どもたちを待つばかりです。当日、様子を見ていました。休憩時間、低学年が数名走ってきました。玄関の掲示をみて楽しそうに話し合っています。そばには、きれいな生け花が子どもを見つめています。教職員の皆さんの心遣いが積み重なって、福島の子どもたちは今年も健やかに育っていくんだな、と思った光景でした。

平成十一年一月十一日（月）

三学期が始まってから厳しい寒さになってきました。お家で暖かく過ごしていた子どもたちにとっては、教室の冷え込みはつらいものだと思われますが、休憩時間の活発な姿を見ていると、いくぶんか安心させられます。二年生と一緒に学習した後、特にそれを感じました。寒い教室でも、子どもたちは元気に活動します。給食もお代わりする子が多いのです。音読が苦手で自信なさげだったＮくんも、ベルが鳴るとすぐ外へ飛び出して行きます。この変わり身の早さを見ていると、「子どもっていいな」とつい思ってしまうのです。皆さん方は、風邪に十分ご注意を……

平成十一年一月十八日（月）

縄跳び大会に向けてでしょうか、休憩時間に練習している子が多く見られます。大休憩、山東君も縄を持ってにこにこしながら出てきました。左手に縄を持ち、リズムをとりながら中庭で縄跳びを始めました。横では、和田尚樹君が鼻歌まじりに見本をみせるかのように跳んでいます。周りでは遊んでいる多くの女の子も笑顔です。異学年が楽しそうに休憩時間を過ごしている姿を見ると、福島の子のやさしさが感じられます。縄跳び大会、精一杯楽しんでほしいものです。

平成十一年一月二十五日（月）

二月

三年生の教室を時折訪問させてもらっております。九日に行われる研究授業の準備のためです。二組の伊藤君に登校中、声をかけました。「今日も行くからよろしくね。」首を縦に振るだけですが、授業中は真剣にこちらの方を向いて聴いてくれています。やっと笑顔をみせてくれるようになった川村くんは家庭で話をしてくれたようです。「今度、先生と一緒に勉強するそうで」とお母さんから聞きました。普段以上に力を出そうと張り切ってくれている子どもたちの姿を見ると、こちらも出会いの時間を大切にしなくては、と考えさせられます。

平成十一年二月一日（月）

最後の授業参観でした。それぞれの学年が工夫し、授業を公開してくれました。お買い物ごっこ、おもちゃで遊ぼう、パソコンお絵かき、学習発表集会、蒸しパンづくり、僕の得意技の紹介等、子どもの表情を見ているとこちらも楽しくなってくるような公開授業ばかりでした。一人一人が活躍する場が与えられている授業は子どもの学習意欲を促すということがよくわかります。気になったのは、廊下で参観している保護者にお辞儀をしてもかえってこない人がいることです。挨拶は人間生活の基本です。子どもたちにはしっかり身につけていきたいと思った出来事でした。

平成十一年二月八日（月）

五年生の社会見学でした。男女仲良く元気一杯の行き帰りでした。ＷＴＶでは、子どもたちはメモをしながら熱心に見学しました。「この学校の見学態度はよいですね。感心しました。学校によっては騒がしくて案内する時は大変なのですよ」は、説明にあたった方のお話でした。学校の本来の実態は外に出たときにあらわれます。外からの評価は本物です。福島小の子どもたちのよさは実の場でもあらわれたようです。先生方の日ごろの取り組みの積み重ねがこのような結果を生むのでしょう。うれしい出来事でした。

平成十一年二月十五日（月）

陽ざしがだんだん柔らかくなり、校庭で遊ぶ子どもたちの声も弾んで聞こえてきます。一年生は、手づくりの凧あげをやっていました。苦労して自分でつくり、広い運動場をいっぱいを使っての体験学習は、一人一人の心に残る活動だと思いました。みんなが教室に帰った後も一人でやっている子を見かけました。中庭を精一杯走って、あげようとしています。凧もその子の期待を受けて飛び上がろうと必死です。二人のタイミングが合って凧はその子の背よりも高く舞い上がりました。それを見ながら笑っている笑顔は最高でした。山東くん良かったね。凧があがって……。

平成十一年二月二十二日（月）

三月

初めての試み、三年生と高齢者の方々とのふれあいがソーラスでありました。「ふじ山」の歌ではお年寄りの声も多く聞こえ、楽しい合唱となりました。グループ別のお手玉、あやとりは、あちこちから笑い声ももれて本当に楽しそうでした。お年寄りからグループごと昔のお話を聴くとき、子どもたちはうなずきながら真剣でした。「先生、この取組はいいね」「お年寄りもほんまに喜んでくれているわ」「ありがとうございました」担当の方が数名、声をかけてくれました。最後に水野さんが「これからは地域がお互い声をかけあって挨拶をしていきましょう」と述べ終わりました。「めちゃ楽しかった」「お友達になれた」は子どもの感想です。「座学よりも体験、活動を」教育の求められている方向です。地域から学ぶ、地域とともに歩む学校教育の在り方を示してくれた取組でした。お疲れ様でした。

平成十一年三月一日（月）

「今日はだれもこなくてむなしかった」これはパソコン室に置かれているノートからです。大休憩、昼休憩時、パソコン室は一年間開放されていました。教室を訪れた児童をずっと世話してくれたのがパソコンクラブ員です。ノートにはその日の感想が個性的に表現されています。ノートを見ると、百武くんも頑張って世話してくれたんだなと分かります。先日、玄関前の紙くずを拾い、ごみ箱に入れてくれたのは三年生の女子でした。福島の子どもたちのあたたかい心遣いが積み重なって学校は穏やかに過ぎていきます。暖かい春は、もうすぐそこまで来ています。

平成十一年三月八日（月）

お話のボランティアでお二人が来られました。様子を見に一年生の教室を訪問させてもらいました。薄暗い中、ロウソクを立て、表情豊かにお話をされているのを子どもたちは熱心に聞き入っています。目は話し手に向き、お話の中に浸りこんでいる表情から本の良さを改めて認識しました。読み聞かせのコーナーでは、絵と文のもつ相乗効果が子どもたちを一層わくわくさせるのでしょう。身動きもせずに楽しんでいました。大人が聞いていても楽しく感じる四十分間でした。来てくださった錦見さん、白樫さん、本当にありがとうございました。

今週は卒業式。いろいろと忙しくてお世話かけますが、よろしくお願いします。

平成十一年三月十五日（月）

第十九回卒業証書授与式が無事終了しました。当日、感心することも多く、印象深い式典となりました。昨年以上に式が感慨深かったのは、授業にも入らせてもらい、名前も覚えており、こちらも関わりがあった六年生だったからでしょう。会場での子どもたちの顔がりりしく見えたのは、一つの節目を迎えた卒業生の成長した姿を目の当たりにしたからです。低学年とのお別れ式は、一、二年生の態度には感心しました。式の間の動きも少なく、堂々としていました。一年間のそれぞれの成長を如実に見せてくれた本番でした。職員の皆さんには、一年間、いろいろとお世話になりました。本当にありがとうございました。

平成十一年三月二十二日（月）

「週報」の発行を終えて

陽ざしも和らぎ、福島農園の菜の花に蝶が訪れ、校庭では子どもたちの歓声が聞こえる三月です。

最初、三年間続けたいと考えていた「週報」も、どうにか発行することができました。これも、教職員の皆さんのあたたかい支援をいただきながらの日々であったからこそ、続けることができたのだと思います。本当にいろいろとお世話になりました。ありがとうございました。

福島小学校を訪れた二年前、私の目に飛び込んできたのは「福島の森」でした。

その日から、季節が移るたびに色を変えながら、「福島の森」は私を迎えてくれました。訪れる人の心を落ち着かせてくれるかのような緑と小鳥の声は、勤務する者にとっては自慢すべき果樹園でした。その周りに子どもたちが集い、観察したり走り回ったりしながら過ごしているのを見るのも、私の楽しみの一つでもありました。

私が福島小学校から学んだことは多くありますが、その中から三点あげてみます。

まず一つ目は、子どもたちからです。

新学期、低学年にはトイレの履物を並べることの必要性を話しました。「次に来る人のために並べようね。」これだけでいいのです。担任も同様のことを指導してくれますので、次から、多くの子どもたちは履物を並べてくれます。その子にそった言葉がけと具体的な指示が素直な低学年を育てていくのです。そこには、子どもをとらえる豊かで鋭い教師の目が必要です。個の豊かな発達には、指導者の適切な実践力が欠かせません。福島の子どもたちは、大変幼い面も見受けられますが素直です。知人の中学校の先生も、そのようなことを述べておられました。

優しさと素直な面を随所にみせてくれた福島の子どもたちから、教師としての指導力を磨かなくてはならないことを改めて教えられました。

給食調理員さんの一言にも私は心揺さぶられました。九月二十八日付け週報にも記しています。台風一過の晴れた日、校務員さんと二人で枯れ葉を掃除しようと外に出た時のことです。調理員さんが先に出て給食室前を掃除してくれていたのです。

「自分の玄関はきれいにしとかなあかんからね。」

さりげなく話すその言葉には使命感を超えたものを感じました。このように自然とふるまう職員の多いのが福島の特長といえましょう。

三学期を翌日に控えた七日。数人の職員が登校し、始業式の準備をしていました。当日、子どもたちが気持ちよく新学期を迎えられるようにとの配慮からです。八日の朝、玄関の掲示や花をながめている二年生の目は輝いていました。

「教育は存在だ」と柴田武氏（言語学者）はある書物で述べています。「その人がいること、それがそのままが教育となっている」というのでしょう。福島の職員には、そのような存在感のある方が多かったのです。私は、その方々から真の仕事というものを気づかせていただきました。

福島農園は、私にとって初めての本格的な畑仕事でした。紀南地方の田舎育ちであるものの、全く経験はありませんでした。

見様見まねとでもいうのでしょうか。先生方の後をついてやりました。太陽と土と水、自然の恵みを受けて野菜の芽が出てきたときの感動は、何ともいいようがありませんでした。

毎日のように通っていると、土が私に語りかけてくる日もありました。教育にも通じる花や野菜を育てる楽しみというものを、私は初めて味わうことができました。これも忘れることのできない一つです。

三年生と詩の学習をしたときのことです。画用紙を提示し言いました。「絵を描こうと思うのですが、ここから何かきこえてきます。みんなは何ときこえてきますか？」

何人かの子どもたちは話してくれました。

「うまく描いてねと言っています。」「がんばって色を塗ってねと言っています。」

子どもたちの豊かな想像力は、この恵まれた自然とあたたかい指導者の中で育っているように思いました。

教職員の皆さん、子どもたち、福島農園に囲まれて過ごした二年間は、私にとっては忘れることのできない思い出です。

どうかこれからも心豊かな福島の子どもたちを育てるために、皆さん方の御尽力をいただけますようにお願い致します。

本当に、皆さんありがとうございました。

平成十一年三月二十五日

Ⅵ　週報　ふくしま　その二

1　後ろ姿で子は育つ

入学式も終わり、桜が散り始め、校門は白い絨毯になっていました。十日は新しい掃除体制になる前の最後の掃除です。

当番は新学年の自覚からでしょうか、見違えるばかりの動きで落ち葉を集めています。リーダーもてきぱきと指示を出しています。「今日でみんなとはお別れやね」と言うと、岩崎くんは「またここに来てもいいんやで」と、かわいいことを言います。長く一緒に掃除を続けていると何だか寂しいものです。学校をきれいにするため、次の場所へ行っても精一杯がんばってほしいと話して別れました。

平成十年四月十三日（月）

このときのグループは、その日が最後の掃除当番でした。新しい教室、新しい学年を迎えたものの、掃除だけは昨年度の区域でした。最後の掃除ということもあったのでしょう。子どもたちは自分で決めた場所に行き、時間内にさっと掃除を終えてリーダーのもとへ集まってきました。掃除区域に慣れたということもあったのでしょうが、その日のグループの動きは見事でした。時間内に自分は何を為すべきか、それぞれが持っていたように思いました。

掃除は学校教育の重要な一つと言えます。決められた範囲を時間内にどの程度きれいにすることができるか、グループによってその違いは見られるものの、決定的な差は、その区域をリーダーがどのように指導しているかによって決まると言えます。
掃除の時間帯に教師が子どもと一緒に掃除をしているか、それを見ているとグループの成長が分かるようにも思われます。子どもにとって、教師の指示に従うだけより、一緒にやる方がずっと楽しいはずです。ベルが鳴ると、ほとんどの子どもたちは急いで掃除区域に向かいます。急な仕事で職員室にいる人もいますが、掃除の開始には時間の許す限り、その子たちとともに汗を流したいと思います。指導者の毎日のさりげない行為が子どもを育てているのです。

2 食の楽しさ、難しさ

一年生の給食が始まり、なかよし学級の開級式も済み、学校がスタートしたことが実感として感じられます。一年生の第一声は「おいしかった。」「残さずに全部食べ（ら）れた」でした。当日の指導、担任はさぞかし大変なことだったでしょう。

平成十年四月二十日（月）

食生活の異なる子どもたちを一斉に指導するのですから、低学年の担任にとって、毎日の給食指導は大変です。「今日から給食や」と歓声をあげている子もいました。その日、一年生は給食を待ちかねていたのでしょう。終わってから、私にいろいろと話してくれました。みんなとおしゃべりしながらの給食は、子どもにとって楽しいひとときなのです。しかし、いつの世も、好き嫌いの激しい子がいるものです。その子を見ていると、楽しいはずの食事が苦痛に変わっているように見え、給食指導の難しさも感じます。

私も給食に関して苦い経験があります。野菜の嫌いな子に少しでも食べるようにしてやりたい行為が、父親に教室まで怒鳴り込ませたのです。「給食を食べる食べないは、子どもの勝手だ。担任には関係のない」と……。もう、二十数年も前のことです。時代が変化しても、偏食の多い子に変わりはありません。教室を回ってみると、一つの食べ物に苦労している子どもが見られます。給食指導を真面目に取り組む教師の中には、無理やりにも食べさせようと悪戦苦闘している場合もあります。まな板や包丁がない家庭もある昨今、それだからこそ給食は必要だと思うものの、そこまで学校がしなくてはならないのかと疑問に思うときもあります。同じものを同じ量だけ食べさせることは、とうていできません。元来、その子の食生活は家庭がつくるものであり、私たちは補助的な役割を担っているにすぎないのではないでしょうか。

子どもたちに「健康な食生活はバランスの取れた栄養を摂取することにある」ということは教えなければなりません。また、保護者と連携を取り合って、食事の重要性を説かなければなりません。しかし、家庭に対して私たちの出来ることには限りがあります。

生活リズムを乱し、ストレスを抱える現在の子どもたちへの健康教育。ここにも学校教育の大きな課題が課せられているように思います。

3　基礎基本の徹底

> 休み明けの教室は、遊び疲れた子どもたちの顔が多かったかもしれません。
>
> こどもの日、電車の中は家族連れいっぱいでした。吊り革にぶら下がって遊んでいる子、座席に寝っ転がって騒いでいる子いろいろな言動が見られました。それぞれの家庭の躾の様子がうかがわれるようです。その日のA新聞の記事です。「親が子と正面から向き合い、だめなことはだめと本気で叱ることを避けてはいないか」……
>
> 教育に携わる私たちも考えてみたい言葉のような気がしました。
>
> 平成十年五月四日（月）

二日続きの休日があると、その翌日の学校は落ち着きません。まず、子どもが授業を受ける態勢になっていません。家庭での過ごし方の違いもあるのでしょうが、あくび、あくびの連続です。その中で授業を進めなくてはならない指導者の心中は、どのようなものなのでしょうか。職員室に帰ってくる休憩時の職員の言葉からもうかがわれます。

「子どもを育てるとともに、自分たちを自ら進歩させないならば、親は子どもを立派に育てることはできない。」

（アラン）

二〇〇二年度からは完全学校週五日制が導入されます。私たちの授業も変革させていかなくては、子どもをひき付けることが難しくなります。学校は何を捨て何を徹底させるか、厳しい選択を迫られているとも言えましょう。

4　楽しみのある学級

残念ながら、当日（八日）は雨でした。遠足に行けない子どもたちは、さぞかし悔しかったろうと思います。玄関前を通ると、教室から子どもたちの声が聞こえてきました。「教頭先生、遠足へ行かせて、行かせてよ」元気な六年生の男子たちです。期待していた行事が中止になるのは、誰しもが残念なことです。その日の彼らの心はどのようなものだったのでしょう。ある学年は、担任と一緒に藤棚の下で楽しそうにお弁当をひろげていました。その学級は、残念な一日ながら少しは思い出ができたかもしれません。今度は晴れて、楽しい遠足になりますように……。

平成十年五月十一日（月）

遠足が晴天に恵まれてよかったです。出発前の子どもたちのうれしそうな表情を見ていると、何ともいえない気持ちになりました。一日中、一緒にいた先生方は、さぞかしお疲れのことだったろうと思います。御苦労さまでした。

先日廊下でアオムシを十匹見せてくれた高居くんでしたが、その後どうなったのでしょうか。蝶に変身したのでしょうか。

　教室の後ろに大切に飼われているアオムシを見ていると、子どもたちの期待に応えて育ってほしいと思いました。

平成十年五月十八日（月）

外で学ぶことは子どもにとってたいそう楽しみなようです。遠足の前日、低学年の言葉を聞いているとこちらも心躍る思いでした。帰り道の話題は、放課後買いにいくおやつでした。それを聞いていると、遠足で思う存分楽しませてやりたいと思いました。残念ながら、当日の行事は延期になりました。ふだんよく話しかけてくれる竹之内くんは、窓から首を出して「行かせてよ。」と何度も言いました。場所的に雨上がりの遠足は無理なので止めましたが、子どもたちにとって、期待が裏切られた思いでいっぱいだったのでしょう。その日はなんだか沈んで見えました。

　行事が取りやめになった場合、私たちはどのような配慮をしているでしょうか。活動と座学では子どもにとって比較できない程の差があります。その日の時間割に変化をつけるのが私の取り入れた方法です。教室でのゲームや体育館でのドッジボールなど。少しめりはりをつければ子どもに変化があるように思います。

　ある学年は担任と一緒に藤棚で食事をとっていました。それはちょっとした担任の心遣いだったのでしょう。職員室で食事をとっている学年と比較した場合、私には大きな違いがでてくるようにも思いました。

5　具体的な言葉かけ

一年生の女の子がトイレの履物を並べていました。こちらも気が付いたときは「ありがとう」と声をかけるようにしています。昨年も感じたことですが、繰り返しの指導と、その子に添う励ましの声によって素直な低学年は育っていきます。

「しっかり」「がんばろう」の抽象的な言葉かけでは、何をどのようにしてよいか、わからないようです。良さや潜在的な能力が教師に認められたとき、子どもの内からのやる気が育っていくようです。今週もどうぞよろしく。言葉がけを十分に……

平成十年五月二十五日（月）

低学年がトイレに飛び込みました。「靴、履き変えなあかんで」と、廊下から女子の声がします。「これでもいいんや。」男の子はそのまま行ったみたいです。声のする方を見ました。出てきた男の子は、わかっているものの面倒だからそのまま入ったということでした。毎日の子どもたちの生活をみていると、学習とは、このような小さな出来事にも目を向け、思考させることの積み重ねであると考えさせられます。今週もどうぞよろしくお願いいたします。

平成十年六月十五日（月）

一年生の高橋くんと佐藤くんがトイレの履物をきちんと並べてくれました。それに気づいたK先生「きれいに並べてくれたね。ありがとう」と声をかけていました。

すばらしい行為に気づき、それに応じた言葉をかけていくことが子どもの意欲を喚起し、やる気を育てていきます。先生に認められた二人は、その日はきっと気持ちも弾んだことでしょう。今週も、子どもたちのその日のがんばりには、どうか一ひと言、声をかけてあげてください。

運動会の練習で忙しいようですが、先生方、お疲れがでませんように……　平成十年九月十四日（月）

エリクソンによれば「学童期は自発性、積極性の発露による世界の拡大の時期であり、積極的に行動して確かめることにより、知識をふやし、意味を理解し、対人関係を通じて道徳、社会規範、常識、罪意識などを体得する重要な時期」だといいます。

躾は子どもが生きていくうえでの社会の規範を身につける学習です。しかし、この規範は今や大きく崩れているのではないかと、保護者をみていて思うときがあります。参観日、廊下ですれ違うとき、挨拶を交わすことが少なくなりました。その反面、知人とのおしゃべりには熱心で、参観授業であることさえ忘れて夢中で話しています。職員室に突然入ってきて、用件だけを言ってくる人もいます。できて当然だと思うようなことが日常見られなくなってきているのが気になります。

私は子どもたちに繰り返し指導してきたことがあります。一つは挨拶の徹底です。挨拶の語源は「胸をひらいて相手にせまる」です。子どもと過ごす一日の始まりは挨拶をまず大切にしたいと思います。職員室に入ってくる子に「おはようございます。」とできるだけ声をかけるようにしました。ノートを持参で毎朝入ってくるなかよし学級の尚樹くんには正面に立って挨拶するように心掛けました。結果を早急に求めるのでなく、日々の積み重ねが教育に求められます。この挨拶の場合、担任の指導も多々あったのでしょう。職員室に入ってくるほとんどの子から「おはようございます。」が聞かれるようになっていきました。

子どもに対する叱り方、ほめ方は即時性が問われます。その子を指導したいときは、その言動の直後タイミングよく言葉をかけることが望ましいように思います。トイレの履物を並べていた女の子の行為に、私はすぐ声をかけました。このように子どもたちの行為を捉え、何がよいのか自覚させていくことが子どもの内面を育てていくことになります。

子どもというのは、見たがり、知りたがり、やりたがりの好奇心に満ちた存在であるといえましょう。子どもの日常生活を私たちはあたたかく見守り、適切な言葉かけを行うことが、一人一人の自発性を育てていくことになると思うのです。

6　弾むコミュニケーション

農園から帰ってくる二年生に出会いました。手に手にネギを握りしめ、楽しそうに話をしています。「みんな持っているのは何かな。」「ネギです。」「持って帰ってどうするのかな?」「お味噌汁に入れて食べます。」「お母さんに刻んでもらって食べます。」「砂糖も入れます。」「塩も入れます。」うれしそうに、いろいろお話をしてくれました。一本のネギを通して家族の対話が生まれるとしたら、すばらしいことだと思いました。塩や砂糖を入れたお味噌汁の味はどんなものかわかりませんが、その夜、子どもたちはお家の人とどんな会話が弾んだのでしょうか。

平成十年六月八日（月）

農園での出来事です。畝をつくっている場所に二人の高学年が来て声をかけてくれました。「何か、手伝いましょうか」大変うれしい言葉でしたが、ほとんど仕事も終わっていたので「ありがとう。今日はもういいよ。種を蒔いた後、みんなで世話してよ」と言ってかえしました。相手の言動を見てさりげなく声をかける、この高学年の態度に感心させられました。福島の児童の良さのあらわれです。居眠りから覚めた学生が、目の前のお年寄りに気づき、あわてて席を譲ったのが先日の電車内の光景でした。これと同じさわやかなひとときが農園でありました。

平成十年十月十二日（月）

福島農園は子どもたちの心を開放します。土を耕し、野菜を育てることによって友達との会話が弾むようです。畝の管理は学年によって違いは見られるものの、野菜の芽が出て、葉が大きくなっていくにつれ、畑を訪れる子どもたちの会話が増えていきます。農園での体験活動は会話を豊かにするようです。春先に植えたジャガイモが大きく育ったのを見て、なかよし学級の直也くんは「一つ、ゲット」とうれしそうな声をあげていました。担任と農園で宝探しとコミュニケーションを楽しんでいました。一緒に手伝った芋掘りは、私も時間の経つのを忘れていました。

「立てば漫画、座ればファミコン、歩く姿は塾通い」。これは、一九八五年の子どもの姿を皮肉って表現したものです。現在の子どもの世界は直接体験が更に減少していることでしょう。広い福島農園をもつ子どもたちを見ていると、恵まれた環境のもとで生活をおくっていると思います。

「何をもっているの？」「持って帰ってどうするのかな？」話しかけるとき、相手が考えるように質問をします。以前、農園帰りの中学年に「何をしてきたの？」と尋ねると「何しててもいいやん。」と答えられ、次の言葉に窮したこともありましたが、ほとんどの子は、その子なりの言葉をかえしてくれます。ここから、子どもたちとのコミュニケーションの始まりです。二年生も農園からの帰り道でした。収穫した数本のネギを手に大切そうに握りしめ話してくれました。畑のネギを友達と一緒に採った体験が二年生の想像力をふくらませ、話したいという意欲を喚起させるのでしょう。次から次へ、子どもたちは楽しいお話を聞かせてくれました。

新学習指導要領では「総合的な学習」が新設されます。「総則」の「総合的な学習の時間の取扱い」5の配慮事項を見ますと、この学習では、体験的な学習・問題解決的な学習が重視されており、「地域の教材や学習環境の積極的な活用などについて工夫すること」が重要視されています。

農園をもつ学校は、地域の人々の協力も得ながら四季の野菜や花を育て、特色ある「総合的な学習」を展開していくことができます。直接体験と豊かな言葉を育てる素地をもつ福島小学校は、今後の取り組みに期待できそうです。

7　読む楽しみ

食欲の秋、スポーツの秋、読書の秋と、秋はいろいろ。毎日新聞による（10／28付）第四十四回学校読書調査では、「読書量の減少とともに全く本を読まない子が増加している」との記事が大きく出ました。全国学校図書館協議会は、「子どもが本を読まない国に未来はない」のキャッチフレーズでキャンペーン中です。本との出会い、読書の意欲は担任の働きかけが大きいものです。これからも、さまざまな機会を通じて、子どもたちを本の世界へ導いてやってください。

今週は行事が重なります。お忙しいですが、どうぞよろしくお願いいたします。

平成十年十一月二日（月）

玄関には、毎月、子どもたちの心をうつ言葉が書かれています。今月は与田準一の詩です。先日、その「おちば」の詩を一年生と読みました。一年生の林君も立って元気に読みました。みんなが暗誦できるまで声をあげて読みました。その時に書いた文章です。「はっぱでおふねとかいろいろなものができるからいいです」（なおき）「おさるはどんなきもちかな。いいなあひろって、ておもっているかな」（ゆき）「よむっていいなあ。たのしいな」（あさひと）。一年生なりに精一杯考えてくれました。

一つの感想からも先生方の日頃の取り組みの成果がうかがわれます。

平成十年十一月九日（月）

お話のボランティアでお二人が来られました。様子を見に一年生の教室を訪問させてもらいました。薄暗い中、ロウソクを立て、表情豊かにお話をされているのを子どもたちは熱心に聞き入っています。目は話し手に向き、お話の中に浸りこんでいる表情から本の良さを改めて認識しました。読み聞かせのコーナーでは、絵と文のもつ相乗効果が子どもたちを一層わくわくさせるのでしょう。身動きもせずに楽しんでいました。大人が聞いていても楽しく感じる四十分間でした。

平成十一年三月十五日（月）

「子どもの本よどこへ行く」は、朝日新聞（一九九九年六月八日付）の記事です。児童書を取り巻く環境が一段と厳しい状態にあり、書店も採算がとれなくて売り場を縮小しているとのことです。子どもの読書調査を毎年行っている全国学校図書館協議会の発表によりますと、読書離れが進み、不読率が増加しているとのことです。一カ月に一冊も読まない小学生が六人に一人といわれていますが、本当に子どもたちは本が嫌いになっているのでしょうか。

担任が都合で休まれたときは、私がその学級に入ります。その折、数冊の絵本を手に教室へ行くのです。学級の状況を見て、時間が許せば子どもたちと絵本を読むのです。一冊の絵本と出会うと、騒がしい学級も落ち着きます。読み聞かせの効果です。

詩集を持っていき「おちば」（与田準一）の詩を読んだときです。一年生のなおきくんは普段は席につきません。

その日も、あっちこっちへと歩き回りながら詩を見ていましたが、何回も音読を繰り返しているうちに、だんだんとのってきました。椅子に近づき、なおきくんは仲間と一緒に読むようになっていきました。声をあげて読む楽しさを味わっていたのかもしりません。「はっぱでおふねとかいろいろなものができるからいいです。」（なおき）は、最後に書いた感想です。

お話のボランティアでお二人（錦見さん、白樫さん）が来られたときのことです。学校に招待した初めての読み聞かせボランティアでしたが、結果は大成功でした。二人の表情豊かなお話の世界を子どもたちは全身で受け止めていたように思いました。

松井直氏（福音館書店）は、子どもたちに絵本の楽しみを述べています。（『絵本・ことばのよろこび』P十八～）

「役に立つ、ためになる絵本はつくってこなかった。それが知識の本、科学の本であっても、編集することはしませんでした。おもしろく楽しいから出版しただけです。……絵本のなかに豊かに広がっていることばの森に入り、散歩してほしいのです。ことばが心に働きかけて生み出す喜怒哀楽のさまざまな気持ちを感じとってほしいのです。……絵本のなかで文章とさし絵の両方が語り出すことばの広場へ遊びにいって、みんなで楽しみをわかちあってほしいのです。」

現在の子どもたちはさまざまな情報に囲まれおり、書物以外に目を奪われるものが数多くあります。しかし、私は子どもに本の楽しみを味わわせたいと思うのです。活字の世界の偉大な力を実感させたいのです。一冊の本との出会いが、その人の人生を左右するかもしれません。日常の生活の中で、私たちが活字と子どもとの橋渡し役となって出会いを楽しませてやりたいと思います。

8　教師の言葉で子どもは育つ

「週報ふくしま」から、幾つかを取り出してみました。学校生活の場で子どもの言葉を育てる教師の働きかけについて考えてみたいと思います。

「後ろ姿で子は育つ」では、掃除区域のリーダーは指導者の言葉によって育っていくと述べています。ほとんどの教師は、チャイムとともに担当場所に行き、子どもとともに掃除を行っています。ホウキを手に一緒に行動するなかで教師は子どもたちに言葉をかけ、影響を与え続けているのです。単なる教師の指示だけでは子どもは育ちません。身をもって示していく姿勢によってのみ、子どもの言葉や行動が豊かに育っていくのではないでしょうか。

Ｏ－１５７の問題が起こってから、給食指導はいっそう難しくなっています。食前の手洗いは徹底され、給食調理員さんに対する健康チェックも厳重です。調理された食品の安全点検も徹底されており、子どもの口に入るまで空白の時間は全くないといえるほどです。マナーを守り、給食をいただくまで、教科指導以上の負担が毎日教師にかかっているのが実状です。

出されたものには誰しも好き嫌いはあるでしょうが、目の前の食べ物に対して、私はものの心を伝えていきたいと思います。どれだけの人の手によって材料に手が加えられ、子どもたちの食事として出されているか、それを想像する心を育てていきたいと思うのです。そこには、相手の立場に立ったものの見方・考え方が育っていくと思われるからです。

「新しい学習指導要領が告示されても現場が全て変革していくわけではない。旧態依然の学校はあちこちに見られる。」との声も聞きます。この現実をどのように考えていけばよいのでしょうか。「校長が変われば学校が変わる」と言われるなら、「担任が変われば子どもも変わる」ともいえるでしょう。子どもの学習状況を的確に把握し、何を今徹底しなければならないか、どこにゆとりを置くか等を指導者は年間計画を作成するなかで考え、実行に移していかなくてはなりません。これからの学校教育を考えると、豊かな想像力、柔軟な思考力等が求められているのは指導者自身ではないでしょうか。

やる気について中山勘次郎氏は述べています。（『しかり方・ほめ方入門』P一〇八）

「しかることもほめることも、もうひとつの重要なメッセージを含んでいる。それはおとなが子どもの行動に対して大きな愛情と関心を持ち、真剣に考えているのだというメッセージである。おそらくそれがいちばんの基盤であり、そのメッセージがおとなと子どもの間に交流したとき、はじめてさまざまなヒントや情報が子どもに伝わり、子どもはそこから自律的に行動を展開していくことができるのである。」

子どもたちの行為に対して私が言葉をかけ、しかったりほめたりしてきたのは、中山氏の述べる他者からのはたらきかけ（ここでは私は言葉と考えている）をきっかけとして子ども自身がその場にふさわしい言動がとれるようになると信じているからです。しかし、このときの言葉がけは、単なるお世辞や抽象的な言葉であってはなりません。その行為の直後であり、フィードバックできる状態であり、子どもの心に届く言葉が望ましいのです。その子にふさわしい指導者の言葉がけが、その子の自信となり、やがて自律的な行動へと移っていくからです。社会的な言語行動のとれる子どもの育成には、道徳、生徒指導の関係者のみならず、私たち国語教育に携わるものの問題でもあるのです。

まだまだ私自身、子どもの姿が見えません。見えないからこそ、日常の彼らの言動に注目し、言葉をかけながら、自身も学んできたような状況です。その子の置かれている状況や心の動きと密接に結び付いている言葉に留意し、たえず彼らの言動に心を配り、その子にそった言葉がけをしていきたい。子どもたちの活発な声にエネルギーをもらいながら、そう思うのです。

子どもを想像の世界に誘う本の効果も大切にしていきたいと思います。やんちゃで有名な子も、一冊の本との出会いによって違った表情をみせるときがありました。家庭の様子からも本とのふれあいの少ないのがうかがわれます。機会をとらえて私たちが取り組みを進めないと、子どもたちがますます本との出会いが少なくなります。一編の詩を教室で読みあうこと、早朝、一冊の絵本との出会いを楽しむことなど、忙しい学校生活のなかで時間を有効に使う方法を考えていきたいと思います。

Ⅶ　研修体験

1　企業研修は教育に通ずる

―企業研修体験―

研修派遣先　丸正百貨店「無印良品館」
研修期間　一か月間

一　変身願望を満たす研修

以前から私はサービス業というものを体験してみたかった。今回、「教員の長期社会体験研修」の声がかかったとき進んで参加させてもらうことにした。

研修中、私を激励に訪れてくれた海草地方のある校長は語った。

「人間というのは、今の自分とは全く違うことをやってみたいとか、異なる職種を体験をしてみたいという変身願望があるのではないだろうか。その意味でも、今回の研修は良かったのではないのか。」

そうかもしれない。私は、今までとは異なる職種を経験をしてみたかったのは事実である。違った観点から社会を見つめてみたいと思ったこともある。今回の研修は、私の願望を叶えてくれるとともに、自分自身を振り返らせてくれる意味で有意義であったといえよう。研修日誌を振り返りながら、従業員と買い物客の言動から教えられた点を述べてみたい。

二　売り上げ向上を招く言動

平成九年八月一日（金）から一か月間、丸正百貨店「無印良品館」において企業研修を体験し、私は多くの事を学んだ。「無印良品館」は女子中高生を中心とした若い世代に人気がある。その他、若いアベック、親子連れも見られる。現代の子どもたちの実態を知るうえで今回の研修はたいへん意義があった。また、従業員とともに一日を過ごし、彼女たち（「無印良品館」の従業員のほとんどは女性である）の勤務ぶりからも学ぶ点が多かった。

(1)　手を後ろに回さない

初日の上司との話し合いの中で、「手を後ろに回さない」の言葉が印象に残った。そういえば、私もかつて机間巡視をしているときに手を後ろで組むことがあった。これでは子どもたちにとっては監視されているかのように感じたかもしれない。客も同様であろう。手を後ろに回して従業員が立っていると、買い物客は不快感を抱くであろう。館内で気持ちよく買い物をしていただくためには従業員の小さな態度にも配慮すべきであると学んだ。

「手を後ろに回す」や「腕を組む」は、教師にとっても考えなくてはならない態度といえよう。ある会合に出席したときのことである。相手は腕を組み威圧的な態度で私たちに向かい合ったことがある。「話し合い」をお互い気持ちよく、スムーズに行うためには、言葉のみならず、双方の態度を考慮しなければならない。人と接するときの態度というものを学ばせてもらった。

(2)　言葉はコミュニケーション

研修中、言葉の重要性を再認識することができた。買い物客に対する私たちの小さな心遣いがコミュニケーションを図り、結果として売り上げ向上につながっていくのを感じた。「いらっしゃいませ」「ありがとうございます」の言葉かけは、デパート従業員として当然の行為である。私は買い物客の持ち物に注意しながら言葉をかけ、反応をみることにした。一つの例を挙げてみたい。言葉にかかわって、研修日誌には次のように記述している。

小さな心遣いで好感を

今日もタイムカードを押し、出勤。

一階の社員に「おはようございます」と挨拶を交わし、二階へ上がる。係長が公休のため、T社員が中心となって朝の打合せをする。お中元シーズンが過ぎると夏はわりあい暇になると聞いていたが、今日もそのような一日であった。客の出足がよくない。打合せの時に、一日の目標額を言うものの、達成可能かどうかは難しい一日であった。

包装の折に気づいたことである。客によっては手荷物を持っている人もあれば、紙袋を持ったまま「無印良品館」で買い物をしてしている人もいる。手荷物の量を素早く見て、「袋を用意しましょうか」とか「その紙袋を一緒に入れましょうか」と声をかけるようにしてみた。その声に相手は必ず「すみません」とか「ありがとうございます」と応えてくれる。サービス業は些細なことでも配慮し、店に好感をもってもらえるように心掛けなくてはならない。マンネリに陥らず、初心を忘れず、客と接していかなくてはならない。今日学んだことは「客をよく観察し、声をかける」である。

売り上げを向上させる言葉

スーパーが生き残りをかけてサービス攻勢に出た。レジの担当者がお辞儀をして「いらっしゃいませ。ありがとうございます」と言うスーパーが店舗を増やしているとの記事（A新聞 夕刊 8／9）があった。今日は、その言葉に注意しながらレジをうった。

どちらが客かわからないような店も増えていると言われているなか、言葉で売上げが向上するなら企業としてはありがたいことである。客の様子を見ながらレジを打っていると、反応も様々であり楽しくなる。「ありがとう」と言葉が返ってくると当方も何となく心が軽くなる。企業は商品を売り、利潤を追求することは当然の行為であるが、そこに言葉というものを通してコミュニケーションを図ることがあってもいいのではないだろうか。心を通して売り上げを伸ばす企業はどの程度あるのだろう。

丸正百貨店も、接客に対しての言葉遣いを繰り返し指導している。これは心を通して客に接していこうとする姿勢の現れであろう。

サービス業は言葉が命である。お客の心を満たし、快適に買い物をしてもらうためには従業員の言葉が大きく左右する。私は、言葉に関心をもって館内での研修を行っていた。レジをうつ女子従業員の言葉に注目してみると、一人一人に個性が見られた。打合せの時のマニュアル通りか、その人の心から出された言葉か、研修者の立場から眺めているとその違いが見えてきた。

帰宅途中、ときおり本屋に立ち寄った。教育書とともに企業経営の在り方に関する書物に目がいくのも社会体験研修の影響であろう。そこでは、企業経営における言葉の重要性を説いた書物にいくつか出会った。ファーストフードの全国チェーン「モスバーガー」の記事は、その中の一つである。

> 道は爾きに在り、而るにこれを遠きに求む
>
> 孟子の言葉だそうである。意味は「人の歩むべき道は近くにあるのにもかかわらず、遠くに求めている」というのであろうか。ここから企業の経営について考えた。サービス業は利潤を追求するのは、先にも述べたように当然である。しかし、そのために売らんがための手っ取り早い方法よりも、遠回りであっても、従業員の言葉の指導から徹底していく方が企業としての未来があるとはいえないだろうか。
>
> ファーストフードの全国チェーン店である「モスバーガー」は日本ではトップの業績を誇る。そこには秘密があった。「ＨＰＣの三つの柱」が企業の理念としてあったのだ。もてなしの心（Ｈ）おいしさ（Ｐ）清潔さ（Ｃ）が、その秘密である。まず従業員に教育されるのは「挨拶」である。客に対する言葉遣いが重要視されている。味は当然として、次に注目されるのは、周辺の道路まで掃除している姿勢である。「道は爾きに在り、而るにこれを遠きに求む」がトップに押し上げた。学びたい点である。

言葉、特に日常の「挨拶」言葉が企業の売り上げに大きく影響を与えるということを書物からも知ることができた。その人の勤務姿勢にも問題があるだろうが、従業員の中には、言葉遣いをわきまえない者もいる。多くの従業員を抱える百貨店においては、一人一人に日常の「挨拶」言葉を徹底するのは無理があるのだろうか。消費を取り巻く環境はマイナス材料が多いと言われる現在である。それを考えたとき、学校で私たちが日常努力している「挨拶」言葉を指導していくことが、これからの企業経営に少なからず影響していくのではなかろうか。

従業員の立場から気づいた点をまとめてみたい。買い物客に好感を得られる言動とはどのようなものであるのか、

絶えず企業の一員として心掛けなくてはならない。研修から私が気づいたのは次の通りである。
◎　笑顔を忘れず、言葉をはきはきと話す。
◎　日常の「挨拶」言葉を心掛ける。
◎　買い物客の言動に心を配り、タイミングよく言葉をかける。
◎　フロアーのチームワークを考え、行動する。

三　マナーをわきまえた人

「無印良品館」二階の客は児童生徒が多い。研修の目的は、この子たちの実態を観察する意味もある。クラブ帰りの生徒、仲良しのグループ、アベック等さまざまである。研修日誌から三点述べてみたい。

(1)　認識のずれを感じる性教育

現在、性教育については盛んにとりだたされているが、実情はどんなものであろうか。「無印良品館」を訪れる若者の様子から眺めてみたい。

性教育は進んでいるか

レジの打ち方を昨日練習した。早速、朝からレジを打つ。客が品物を持ってきたら「いらっしゃいませ」計算後、品物を手渡したら「ありがとうございました」サービス業の基本である。今日はこの点を気をつけて勤務する。客は

> この言葉にどのように反応してくれるか、観察してみることも一日の学ぶべき点であった。
> 「無印良品館」は中高生のアベックもよく来る。二人を観察していると、私たちとの世代の違いに驚かされる。若い二人連れが品物を眺めていて、スキンの前に立ち止まった。男の子いわく。「家にあるからいいか」そう言って二人は立ち去った。世間では性や身体に関する情報が氾濫しており、子どもたちはそれらに囲まれて生活をおくっている。親や教員の知らない所での子どもたちの性に関する言動は私たちの予想をはるかに超えているのかもしれない。この研修では、その一端を知らされることにもなった。今も、女子中学生のグループがスキンを手にし、密かに話し合っている。性教育について、振り返ってみる必要がありそうだ。

　スキンの前に立ち、にやにやとグループで話し合っているのは小学校高学年女子、中学校女子に多い。女性の日用雑貨品とともに避妊用具を置いているので、男子は気づかないことが多い。

　小学校学習指導要領の体育の五学年では、「G　保健　（1）体の発育と心の発達について理解できるようにする。」の文言がある。ここでは、思春期に起こる体つきの変化、二次性徴を扱うようになっている。現場では児童の実態をどの程度把握し、これを具体化しているのであろうか。性の情報が氾濫している現在、彼女たちの言動を目の当たりにし、児童・生徒の方が私たち教育に携わるものよりも先に進んでいるのではないかと思わされた。

　福島小学校は性教育を研究テーマに取り組んでいる。その目標の一つに「男性、女性としての自己の性に対する認識を確かにするとともに、異性に対する認識を深める。」とある。人間理解を前提とし、よき人間関係を築くための研究を進めているわけであるが、これが今後どのように影響を与えていくのであろうか。「無印良品館」を訪れる若者を見るにつけ、考えさせられた。

(2)　マナーをわきまえた人

今度は、客の方に目を向けてみたい。今回の研修で、買い物客の言動から自身を振り返らせてくれる点も多くあった。児童生徒の万引きについては生徒指導関係者からよく耳にしていたし、私自身も、以前に取り組んだこともある。「万引きは現場を押さえないとどうすることもできない」は、従業員の口からよく出た言葉である。これが実際には難しい。被害金額は年間にすると数百万になると聞き、私も驚いてしまった。

万引き防止に目を配る

（前略）日曜日は客が多いと聞いていたが、今日の出足は悪い。平日と同じようだという。社長が見回りにくる。「御苦労さん」とにこやかに声をかけてくださる。その後、万引きについて少し話し合う。この館内は万引きが多く、年間にすると相当な金額になるという。休み中や日曜は特に注意しなければいけないようだ。今日は日曜日。子どもたちの様子を観察する。鞄を持参している者が多い。中には、鞄を開けたまま品物を見て回る者もいる。その姿を追って、社員は穏やかな顔付きながら目は光っている。

お客様は神様です

万引きらしき振る舞いは相変わらず見られる。グループで来た女子高校生の一人がカバンを商品の方に向け私たちからは見えにくい姿勢をとっている。よく見るとカバンのジッパーは開いている。私に気づくとカバンを閉じている。万引きは現場を押さえないことにはどうしようもない。タオルの前で不審な行動をとる女子高校生を前にして私たちは不安な気持ちで見守っているだけである。

　購入しようとする商品の扱いを見ていると客の様子がよくわかる。今日、買い物をした女子高生は商品や代金を投げてよこした。「お客様は神様です」とはいうものの、レジを打つ者としては不愉快きわまりない。私自身がそのような行為をとったことがなかったかと振り返らせてくれた。


万引きとともに気づいたのは買い物客のマナーである。これは研修に身を置かないとわかりにくいことであろう。店内で商品を物色する客の様子はさまざまである。一階の衣料品売り場に手伝いに行ったときのことである。若いカップルが夏物セーター、ズボン等、品定めをしながら店内を歩いていく。観察していると、二人で陳列の商品をあれこれ触りながら、適当なものが見つからないのか、二階へ上がっていった。二人の通った後を見ると、陳列の商品は乱雑に投げ出されている。衣料品売り場では、このような商品をすぐ整理する必要がある。販売の合間に商品を整理していくのは、意外と忙しいものであった。

マナーをわきまえて

　久しぶりに忙しい一日であった。レジに多くの客が並ぶ。計算し、商品を手渡すのは意外と時間がかかる。待たせないように素早く行動するのがレジの基本である。慣れてきたせいであろうか、最近、計算も早くなってきた。研修の成果であろうか。

　店内で気づくことは、食べ物を口にしながら商品を手にする者が多いことである。先日は、ポップコーンを食べながら文房具を手にしている女生徒もいたのは驚いた。その他、アイスクリーム、ジュース等を手に店内を物色する女生徒が多い。買い物と飲食を区別できない者が増えているのであろう。マナーはわきまえてほしいものであるが、年頃のアベックにもそのような姿が見られるというのは世の流れなのだろうか。

お母さんの子育て模様

「無印良品館」に来る買い物客は児童生徒だけでなく、若い母親も多い。子ども連れの彼女たちの様子を見ていると家庭での躾がうかがわれる。訪れる何人かの行動に注目してみたい。二〜三歳の女児連れの母親。日用品を夢中に見ているうちに、連れの子は商品を触わりながら遊びだした。割れ物もあるので、その姿は危なっかしく映る。やっと気が付いた母親の言葉。「怒られるからやめなさい。」それはないでしょうと言いたい気分である。このような客がわりあい多い。また、食べ物を持たせて買い物をする人もいるが、館内は飲食物は禁止である。これもあまり守られていない。

幼い子を二人連れた母親が学用品を購入した。その間、下の子はずっと機嫌が悪くぐずっていた。レジに来た母親が私たちに言った。「御迷惑をかけてすみません。」

私たちの目に映る母親の姿はさまざまである。幼い子が入学するころにはどのよう成長しているか、店にくる姿からも推測されそうである。

(3)　多彩な若者ファッション

館内の若者たちの話からすると、買い物コースが決まっているようだ。「ビブレ」からぶらくり丁を歩き、ウインドショッピングを楽しみながら「無印良品館」を訪れる。これが一般的なコースである。このコースの土・日曜日、多彩な若者ファッションが私たちの目を楽しませてくれる。個性重視の教育が推進されている現在であるが、若者ファッションは本当に一人一人が個性豊かである。

今年の若者の流行は、下駄、浴衣模様の服、見せる肌着等があげられる。また、自分をキャンバスに見立てたボディーアートも目立った。入れ墨シール、ネイルアート、ボディーピアス、説明を受けないと理解できないものばかりであった。これらは新聞によると、「生身を飾っての、ささやかな自己主張である」（A新聞　9／2）とのことだ。話し言葉が気になる現代の若者は、究極のファッションといわれる自身の体で自己表現を始めだしたのである。

最新の若者ファッション

発注していた荷物が昨日から入り、店員は忙しそうに動き回る。なかには、入荷後のディスプレイが楽しみで公休であっても出てきたいと話す女性もいる。職場で自身の喜びを見いだしている人は専門職としての自信に満ちているようだ。

店を訪れる若者を見ていると、最新のファッションを学ぶことができる。現代の流行は下駄である。東京の一流の呉服屋さんでも若者向けの下駄を置いてみたところ、驚くほどの売れゆきがあったという。和歌山も同様である。音を立てながら階段を上ってくる。浴衣生地のスカートは女子中学生に多い。茶髪が流行したころ驚いたが、その程度では今は珍しくない。色とりどりの髪が見られ、女子の短髪も多い。後ろから見ると男女の区別がつかなくなっているのが現状である。男子のスカートらしきものがあるかと思えば、ブラジャーが見えるシャツの子もいる。ピアスは耳だけではない。口にあるかと思えば鼻にもある。若者ファッションは研修を楽しませてくれる。

四　私の学んだこと

この社会体験研修は多くのことを学ばせてくれた。企業経営に興味を抱くとともに現場の教育を改めて振り返らせてくれた点が一つの成果であった。企業は「客を第一に、客の目線に立って」営業努力をしている。これを私たち教育現場に置き換えてみたらどうであろうか。「子ども側に立って、子どもの目線で」私は日頃の実践を行ってきただろうかと考えさせられた。また、日常の基本的な取り組みの重要性も再確認することができた。それは「挨拶」と「言葉」である。現在、国語教育は表現力育成に力を入れている。挨拶ができ、パブリックスピーキングを身につけたものは、一流の社会人である。これからの二十一世紀を生きる子どもたちに、小学校段階から音声表現力の育成に力を入れなくてはならないと館内を訪れる若者たちから学ばせてもらった。

従業員、買い物客の姿を通して、私は一つの言葉を学ばせてもらった。それは「諫言」である。新聞記事「竜門冬二のエッセイ」（Y新聞　8／25）のなかに見られた言葉である。組織のリーダーが「諫言」に対してどのような姿勢をとるかによって、その組織の活性化、発展が決定づけられるというものである。諫言する側は、無私無欲の態度でもってすることが必要であり、される側は、私心をもたず公心をもって受け止める器量が求められる。これは私には難しいことである。だが、学校も一つの組織である。子どものためにどうあるべきかを考えるとき、お互いがそのような気持ちで臨めば、職場は活性化し、子どもは生き生きとしていくであろう。

日頃の当たり前の取組の重要性と今後も自身を磨いていかなければならないことを改めて教えてくれたのが社会体験研修であった。これは、私にとって今後の大きな糧となるであろうと思われる。

この研修を終えるにあたり、お世話していただいた関係者の方々に心から感謝申し上げたい。

平成９年８月１日（金）	研修時間　　９時30分～16時00分
研修場所・配属先　　　丸正百貨店「無印良品館」	

《研修内容及び感想》

売り場では手を後ろに回さない

今日から研修である。嶋崎総務部長の案内を受けながら社長、副社長に挨拶にいく。お二人から温かい言葉をいただき、その後、林営業部長、嶋崎総務部長と研修内容について話し合う。研修の配属先は「無印良品館」に決定。無印良品館の責任者、小畑係長の説明を受けながら、館内を見て回る。研修初日であり、慣れるために、館内の陳列品を見ながら、来客の様子を観察する。客の大半は女子児童生徒であるため子どもたちの言動を観察するのにも好都合とのことであるが、その通りであった。小物が好きな女子の普段の生活の一端を一日にしてうかがうことができた。

訃報が来社直後に入ったため早退をする。福島小の職員の実父逝去の報である。

本日の学んだ言葉は「手を後ろに回さない」である。手を後ろに回していると、相手は監督、監視されているかのような不快感覚を抱くことにもなる。相手は買物客である。気持ち良く買い物していただくには、姿勢、態度に配慮すべきを学んだ。

平成９年８月２日（土）	研修時間　　10時00分～18時00分
研修場所・配属先　　　丸正百貨店「無印良品館」	

《研修内容及び感想》

相手の好感を得られる言葉遣いをする

研修二日目は、タイムカードの方法を教わる。嶋崎総務部長に社員と同様にしたいと依頼していたところ、早速、作成してくれたわけである。

「無印良品館」の朝の打合せは廊下で行う。本日の目標金額を係長が説明し、その後、一人の社員が基本的な挨拶を唱え、他の者はそれを繰り返す。言葉は、客に接する者にとって基本となる。挨拶言葉をどの程度身につけているかによって、客に与える印象も変わってくる。毎朝、基本的な挨拶を繰り返すことによって、相手に好感を与える言葉というものを社員一人一人に自覚させているのであろう。

「いらっしゃいませ」の言葉を発することも研修者にとっては難しい。昨日は言えない言葉であったが、今日はわりあいスムーズに出た。

「いらっしゃいませ」「ありがとうございました」何回言った言葉であるか定かではないが、今日学んだことは、二つの言葉のもつ意味であった。

平成９年８月３日（日）	研修時間　　10時00分～18時00分
研修場所・配属先	丸正百貨店「無印良品館」

《研修内容及び感想》

万引き防止に目を配る

タイムカードを押し、出勤。今日も研修のスタートは文房具品等の二階からである。Ｓ社員は早番であり、浴衣を着用している。今日は丸正「ゆかたの日」。何人かは本館五階で着付けしてもらっている。「無印良品館」では今年初めての実施だそうであある。華やかに見える「ゆかたの日」も、本人にとっては、動きにくい、冷え過ぎる等で疲れる一日であるとか、本当に御苦労さんである。

日曜日は客が多いと聞いていたが、今日の出足は悪い。平日と同じようだという。社長が見回りにくる。「御苦労さん」とにこやかに声をかけてくださる。その後、万引きについて少し話し合う。この館内は万引きが多く、年間にすると相当な金額になるという。休み中や日曜は特に注意しなければいけないようだ。今日は日曜日。子どもたちの様子を観察する。鞄を持参している者が多い。中には、鞄を開けたまま品物を見て回る者もいる。その姿をおって、社員は穏やかな顔付きながら目は光っている。

平成９年８月６日（水）	研修時間10時00分～18時00分
研修場所・配属先	丸正百貨店「無印良品館」

《研修内容及び感想》

小さな心遣いが店を印象づける

国語、図書館教育の夏季研修会のため二日欠勤。今日もタイムカードを押し、出勤。一階の社員に「おはようございます」と挨拶を交わし、二階へ上がる。係長が公休のため、Ｔ社員が中心となって朝の打合せをする。お中元シーズンが過ぎると夏はわりあい暇になると聞いていたが、今日もそのような一日であった。客の出足がよくない。打合せの時に、一日の目標額を言うものの、達成可能かどうかは難しい一日であった。

包装の折に気づいたことである。客によっては手荷物を持っている人もあれば、紙袋を持ったまま「無印良品館」で買い物をしてしている人もいる。手荷物の量を素早く見て、「袋を用意しましょうか」とか「その紙袋を一緒に入れましょうか」と声をかけるようにしてみた。その声に相手は必ず「すみません」とか「ありがとうございます」と応えてくれる。サービス業は些細なことでも配慮し、客に好感をもってもらえるように言葉がけしなくてはならない。マンネリに陥らず、初心を忘れず、客と接していかなくてはならない。学んだことは「客をよく観察し声をかけること」である。

平成９年８月８日（金）	研修時間　　10時00分～18時00分
研修場所・配属先	丸正百貨店「無印良品館」

《研修内容及び感想》

一人一人に応じた言葉を

今日の出勤は三人である。一人一人の個性が違うことはこれまでの勤務で大体理解できている。話しかけるときはその人にあった言葉を考えなくてはならない。これは学校も同様であろう。子供の個性はそれぞれ違うものである。その子にあった言葉をかけていくことが、個を認め伸ばしていくことに通じる。特に女子の場合、グループ化ができやすい。今日の三人もそれぞれグループ化しているようである。その場合は、言葉を特に配慮しなくてはならない。

レジの練習を始める。三人で時間の合間に指導してくれる。商品合計、預かり金、お釣りのそれぞれを打ちながら商品を包装する。これは時間をせかされて意外と慌ただしい。客が並ぶと余計に焦ってくる。「慌てず、ゆっくりと」と指導をうけながらレジをうつ。今日は疲れた。昨日は公休であったのに、普段よりも余計に疲れが出たようである。しかし、レジ打ちが少しできたことは研修の成果である。

平成９年８月９日（土）	研修時間10時00分～18時00分
研修場所・配属先	丸正百貨店「無印良品館」

《研修内容及び感想》

性教育は進んでいるか

レジの打ち方を昨日練習した。早速、朝からレジを打つ。客が品物を持ってきたら「いらっしゃいませ」。計算後、品物を手渡したら「ありがとうございました」。サービス業の基本である。今日はこの点を気をつけて勤務する。客はこの言葉にどのように反応してくれるか、観察してみることも一日の学ぶべき点であった。

「無印良品館」は中高生のアベックもよく来る。二人を観察していると、私たちとの世代の違いに驚かされる。若い二人連れが品物を眺めていて、スキンの前に立ち止まった。男の子いわく。「家にあるからいいか」。二人はそう言って立ち去った。

世間では性や身体に関する情報が氾濫しており、子どもたちはそれらに囲まれて生活をおくっている。親や教員の知らない所での子どもたちの性に関する言動は私たちの予想をはるかに超えているのかもしれない。この研修では、その一端を知らされることにもなった。今も、女子中学生のグループがスキンを手にし、密かに話し合っている。私たちの行っている性教育について、振り返ってみる必要がありそうだ。

平成９年８月10日（日）	研修時間　　10時00分～18時00分
研修場所・配属先	丸正百貨店「無印良品館」

《研修内容及び感想》

BGMが雨を知らせる

日数が経つにつれて人間関係が見えてくる。「無印良品館」には、アルバイトの女子が十数名勤務している。その中では小さなことながらも毎日のように問題が起こっている。それを把握しどのような声をかけていくかが上司の職務の一つとして問われている気がする。だが、ここは利潤を追求する職場である。学校とは違うそうである。たとえ仲間に敬遠される社員であっても、職務に責任を持ち、利潤を進んで追求できる者であれば企業としては得難い存在であるらしい。ある人はそのように述べた。

今日、夕立が何回かあった。館内を流れるBGMでそれを知らされた。映画のテーマ曲「明日に向かってうて」が流れると、館内では「ああ、雨が降ってきた」とつぶやく声が聞こえる。館内放送には幾つかの種類があるそうだ。「雨が降ってきた」、「万引きに注意せよ」。他にもあるらしい。客には知られず、社員だけに気づかせる合図として音楽があるというのも、このような企業ならではのアイデアであろうか。

平成９年８月12日（火）	研修時間　　10時00分～18時00分
研修場所・配属先	丸正百貨店「無印良品館」

《研修内容及び感想》

知の管理・情の管理

「無印良品館」二階の客は児童生徒が多い。研修の目的はこの子たちの実態を観察する意味もある。クラブ帰りの生徒、仲良しのグループ、アベック等さまざまである。今日も、学生らしきアベックがスキンを購入し、支払後、ため息をつき帰っていった。

研修の疲れが出てきたのか、レジの打ち間違いを二回もしてしまった。買い物客の好意で釣銭を間違えずに済んだが、計算には油断は禁物である。

客の持ち物の数を見て、紙袋にするか、手提げのビニル袋をつけるかを私は考えてきた。これをある女性から「ビニル袋をあまり使わないように」と注意を受けた。理由を聞くと、ビニル袋は値が高いし万引きされやすいからだと言う。だが、他の者に聞くとビニル袋は値段は一番安いという。しかし、万引きはされやすいそうだ。ここで考えた。企業は客の気持ちを考えながら接していくべきか、利益を考え接していくべきかである。真心を先ず客に示すべきか、営業本位の顔を示すべきか。難しい問題であるが、重要な経営方針ともなろう。客の身になるのはどちらであろうか。

平成９年８月13日（水）	研修時間　　10時00分～18時00分
研修場所・配属先　　　　丸正百貨店「無印良品館」	

《研修内容及び感想》

言葉が売上げを向上させる

スーパーが生き残りをかけてサービス攻勢に出た。レジの担当者がお辞儀をして「いらっしゃいませ。ありがとうございます」と言うスーパーが店舗を増やしているとの記事があった。（A新聞夕刊　８／９）今日は、その言葉に注意しながらレジを打った。

どちらが客かわからないような店も増えていると言われているなか、言葉で売上げが向上するなら企業としてはありがたいことである。客の様子を見ながらレジを打っていると、反応も様々であり楽しくなる。「ありがとう」と言葉が返ってくると当方も何となく心が軽くなる。企業は商品を売り、利潤を追求することは当然の行為であるが、そこに言葉というものを通してコミュニケーションを図ることもあってもいいのではないだろうか。心を通して売上げを伸ばす企業はどの程度あるのだろう。

丸正百貨店も、接客に対しての言葉遣いを徹底して指導している。これは心を通して客に接していこうとする姿勢の現れであろう。

平成９年８月16日（土）	研修時間　　10時00分～18時00分
研修場所・配属先　　　　丸正百貨店「無印良品館」	

《研修内容及び感想》

マナーをわきまえよう

久しぶりに忙しい一日であった。レジに多くの客が並ぶ。計算し、商品を手渡すのは意外と時間がかかる。待たせないように素早く行動するのがレジの基本である。慣れてきたせいであろうか、最近、計算も早くなってきた。研修の成果であろうか。

店内で気づくことは、食べ物を口にしながら商品を手にする者が多いことである。先日は、ポップコーンを食べながら文房具を手にしている女生徒もいたのは驚いた。その他、アイスクリーム、ジュース等を手に店内を物色する女生徒が多い。買い物と飲食を区別できない者が増えているのであろう。マナーはわきまえてほしいものであるが、年頃のアベックにもそのような姿が見られるというのは世の流れなのであろう。

今日は、知人の訪問が多かった。前任校の教諭の家族、現任校の事務職員の家族、初任研を終えた教え子の家族、研修センターの上司等が私の研修の様子を見に来てくれた。研修中、毎日のように訪問客がある。私の研修は丸正百貨店に迷惑をかけているであろうが、「無印良品館」の売上げに貢献している（？）かもしれない。

平成９年８月17日（日）	研修時間　　10時00分～18時00分
研修場所・配属先　　　　丸正百貨店「無印良品館」	

《研修内容及び感想》

最新の若者ファッション

発注していた荷物が昨日から入り、店員は忙しそうに動き回る。なかには、入荷後のディスプレイが楽しみで公休であっても出てきたいと話す女性もいる。職場で自身の喜びを見いだしている人は専門職としての自信に満ちているようだ。

店を訪れる若者を見ていると、最新のファッションを学ぶことができる。現代の流行は下駄である。東京の一流の呉服屋さんでも若者向けの下駄を置いてみたところ、驚くほどの売れゆきがあったという。和歌山も同様である。音を立てながら階段を上ってくる。浴衣生地のスカートは女子中学生に多い。茶髪が流行したころ驚いたが、その程度では今は珍しくない。色とりどりの髪が見られ、女子の短髪も多い。後ろから見ると男女の区別がつかなくなっているのが現在である。男子のスカートらしきものがあるかと思えば、ブラジャーが見えるシャツの子もいる。ピアスは耳だけではない。口にあるかと思えば鼻にもある。若者ファッションは研修を楽しませてくれる。

平成９年８月21日（木）	研修時間　　10時00分～18時00分
研修場所・配属先　　　　丸正百貨店「無印良品館」	

《研修内容及び感想》

本日の女子高校生は

万引きらしき振る舞いは相変わらず見られる。グループで来た女子高校生の一人がカバンを商品の方に向け私たちからは見えにくい姿勢をとっている。よく見るとカバンのジッパーは開いている。私に気づくとカバンを閉じている。万引きは現場を押さえないことには何も言えない。タオルの前で不審な行動をとる女子高校生を前にして私たちはどうすることもできない。

購入しようとする商品の扱いを見ていると客の様子がよくわかる。今日の女子高生は商品や代金を投げてよこした。「お客様は神様です」とはいうものの、レジを打つ者としては不愉快きわまりない。私自身がそのような行為をとったことがなかったかと振り返らせてくれた。

国語教育全国大会で三日間をあけた後の勤務である。一日のリズムが変わると身体の調子も変わる。大村はま氏とともにゆっくりと二日間過ごし、充実した日であったものの午前中は疲れが残っていた。

平成９年８月22日（金）	研修時間　　10時00分～18時00分
研修場所・配属先　　　　丸正百貨店「無印良品館」	

《研修内容及び感想》

デイスプレイは個性の表現

発注の品物が次々と届けられる。営業の合間に商品を整理していかなくてはならない。これは案外と疲れる作業である。箱を開け、商品を陳列したり下の整理箱に片付けたりする。二階の場合、重い商品は少ないが、地下一階はジュース類が多い。客の減り具合を見て地下一階へ降り、運ぶのを手伝った。入荷の度に、この作業を女子が行うのは疲れるであろう。

各コーナーのディスプレイは担当者が決まっているらしい。個性的なディスプレイは来店する女性の目を楽しませている。観葉の緑をアクセントにし、商品を陳列するのは、その人のセンスが問われる。「これはあの子のディスプレイか」とそれぞれの作品のセンスに気づくのも各階の展示コーナーを歩く楽しみでもある。

ディスプレイについては今まであまり関心がなかったが、従業員のそれぞれの個性に気づかせられ、重要性を認識した。

平成９年８月24日（日）	研修時間　　10時00分～18時00分
研修場所・配属先　　　　丸正百貨店「無印良品館」	

《研修内容及び感想》

人前で話す基本とは

一階の衣料品の手伝いに行った。そこには今回初めて話すアルバイトの女性がいた。

「先生、こんな所に何しにきてんのよ」と突然に問いかけるぶっきらぼうなその子の話し方には驚かされた。その女性は別館の最年長者であるというからなおさらである。「企業研修で色々と学ばせてもらっているんやで」「先生って、そんなに暇なんか？」「先生って余っているから来ているんか」目を見て相手に向かい合うことなく話す女性の口調に耳を傾けながら、「この人の言語生活は今までどのようなものであったのだろうか」と思わずにはいられなかった。

企業の「話しことば」研修が今、盛んである。パブリックスピーキングをもたない若手社会人のために企業が研修に力を入れ始めたからである。ＮＨＫもラジオ、テレビで「話しことば」の放送を初めてもう十数年が経過した。その間、私たち教育に携わる者は、児童生徒の言語生活について、どの程度の力を注いできたであろうか。

今日の女性の話しことばを耳にして、私たちの言語生活について考えさせられた。

平成９年８月25日（月）	研修時間　　10時00分～18時00分
研修場所・配属先　　　　丸正百貨店「無印良品館」	

《研修内容及び感想》

道は爾きに在り、而るにこれを遠きに求む

孟子の言葉だそうである。意味は「人の歩むべき道は近くにあるのにもかかわらず、遠くに求めている」というのであろうか。ここから企業の経営について考えた。サービス業は利潤を追求するのは、先にも述べたように当然である。しかし、そのために売らんがための手っ取り早い方法よりも、遠回りであっても、従業員の言葉の指導から徹底していく方が企業としての未来があるとはいえないだろうか。

ファーストフードの全国チェーン店である「モスバーガー」は日本ではトップの業績を誇る。そこには秘密があった。「ＨＰＣの三つの柱」が企業の理念としてあったのだ。もてなしの心（H）おいしさ（P）清潔さ（C）が、その秘密である。まず従業員に教育されるのは「挨拶」である。客に対する言葉遣いが重要視されている。味は当然として、次に注目されるのは、周辺の道路まで掃除している姿勢である。「道は爾き在り、而るにこれを遠きに求む」がトップに押し上げた。学びたい点である。

平成９年８月26日（火）	研修時間　　10時00分～18時00分
研修場所・配属先　　　　丸正百貨店「無印良品館」	

《研修内容及び感想》

研修は周囲に支えられている

丸正百貨店の「職員家族、お得意様、特別販売日」である。今日は全員が早番出勤である。店長が目標金額を掲げ、全員の士気を盛り上げる。開店三分前の館内放送が流れる。すでに、店の前には四十人余りが並んでいる。しかし、「無印良品館」は割引がないので、客はあまり来ないらしい。結果は、そのとおりであった。

この研修中、毎日のように同僚、知人が訪ねてくれた。今日は、特に訪問客が多かった。特別販売日であることを知らせていたため、買い物を兼ねてきてくれたわけである。昨夜は、同僚の教頭先生方が慰労会を計画してくれた。周囲に本当に感謝したい。学校を離れ、夏季休業中の研修は大変だと周りから言われる。だが、私には、上司や教職員のおかげで、ここまでやってこられた。研修にあたっては関係者のあたたかい支援があったから無事に勤められている。

市内外の研究仲間、同僚等、次々に訪れてくれたこの日は、私にとって研修の疲れを忘れさせてくれる出来事であった。

平成９年８月27日（水）	研修時間　　10時00分～18時00分
研修場所・配属先　　　　丸正百貨店「無印良品館」	

《研修内容及び感想》

若いお母さんの子育て模様

「無印良品館」にくる買い物客は児童生徒だけでなく、若い母親も多い。子供連れの彼女たちの様子を見ていると家庭での躾がうかがわれる。訪れる何人かの行動に注目してみたい。二～三歳の女児連れの母親。日用品を夢中に見ているうちに、連れの子は商品を触わりながら遊びだした。その姿は店のものとしては危なっかしく映る。やっと気が付いた母親の言葉。「怒られるからやめなさい。」それはないでしょうと言いたい気分である。このような客がわりあい多い。また、食べ物を持たせて買い物をする人もいるが、館内は飲食物は禁止である。これもあまり守られていない。

幼い子を二人連れた母親が学用品を購入した。その間、下の子はずっと機嫌が悪くぐずっていた。レジに来た母親が私たちに言った。「御迷惑をかけてすみません。」

私たちの目に映る母親の姿はさまざまである。幼い子が入学するころにはどのよう成長しているか、店にくる姿からも推測されそうである。

平成９年８月30日（土）	研修時間　　10時00分～18時00分
研修場所・配属先　　　　丸正百貨店「無印良品館」	

《研修内容及び感想》

中高生の買い物模様

商品の入荷は毎週あるそうだ。発注の品物が今日も届く。一階の早番は一人なので手伝いに行った。秋物商品が箱詰めされ積まれている。梱包を解き商品を仕分けする。

これだけの数の商品が本当に売れるのかと不思議で尋ねると、季節の変わり目に本部から商品が送付されるらしい。返品はきかないそうだ。ここに商売の難しさがある。

土日は買い物客が多い。中高生の話振りからすると、ビブレから流れてくる者が多いようだ。ぶらくり丁を歩き「無印良品館」を訪れるのが一般的なコースである。

当館で彼女たちが最初に行くのは文房具コーナーである。そこには多色の水性ペンが置かれている。試し書きの紙を見ると若者たちの様子がうかがわれ楽しくなる。そこにはいろいろ書かれている。好きな人物名、テレビ番組の紹介、塾の講師に対する批評、芸能人へのあこがれ等さまざまである。毎日この試し書きを読んでいると現代っ子の表情が見えてくる。教師のあいだでは「子どもがみえない」という人もいる。この小さなメモからも子どもたちの心が見えてくるのではないかと考えさせられた。

平成９年８月31日（日）	研修時間　10時00分～18時00分
研修場所・配属先　丸正百貨店「無印良品館」	

《研修内容及び感想》

最終日、思い出を胸に去る

いつもの通り、警備員さんに挨拶をし、本館に入る。今日で研修も最後である。

この夏季休業中の研修は意義深いものであったと改めて思う。海草地方のある校長が私に話してくれた。「人はだれしも変身願望がある。短期間の研修はそれを叶えてくれるとも言えるのではないかな」。私の研修は、自身の変身願望を満たしてくれるものであったのだろうか。

「無印良品館」に入ると、女子従業員から声をかけられた。「先生、今日で終わりなんですね。御苦労さんでした」。私自身、研修は今日で終わりだとは信じられなかった。館内に入るとき、社員のだれしもと同じように「今日の客の入りはどうかな」と思っていたのである。

先にも述べたように、土・日は客が多い。明日から新学期が始まるので、今日は特別に客が多かった。レジの手を休める間もないくらいであった。

「最終日である。やれるだけレジを打とう」心に決めて過ごした。16時過ぎに聞きなれない音楽が流れ始めた。本日の目標額の達成だそうである。それを聞くと私自身、心が躍る。今日の研修は汗をかくほど充実したものであった。

午前中、嶋崎部長と社長のもとへ挨拶にいく。社長は笑顔で感謝の言葉を述べてくださった。感謝すべきは私自身である。一度は体験してみてかったサービス業を快く受け入れてくださったのである。

午後、会議室で修了式を行う。副社長もねぎらいの言葉をかけてくださった。同席の嶋崎部長とともに、今回の研修の成果について話し合う。私の学んだ点をいくつか話し、修了式を終えた。

数人のアルバイトの女性が「お世話になったお礼に一緒に食事をしたい」と申して出てくれた。お世話になったのは私の方である。従業員の中には、「無印良品館」を明るい職場にしていきたいと考えている者は多い。しかし、中には客を不快な気分にさせている者もいるのは事実である。商売上手の二大秘訣は「よく聞き、よく見る」だと伊吹卓氏（経営コンサルタント）は述べる。当たり前のことを日々繰り返しやることは意外と難しい。だが、それが大きな花を咲かせることに通じるのである。これは教育にも通じることであろう。私の研修は、「当たり前の重要性」を再認識する意味で意義があったといえる。夕方、社員に挨拶を済ませて外に出た。空を見上げると、もう秋の雲であった。

2　野ぎくの会のこと　―確かなことばの力を育てるために―

一　会の発足

野ぎくの会は、野地潤家鳴門教育大学長の御好意から始まったと言える。

昭和六十二年度の県指定の鳴滝小学校に関係者が集まっていたときのことである。当時、その学校の指導助言にこられていた野地先生のお話を拝聴後、「このような指導をしてくださる方が和歌山にもいればいいのに」と私たちは話し合っていた。

そばで聞いておられた野地先生が、

「私でよかったら……」

と快く申し出てくださり、発足したのが野ぎくの会である。

我が国の国語教育界の第一人者である野地先生から、私たちは直接御指導いただけることになった。昭和六十二年十二月十二日のことである。

第一回目は、野地先生の「読書会の在り方」についての一時間三十分程度の御講話であった。参加者十数名は大変感銘を受けた。

具体例を交えながら理論をわかりやすく話してくださるのに感動し、私たちは次回も是非と強く依頼した。その後、野ぎくの会は、毎月第二土曜日を中心に実施し、現在も実践を交流し合っている。

野地先生を慕って会員数は増え続け、現在、名簿に登録されているものは、発足当時から見ると五倍以上にもなっている。

国語教育に関心をもち、学びたい人なら、いつでもだれでも参加できる野ぎくの会には、時間の都合をつけて遠隔地から参加する者も多い。

二　実践から学ぶ

野ぎくの会は、お互いの実践を通して学び合うことを柱としている。

日常の取組を持ち寄って交流し合うことは、私たち実践者のヒントとなり、学ぶべきことが多い。しかし、その実践を系統だてて理論づけることは難しい。それを野地先生は、国語科教育にとってどのような位置を占めるものであるかを具体的にお話しくださるのである。

実践の中から生まれた疑問点等を第一人者から毎月のように聴かせていただく私たちは、本当に恵まれているといえよう。

例会では、月に一本か二本の実践発表が原則である。ある年の発表は次の通りであった。

四月　・表現力を高める指導
　　　——絵本づくりを通して——

五月　・子供の表現力を育てる
　　　——説明文を書く——

六月　・詩の指導を通して

七月　・表現力を高めることをめざして

——音声表現力を中心に——

八月　・放送利用と国語科
　　　・学び合う授業の在り方

九月　・助詞の効果的な指導

十月　・「聞く・話す」活動と思考力
　　　・意見文を書く指導

十一月　・書くことを通して意欲を育てる

十二月　・表現力を育てる説明文の指導
　　　　・書くことを取り入れた学習

二月　・作文指導をどう取り組んだか

三月　・論理的思考力を高める
　　　　——意見文指導の試み——

発表されたこれらの実践は、年間テーマである「一人一人に確かな言葉の力」の育成を目指した意欲的なものばかりであった。生涯記述人、生涯対話人を願い、二十一世紀を力強く生きる児童生徒を育てたいと、試考錯誤で取り組んだ会員の成果でもある。

児童生徒が意欲的に取り組む指導展開はどうあるべきか、私たちにとっては毎日が悩みながらの実践である。野地先生は、そのような私たちに懇切丁寧な助言をくださるとともに、御自身の実践や芦田恵之助、西尾実等の先達の国語科教育についても語られ、実践と理論を結び付けてくださるのである。

三　手作りの集録から

実践発表と合わせて、野地先生の御講話を実践集録としてまとめている。既に、三集を発行し、現在、第四集を作成中である。その中から、生徒の興味を生かし、生きて働く言葉の力を育てるため、年間を見通して実践に取り組んだ中学校の例を紹介したい。

「表現力を高めることをめざして——音声表現力を中心に——」（発表、栗本昌彦）

彼は、県下でも先駆けて音声言語指導に取り組み成果をあげている一人である。

野ぎくの会実践集録（第一集）に、彼は、取り組みの契機を次のように記している。

> 「学校教育の場において、音声言語指導そのものに力を入れていなかった現状もある。原因についてはいろいろ考えられるであろう。教師自身が音声言語の指導の方法がわからなかったり、文字言語に比べて音声言語がとらえにくいこと、或いは音声言語能力というものが日常生活の中である程度は自然に習得できることなどが考えられる……今回は中学三年生の音声言語面での能力の向上をねらって年間指導計画をたてて、実践していくことを進めてみた……」

指導展開をみると、きめの細かい実践が積み重ねられているのがよくわかる。各月の教材に年間を通して音声言語能力の育成を位置づけるとともに、音声言語表現の指導事項を明確にした教材も随時計画されている。

なかでも、テープレコーダーやビデオを活用した事例や形成的評価を作成し取り組んだ一分間スピーチは、会員にとって大変参考になる実践であった。

平成元年、会員の一人が著書を刊行した。『みがき合う授業の創造　―話すことの指導を中心に―』山中克彦著（溪水社）

野地先生のもとに集まり、実践交流を通して生まれた一冊目の書物でもあったので、私たちは自身のことのように喜び合った。

四　関西からの発信

機会があれば実践を発表し、外界から刺激を受けながら自身の国語実践力を高めていこうとする会員が多い。

一昨年（平成七年六月）、日本国語教育学会関西集会が「吉宗ブーム」でにぎわう和歌山市において開催された。当日の日程は、研究授業（小学校）、実践発表（小学校六本、中学校二本、高等学校二本）、シンポジウム、講演（倉澤栄吉会長、野地潤家鳴門教育大学学長）であった。幸いにも、我が会員は、授業者、発表者として七人が提案する機会に恵まれた。

中学校部会では、次の二つの発表が行われた。内容を簡単に述べてみたい。

「情報を集め、伝達する力をつける一実践」―新入生に衣笠中学校を紹介する―

発表　前田活代子

「個を生かす創作文の指導」―実践「未来の子供たちへ」―

発表　北垣有信

前者は、生涯記述人の素地を育てるという指導者のねらいのもと、多彩な書く活動の場を取り入れた実践を提案した。

新入生に文集を通して中学校生活を伝えるという学習目標のもとに、生徒はグループ毎にわかれて取材し、中学校の様々な生活を記述し、読んで楽しい文集を完成させたのである。課外でも積極的に情報を収集し、楽しみながら文集を作成した生徒たちの意欲は、指導者の実態を見据えた単元構想の賜物であるといえよう。

後者の実践も表現力の育成を目指している。「二十年後の自分の子どもに手作りの話をおくろう」という、夢のある表現学習である。

読み手を明確化させることが、積極的、能動的な表現学習を展開することが可能となると指導者は考え、取り組んだ実践例である。

両者の実践とも、生徒の実態を把握し、個の豊かな表現力の育成を目指した単元構想であったので、参会者の感想もよかったと聞く。まだまだ、私たちの実践は拙いものである。しかし、一人一人に確かな表現力の定着を目指して、また、学習に意欲的に取り組ませるために、私たちの熱意はあふれている。

和歌山から全国に向かって実践を提起し、多くの方々から学ばせていただけるように、野地先生のお世話になりながら、野ぎくの会員は今日も実践を積み重ねているのである。

五　楽しみながら学ぶ

野ぎくの会の楽しみの一つに夏季研修がある。普段落ち着いて話し合うことができない会員の相互の親睦を図るとともに、講師陣からじっくり御指導いただける時間的なゆとりもある夏季研修である。

この夏季研修には野地潤家鳴門教育大学学長、余郷裕次助教授も特別に出席され、実践について適切な御助言をくださる。

考えてみると、私たちは恵まれた学習会を実施していると言えよう。この野ぎくの会に参加したいと思われる方は是非連絡していただきたい。私たちとともに学び合いませんか。

（『月刊国語教育』平成九年（一九九七年）二月号）

3　文献紹介　―『国語科教育・授業の探究』に学ぶ―

野地潤家先生の新刊（平成八年六月）である。あとがきによると「本書に収めた講演記録一六編は、昭和四一年七月から平成六年までの二九年間に、大分県中学校国語教育研修会・研究会に招かれて行なった講演を文字化して成ったものである」（P三五五）とある。講演記録には、実践者にとって「授業の創造」とはどのようなものであるかという野地先生の教育論が凝縮されており、一気に読まずにはいられない。

一人一人の学習者に対して、生涯にわたって生きて働く言語の力をつけていくことが私たち実践者のの使命である。学習者の個性を的確に見据え、単元構想の中に個を十分生かしていくためには、学習者一人一人の興味・関心、学習能力・技能を把握し、意欲を喚起させるような授業展開が求められる。これは当然の事でありながら、実践者にとって、悩み、苦労している点である。それを野地先生の著書は具体例を踏まえ、分かりやすく述べられている。講演内容を読み進めていると、学習者を見つめる先生の眼差しのあたたかさが、文章の端々からにじみ出てくるかのようである。二十九年間にわたっての講演内容の一つ一つが、先生を目のあたりにして拝聴しているかのような錯覚を覚えるのは私だけではないであろう。小・中学校、高等学校において研究授業を実際に行った野地先生の理論には深みがある。実践者である自身の未熟さを改めて振り返らせくれるとともに今後の指導法に示唆を与えられる著書である。野地先生は述べられる。

「いつまでも胸の底に残っている国語の授業というものを分析していけば、……そういうものを持った先生に教わる時、指導を受けた時、それがやはりいつまでも心に残っているのだと思います。……かけた時間数ではなくて、どういうふうに本質透視をした人がほんとうに大事なこと、つまり、その人たちが生きていく上に、ものごとを作りだしていく上に、大事なことをわからせていくか、そういうことにかかっている……

したがって、表現の表面にではなくて、表現の内面にかくされている醍醐味、味わい尽くせないほどの味わいというものがほんとうに分かちあえるような、そういう勉強というものができるならば、それは国語の学習として、どういう形態であろうと、本格的なものを踏まえた授業に違いないと思う……」（P二〇）

本格的なものを踏まえた授業を展開したいと実践者は常に願って取り組んでいるものの、結果を直ぐに求めようとする面も強い。はやる私たちに野地先生は述べられる。

「ことばの力というものは一挙に伸びない。ねばり強く一つひとつ丹念にやっていく中で初めてついていくもの」（P一一三）

現在、小学校の国語科教育においては、学習者の興味・関心を生かした授業を構想し、一人一人に生きて働く言葉の力を育成し、生涯教育の基礎を培うことが求められていると先にも述べた。昭和四十年代において、野地先生は同じことを述べられているのである。「国語教育の本質は不易……」（P七六）と言われる所以である。

日本の国語科教育界の先達として、現在も私たちを導いてくださる野地先生の「授業の創造」について、実践者は学ばなくてはならない事柄がまだまだ多くある。

生涯、先生から離れても自分で表現者、理解者として社会的な活動をりりしくかつ有意義に送っていくよう

な人たちが育っていく……（P一一三）

自らの言語生活を大事にする学習者の育成を願って、今後も一層実践を積み重ねたい。

4　研修アンケートから学ぶ

和歌浦湾にわき立つ入道雲、夏真っ盛りの八月三日、教職経験者研修が行われた。今回の研修は「同和教育の推進」と「この人に学ぶ　漱石と和歌山」の二本であった。「この人に学ぶ　漱石と和歌山」は、当センター田中康義所長自らが受講者に宣伝し、周囲から期待されていた研修であった。今回、この研修アンケートの結果に見られる受講者の意識から考えてみたい。

本年度から、センターの研修に評価項目を加え、受講者に記入してもらうことになった。これは、講師や運営に携わる者にとって、研修内容が受講者にどのように評価されているか、興味深いとともに、ある種の不安も持ち合わせているアンケートである。

今回の講義の評価はどうであったか、結果は次のとおりであった。

研修内容は、あなたのニーズにあっていましたか。

	A（十分あっていた）	B（あっていた）	C（あまりあっていなかった）	無記入
小学校	十四人	二八人	四人	五人
中学校	八人	十六人	二人	五人
高等学校	九人	七人	一人	二人
盲・ろう・養護学校	四人	三人	三人	〇人

今回の受講者は一一八人。小学校五三人、中学校三四人、高等学校二一人、盲・ろう・養護学校一〇人であった。アンケート提出者は一一三人、未提出者は五人。その中から、小中学校のアンケートを主として見てみたい。まず、田中所長の講義に対してA評価をしたものである。アンケートには次のように記されている。

・教師として好奇心や興味を忘れずに、一人の人間として魅力あることも大切かと思います。夏の研修として貴重な体験ができました。（女性）

・漱石が和歌山を訪れたことがあったと初めて知りました。小説家という一面しか知らなかったのですが、他の面も知ることができました。「日本の文明開化」の講演は、現代にも通じるものがあると感じました。

・夏目漱石の生涯をとても楽しく話していただきました。教師としての漱石に触れたのは初めてで新鮮でした。

・漱石の生きざま、人となりについて、様々な角度からユーモアたっぷりに生き生きと紹介していただいたので、二時間が短く感じる程楽しく、また勉強になった。（男性）

・大先輩である漱石について、分かりやすく楽しく話していただき、とても良かったです。ますます、漱石のファンになりました。

・色々な面から漱石という有名人をとらえていくのがおもしろかった。こんな研修もいいです。

・漱石の文学史的な説明は興味深く、和歌山で講演されたという事を聞き、より身近に感じられた。

これらの文面から、所長の講義内容が受講者にとってA評価されている理由がある程度うかがわれる。ある受講者は感想を次のように述べている。

「資料や講義内容、口調等々から、その熱意がひしひしと伝わってきた。漱石から学ぶことよりも、所長からあふれ出る情熱、それを学べたことが何よりの収穫であった。学校、教室でも、指導者の熱意は児童生徒にも必ずや感じ取ってくれるであろうし、それにより意欲もちがってくる。ここという時、方法云々よりも情熱を大切に、子どもたちと向き合っていきたい。」（海草地方　男性）

教職十年の節目を迎え、ある種の自信もつけてきた受講者にとって、今回の所長の講義は新鮮な感動を呼び起すであろうと思っていた。児童生徒の夏季休業中で一息ついた時期、一般教養として楽しめる漱石の軌跡、あまり知られていない漱石と和歌山との関わり。漱石に精通しない者にとって、これほど興味のわくものはない。

しかし、アンケートの結果は例年のごとく様々な結果である。ここに教育研修センター実施の研修講座の難しさがある反面、やりがいもある。

年数の経過とともに実践を積み重ね、自信をつけ、こわいもの知らずに周囲に向かっていく時期でもある。これは教職に身をおくだれしもが経験することと思われる。私も、それが十年経過した頃であったかのように記憶している。少ない実践にもかかわらず自意識過剰となり、自分の教育活動は周囲から肯定されているかのような錯覚に陥り、児童生徒に無理難題を押し付けてしまうこともあった。謙虚な姿勢で周囲から学ぶことを忘れている時期とも言えるのであろう。

所長の講義に対するＣ評価からいくつかを拾い出してみる。そのような学ぶ姿勢を忘れた時期が見られるであろうか。

・夏目漱石に興味がない。もっと和歌山と関わりのある人のことを取り上げてもらいたい。
・内容としてはおもしろかったが、今の自分の求めているものではない。
・あまり興味がなかった。
・官製を感じさせない内容である点は悪くない。

・記入なし（評価のみ）

アンケートの感想には次のようなものもある。ここにも、他のA・Bと評価した受講者との意識の違いが見られる。

「本研修は自由研修ではないのだから、もっと研修内容を改めてほしい。教職員より外部の専門家を招いていろんな話を聞かせてほしい。」

「どうして夏目漱石なのでしょうか？」

「研修の途中で指名するのは今後やめてもらいたい。」

「食事の場所探しに困る。お昼の休憩時間を長くとってほしい。」

どのような研修であれ、批判的にとらえていては何も得るものはない。たとえ参加した研修が自身に関心の少ないものであっても、受講に前向きであれば、そこから得るものはいくらもある。「我以外皆我師也」は吉川英治の言葉である。自身の心の持ち方一つによって周囲から学ぶべきものはいくらでもあると言えよう。要は、本人が研修を謙虚に受け止め、学ぼうとしているかに因るだけである。

今回の二本の研修は特徴あるものだった。教育者として人としてどうあらねばならないかを考えさせてくれる「同和教育」。今後の教育活動を行ううえで教養としてもちたい「漱石と和歌山」。趣を異にした一日の研修であったように思う。

物事を批判的にとらえることはだれにもできる。研修を自身の身体を通して受け止め、そこから創造していくには、その人の教育者としての持ち味が問われる。

参加者のアンケートには、次の記述も見られた。
・休み中に漱石の本を読んでみたいと思った。（十五人）
・講師の話術にひかれた。（一〇人）
・講師のユーモアにひかれた。（三人）

ここに、今回の講師の意図するものがあり、私にも参考となった。教養講座としての「漱石と和歌山」。受講者は、それに触れることによって、今一度「漱石」と出会いたいと感じたのである。講話によって文学への誘い水をかける。これは子ども側に立つ授業の基本でもある。今回の講義が成功したと断定できるのはこれらの感想からである。

指導主事としての話し方はどうあるべきか。一日の研修から私たちが学ぶべきことは多々あると言える。

（平成十二年（二〇〇〇年）八月三日）

5　ヨーロッパ研修

一　イタリアの教育

(1)　地理

イタリアは、地中海中央部、北西から南東に約一二〇〇㎞の長方形に伸びた半島と、シチリア、サンディニアの二つの島を中心としている。国土は半島中央部をアペニン山脈が縦走しており、その約九十%が農地もしくは森林地である。また、世界有数の火山帯で、南部のナポリ周辺、ベスビオ山は活発である。この火山帯によりイタリアは温泉にも恵まれている。紀元七十九年の大噴火で一瞬にして埋もれてしまった古代都市ポンペイは観光地として有名であり、今もなお、発掘調査が行われている。

気候は、イタリアの大部分が夏に乾燥する地中海性気候で、全般的に温暖である。同じイタリアでも、北イタリアは冬の気温が低く、雨季も春と秋にかたよっており、中央ヨーロッパの気候に似ている。

人口は五七五六万人で首都のローマには二九一万人が住んでいる。主要言語はイタリア語である。

(2)　教育制度

イタリアの学校教育制度の目的は、基礎的な教養及び職業における初歩的な能力を身につけ、民主的な社会に参加することのできる市民の育成である。

義務教育は小学校（五年間）と中学校（三年間）の合計八年間であり、無償である。国立の諸学校課程は全国一律に定められており、それに基づいて、州、各学校が特色を生かした教育課程を行っている。また、私立学校も設置され、独自の教育をおこなう権利が保障されている。学年は十月に始まり六月に終わる。高校・大学の入学試験に合格しないと進学できない。

国家統一機関と各州・各県・各市の教育委員会が教育行政にあたっている。各県には教育長が置かれ、県内教育行政区には、視学官や指導主事が置かれている。

(3)　初等教育

六歳から十一歳までの五年間が、小学校で行われる初等教育である。最初の二年と、それに続く三年の二期に分けられ、前期は宗教、道徳、公民、体育等、後期は、これに歴史、理科、算数、国語、図画工作、音楽等の教科が加えられ教育される。前期から後期に進級するときには試験に合格しなければならない。学力

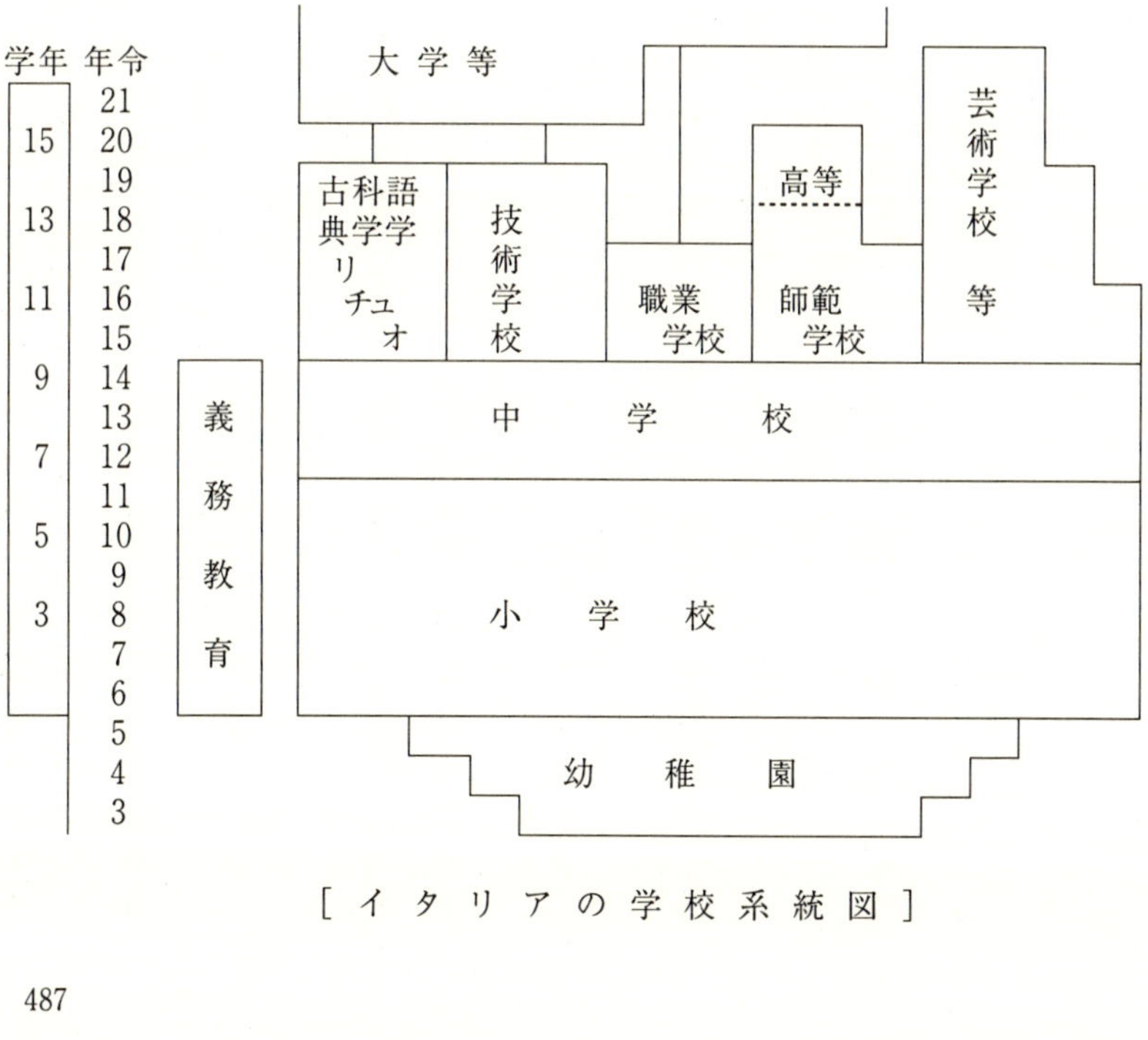

［イタリアの学校系統図］

不足の児童には、修学年限を延長することが認められている。また、三年生からは、外国語の選択学習も行われている。

また、小学校の下に幼稚園が置かれ、三年間教育を受けることができる。ほとんどの幼稚園は小学校に併設されており、一貫した教育が行われている。小学校長が幼稚園長も兼ねている。

(4) 前期中等教育（中学校）

十二歳から十四歳までの三年間が中学校教育である。教育課程は法律によって定められている。卒業時には国家試験が行われ、卒業資格が認定されないと高等学校に進学できない。また、学力不足の生徒には、六年間までの延長が認められている。

(5) 後期中等教育（高等学校）

ここでは、教養を目的とするものから職業訓練に主眼を置くものなど八十種類もの学校があり、複線化している。主として「文学系リチュオ」「理科・科学系リチュオ」「職業学校・技術学校系リチュオ」の三本柱となっている。大学受験に際しては、卒業前に試験があり、認定会議にかけられるので、入学できる者は約三十％である。

また、師範学校としての三年制のものと四年制のものがあり、幼稚園・小学校の教員養成を行っている。四年制の学校からは、高等師範学校に進学することができる。

二　ヨーロッパ研修を終えて―歴史と個性が生きる街―

「一番印象に残ったことは何ですか?」

帰国の翌日、私は湯川教育次長に尋ねられた。

私にとって、ヨーロッパ研修の印象は何だったのだろうか。まず、思い浮かべることは、それぞれの街の歴史の重みと児童生徒の個性を豊かに育てようとする教育者の熱意である。

ヨーコさん、ひな子さん、ルッチィさん、それぞれの国のガイドさんとの出会いも思い出の一つであるが、私の印象に残っているのは、チューリッヒ、ローマ、パリ等の街並みの美しさである。フランスのルーブル美術館、ノートルダム寺院、ヴェルサイユ宮殿等は、荘厳な美しさと歴史の重みを肌で感じさせ、トレビの泉、カタコンベ、コロッセオ等は、ローマ市全体が遺跡に囲まれているかのような雰囲気を味わわせてくれた。それぞれの街が、我が国では見られないたたずまいを見せて、私を楽しませてくれた。それにもまして強く印象づけられたのは、訪問国の教育関係者の児童生徒にかける教育への情熱である。

オランダのヘルモンド市の小学校を訪問したときのことである。この地域は、保護者の教育に対する関心も高く、市教委の関係者も、それに応えようと努力されている様子がよくうかがわれた。この国は、亡命者等外国籍の児童も多く、特別なカリキュラムを組み、オランダ語を重点に教育をしていることもわかった。児童一人一人の個性を把握し、それをいかに育んでいくかが教育の理念である。我が国も今、心豊かな個の育成を目指した教育が進められているわけであるが、まさにそれが、オランダの教育目標であり、実践されているわけである。校長先生のお話をうかがいながら授業を参観した。各教室では、X'mas の飾り付けや人形づくりに精を出していた。この学校も、個人の才能を伸ばすことを重視しており、低学年では、体験活動を多く取り入れている。「今日の自分は何を学びたいのか、そのためにはどうすべきか」児童にじっくり考えさせ取り組ませている問題解決的な学習は、我が国ももっと取り入れていきたい指導法であると思われた。関係者の話によると、児童たちは毎日学校へ来るのを楽しみにしているという。これは、私たち教育関係者がもっと考えなくてはならない点でもあろう。

　イタリアで訪問したベネベント市の小学校は、ブドウ畑やリンゴ園が見られる郊外にあった。地域ぐるみの熱烈な歓迎の中で私たちは一日を楽しく過ごした。校舎の至る所に張られた英語や日本語の歓迎ポスターに、それまでの準備がいかに大変であっただろうかと想像された。民謡やダンスの出迎え、昼食のフルコース、教職員や地域の人々との筆記による歓談、どれをとっても思い出に残ることばかりである。

　教室を自由に見て回って感じたことは、どの児童も活動に生き生きと取り組んでいることと思考力、表現力を重視した授業の展開が多いことである。教師は活動を通して一人一人のよさを把握し、それを伸ばしていこうとしている。一人一人には、その児童のもつ潜在能力というものがある。それに目を向け、的確に把握し、育んでいこうとする強い姿勢が教師の姿から感じられた。それは先の訪問国オランダと同様であった。

　ベネベント市のフェデリコトッレ中学校の生徒の言葉である。「古代ローマの遺跡や緑と人々の温かい雰囲気の街で、私たちは希望を強くもって生きています。」

　私たちを出迎えてくれたオランダ、イタリアの人々は温かかった。学校生活を楽しそうに過ごす児童生徒の瞳は輝いていた。その中で私は教育の在り方を考えさせられた。一人一人のよさに目を向け、それを育むためにどうサポートしていくか、更に考えていきたい。

　「また、会いましょう」（チィ ヴェディ アーモ、トッチーンス）、訪問国の人々の温かい歓迎に感謝の念を込め、帰国の飛行機の中で私はつぶやいていた。

Ⅷ

大学生は書くことが嫌い？

――「初等国語科教育法」から――

1　平成十二（二〇〇〇）年度　初等国語科教育法B　―受講者アンケート集計―

平成十二年十一月、和歌山大学教育学部教員養成実地指導を行った。前年度の担当者の意見を参考に、受講生の意識を探るため次のアンケートをとった。

一　小学校国語科の授業で印象に残っていることはありますか。

ある　　十八人
ない　　二十九人

・「ちいちゃんのかげおくり」を読み、みんなでかげおくりをしたこと
・「きっちょむさん」の紙芝居
・「どっこい海へいく」の丸暗記
・「ガラスの小びん」の百回音読
・「わらぐつの中の神様」で実際にわらぐつを見せてくれたこと
・内容の思ったことをノートに書いて発言する形式
・役にわけて本読みをしたこと
・話の内容の感動したことを劇化したこと
・グループに分けて討論したこと

・教科書の文を抜き出すだけのワークシート学習
・毎日の本読みの宿題
・文章を読んで説明するだけだった
・作文を書くのに苦労したこと
・教科書の文章を覚えたこと
・知識や能力の身に付いてた実感がない
・漢字やひらがなの書き取りばかり　二人
・いつも同じの段落分けと本読みばかり　二人
・教科書やりすぎ工夫のなさすぎ
・単調な授業ばかりで退屈だった　二人
・好きでなかったから覚えていない　五人
・中学校受験のため後回しにしていた

二　当時（昭和五十二年版学習指導要領）の国語科は、二領域「表現」「理解」と一事項「言語事項」にわかれていました。

「作文」の指導に関しては、「総授業時数の一〇分の三程度を充てる」とされていました。小学校時代を思い出して下さい。

国語科の時間、書く活動は多かったですか。

はい　二十一人

（一年生のころ　六人）　（二年生のころ　三人）

（三年生のころ　六人）　（四年生のころ　五人）

（五年生のころ　四人）　（六年生のころ　五人）

いいえ　二十五人

その頃、書くことは好きでしたか、嫌いでしたか。現在はどうですか。

その頃は	好き　十八人	↓	現在は	好き　十人
	嫌い　三十人	↓		嫌い　三十五人
				不明　四人

【嫌いな理由】

・書くことは面倒だから　三人

・どのように書いて良いか分からない　三人

・書くことは難しいから　二人

・手が疲れるから　二人

・感想文がうまくかけないから　一人

・きれいに書けないから　二人

・うまく文章に表せない　三人

・何を書いてよいか分からない　二人

・書くことは苦手だったから　二人

・書きたいことがないのに書かされたから　一人

・読み比べられるのが嫌だから　一人

・考えがまとまらないから　一人

【好きな理由】

・書くことが好きだから　　二人　　・言葉で伝えるより伝えやすい　　一人

三　この一年間、どのような読書をしましたか。（雑誌等も含む）

雑誌　十四人　（バイク関係2、関西ウォーカー3、スポーツ3、ファッション4、ニュートン3、PHP、料理2）

漫画　十一人

小説　（シドニーシェルダンの本1、山田詠美の本1、教育関係2、心理学関係1、障害者関係1、文庫本1、『もものかんづめ』1　『少年H』3人　『おもしろ人間学』1　『五体不満足』1　『三毛猫ホームズ』1　『キッチン』1　『バトルロワイヤル』1　『淳』1　『学校に金八先生はいらない』1　『シャーロックホームズ』1　『イルカと海に還る日』1　『遠き落日』1　『ビートたけしの本』）

絵本　　一人

論文　　一人

専攻に関する本　　二人

覚えていない　　三人

読書はしていない　　一人

読む習慣はない　　一人

特に紹介したい本は何ですか。

『鉄筋コンクリート』『遠き落日』『ソロモンの指輪』『大事なことはみんな猫が知っている』『人生いまが一番いい』『五体不満足』二人　『息子への手紙』『車輪の下』『氷点』『バトルロワイヤル』『淳』『燃えよ剣』『だからあなたも生きぬいて』

特になし　　十五人

四　子どもの好きなところはどこですか、嫌いなところはどこですか。

好きなところ　素直16、純真4、無邪気9、明るく元気7、好奇心旺盛3、発想のおもしろさ3、何事も一生懸命2、意見をはっきり言う1、自分を表現できる1、正直1、ひたむき1

嫌いなところ　身勝手7、わがまま6、話を聞かない6、けじめがつけられない4、自己中心的3、空気が読めない1、無神経1、残酷1、うるさい1、常識が通じない1

五　教職に就く予定ですか。

はい　　三十五人

その理由があれば

・高校三年の夏過ぎに真剣に物理の勉強をしたら、全然だめだった物理がのびた。その喜びを他の人にも伝えたい

・高校の先生にも勧められたし、自分にもやる気があるから

・学校は正直、嫌いではないから
・小学校のときからあこがれていたから、子どもも好きだから　三人
・もっと多くの子どもたちと接してみたい
・数学をおもしろく易しく教えたい
・小学校の頃からなりたいと思っていたが理由は思い出さない
・人と接する仕事がしたいし、子どもが好きだから　二人
・子どもが好きだし、やりがいのある仕事だから
・中学校の頃、すごく嫌いな教師がいた。そんなヤツに教えられる子どもがかわいそうだから自分がなる
・教育実習に行き、やりたいと思ったから
・中学校時代の先生の影響で
・子どもにものをつくる楽しさを教えたいから（中学校技術の教師を目指している）
・教えるという事が好きだから
・中学校の数学の先生にあこがれていたから
・昔からのあこがれていたことだから　二人

いいえ　十一人

・他にやりたいことが見つかったから　三人
・就きたいと思うが採用が難しいから　三人

・専攻の心理学関係の仕事をしたいから
・気になる子がいたらずっとその子にかかりっきりになる。まとめていく力が無いから
・動物関係の仕事をしたいから
・一度社会に出ないと良い先生になれないから

六　初等国語科の授業に関して、疑問、意見、聞きたいこと等があれば自由に書いて下さい。

2　平成十三（二〇〇一）年度　初等国語科教育法　―小学校国語科の思い出―

昨年度から和歌山大学教育学部の初等国語科教育法A、Bの一部の授業を担当することになった。大学の教授から普段の学生の受講態度を何回か耳にしていたので、授業は、受講生の「初等国語科」に関する意識調査を行ってから、それに応えるように展開を心がけるようにした。

今年度の授業も、時間内にいくつかの活動を取り入れ、その後に、相手、目的、状況場面を意識させた「書く」活動を組み入れてみた。受講生の「書くこと」に関する意識が最初のアンケートから授業後どのように変化していくか。この実践から興味深い結果を得ることもできた。授業は、低学年から高学年へ「書くこと」のねらいがつながっていくように構想した。意識調査として受講生に調査したアンケート結果の一部は次の通りである。

一　印象に残った授業

問1　小学校国語科の授業で印象に残っていることはありますか。

調査　平成十三年（二〇〇一年）五月二十九日
対象　和歌山大学教育学部　初等国語科教育法　回答者六十三人

【ある　四十一人】

・「ふきのとう」　好きな場面を絵に描いたこと

・「くじらぐも」　大きな鯨を描いたこと
・「おじさんのかさ」
・「スイミー」の話　　七人
　運動会で金魚になってダンスをしたとき　二人
・「スーホの白い馬」　二人
・「ごんぎつね」　三人
・「石うすの歌」で中身の濃い話し合いになったとき
・「田中正造」　班にわかれて段落の題名をプリントに書き込んだこと
・「大造じいさんとガン」　三人
　授業で意見がわかれとき、自分の意見を通したことに先生が評価してくれた
　朗読会
・「赤い実はじけた」の文頭と終わりの新鮮さ
・「ゆずり葉」　暗唱　二人
・物語の動作化、劇づくり　二人
・自分の考えを黒板に書き、黒板がみんなの意見でいっぱいになった
・班ごとにわかれ、疑問点、登場人物の気持ちなどを話し合い、全体で出し合った
・生活ノートにいつも返事をくれたので、毎日書いていたこと　二人
・読みとり図を書いたこと

・たまたま意見を言ってほめられたとき
・発表するとき、賛成なら「パー」、反対「グー」、付けたし「チョキ」と区別した
・本読みばかりさせられた　二人
・全員を立たせて、意見を言ったものから座っていったとき、最後まで立たされた
・質問に答えることができないと立たされたこと
・誘導的な授業が行われていた
・授業が指導者の押しつけのように思えたこと
・参観日に教科書を忘れたり、間違った発言をして失敗したこと
・国語には答えがないというが、基本的には一つに決まっている感じがして好きではなかった
・参観日前に予習をし、問題集と同じ質問がでたので挙手をして発表すると「その答えは違う」と言われた
・ひたすら漢字テストばかりだった

【ない　二十二人】

二　書く活動は好き？　嫌い？

問2　昭和五十二年（一九七七年）版学習指導要領の国語科は、二領域「表現」「理解」と一事項「言語事項」にわかれていました。「作文」の指導に関しては、「総授業時数の一〇分の三程度を充てる」とされていました。
　国語科の時間、書く活動は多かったですか。

【はい　三十八人】

（一年生のころ　三人）　（二年生のころ　四人）　（三年生のころ　六人）

（四年生のころ　十一人）　（五年生のころ　十五人）　（六年生のころ　十三人）

（全学年通して　三人）

【いいえ　二十三人】　【不明　二人】

問3　その頃、書くことは好きでしたか、嫌いでしたか。現在はどうですか。

その頃は好き　二十一人　↓↓　現在は　好き　二十人

【書くことが好きな理由】

◎小学校のころ

・文を書くのが好き　八人　・文集に載せてくれたから　二人

・思ったことが自由に文にできた　二人　・書いた文章がほめられた　二人

・書くことで言いたいことが言える　二人　・書いた作品が賞をもらった　一人

・先生が感想を書いてくれた　二人

◎現在

・文に書くと自分を表現できる　七人　・文に書くと自分の考えがまとまる　三人

・書くことが好き　三人
・パソコンより温かいし書くことが好き　一人
・書くことによって気が紛れる　一人
・文は好きなことが書ける　一人
・書くことは楽しい　一人

その頃は嫌い　四十一人　→　→　現在は　嫌い　三十七人　不明（含未記入）　六人

【書くことが嫌いな理由】

◎小学校のころ

・無理に書かされたから　十人
・何も書くことが見つからないから　九人
・どのように書けばよいか分からない　七人
・上手に書けないから　五人
・字がきれいに書けないから　三人
・理解して読んでくれなかったから　二人
・面倒くさいから　二人
・書き直しが多かったから　一人
・赤ペンで色々直されるから　一人
・長い文章が書けないから　一人
・書き出しが遅かったから　一人

◎現在

・うまく文章にできないから（書き方、構成）十二人
・書くのが面倒だから　四人
・書くのが苦手だから　三人
・語彙力が不足しているから　二人
・何を書いてよいかわからないから　二人
・書き出しが難しいから　一人

・書くことは嫌いだから　一人

三　活動をとりいれた授業

今回も、ワークシートを取り入れ授業を展開した。低学年の「楽しんで表現しようとする態度を育てる」をねらいとして活動を取り入れ、そこから表現に結びつけた。絵カットのワークシートは「書くこと」の抵抗感を和らげるためである。

初等国語科教育法Aの授業は、低学年の「楽しんで表現」から中学年「工夫して……適切に表現」、高学年「目的や意図に応じて……効果的に表現」へ活動を通してつないでいく流れであった。相手・目的・状況場面を意識させた「書く」場の設定を毎回組み入れるが、受講生の「書く」に対する抵抗感を和らげ変容させることができると考えたからである。

授業後の感想文から、意識に変化があったことがうかがわれる。毎時間、導入では感想文等を配付し、それを紹介してから活動に入っていった。時間内に二つの活動があったため、授業にメリハリができ受講生の学びにリズムが生まれたようである。導入の感想プリント配付と二つの活動は、受講生を「飽きさせない、休ませない」一つの手法であった。各時間ごとの活動とねらい、その後の感想は次の通りである。

低学年	①折り紙を友達に教えてあげよう	ねらい	語や文の続き方に注意して
	②四コマ漫画から起承転結の話をつくろう		想像したことを順序よく

中学年　③絵本を読み、帯づくりをしよう　　ねらい　相手意識、目的意識をもって

④説明文を読み、友達に話してあげよう　　伝えたい事柄を中心を明確に

（六月五日の感想）

◎型にはまったものでなく子どもの自由な発想に任せるという今日の作業は、二十代になった今でも楽しく感じた。教師になったとき、今日の授業を参考にして、私も子どもたちに実践していきたい。（柳下　夏士）

◎感想を一言で言うととても楽しかった。今までにやったことのない授業だったし、文を考えたり絵で描くのが好きなので、とても関心がもてました。（末吉　愛）

◎誰かに説明することはとても難しい。全てをわかりやすく伝えるのも難しいが、「本の帯」のように全てを相手に想像させ興味を持たせるというような説明は、とても大変な作業である。文章力と想像力が必要だ。（宇治田紫穂）

◎人に伝えるというのは、とても難しいなと思いました。大切なことを一言で、と言うのは本当に大変です。でも楽しめました。（今井　恵）

◎説明文は、自分で書くぶんにはすごく楽しいのですが、人に伝わるように考えると難しいし、「読みとる」というのも簡単ではないなと思います。本の帯づくりは、純粋に楽しかったです。紹介する対象が違うと、帯も違ってきますよね。作る人によって伝える対象がちがったり、帯もまったくちがう雰囲気だったりで楽しいです。（都甲　涼恵）

◎とてもおもしろかったし、この方法で文章の要約みたいなものの勉強ができたらわかりやすいと思う。（志水　佳和）

高学年　⑤「性格ゲームスペシャル」から考えよう　　ねらい　考えたことを筋道立てて

⑥紙上ディベートをやろう　　目的や意図に応じて

（六月十二日の感想）

◎今回も課題が多くて、「寝る暇がない授業」でとても良かったです。性格ゲームは全然当たっていませんでしたが、漫画やゲームを取り入れると、学生が自然と興味を持つので「うまい授業」とひそかに思いました。（今中　理恵）

◎毎時間そうだが、あっという間に終わった。こうやって楽しみながら授業を受けるのっていいですよね。（渡邊　剛司）

◎いつもなら早く終わらんかなと思うが、今日のような授業は時のたつのを忘れる。これは自分が教師になったとき生徒も同じように感じたらよいな。（椴谷千鶴子）

◎毎回いろいろな体験ができて楽しいです。授業に参加できることはすごく楽しいし、やる気がでると分かりました。（石倉　美佳）

◎課題は多いけど、全然苦じゃない。どちらもおもしろかった。いろいろな教材を使っていて工夫されている。（山口　絢子）

◎他の授業のように受け身ではないため、退屈する暇があまりない授業だと思う。でもやっていることは結構難しいので大変だと思う。（清水　大輔）

◎まず、「国語ってこういう形で授業展開ができるのか」という驚き。今まで自分が受けてきた国語教育で「絵やゲーム等とは無縁」と思いこんできただけにこれは大きいものでした。またそういう視覚的なものを入れることにより、子どものやる気は、僕ら以上に増すと思います。仮専攻の社会科にも共通することで、「堅い」イメージの勉強にいかに近づいてもらう（興味をもつ）かという点で、非常に関心があります。（八野　達則）

◎今日もいろいろ盛りだくさんで寝る暇もない授業でした。次から次へ興味をそそられるものが出てきて、時間があっという間でした。国語の授業は本を読むだけじゃだめだと考えさせられました。（遠藤　隼人）

◎いつもこの授業では国語が楽しいものであるということを実感させられる。ずっと国語嫌いであったが、こんな授業だったら楽しいだろうと思った。（田中久美子）

◎楽しいゲームを交えて、国語の文章表現につなげていることに大変いいなあと思った。文章だけを書けと言われると悩みまくってしまうが、今日のような授業だと気持ちに余裕ができ、自分の気持ちを快く書ける気がした。文章を書くのが苦手な人にはうれしいなあと思った。

（岩橋　朝美）

⑦四コマ漫画の楽しさを話してあげよう　　ねらい　表現の仕方に工夫して
⑧あなたの文章力はどのくらい？　　　　　　　　どのように書くか方法意識を

（六月十九日の感想）

◎私は、作文を書いたり文章を書いたりする授業は、小学校の頃からずっと嫌いだった。何も書くことが思い浮かばず、楽しいと感じた事などほとんどなかった。しかし、この授業で様々な活動を通して作文について学んだ。それはとても興味を持って取り組めとても良かった。もし、こういう授業を小学校でもやっていたら、作文嫌いはいなくなるのではないかと考えた。やはり文章で自分の意志を表現し、伝えようと思えば、作文を好きにならないといけないと思う。だから、作文の授業とは思わせないくらいの楽しい授業をしなければならないのだと感じた。

（田中久美子）

◎最初の授業で、低学年、中学年、高学年と目的をはっきり分けていていましたが、この理由がよく分かりました。文章は書いていて楽しいと思えることが重要だと思います。低学年から、今日の授業での内容のように、助動詞「の」の使い方や接続助詞をチェックすれば、子どもはそれだけで作文嫌いになるでしょう。自由に思ったまま書く、そこから始める事が大切だと気づきました。先生はよく「遊びで」と言われていましたが、とても良い言葉だと思いました。書くことの嫌さから開放されます。まず書くことを楽しいと思わせなければ作文の授業は成功しないと感じました。

（田口結美子）

◎私は今まで、こんなに楽しい作文の授業を受けたことがありませんでした。本の帯づくりなんて作文には関係ないんじゃないかと一瞬思いましたが、文章の内容をつかむことに対して効果があるということが分かりました。今までの私の受けてきた授業といったら、一つの話、学習が終わったら感想文を書くというようなものしかなく、小学生のうちから教師が工夫していれば、作文嫌いがもっと減るのではないかなと思いました。小学校の教師ってすごく重要な役割を担っているのですね。

（梅原　明子）

◎国語そのものとまた、作文好きな私にとって、この四回の授業はとても楽しかった。創作意欲を上手くかりたてていたのではないだろうか。つまらないと寝てしまう私であるが、一度も寝ることもなく、授業に進んで取り組めた。しかし、一つ思うことは、国語嫌い、作文嫌いの生徒と出くわしたとき、どう対処すべきなのだろうか、という点である。

今回の授業に対する他の人たちの感想を読んだが、たいてい「楽しかった」という人が多い。しかし、この中にも作文嫌いはいるはずだと思う。それでも楽しめた理由は、この授業の構成にあると考える。飽きがこないように気を配られているのではないでしょうか？　どれだけ興味を持たせることができるか、そういう意志がこちらに伝わってきます。そして、今まで私たちが受けてきた授業ではなく、つまり、ただ一つのテーマを決めて書かせるというのではなく、「絵を描かせる」「アンケートをとる」など様々な工夫が凝らされていることにとても感心しました。私も生徒を楽しませる教師になりたいです。

（末吉　愛）

◎日本語はとてもあいまいな文章です。私たちは常に語順が正しいかを考え、相手に伝えたいことを簡潔に言う必要があります。今回の授業を通して実感しました。『日本語練習帳』（大野晋）の中にも、今回の授業で紹介された文とよく似た文があり、形容詞や修飾語の使い方に注意を発していました。思えば、私が理解するのに苦労した文章は、主語がはっきりせず、修飾語が長く難しい単語を使っているものでした。子どもが文章を理解するには、当然わかりやすい文章が必要です。無理せず、自分の書きやすい書き方で表現していくことがわかりやすい文章を書くことにつながるということを覚えておきたいです。あと、生徒の顔をよくおぼえておられて感心しました。八野君には私からプリントを渡しておきます。ありがとうございました。

（藤井　栄）

◎今回の講義を受けて、作文における自分の無知さを改めて気づかされました。でも逆に文の成り立ちや言葉の一つを入れかえたら全く意味の違う文などを知れて、とても全体として楽しく受けることができました。もし、自分が教壇に立つ様になるなら、国語が嫌いだからと言ってはいられない。小学生にいかにわかりやすく教えられるかが重要である。これか

ら少しでも多くの文章を積極的に読むように心がけていきたいです。四回全て楽しかったです。（手東　浩司）

◎授業を通して私は「楽しみながら学ぶ」ことの大切さを学びました。この授業でやってきたことは、今まで私が受けてきた授業にはない新鮮さや楽しさがたくさんつまっていました。だから私が将来教師になったとき、今回やったような「楽しみがつまった授業」をすれば子どもたちの「書くことは嫌い」を減らすことができると思います。今回学んだことを忘れずに夢に向かって努力していきたいと思います。（小坂　智美）

◎四コマ漫画を考えたり、絵本の帯を作ったりと非常に楽しい授業でした。作業を楽しみながら、物語の主題をとらえ、流れをつかむことができて良いと思います。実際に子どもたちに作文の指導をするときもいきなり、原稿用紙を渡して書かせるのではなく、様々な楽しい簡単な作業から始めて、作文を書くのに必要な能力や子どもたちが自分を表現する能力を育てていきたいです。この授業のように楽しくわかりやすい授業ができたら良いなと思いました。そうすれば作文嫌いの子どもも少しは減るのではないかと思います。（高野　優子）

四　授業を終えて

(1)　楽しい国語の授業とは

子どもにとって楽しい国語科学習とはどのようなものであろうか。「印象に残った授業」の意識調査からも、一つのヒントが得られる。

十四人が低学年の授業を印象に残っていると答えているのが興味深い。一般的に、低学年の時期は「国語が好き」と答えるものが多い。これは、学習に対する強い意欲、新しい教材を学ぶ楽しさ、学習事項を我がものにしていく喜び等に因る。文字を覚え文を書く、漢字を覚え使うことができる等を実感し、達成感を味わうからであろう。

言葉を学ぶことに強い興味関心を示す低学年の時期にどのような学習展開を心がけるか、指導者の認識度が、中・

高学年の国語科学習に大きな影響を与えると言えよう。

子どもにとって「楽しい国語科学習」を回答結果や実際の授業を通してから考えられるのは次の通りである。

① 学習が何のために行っているか明確であること

② 精一杯取り組むことのできる活動があること

③ 一人一人の活動が指導者に認められていること

それぞれの学年の基礎的事項を確実に身に付けながら、子どもの興味や関心を生かした活動を展開していくこと。

これが楽しい国語科の授業につながっていくのである。

(2) 時間数は「書くことが好き」に比例するか

① 小学校時代に書く活動を多く経験している者は、今も書くことが好きか？

書く活動が多かった　三十八人

その中で　↓↓　小学校時代書くことが好きだった　十四人　↓↓　今も好き　五人

↓↓　小学校時代書くことが嫌いだった　二十四人　↓↓　今は好き　六人

書く活動が少なかった　二十三人　↓↓　↓↓　今は好き　四人

② 小学校時代に書くことが好きだった者は、現在も好きなのか？

好きだった　二十一人　↓↓　今も好き　七人

書く時間数を増やせば書くことを好きにさせるとは断定できない。だが効果的である。それは調査回答や授業後の感想から推測できる。小学校時代に書く活動を多くとり入れると、学習者は取材する目「何を書くか」を養い、構成や記述「どのように書くか」を身に付けていく。学年の発達段階をふまえた必要感、必然性のある「書く」場の設定が、その後の学習者の意識に変化が表れていくと言えよう。だが、単調な行事作文などの繰り返しでは、書くことを好きにさせることはできない。実態を見据えての柔軟な指導方法が必要である。

(3) 生涯記述人を育てるために

今回の授業や回答結果から、小学校時代の国語科学習を考えるうえで留意したい点を述べてみたい。

① 子どもに理解できない活動は避ける。
　ノートにうめるだけの漢字練習、書かされるだけの視写、毎回の読みとり図
　単調に繰り返される音読、工夫のない毎日の漢字テスト

② ワークシートを効果的に活用する。
　グループで段落に題名をつける、吹き出しに書く

③ 活動を取り入れた授業展開を適切にとり入れる。
　暗唱、グループによる話し合い、好きな場面を絵に描く、物語の劇づくり

④ 相互交流のある作文（日記）指導を継続的に行う。
　良さを認めた担任の赤ペンは学習者の書く自信に

⑤ 個の良さを認めながら絶えず書く場を設定する。
　担任の一言が、その後の学習者を左右することも

⑥　書く場の工夫した学習展開を計画的に行う。
何を、どのように書くか、活動を通しての理解を

【参考資料】

この一年間、どのような読書をしましたか。（雑誌等も含む）　集計は延べ数

◎小説（含詩集）　十六人
（赤川次郎　三、五木寛之　一、江國香織　一、小林深雪　一、司馬遼太郎一、石川啄木　一、寺山修司　一
宗田　理　一、夏目漱石　一、川端康成　一、村上春樹　一、銀色夏生　一、谷川俊太郎一、宮沢憲治　一
萩原朔太郎一、ジッド　一、妹尾河童　一、志賀直哉　一、梶井基二郎一、中原中也　一、中島らも　一
シャーロット・ブロンテ　一、ジョン・アーヴィング　一、山田詠美　一　など）
『斜陽』『燃えよ剣』『ミラクル』『少年H』『塩狩峠』『高杉晋作』
『バロルロワイヤル』『モモ』『星の王子様』『恐怖の合成洗剤』
◎英語関係の本、歴史に関する本、音楽関係、ロシア文学
◎雑誌　十五人　（情報関係、バイク関係、関西ウォーカー、スポーツ、料理など）
◎漫画　十五人　◎ファッション雑誌　十人　◎心理学関係の本　五人
◎レポートに関する本　四人　◎専攻に関する本　三人　◎障害児教育関係　三人
◎歴史関係の本　二人　◎古典　三人

◎読んでいない　　三人

◎特に紹介したい本は何ですか。

『ハリーポッター』シリーズ　三人　『アルジャーノンに花束を』『モモ』『斜陽』、『こころ』『金閣寺』『三国志』『カラマーゾフの兄弟』『ポーネット』『車輪の下』『星の王子様』『葉っぱのフレディ』『教師をめざす若者たち』『生きるヒント』『他力』『エッセイ　さくらももこ』『日本の宗教』『国境の南太陽の西』『陰陽師』『からくりサーカス』『シーラという子』『ぼくを探しに』『燃えよ剣』『アンジュール』『つめたいよるに』『屍鬼』『双頭の悪魔』『頭の体操』『いつでもいっしょ』『ぼくは勉強ができない』漫画『ブッダ』『ブラックジャック』

◎特になし　　九人

Ⅸ　研修講座挨拶

1　平成十二（二〇〇〇）年度　小学校国語教育研修講座

最近不順な天候が続いておりますが、先週の秋風が爽やかなある日のことです。和歌山城公園では子どもたちの歓声が聞こえておりました。子どもたちが楽しみにしている遠足シーズン到来なのでしょう。子どもたちの元気な声を耳にして、こちらも大変うれしく感じました。

運動会も終わり、皆さん方は、文化祭の作品づくり、遠足、毎日の授業と、お忙しい日々を過ごしておられることと思います。本日は国語教育研修講座への出席、御苦労さんです。

さて、本日の講座を私は特別な思いを抱いて迎えております。と言いますのは、この講座を前年度からを企画し、着々と準備し張り切っておりました国語科の担当者が、今はもういないからであります。担当者であった西山由美子が、去る五月十八日に、不慮の事故に遭い亡くなったことは、皆さんも新聞等のマスコミを通じて御存知かと思います。

西山氏は、国語教育学会での発表の実績もあり、和歌山県の中学校国語教育をリードする立場にあったわけですが、志半ばにしての逝去は、当人にとっても大層無念なことであったかと思われます。私どもセンター全員にとっても、貴重な戦力を一名失ったと改めて残念に思っている次第です。

そのようなわけで、今回の研修は西山氏の遺志を引き継ぎ、本人にゆかりの深い講師をお招きし、講座を実施することにしました。午前中の山中克彦　元大野小学校長は、彼女の小学校時代の恩師であります。山中元校長は本県の国語教育界をリードしてこられた我々の大先輩でもあります。平成元年には著書『みがき合う授業の創造』を刊行されたことは、皆さんも御存知かもしれません。

午後に授業を公開してくれますお二人（紀北の部　堀　優子教諭、紀南の部　田中　環教諭）は、西山氏と自主的な勉強会を毎月行っていた同僚であります。この方々に今回は御無理をお願いし、彼女の遺志を少しでも継ぐことを念頭に、研修を企画させていただいたわけであります。

ところで、最近、私は二つの興味ある話を耳にしました。一つはある高校の男性教諭の経験談です。その教諭は教室で不思議な光景を目にして驚いたというのです。それは、教室を隔てて携帯電話でおしゃべりしている二人の女生徒の姿であります。歩いても何十歩という距離にもかかわらず、面と向かって話すことを避け、携帯電話を使って夢中に話をしていたというのであります。

現在の児童生徒は、「おしゃべりは得意であるが、パブリックスピーキングは苦手である」と言われております。まさに教室の壁を挟んでのこのおしゃべりは、その最たるものであるとも言えるのではないでしょうか。

その教諭によりますと、顔を見合わせて話すよりも、大事な話は携帯電話の方が話しやすいからと二人は述べたと言うのです。

もう一つは、最近実施した教職経験者研修6（ボランティア活動体験研修）の折の県ボランティア連絡協議会長北出賀江子氏の話であります。

体験研修終了後の協議会で北出会長は「研修を終えた今、何か感想や意見はありませんか」と聞いたところ、体験研修であったのにもかかわらず、だれ一人として感想を述べなかったというのです。

「日本人は寡黙でおとなしいと言われるが、今日参加した先生方も同じなのだろうか。自分の考えをあまり主張することなく周囲に自分の思いを伝えることもできないのは、果たして、二十一世紀の国際社会を生きる日本人としてこれで良いのだろうか」と、北出会長は不安になったと話しておられました。

　皆さんは、この二つの話から、どのような感想をもたれるでありましょうか。

　私はこの話を耳にして、今回改訂された学習指導要領の国語科の目標に加えられた文言「伝え合う力」を高めることの必要性とともに人とのコミュニケーションの難しさを思い浮かべておりました。

　「伝え合う力」とは、一方的に表現したり理解したりする力でなく、相手や目的、場面に応じて、自分の考えや意見を適切に表現するとともに、相手の意見を尊重し、言葉を通して考えを的確に理解する力であります。つまり、人と人との関係を重視し、お互いの立場や考えを尊重する言語の使い手を育てることをねらいとしているのです。

　私が先ほど紹介しました二つの例は、心と心の通じ合いを基盤にしながら、言葉を用いて「伝え合う力」を育てる今後の国語科の実践課題を明確にしたものであったのではないかと思っているのです。

　不透明で変化の激しいこれからの時代、共にたくましく豊かに生きぬくために、周りの人々とのかかわりあいのなかで子どもたち一人一人を豊かな言語の担い手に育てることにあります。

　本日のこの研修を一つの契機として、皆さんが学校現場において「伝え合う力」を高める指導法を実践を通して研究していただければ幸いであります。この研修が皆さん方の今後の実践の参考となることを期待いたしまして、私のあいさつといたします。

紀北の部　平成十二年十月二十六日（木）　［午前］教育研修センター　［午後］和歌山市立福島小学校

紀南の部　平成十二年十一月　九日（木）　［午前］上富田文化会館　［午後］上富田町立市ノ瀬小学校

2　平成十三（二〇〇一）年度　小学校国語教育研修講座

秋風が爽やかな晴れたある日のことです。にぎやかな歓声が駅の構内から聞こえてきました。その声は、これから始まろうとする校外学習に心踊らせている子どもたちだったのです。

運動会も無事終わり、文化祭の作品づくり、秋の遠足と、皆さん方は、忙しい毎日を過ごしておられることと思います。本日は国語教育研修講座に出席、どうも御苦労さんです。

さて、今回の研修講座は、普段の研修とは趣向を変えた内容となっております。と言いますのは、ここ十数年来、国語科の指導法に焦点をあてた講座を実施してきましたが、今回は、皆さん自身の教育活動に深くかかわる「書き言葉」「話し言葉」に着目した研修を企画したからであります。

本日の研修内容は、案内の通り「教師のための書き方、話し方講座」であります。

ここで一つ質問しますので考えてみて下さい。ことわざの「情けは人のためならず」は、どのような意味で普段私たちは使っているでしょうか。

このことわざに関しては、文化庁の調査報告書にも出ておりますが、日常会話では、次のように使う人が増えているそうです。それは、「他人にあまり情けをかけると、その人を甘やかすことになるので良くない」というのです。

このことわざは、文化庁の「国語の乱れ」の問題として取り上げられています。日常会話において全く逆の意味に使われることが多くなってきた言葉の例の一つです。本来の意味は、皆さんも御承知の通り、「他人に情けをかけておけば、めぐりめぐって、いつかは自分の身に良い報いとなって返ってくる」であります。

今回は、このように「話し言葉」「書き言葉」にこだわって、私たちの日常の教育活動を振り返る研修を企画しましたので、皆さん方も期待して受講していただければと思います。

御承知の通り、新しい学習指導要領では、現行の国語科のねらいである「文字表現力、音声表現力の育成」を更に意図的、計画的に行い、「言語活動例」の内容や方法を通して、実践に生きる言語の力を育成することが強く求められております。

また、新しく創設された「総合的な学習の時間」では、各学校の創意工夫に基づく教科等の枠を越えた横断的・総合的な学習が展開され、子どもたちにとっては、ますます、実践的な言語活動の場が増えることが予想されます。学校の子どもにとっては、教員である私たちが、最も身近な「大人」であり、長時間接する「年長者」であり「社会人」でもあります。

これからの変化の激しい社会を生きる子どもたちに、「書くこと」「話すこと」に関しての実践の場、日常の練習の場を提供していくのが、毎日接している私たち教員の務めであります。

また、何かにつけて私たちは、保護者、近隣の公共施設や学校等と文書でやりとりをしたり、電話で連絡を取り合ったりしながら学校事務を行っています。

学校生活における子どもたちの「書き言葉」「話し言葉」のモデルである皆さん自身が日常を振り返り、今後の「国語科」や「総合的な学習の時間」に役立てていただける、ということが、今回の講座のねらいであります。

午後の研修は、毎回好評の研究授業を予定しておりますので、どうか期待していただければと思います。

紀北の部　和歌山大学教育学部附属小学校　沖　香寿美教諭『あなたはだれ』（三年生）

紀南の部　田辺市立田辺第二小学校　西野なぎさ教諭　『くじらぐも』（一年生）

「校長の　たった一言　二〇分」

これは、ある中学生の川柳であります。　（参照『教師のための話し方に強くなる本』小沢あつし著　P一〇六）

私たち教員は、毎日の「書き言葉」「話し言葉」によって子どもたちに影響を与えているわけですが、ややもすると話が長くなりがちで、話の趣旨は何なのか分かりにくい場合も見受けられます。

本日の研修を一つの契機に、「校長の　話　時間を忘れさせ」といわれるように「話し言葉」に磨きをかけ、日常の「書き言葉」にも注意を払っていただけることを願って、私のあいさつといたします。

紀北の部　　平成十三年十一月八日（木）

［午前］教育研修センター　　［午後］和歌山大学教育学部附属小学校

紀南の部　　平成十三年十一月一日（木）

［午前］紀南教育研修所　　［午後］田辺市立田辺第二小学校

3　平成十三（二〇〇一）年度　中学校国語教育研修講座

おはようございます。平成十三年度中学校国語教育研修講座の開講にあたり、ひとこと挨拶いたします。本日は、当センターの二学期最初の研修講座です。新学期が始まったばかりの暑さも残るなかでの出席、たいへん御苦労さんです。

さて、ここで私は一つクイズを出しますので考えてみてください。

皆さんは「親指族」を御存じでしょうか？

「親指族」とは、携帯電話の電子メールを使って会話をする人々を称してマスコミが名付けたものです。電車やバスに乗り込むとすぐに携帯電話を取り出し、「メール」を打つ乗客の姿を皆さんも目にしたことが多いのではないでしょうか。

このほど、文化庁が二〇〇〇年度（平成十二年度）「国語に関する世論調査」の結果を発表しました。今回初めて、携帯電話での話し方も調査対象としてとりあげていますので、十六歳以上の男女三千人を対象とした調査報告から、若い人たちの国語に関する意識を考えてみたいと思います。

結果をみますと、電子メールでのやりとりに関して否定的に答えた人は少なく、「話すように書けるので、思ったことがいいやすい」「相手と親しくなれる」と回答した人が多く、「メール」は現在の若者に肯定的に受け止められていることが分かりました。また、言葉については、普段接する人やテレビに出る人の言葉が乱れていると感じている者は回答者の八八・九％にものぼり、特に、中・高校生の言葉が乱れているとの回答が多かったようです。

ＮＨＫのニュースでも話題となりましたが、「メール」なら思ったことを気軽に話すことができるという若者たちも、公的な場では相手と向かいあって会話のできない人が増えているのも事実です。

このギャップを考えるとき、「生きて働く言語の力」の育成はどうあるべきか、日常の授業をどのように展開していくべきか、私たち国語教育に携わるものには、大きな研究課題が今後に残されているような気がします。

平成十四年度から、完全学校週五日制が導入され、新しい学習指導要領に基づいた教育活動が展開されます。そこでは、「ゆとり」の中で特色ある教育を展開し、児童生徒に「生きる力」の育成を基本的なねらいとした授業が求められております。

国語科においては、言語の教育という立場を重視し、お互いの立場や考えを尊重して「言葉で伝え合う能力」を育成することが目標としてあげられています。

「伝え合う力」は、「コミュニケーション能力」と同じ意味でありますが、単なる一方的な「伝達」ではありません。これからの変化の激しい社会をよりよく生きていくために、互いの立場や考え方を尊重して言葉による伝え合いを効果的にし、相互の関係を深め、豊かな人間関係を構築するものでなければなりません。

国語科の目指す「伝え合う力」は、現在頻繁に見られる「メール」のやりとり、ゲームのバーチャルリアリティー（仮想現実）だけでは育ちません。授業の中に実践的な言語活動を意図的計画的に位置づけてこそ、子どもたちが実の場で生きて働く言葉を身に付けていくのです。

従来の表現力と理解力を育成するという基本的な理念を継承しつつ、自分の考えをもち、論理的に意見を述べる能力、目的や場面に応じて適切に表現する能力を重視した授業の構想、これが、今後の国語科の目指す方向であるといえましょう。

本日は、学習者の意欲を喚起する読みの授業の改善という観点から、和歌山大学教育学部　奥野忠昭教授から御講義いただき、和歌山市立楠見中学校　山本喜久子教諭には、「伝え合う力を育てる学習指導」と題して日頃の実践を発表していただきます。

二つの研修内容は、皆さん方の二学期からの実践に必ず役立つであろうと確信しておりますので、今後の授業改善のヒントにしていただけることを願って、私のあいさつを終わります。

平成十三年九月六日（木）　紀南教育研修所

4　平成十三（二〇〇一）年度　高等学校国語教育研修講座

稲刈りて小草に秋の日の当る（与謝蕪村）

朝夕は大変涼しくなりました。さわやかな青空の下、たわわに実った稲穂を刈る人の姿も見られる今日この頃であります。

皆さん方の学校では、体育祭、文化祭も無事に終了し、深まりゆく秋に向けて、教科学習に力を注いでいこうと準備されている人たちも多いのではないでしょうか。

当教育研修センターの「高等学校国語教育研修講座」は、三年毎に開催という少々変則的な講座です。そのため、県下の国語担当者に十分に周知徹底されていないという面もありますが、今回は、皆さん方の意欲的な参加により実施できました。本日の受講、ご苦労さんです。（※三年前は中止のため今回は六年振りの実施）

さて、平成十五年度から学年毎に順次実施予定の新学習指導要領の趣旨説明会が、今年も県内で開催されました。皆さん方の学校では、この改訂の趣旨を受け、カリキュラムの編成・実施に向けて、現在どのような準備がなされているのでありましょうか。

御承知のように、今回の改善のポイントは、平成元年の改善の折に示された「学習者の主体性を育てる」「個を育成する」を更に充実させたものであります。

高等学校の国語科においては、中学校までに培われた言語能力を更に総合的に発展させ、生徒の能力・適性、興味・関心に応じた指導を一層充実させ、社会人として必要な言語能力の基礎を確実に身につけることが目標であります。

今回の国語科の改善としては、「話すこと・聞くこと」「書くこと」「読むこと」の三領域のバランスがとれた学習が行われるように、言語活動例を示したことが特長として挙げられるかと思います。

私は、数年前にある高等学校を訪問したときの国語科の授業に思い出があります。

たぶん、高校一年か二年生の教室だったと思われますが、そこでは、太宰治の『清貧譚』の読解が行われていました。

菊の精が人間（姉と弟）に身を変え、才之助のもとを訪れる場面を扱っておりましたが、そこで私が気になったのは、指導者の授業展開でありました。

五十分間のほとんどは指導者の発問に終始し、学習者は思考力や想像力を働かせることもなく、叙述に目を遣り解答を探すだけという、一問一答式の何とも味気ない文学の授業になっていたのです。

指導者の発問は次のようなものでした。

「三郎は姉の気持ちを伝えにきましたが、どのように伝えましたか」
「男の意地でへんな議論をとありますが、どんな議論を指しますか」
「才之助は結婚を断りますが、その理由は何ですか」

終始このような発問ばかりしていて、果たして文学の読みの授業で「生きて働く言葉の力」は育つのでありましょうか。

叙述に沿って登場人物の言動に目を向けさせるだけで終える授業では、高等学校における豊かな文学の読みは成立しませんし、国語科に求められる「生きて働く言語の力」も育たないのではないでしょうか。

文学の読みは読者ものであり、多様であることを前提としながら、その作品に描かれている言葉を通して読者が人物や状況などへの理解や共感を想像豊かに深めたとき、初めて、文学の読みが成立したといえるのです。

そのためには、先に述べた三領域（「話すこと・聞くこと」「書くこと」「読むこと」）を学習過程にバランスよく取り入れ、読み手に一つの作品の世界を再創造させる指導者の工夫が求められるのです。

今回の講座は、午前中、向陽高校　鈴木晴久教諭が、昨年まで大学院で学んだ研究成果をもとに、「自己を語る作文指導」と題して、生徒側に立った表現活動をどのように工夫すべきかを提案をしてくださり、午後は、皆さん方もよくご存知の大阪教育大学　中西一弘名誉教授が、「文学の読みの指導法」について教示してくださることになっております。

本日の研修は、これからの高等学校における授業の在り方を示す一つのヒントになると確信しておりますので、今回の研修を一つの契機として、今後の学校現場において「生きて働く言葉の力」を高め、生徒の特性に応じた指導を一層充実させていただければ幸いであります。

本日の研修が皆さん方の実践の参考となることを期待いたしまして、私のあいさつといたします。

平成十三年十月二十五日（木）

5　平成十一（一九九九）年度　中学校・高等学校英語教育研修講座

平成十一年度中学校・高等学校英語教育研修講座を開催するにあたり、一言あいさつをいたします。

「コミュニケーション能力を育てる」と題して、外山滋比古氏（お茶の水女子大学名誉教授）の文章に次のような話が載っておりました。

アメリカから研修に来ている人が、日本人の同僚に向かって「スパナありますか」ときいた。そう言われた日本人は黙って、どこかへ消えてしまった。やがて、スパナを持ってあらわれ、アメリカ人に渡した。アメリカ人は感謝するどころか、怒っているから日本人は面食らった。どうして腹を立てているのかときかれてアメリカ人はこう説明した。「スパナあるか、ときいたのだから、それに答えなくてはならない。君は返事もしないでどこかへ雲隠れしてしまった。スパナを持ってきてくれとも言わないのに持ってきた。僕は何もそこまでたのんではない……」

いかがですか。これを聞いて、皆さんはどのような感想をお持ちでしょうか。

国際化が進む現代、諸外国の人々との実践的なコミュニケーション能力について、考えさせられるものがあります。

古くから日本には「以心伝心」という言葉があります。言葉を介在させない心理コミュニケーションが発達していましたが、これからの国際化、情報化時代にあっては、相手を尊重しながらも明確に自分の意思を伝えるコミュニケーション能力の育成が求められております。先に述べた外山滋比古氏の話も、国際社会に生きる日本人の育成という点においては一つの示唆に富む例でありましょう。

ご承知の通り、二十一世紀に向けた新しい教育の在り方を審議してきた中央教育審議会をはじめ、教育課程審議会、教育職員養成審議会は、昨年の秋までに主な答申を終えました。この度、新しい学習指導要領も告示され、教育は、画一的から多様化へ、形式的な平等主義から個性の尊重へと、目指す教育改革の全体像がほぼ明らかになりました。

現場の皆さん方も、特色ある学校づくりを目指し、教育計画を改めて見直す作業に入っているのではないかと思われます。

二十一世紀を生きる児童生徒は、世界に目を向け、世界にはばたき、世界と関係を持ちながら生きることが更に増えていくことでしょう。

今回の学習指導要領の改訂で新たに設けられた「総合的な学習」の活動例には、「国際理解」が筆頭にあげられており、国際化に対応した教育の推進が求められております。

コミュニケーション能力を養成するため、英語は中学校高等学校ともに必修教科となり、生徒たちには、英語を話す機会を十分に与えるように「言語活動例」も示されております。これからの授業においては、「電話」「旅行」

「買い物」等の適切な場面のもと、生徒が楽しみながら、その場にふさわしい英語を積極的に身につけていくことがますます重要視されていくことと思われます。

言葉は、実際に使うことによってしか身につきません。コミュニケーション能力の養成には、機械的に繰り返すドリルではなく、適切な場面のなかで楽しみながら、知らず知らずに英語を覚えていくような活動を開発していくことが大切となってきます。

本日は、中学校高等学校の英語担当教員の相互理解と授業の効果的な実施を目指して、田辺高校寒川教諭には「中学校高等学校の連携について」お話しいただきます。

また、有田地方教育事務所、川口社会教育主事からは、イギリスに二カ月留学された経験をもとに「コミュニケーション能力を育成する授業」についての発表をいただきます。

お二人の実践発表を聞いていただき、皆さん方の日頃の授業を振り返りながら、生徒の興味関心を高める授業の在り方について改めて考えていただければ幸いであります。

平成十一年六月二十四日（木）

6　平成十一（一九九九）年度　高等学校英語教育研修講座

本日は御苦労様です。学校現場では文化祭、体育祭等の行事が続き、お忙しい毎日をお過ごしのことと思います。

高等学校英語教育研修講座を開催するにあたり、一言あいさつをいたします。

"How much does this banana cost?"

"It costs 100 yen."

この会話文は、もちろん皆さん方はすぐおわかりと思いますが、長崎工業高校に勤める遠山博文教諭は、これを地元の方言に訳させながら、楽しい英語の学習を展開していると某雑誌（『英語教育』開隆堂）に掲載されておりました。つまり、長崎弁ならこのようになるのです。「こんバナナいくらすっとね？」「百円ばい」

英語を学ぶ motivation の低い生徒に、いかに学習意欲を引き出すかが常に勤務校での課題であったという遠山教諭は、英語の水を生徒自らに主体的に飲ませる手立てをいくつか考えていったといいます。

先に述べた方言の実践のほか、英語への興味を高めるための易しい英語新聞の発行、アジア、アフリカ、ラテンアメリカ等の絵本を読み、英語で fan letter を書く活動等取り入れ、生徒側に立った授業を展開しています。

英語を学ぶ motivation の低い生徒に学ぶ意欲をどのように喚起させていくか、遠山教諭の実践から私たちは学ぶべきものが多くあるように思われます。

さて、皆さんもご承知のとおり、高等学校の新しい学習指導要領が本年三月に告示され、二〇〇三年（平成十五年）から学年進行で順次実施されることになりました。

今回の改善の重要点を二つあげますと、「外国語が必修教科として位置付けられた」ことと「従来のコミュニケーション能力重視の方針に沿って、より具体的な方法論上の提案が示された」ことです。ここからも、国際語としての「英語」によるコミュニケーション能力の育成が重要視されていることがおわかりかと思います。

今日の急激な国際化、情報化の進展の中にあって、私たちは世界への広い視野を持ち、国を越えて相互に理解しあうことが重要となってきます。特に、相手の立場を尊重しながら自らの考えや意見を表現し、相互理解を深めていく英語でのコミュニケーション能力の育成は一層強まっていくことでありましょう。

しかしながら、新里眞男（にいざと　まさお）氏（文部省教科調査官）は、「英語教育における基本概念再検討」のタイトルで、英語教育の現状を次のように述べています。（雑誌『中等教育資料』平成十年八月号）

> コミュニケーション能力の育成の捉え方が表面的であり、片言の表現を使ってゲームなどを楽しめば良いと考えられている実態が厳然としてある。実践的なコミュニケーション能力の育成は、現実離れしたゲームにおける借り物の言語使用でもなければ、出来合いのインフォメーション・ギャップを使った形式的なやりとりでもない

新里氏は、旧態依然の指導法を批判しながら生徒の興味・関心を生かした本当に「自己表現」させる指導の重要性を述べられております。

現行の学習指導要領にも述べられている「コミュニケーションへの積極的な態度」の目標を私たちは今一度実践を通して振り返りながら、生徒一人一人が学習を楽しみながら実際に使うことによって英語を身につける「実践的なコミュニケーション能力の育成」を目指した指導方法を今後開発していかなければなりません。

本日の研修は、イギリスでの六カ月研修の経験をもつ　海南高等学校　井筒正浩教諭から「コミュニケーション能力を育成する授業」について実践を発表していただきます。

また午後は、皆さんの実践を交流しあい、生徒の興味関心を高める授業の在り方についてお互い学び合い、学校教育課の南方指導主事から助言もいただきます。

本日の講義や実践の交流が授業を振り返るとともに今後に皆さんの指導に役立つものであることを期待しまして挨拶といたします。

平成十一年九月三十日（木）

7　平成十二（二〇〇〇）年度　教職経験者研修

おはようございます。平成十二年度教職経験者研修の開講にあたり、一言あいさついたします。

新学期のスタートからはや二カ月余りが経過しました。新学習指導要領の移行期にあたる本年度、各学校においては、指導計画の見直しや授業の改善等、お忙しい毎日をお過ごしのことと思われます。

さて、今回の新しい学習指導要領の改訂の大きな柱として、「総合的な学習の時間」があげられるかと思います。御承知の通り、この「総合的な学習の時間」は、ねらいや学習活動は示されておりますが、各学年の指導事項などの細かい基準は示されず、きわめて弾力的な扱いとなっております。学年の「基準」がない、「教科書（教材）」がない、「経験」がない、皆さん一人ひとりの手にカリキュラム開発・作成がゆだねられた、未知の分野ながらも子どもたちとともに創造できる夢のある時間なのであります。

学校や地域の自然、人的・物的環境、子どもの願い等を十分考慮のうえ、指導者としてどのような学習展開を構想するか、まさに、これからの教育は、教師としての個性や力量が問われる時代に入っていくと言えるのではないでしょうか。

今年三月、国立教育研究所を中心とする「学校経営研究会」が二年間にわたって全国調査した「学級経営の充実に関する調査研究」（最終報告書）が出されました。

これは、最近、新聞・テレビ等でも話題となっておりましたので、御存知の方も多いかもしれません。

文部省の委嘱を受け、国立教育研究所員や学校現場の関係者等で構成されたグループが、各地に赴き、いわゆる「学級崩壊」の実態を聞き取り調査した報告書であります。

その結果によりますと、「学級がうまく機能しない状況」（いわゆる学級崩壊）の件数の七十パーセント近く（104学級）は、「教師の学級経営が柔軟性を欠いている」を挙げております。そして、次に多いのは、「授業の内容と方法に不満を持つ子どもがいる」（96学級）であります。

この報告書の最後には、今後の取り組みのポイントとして五点挙げております。それは、①子ども認識の力量②学級づくりの技量・力量 ③授業構想力の力量を高めるとともに、④家庭・地域との連携力 ⑤教委や関係機関との連携力を強化していくことであります。

「総合的な学習の時間」、また、「学校経営研究会」の最終報告書等からみてもお分かりのとおり、今後の学校教育は、教師自身の子ども観の転換、カリキュラムや教材を創意工夫し改善する専門的な力量がなければ教育改革は不可能であるといっても過言ではありません。

「不易」と「流行」。この言葉は教育の世界でもよく使われております。いつの世にでも身につけるべき必要なもの（不易）と子どもや社会の変化に柔軟に対応していかなければならないもの（流行）が教育にはあります。私たち教師は、この両面を踏まえてこそ、真に子どもが生きる魅力ある授業が展開できるのではないでしょうか。

昨年十二月十日、「教育職員養成審議会」の第三次答申が出されました。そこにも、国民の信頼に応え得る学校教育実現のため、教員の資質能力として、「いつの時代にも求められる資質能力」と「今後特に求められる資質能力」を挙げ、教員の力量を高める具体的な改善方策が述べられております。機会がありましたら、皆さん方も一度目を通していただければと思います。

今年の六年次、十一年次教職経験者研修も、現在の教育課題を見据え、様々な研修内容を準備しました。講師陣も皆さんの期待に添えるのではないかと思っております。

「郷土の歴史と文化」では、私どもが出版しました『ふるさと教育読本　わかやまＤＥ発見！』の編集に携わられた笠原正夫氏。「情報化社会と教育」では、東京大学先端経済工学部研究センターにお勤めであった伏見正則氏。「新しい時代の教育」では、国語教育では第一人者の広島大学名誉教授の野地潤家氏等々でおります。

また、パソコンの基本操作、カウンセリング研修、ボランティア活動体験、教員の健康管理と、受講者の意見を参考に、日常の実践に生かすべく研修を多数企画しております。

「教育は人にあり」と言いますが、まさに、二十一世紀を生きる子どもたちの教育は皆さん一人ひとりの手に委ねられております。この教職経験者研修を一つの機会とし、これまでの実践を振り返り、今後の皆さん方の教育活動に生かしていただければ幸いであります。

小学校　平成十二年六月十八日（月）
中学校　平成十二年六月二十二日（木）
高等学校　平成十二年六月二十六日（月）
盲・ろう・養護学校　平成十二年六月三十日（金）

あとがき

昭和四十七年春、就職先の大阪に向かっていた私は、汽車の中で一人の老人と相席になった。社会人としてスタートする私に贈ってくださった、その方のことばである。

「これから色々な事に出会うだろうが、いつまでも、その笑顔を忘れないようにしなさいよ。」

学校教育に携わって三十年を経過し、最近思うのである。あのことばを心に留め、周りの人々と接してきただろうか。

今回、この書を上梓できたのは、ひとえに野地潤家先生のお力添えがあってのことである。

野地先生との出会いは、私が指導主事として研究指定の鳴滝小学校を訪問したときに始まる。著名な先達を指導助言に招聘したいとの校長の意向から、鳴門教育大学の野地先生を招かれたのである。それを契機として、先生は毎月和歌山市内で自主的な学習会を開催してくださることになった。これが現在も続いている「野ぎくの会」である。我が国の国語教育界の第一人者が直接指導してくださるのである。県下から例会に参加される方も増えていった。この書は「野ぎくの会」で発表させていただいた実践とその間に執筆したものがほとんどである。私にとって、先生との出会いがなければ、この書は生まれなかったといえる。

私たちの会員の実践をあたたかく見守り、和歌山県の国語教育に多大な貢献をしてくださっている野地先生には、ことばには尽くせぬ感謝の念でいっぱいである。

教職に就いて以来、私は学級便りをずっと発行してきた。

初任の頃の学級便りは謄写版印刷であった。当時、毎晩のように鉄筆を握り、ろう原紙に文字を綴ってきた。現在は、印刷技術の目覚ましい発達によって学級便りも驚くほどの変化を遂げている。カラー印刷であったり、写真も挿入されていたり、レイアウトに感心させられるものも多い。

時代がどのように変遷しようと、担任の発行する学級便りの教育的効果には変わりはない。一枚の便りを通して、子どもや保護者とふれあうことができるのである。便りとして発行することによって子どもから学び、保護者の声を聴き、その後の実践に生かすことができる。

一年目の私の実践を卒業前の御神村俊樹は次のように記している。

「（前略）先生は、みんなに日記を書かせるようにしたね。初めは書くことが見つからないで困ったんやけど、このごろは要領もわかってきたんや。何よりも良かったことは文がうまくなってきたことや。中学校で作文を書かされてもどんとこいやや。なあ、先生、感謝してるで。それから昼休みや放課後、よくドッジボールやバレーボールをするようになったなあ。みんなこれをやり出して以来、先生に「やって」とよくせがむようになったなあ。この時のみんなの顔は生き生きしていたで。先生、とても楽しかったなあ。先生は、休んだ子には、班で手紙を書くようにしたな。これは休んで家で寝ている子に楽しみを与えたな。僕も休んで一回もらったけど、みんなのことばの書いてる所が一番楽しみでおもしろかった。なあ先生、ええアイデアやな、さえてる。

班で新聞を作ったり理科や社会の研究をしたりして、ぼくたちの前にガリ切りという仕事があらわれた。これは、今までは先生がやるもので、ほくらには無関係のもんやと思っていた。それが六年生になって新しい経験としてあらわれた。ぼくはうれしくてたまらなかった。先生、新しい経験をさせてくれてありがとう。国語もわら半紙に物語をすって授業をしたなあ。教科書よりはよっぽどおもしろかった。（以下略）」

「教師は人とのかかわりあいの中で成長している」これは、東京都立教育研究所の研究紀要である。教員は、優れた指導者・実践者に出会うことによって、その後の教職生活が大きく変わるという調査結果である。振り返ってみると、私も本当に出会いに恵まれている。野地先生をはじめとして多くの方々からご指導をいただいた。泉大津市に勤務時は、清原久元（国語教育者協議会代表）先生との出会いがあった。和歌山に戻ると、小森陽太郎先生を筆頭とする西牟婁地方国語教育研究会の方々、附属小学校時代は、授業を公開し合い学びあった同僚。詩の授業を指導助言をくださった弥吉菅一先生等々、多くの方との出会いにより現在に至っているのである。

私は、これからも人との出会いを大切にし、子どものことばを育てる教育に関わっていきたいと思う。和歌山県下の国語教育の活性化をめざし、子どもたちが豊かなことばの担い手となることを願って今後も精進していきたい。

最後になりましたが、この書物の刊行に対して多大なお世話をいただきました溪水社の木村逸司氏にお礼を申し上げます。

平成十七年三月吉日

著者識

著者　岡山　末男（おかやま　すえお）

昭和24年　和歌山県すさみ町生まれ　都留文科大学初等教育学科卒
昭和47年～泉大津市立上條小、すさみ町立江住小、和歌山大学教育学部附属小学校教諭
昭和62年～和歌山県教育委員会学校教育課指導主事、教育研修センター指導主事
平成８年～和歌山市立安原小教頭・福島小教頭
平成11年～和歌山県教育研修センター研修班長、研修課長
平成15年～和歌山市教育委員会　教育研究所長
平成17年～田辺市立二川小学校長
（現在）　日本国語教育学会員
　　　　　国語教育者協議会員

現住所　596－0067　大阪府岸和田市南町９－17－407
　　　　646－0027　和歌山県田辺市朝日ヶ丘25－13－202

初等国語科教育実践の探究

平成17年８月１日　発行

著　者　岡　山　末　男

発行所　株式会社　溪水社
広島市中区小町１－４（〒730－0041）
電　話（082）246－7909
FAX（082）246－7876
E-mail:info@keisui.co.jp

ISBN4－87440－890－7　C 3081